Languages and Cultures in Research and Education

Languages and Cultures in Research and Education

Jubilee Volume Presented to Professor Ralf-Peter Ritter on His Seventieth Birthday

Edited by

László Kálmán Nagy, Michał Németh, Szilárd Tátrai

Jagiellonian University Press

This volume has appeared thanks to the financial support of the Jagiellonian University's Faculty of Philology

Reviewer
Wiesław Tomasz Stefańczyk

Proofreaders
László Kálmán Nagy, Michał Németh, Szilárd Tátrai

Typesetter
Marian Hanik

Technical editors
Jadwiga Makowiec, Marta Janiszewska-Hanusiak

Cover design
Andrzej Błaszczyk

WYDAWNICTWO UNIWERSYTETU JAGIELLOŃSKIEGO

www.wuj.pl

ISBN 978-83-233-3093-6

Jagiellonian University Press
Editorial Offices:
ul. Michałowskiego 9/2, 31-126 Cracow
Phone: +48 12 631 18 80, +48 12 631 18 82, Fax: +48 12 631 18 83
Distribution: Phone: +48 12 631 01 97, Fax: +48 12 631 01 98
Cell Phone: +48 506 006 674, e-mail: sprzedaz@wuj.pl
Bank: PEKAO SA, IBAN PL80 1240 4722 1111 0000 4856 3325

Ralf-Peter Ritter

Contents

Editorial preface

This volume is based on the papers presented at the conference entitled "Languages and Cultures in Research and Education", held in Cracow from 19 to 20 May 2009, organized by the Chair of Hungarian Philology of Jagiellonian University on the 20th anniversary of its foundation, as a commemoration of the Year of the Hungarian Language.

The conference was dedicated to the celebration of the scientific career of Professor Ralf-Peter Ritter on his 70th birthday. In view of the wide range of his scientific interests and the special occasion on which the conference was held, the conference topics covered subjects connected with researches on historical linguistics *lato sensu*, as well as research on the Hungarian language and literature. The selection presented therefore contains, above all, articles on Indo-European and Ugro-Finnic linguistics, the history of science, and Hungarian literature.

On the occasion of the publication of this volume, the editors would like to thank all the contributors and conference participants, as well as the Jagiellonian University's Faculty of Philology, whose generous help and financial assistance made this publication possible.

The Editorial Board

A szerkesztők előszava

A kötet, amelyet az Olvasó kézbe vesz, a krakkói Jagelló Egyetem Magyar Filológiai Tanszéke által 2009. május 19-20-án szervezett nemzetközi tudományos konferencia válogatott anyagát tartalmazza. A tanácskozást Ralf-Peter Ritter professzor 70. születésnapja, tanszékünk fennállásának 20 évfordulója, illetve a Magyar Nyelv Éve alkalmából rendeztük.

Mivel a konferencián elhangzott előadások mindenekelőtt professzorunk tudományos érdeklődési területei köré szerveződtek, a kötetben szereplő tanulmányok is főként a nyelvtörténeti kutatások, azon belül a magyar, a finnugor, valamint az indoeurópai nyelvtudomány tematikáját érintik. Kiegészítésképpen magyar irodalmi, illetve tudománytörténeti kutatásoknak szentelt cikkek is olvashatóak.

A Szerkesztőbizottság tagjai ezúton is köszönetet mondanak a konferencia résztvevőinek, akik jelenlétükkel és aktív részvételükkel hozzájárultak a tanácskozás sikeréhez. Hálásan köszönjük a Jagelló Egyetem Filológiai Karának a kötet kiadásához, valamint a rendezvény lebonyolításához nyújtott anyagi segítséget.

A Szerkesztőbizottság

Vorwort

Am 10.12.2008 feierte Ralf-Peter Ritter seinen 70. Geburtstag und ist mit Anfang des Wintersemesters 2009 aus dem Lehrkörper der Jagellonen Universität ausgeschieden, dem er am Lehrstuhl für Hungarologie seit dem Jahre 2000 angehört hatte. Zu seinem 65. Geburtstag wurde Ralf-Peter Ritter mit einer Festschrift in Österreich geehrt (vgl. „Artes et Scientiae. Festschrift für Ralf-Peter Ritter zum 65. Geburtstag". Hrsg. von P. Anreiter, M. Haslinger und H. D. Pohl, Wien: Edition Praesens), aber da sein 70. Lebensjahr mit dem 20. Geburtstag Lehrstuhl für Hungarologie an der Jagellonen Universität zusammenfiel und da das Jahr 2009 in Ungarn offiziell als „Jahr der ungarischen Sprache" verkündigt wurde, so haben sich die Kollegen entschieden, Ralf-Peter Ritter eine internationale sprachwissenschaftliche Konferenz „Sprachen und Kulturen in der Forschung und Didaktik" (19.–20.05.2009) zu widmen. Dieses ἀντίδωρον sollte vor allem Dank für seine langjährigen Tätigkeit in Forschung und Lehre an der Jagellonen Universität ausdrücken, auf der andere Seite aber auch das sehr breite Spektrum der wissenschaftlichen Interessen des Jubilars illustrieren. Der vorliegende Band kann nur als kleiner Blick auf die vielfältigen und umfangreichen Forschungsfelder des Ralf-Peter Ritter dienen.

Diese zu beschreiben ist an sich eine schwierige Aufgabe, da diese die interessante und vielschichtige akademische Laufbahn des Jubilars wiederspiegeln. Geboren in Berlin, besuchte Ralf-Peter Ritter den altsprachlichen Zweig des Kant-Gymnasiums in Spandau und studierte dann zunächst Slawistik und Balkanologie an der Freien Universität Berlin. Diese Sprachen, wie Altgriechisch, Slowenisch oder Bulgarisch, werden Ralf-Peter Ritter immer am Herzen liegen, auch wenn der wichtigste Teil seiner Forschung im Bereich der Finnougristik liegt.

Das Studium der Finnisch-ugrischen Sprachen hat Ralf-Peter Ritter in München absolviert, und, nach einem zusätzlichen Studienjahr in Helsinki, hat er es mit der Promotion an der Ludwig-Maximilians-Universität München mit der Arbeit „Untersuchungen zum Partitiv im Vepsischen" (vgl. „Untersuchungen zum Partitiv im Vepsischen". Veröffentlichungen der Societas Uralo-Altaica. Band 26. Wiesbaden 1989) in den Fächern Finnougristik, Balkanphilologie und Philologie des Christlichen Orients abgeschlossen. Dann zog er nach Regensburg, wo er seine erste akademische Tätigkeit 1972 als Wissenschaftlicher Assistent am Lehrstuhl für Indogermanische Sprachwissenschaft des Instituts für Allgemeine und Indogermanische Sprachwissenschaft der Universität Regensburg bei Prof. Helmut Rix angetreten hat. Die Regensburger Jahre haben große Wirkung auf Ralf-Peter Ritter ausgeübt vor allem durch Kontakt mit Rix selbst und dann natürlich auch durch Ritters Kollegen am gleichen Institut, wie z. B. Heiner Eichner.

In den folgenden Jahren 1978–1983 lehrte Ralf-Peter Ritter zuerst als Vertragsassistent am Institut für Finnougristik der Universität Wien, danach forschte er als Wissenschaftlicher Angestellter bei der Iranischen Kommission der Österreichischen Akademie der Wissenschaften unter Leitung Manfreds Mayrhofers.

Die wissenschaftliche Tätigkeit im Bereich der iranischen Sprachwissenschaft hat er dann am Seminar für Vergleichende und Indogermanische Sprachwissenschaft der FU Berlin in den Jahren 1983–1988 auf einer DFG-Projektstelle „Awesta-Wörterbuch“ fortgesetzt, ohne sich von der Finnougristik abbringen zu lassen – im Jahre 1985 wurde er „Kandidat der Sprachwissenschaft“ (Philosophiae Doctor) in Budapest an der dortigen Universität.

Die Kombination beider Fächer – Indogermanistik und Finnougristik verfolgte er mit einer im Jahre 1989 abgeschlossene Habilitation an der FU Berlin im Fach „Vergleichende und Finnougrische Sprachwissenschaft“, wo er auch vom Oktober 1992 für drei Semester den Lehrstuhl für Vergleichende und Indogermanische Sprachwissenschaft vertrat.

Von 1994 bis 2001 lehrte er am Lehrstuhl für Vergleichende Sprachwissenschaft der Johann-Wolfgang-Goethe-Universität in Frankfurt/Main, wo er auch zum Professor ernannt wurde. Dort bot er neben Fennistik und Baltistik auch eine breite Palette indogermanistische Veranstaltungen an, vor allem aber das beliebte Armenisch.

Wie schon oben erwähnt, spiegeln die vielfaltigen wissenschaftlichen Interessen die Laufbahn des Jubilars. Diese Forschungsschwerpunkte umfassen vor allem das Ostseefinnische, das Altarmenische und das Ungarische, doch muss man auch das Slawische, Germanische, Iranische und Baltische, daneben auch die Onomastik nennen. Es sind vor allem neben strikten grammatischen Fragen auch die Fragen des beiderseitigen Sprachkontaks, sei das z. B. zwischen indogermanischen und uralischen Sprachfamilien (hier auch die berühmte „uralische Evidenz“ für die Frage idg. Laryngale) oder auch z. B. konkret zwischen dem Germanischen und Ostseefinnischen (vgl. die im Jahre 1993 erschienene Habilitation „Studien zu den ältesten germanischen Entlehnungen im Ostseefinnischen“. Opuscula Fenno-Ugrica Gottingensia. Band 5. Frankfurt/Main–Berlin–Bern–New York–Paris–Wien). Zu dieser Problematik gehört auch die kritische Aufarbeitung der Frage des Fremdeinflusses auf das Ungarische, vor allem im Bereich der Lehnwörter: iranische, slawische, aber auch germanisch-deutsche Lehnschichten.

Ralf-Peter Ritter verfügt über ein weitumfassendes Wissen auf dem ganzen Gebiet der indogermanischen Sprachwissenschaft, obwohl schon aus seinen Universitätsstudien sich das spezielle Interesse für das Altarmenische ergibt, vor allem durch sein Lehrer Günter Reichenkron. Dies umfasst verschiedene historische und synchronischen Probleme der altarmenischen Grammatik und Etymologie (vgl. die zum klassichem Titel gewordene Einführung aus dem 1996 „Introducción al armenio antiguo“. Madrid), auch im Kontakt mit anderen Sprachen, vor allem mit dem Iranischen. Daneben bilden das Slawische, Baltische, Balkansprachen und auch die lateinische Wortbildung und Etymologie den Kern von Ritters indogermanistischer Forschung.

Das Ungarische nimmt einen speziellen Platz in der Forschung Ralf-Peter Ritters ein, sei es die Etymologie, Grammatik oder Stilistik. Auch hier trägt er durch sein imposanten Wissen wesentlich vor allem im Bereich der Diachronie bei und dem sprachlich-kulturellem Kontext der ungarischen sprachlichen Vorgeschichte. Und wie im lateinischen Spruch, wo „finis coronat opus" ist es in der Tat das Ungarische, das Ritters akademischen Laufbahn krönt, die Laufbahn, deren Beschreibung unvollendet bleiben würde, wenn man die neun Jahren Lehre am Lehrstuhl für Hungarologie in Krakau nicht erwähnt hätte.

Es war die Idee von Prof. Wojciech Smoczyński bei dessen Besuch in Frankfurt am Main, dass Ralf-Peter Ritter bei den Krakauer Hungarologen mit Unterstützung der Deutsch-Polnischen Akademischen Gesellschaft für ein Semester lehren könnte, und er war es auch, der diese Idee beim damaligen Institutsvorstand Prof. Marek Stachowski weiterentwickelt hatte. Nach dem einsemestrigen Aufenthalt am Lehrstuhl für Hungarologie (mit Vorlesungen auch am Lehrstuhl für allgemeine und indogermanische Sprachwissenschaft) hat Prof. Stachowski Ralf-Peter Ritter angeboten, in Krakau zu bleiben. Nach ein paar Jahren kam die Ankunft des neuen Institutsvorstands Prof. László Kálmán Nagy, die Ritter bewogen hatte, seine Absicht, nach Deutschland zurückzukehren, aufzugeben und weiterhin in Krakau zu bleiben. Durch alle diese Jahre lehrte und forschte er unermüdlich und wurde zum Teil der Geschichte der Krakauer Hungarologie, die die Hälfte ihrer Existenz mit dem Namen Ritters verbindet. Die Verdienste Ralf-Peter Ritters auf dem Gebiete der ungarischen Sprache wurden mit der Silberne Medaille für Verdienste zugunsten der Republik Ungarn beschlossen, die vom Präsidenten László Sólyom Ralf-Peter Ritter „für die Tätigkeit zugunsten ungarischen Forschung und Bildung" durch den Attaché der ungarischen Botschaft Herrn Imre Molnár, in Präsenz der Frau Generalkonsul der ungarischen Republik in Krakau Katalin Bozsaky am 20.05.2009 übergeben wurde.

Ralf-Peter Ritter gehört sicherlich zu den Gelehrten, die schwierig als Spezialisten nur in einem Feld klassifiziert werden können. Unermüdlicher Teilnehmer an vielen verschiedenen Konferenzen, bringt er sich sowohl in Referate ein, als auch in Diskussionsbeiträge, zum besseren Verständnis viele Disziplinen, die mit verschiedenen Sprachen und Kulturen irgendetwas zu tun haben, nach dem berühmten „Wörter und Sachen"-Prinzip. Er ist neben der Wissenschaft auch Kenner der Oper, von Film und Literatur (aus verschiedene Epochen in verschiedenen Sprachen), ausgesprochener Fan der Logik und Mathematik, aber auch begeisterter Benutzer der modernen technischen Geräte, wie z. B. Rechner, DVD-Spieler, E-Mail, usw. Man kann wirklich sagen, ein echter Renaissancemensch, der viele Interessen- und Aktivitätenfelder in einer Person zusammenkombinieren kann, damit sie vollständig sei. Der Jubilar gehört auch zu denjenigen Gelehrten, die diese singulären Interessen zugunsten der anderen Felder nutzen können, ohne auf an die manchmal in der Wissenschaft existierenden künstlichen Grenzen zwischen Disziplinen, Sprachen und Methodologien zu achten, sondern aus dieser Vielfalt einen Profit für die Forschung und für die Lehre zu ziehen. Das sollte dann im Fall von Ralf-Peter Ritter nichts überraschendes sein, da man darüber schon in einem seiner Lieblingsautoren, armenischen Gelehrten Eznik Kołba'i liest, vgl. De Deo 1.2:

Եւ այսպէս չորեքին բնութիւնքն, ուստի աշխարհս կազմեալ եւ կայ, առանձինն ապ/ականիչք են միմեանց, եւ խառնեալ ընդ ընկերին աւգտակարք եւ շահաւորք : Եւ զի այս այսպէս է ամենեցուն յայտնի է որ կամին ուսանել : Ապա ուրեմն է ինչ զաւրութիւն ծածուկ, որ զապականիչսն միմեանց խառնուածովք արար աւգտակարս իրերաց :

'Auf diese Weise sind die vier Naturstoffe, aus denen die Welt zusammengesetzt ist, für sich allein genommen gegenseitig schädlich, **mit und durcheinander gemischt aber sind sie nützlich und segenbringend**. Das sind für alle, welche sich belehren lassen wollen, bekannte Verhältnisse.'

(Ausgewählte Schriften der armenischen Kirchenväter. Aus dem Armenischen übers.; hrsg. von Simon Weber. Kempten; München. J. Kösel. F. Pustet, 1927)

Wir wünschen in dem Sinne noch viele Jahre voller Forschung – *ad multos annos, ἀγιαθῇ τύχῃ*!

Wojciech Sowa

Languages and Cultures in Research and Education
pp. 15–24

Bibliography of the publications of Prof. Ralf-Peter Ritter (1975–2009)

Books

1989

1. Untersuchungen zum Partitiv im Vepsischen (= *Veröffentlichungen der Societas Uralo-Altaica* 26), Wiesbaden, 101 pp.

1993

2. Studien zu den ältesten germanischen Entlehnungen im Ostseefinnischen (= *Opuscula Fenno-Ugrica Gottigensia* 5), Frankfurt/Main–Berlin–Bern–New York–Paris–Wien 1993, 286 pp.

1996

3. Introducción al armenio antiguo [in cooperation with Martínez García, J.], Madrid, 100 pp.

Articles

1975

1. Slavisch **ězu̯o-* 'Dachs'. – *Die Sprache* 21: 191–194.
2. Ung. katona 'Soldat'. – *Nyelvtudományi Közlemények* 78: 187–189.

1976

3. Bemerkungen zur 'Jassischen Wörterliste'. – *Acta Orientalia Hungarica* 30: 246–250.
4. Uralisch *kuńćз-* 'leuchtend, hell'. – *Nyelvtudományi Közlemények* 78: 121–125.

1977

5. Die Distribution von finiter und „passivischer“ Form der 3. Person Plural des wepsischen Verbs. – *Sovetskoe finnougrovedenie* 13: 84–97.
6. Einige Beobachtungen zur Klassenbildung bei den wepsischen Substantiven russischer Herkunft. – *Finnisch-Ugrische Mitteilungen* 1: 161–169.
7. Zur Frage der finnischen Evidenz für die Sievers'sche Regel im Germanischen. – *Die Sprache* 23: 171–179.

1978

8. Koszperd. – *Nyelvtudományi Közlemények* 80: 156–160.

1979

9. Zur ostseefinnischen sog. langen Affrikata. – Schiefer, E. (ed.): *Explanationes et tractationes Fenno-Ugricae in honorem Hans Fromm*, München: 295–300.
10. Zwei frühneuhochdeutsche Lehnwörter des Ungarischen. – *Nyelvtudományi Közlemények* 81: 127–129.

1981

11. Einwände gegen die Praxis der Rekonstruktion in der Uralistik anhand einiger ungarischer Homophone. – *Klagenfurter Beiträge zur Sprachwissenschaft* 7: 53–59.

1982

12. Ein frühneuhochdeutsches Lehnwort des Ungarischen: *hopcihér* 'Rädelsführer'. – *Nyelvtudományi Közlemények* 84: 269f.
13. Existenzialsatz und die Distribution der grammatischen Kasus im Ostseefinnischen. – *Ural-Altaische Jahrbücher, Neue Folge* 2: 108–110.
14. Frühneuhochdeutsche Ghost-Words in einer hungarologischen Veröffentlichung. – *Acta Linguistica Hungarica* 32: 177–183.
15. Zur Frage der Bulgarismen unter den slawischen Lehnwörtern des Ungarischen. – *Die slawischen Sprachen* 1: 80–85.

1983

16. Eine verkannte Etymologie für armen. *aniw* 'Rad'. – *Münchener Studien zur Sprachwissenschaft* 42: 191–196.
17. Tauglichkeitsnorm und Exzessiv beim ungarischen Adjektiv. – *Klagenfurter Beiträge zur Sprachwissenschaft* 9: 136–147.

1984

18. Ein mögliches finnisches Zeugnis für germanische Resonantengemination durch Laryngal. – *Münchener Studien zur Sprachwissenschaft* 43: 193–186.

1985

19. Zum Wandel uridg. **mn* > arm. *wn*. – *Münchener Studien zur Sprachwissenschaft* 45: 197–199.
20. Zur Frage der Entstehung der slavischen Sprachbezeichnungen auf -(**sk-*)*ina*. – Reinhart, J. (ed.): *Litterae Slavicae Medii Aevi: Francisco Venceslao Mareš Sexagenario Oblatae*, München: 299–305.

1986

21. Armenisch *pahak ownim, taraparhak varem* 'ἀγγαρεύω'. – *Die Sprache* 32: 308–310.
22. Ungarisch *méh* 'Biene' und 'Gebärmutter'. – *Finnisch-Ugrische Mitteilungen* 10: 343–345.

1988

23. Zum Schlägler 'Hortularium'. – *Ural-Altaische Jahrbücher, Neue Folge* 8: 94–97.

1989

24. Zur Frage der niederdeutschen Elemente im finnischen Wortschatz. – Hyldgaard-Jensen, K. / Christensen, B. (eds.) [in cooperation with Schöndorf, K.E.]: *Niederdeutsch in Skandinavien II. Akten des 2. nordischen Symposions „Niederdeutsch in Skandinavien" in Kopenhagen, 18.–20. Mai 1987* (= *Beihefte zur Zeitschrift für deutsche Philologie* 5): 94–98.

1990

25. Das Ostseefinnische 'im Kreise der germanischen Sprachen'. Zur neueren Konzeption in der germanisch-finnischen Lehnwortforschung. – Veenker, W. (ed.): *Vorträge und Referate der Finnougrischen Arbeitstagung 9.–11. Mai 1989 in Hamburg* (= *Veröffentlichungen der Societas Uralo-Altaica* 30): 35–40.

1991

26. Lehnprägungen nach slavischem Muster im Ungarischen. – *Wiener Slavistisches Jahrbuch* 37: 191–195.
27. Franz Bopp – Zum 200. Geburtstag (Mainz, 14.9.1791 – Berlin, 23.10.1867). – *Notitiae Austriacae* 129/130 (September/Oktober, Annus XI): 6.
28. Über einige vermeintliche Besonderheiten der Wortarten in den finnisch-ugrischen Sprachen. – *Linguistica Uralica* 27/1: 3–11.
29. [co-author with Fischer, H.] Zu Bartholomaes (jungavest.) *aēta-* 'das gebührende Teil'. – *Münchener Studien zur Sprachwissenschaft* 52: 9–13.

1992

30. Adami, Mihály; Beregszászi Nagy, Pál; Bél, Mátyás; Gyarmathi, Sámuel; Klein, Ephraim. – Brekle, E. et al. (eds.): *Bio-bibliographisches Handbuch zur Sprachwissenschaft des 18. Jahrhunderts*, Tübingen.

1994

31. Arm. *čitak* ‘Halskette’ (Łaz. Pʿarp. 50). – *Iranian and Indo-European Studies* (Memorial Volume of Otakar Klíma), Praha: 225–227.
32. Uralische Evidenz für die Laryngaltheorie? – *Philologica Fenno-Ugrica* 1: 3–8.

1994/1995

33. Zur Palatalitätskorrelation im Wepsischen. – *Finnisch-Ugrische Mitteilungen* 18/19 (= *IV. Internationales Symposium „Uralische Philologie" in Hamburg 4.–8. September 1989*): 115–120.

1995

34. Über das Alter der baltischen Elemente des ostseefinnischen Wortschatzes. – *Linguistica Baltica* 4/2: 193–198.

1996

35. Zum baltoslavischen ‘epexegetischen’ finalen Infinitiv und seiner ostseefinnischen Entsprechung. – Freidhof, G. / Kuße, H. / Schindler, F. (eds.): *Slavische Sprachwissenschaft und Interdisziplinarität* (= *Specimina Philologiae Slavicae* 106), München: 155–160.
36. Zum Supinum im Ostseefinnischen, Lappischen und Baltischen. – Leskinen, H. (ed.): *Congressus Octavus Internationalis Fenno-Ugristarum: Jyväskylä, 10.–15.8.1995. Pars III. Sessiones sectionum. Phonologia & Morphologia*, Jyväskylä: 183–188.

1997

37. Armen. *erekʿmatean* (Ezn. 195). – Ofitsch, M. (ed.): *Liebe, Eros und Zuneigung in der Indogermania. Akten des Symposiums zur indogermanischen Kultur- und Altertumskunde in Graz (29.–30. September 1994)*, Graz: 87–91.
38. Fälle von „sporadischem Lautwandel" in bairischen, slavischen und italienischen Lehnwörtern des Ungarischen. – *Österreichische Namenforschung* 25: 197–205.
39. Zu einigen Wörtern ostiranischer Provenienz im Armenischen. – *Acta Orientalia Hungarica* 50/1–3: 199-203.

1998

40. Az Ehrenfeld-kódex latin megfelelőjéhez. – Monok, I. / Sárközy, P. (eds.): *La civiltà ungherese e il christianesimo. Atti del IV. Congesso Internazionale di Studi Ungheresi (Roma - Napoli 9–14 settembre 1996.)*, Budapest–Szeged: 507–516.
41. Die Bedeutung des Altpreußischen bei der Frage der baltischen Lehnwörter des Ostseefinnischen. – Smoczyński, W. (ed.): *Colloquium Pruthenicum Secundum. Papers from the Second Conference on Old Prussian Held in Mogilany near Kraków, October 3rd–6th*, Kraków: 147–151.

42. Fahren und Reiten im Ostseefinnischen. – Anreiter, P. / Bartosiewicz, L. / Jerem, E. / Meid, W. (eds.): *Man and the Animal World. Studies in Archaeozoology, Anthropology and Palaeolinguistics in memoriam Sándor Bökönyi* (= *Archaeolingua* 9), Budapest: 707–712.
43. Zu den Reflexen der baltischen Liquiddiphthonge im Ostseefinnischen. – *Res Balticae* 4: 119–203.

1999

44. Verwendungstypen des Partitivs in den ostseefinnischen Kontaktsprachen des Russischen. – Grünberg, K. / Potthoff, W. (eds.): *Ars Philologica. Festschrift für Baldur Panzer zum 65. Geburtstag*, Frankfurt/Main–Berlin–New York–Paris–Wien: 349–353.

1999/2000

45. Präliminarien zu einer Entgegnung. – *Ural-Altaische Jahrbücher, Neue Folge* 16: 261–264.

2000

46. Slawisch, italienisch oder deutsch? Zur Frage der Herkunft einiger europäischer Kulturwörter des ungarischen Wortschatzes. – Fusco, F. / Orioles, V. / Parmeggiani, A. (eds.): *Processi di convergenza e differenziazione nelle lingue dell'Europa medievale e moderna. Atti del Convegno Internazionale, Udine 9–11 dicembre 1999.*, Udine: 305–313.
47. Zum Äquativ in finnisch-ugrischen und indogermanischen Sprachen. –Anreiter, P. / Jerem, E. (eds.): *Studia Celtica et Indogermanica* (Festschrift für Wolfgang Meid zum 70. Geburtstag) (= *Archaeolingua* 10), Budapest: 365–375.

2001

48. Zenob Glak, P^{c}awstos Biwzandac^{c}i, Ignatios Vavdapet, Grigor Narekac^{c}i. – [Lehrstuhl für türkische Sprache, Geschichte und Kultur, Universität Bamberg, Staatsbibliothek Bamberg (eds.)]: *The beginning of Printing in the Near and Middle East. Jews, Christians and Muslims*, Wiesbaden: 11–14.

2002

49. Das Kochbuch der Anna Bornemisza als Sprachdenkmal. – Anreiter, P. / Ernst, P. / Hausner, I. (eds.) [in cooperation with Kalb, H.]: *Namen, Sprachen und Kulturen. Imena, Jeziki in Kulture* (Festschrift für Heinz Dieter Pohl zum 60. Geburtstag), Wien: 681–684.
50. Der Eintritt der Ostseefinnen in die 'europäische' Geschichte. – Gulya, J. (ed.): *Konfrontation und Identifikation. Die finnisch-ugrischen Sprachen und Völker im europäischen Kontext* (= *Veröffentlichungen der Societas Uralo-Altaica* 50), Wiesbaden: 54–60.

51. Ex Septentrionibus lux? – Laryngaltheorie und Uralistik. – Eichner, H. / Mumm, P.-A. / Panagl, O. / Winkler, E. (eds.): *Fremd und Eigen. Untersuchungen zu Grammatik und Wortschatz des Uralischen und Indogermanischen in memoriam Hartmut Katz*, Wien: 223–227.
52. Towards determining the terminus ante quem of the beginning of Protogermanic-Fennic contacts. – Blokland, R. / Hasselblatt, C. (eds.): *Finno-Ugrians and Indo-Europeans: Linguistic and Literary Contacts. Proceedings of the Symposium at the University of Groningen. November 22–24, 2001* (= *Studia Fenno-Ugrica Groningana* 2), Maastricht: 319–326.
53. Zu einer baltischen Reaktion auf fragwürdige germanisch-ostseefinnische Lehnwortforschung. – *Linguistica Baltica* 10: 147–151.
54. Zur Herkunft von ung. *vászon* 'Leinwand'. – *Studia Etymologica Cracoviensia* 7: 85–88.

2003

55. Die Baltismen des Ostseefinnischen und die türkischen/iranischen Elemente des Ungarischen. – *Studia Etymologica Cracoviensia* 8: 154–168.

2003

56. Ahd. *ôstarrîchi* zwischen Appellativum und Toponym. – Bernhard, G. / Kattenbusch, D. / Stein, P. (eds.): *Freundschaftsgabe für Josef Felixberger zum 65. Geburtstag*, Regensburg: 185–188.
57. Zu einem vermeintlichen Lautwandel **o* > *á* in einigen slavischen Lehnwörtern des Ungarischen. – *Studia Etymologica Brunensia* 2: 229–231.

2004

58. A Murmellius-féle latin szójegyzék. – Di Francesco, A. / Nagy, L.K. (eds.): *Lengyelek és magyarok a XVI. századi Európában. Balassi Bálint és Báthory István kora. Tanulmányok a 2004. április 27–28-án Krakkóban megrendezett nemzetközi konferencia anyagából*, Kraków: 217–222.
59. Das Germanische und die nordöstlichen Anrainersprachen. – Poschenrieder, Th. (ed.): *Die Indogermanistik und ihre Anrainer. Dritte Tagung der Vergleichenden Sprachwissenschaftler der Neuen Länder. Stattgehabt an der Ernst-Moritz-Arndt-Universität zu Greifswald in Pommern am 19. und 20. Mai 2000* (= *Innsbrucker Beiträge zur Sprachwissenschaft* 109), Innsbruck: 259–275.
60. NWGerm $*\bar{e}_1 > \bar{a}$ und einige 'urgermanische' Lehnwörter des Ostseefinnischen. – Wischer, I. / Fritz, M. (eds.): *Historisch-Vergleichende Sprachwissenschaft und Germanische Sprachen. Akten der 4. Neuland-Tagung der Historisch-Vergleichenden Sprachwissenschaft. Potsdam, 22.–23. Juni 2001* (= *Innsbrucker Beiträge zur Sprachwissenschaft* 113), Innsbruck.
61. [co-author with Sowa, W.] Greek-Armenian Isoglosses and the Ancient Greek Dialects. – Margariti-Rogka, M. / Papanastasiou, G. / Liosis, N. (eds.):

Proceedings of the 24th Annual Meeting of the Department of Linguistics Aristotle University of Thessaloniki 9–11 May 2003 (= *Studies in Greek Linguistics* 24), Thessaloniki: 645–656.

62. Zur Etymologie von lat. *lignum*. – Hyllested, A. et al. (eds.): *Per aspera ad asteriscos. Studia Indogermanica in honorem Jens Elmegard Rasmussen sexagenarii Idibus Martiis anno MMIV*, Innsbruck: 478–490.

2005

63. Luthers Katechismus als Sprachdenkmal im Baltikum. – Meiser, G. et al. (eds.): *Die Reformation und das Baltikumprachkontakt und Sprachwandel. Akten der XI. Fachtagung der Indogermanischen Gesellschaft in Halle/S., 17.–23. September 2000*: Halle/S.: 28–32.
64. Zur Frage der uralischen Evidenz für die Laryngaltheorie. – Meiser, G. et al. (eds.): *Sprachkontakt und Sprachwandel. Akten der XI. Fachtagung der Indogermanischen Gesellschaft in Halle/S., 17.–23. September 2000*, Halle/S.
65. Zur Herkunft von fi. *mäyrä* 'Dachs'. – Hasselblatt, C. / Koponen, E. / Widmer, A. (eds.): *Lihkkun lehkos! Beiträge zur Finnougristik aus Anlass des sechzigsten Geburtstages von Hans-Hermann Bartens*, Wiesbaden 2005.

2005/2006

66. Zu den ungarisch-iranischen Lehnbeziehungen. – *Philologia Fenno-Ugrica* 11–12: 33–35.

2006

67. Zum finalen Infinitiv im Ostseeraum. – Nuorluoto, J. (ed.): *Die Slavisierung Nordrusslands. Mechanismen und Chronologie* (= *Slavia Helsingiensia* 27), Helsinki: 322–327.
68. Zum Kasusverhalten der altarmenischen Präposition *ënd* 'mit'. – Krasnowolska, A. / Maciuszak, K. / Mękarska, B. (eds.): *In the Orient Where the Gracious Light... Satura orientalis in honorem Andrzej Pisowicz*, Kraków: 83–87.
69. Zur Frage der Reste indogermanischer Dichtersprache im Armenischen. – Pinault, G.J. / Petit, D. (eds.): *La Langue Poétique Indo-Europeénne. Actes du Colloque de travail de la Société des Etudes Indo-Européennes (Indogermanischen Gesellschaft/Society for Indo-Eurpean Studies), Paris 22–24 octobre 2003*, Paris: 413–417.

2007

70. A magyar nyelv korai újfelnémet elmei – különös tekintettel a jövevényszókutatás módszerére. – Maticsák, S. / Jankovics J. / Kolláth, A. / Nyerges, J. / Péntek, J. / Hoffmann, I. / Juhász, D. (eds.): *Nyelv, nemzet, identitás. A VI. Nemzetközi Hungarológiai Kongresszus (Debrecen, 2006. augusztus 22–26.) nyelvészeti előadásai*, Budapest–Debrecen: 269–275.

2009

71. Lat. *mēlēs*. – *Graecolatina et Orientalia* 31–32: 83–86.
72. Uridg. **r* im Armenischen. – Pirart, É. / Tremblay, X. (eds.): *Zaratushtra entre l'Inde et l'Iran. Études indo-iraniennes et indo-européennes offertes à Jean Kellens à l'occasion de son 65e anniversaire*, Wiesbaden: 251–253.

Reviews

1971

1. Schlachter, W., 1968, *Arbeiten zur strukturbezogenen Grammatik auf der Grundlage finnisch-ugrischen und indogermanischen Materials*, München. – *Indogermanische Forschungen* 76: 228–238.

1974/1975

2. Heller, G. / Nehring, K., 1973, *Comitatus Sirmiensis* (= *Die historischen Ortsnamen von Ungarn* 1), München. – *Ungarn-Jahrbuch* 6: 303–304.

1977

3. Nehring, K., 1974, *Comitatus Bachiensis et Bodrogiensis* (= *Die historischen Ortsnamen von Ungarn* 2), München. – *Ungarn-Jahrbuch* 8: 265–266.

1978/1979

4. Ostroumov, N. G., 1977, *Die Wogulen (Mansi)* [translated from Russian by Oestreich-Geib, K.], München. – *Kratylos* 23: 208f.

1980

5. Zimmermann, F., 1980, *Historisch-ethnographische Analyse der deutschen Siedlung im Pressburgerland*, Wien. – *Österreichische Namenforschung* 8: 49–54.

1981

6. Zimmermann, F., 1980, *Historisch-ethnographische Analyse der deutschen Siedlung im Pressburgerland*, Wien. – *Österreichische Zeitschrift für Außenpolitik* 21/2: 170f.

1982/1983

7. Kálmán, B., 1978, *The World of Names. A Study in Hungarian Onomatology*, Budapest. – *Kratylos* 27: 218–220.

1984

8. Schubert, G., 1982, *Ungarische Einflüsse in der Terminologie des öffentlichen Lebens der Nachbarsprachen*, Berlin. – *Wiener Slavistisches Jahrbuch* 30: 184–187.

1985

9. Greppin, J.A.C., 1978, *Classical and Middle Armenian Bird Names*, Delmar–New York. – *Kratylos* 30: 180–183.
10. Greppin, J.A.C. (ed.), 1978, *First Conference of Armenian Linguistics: Proceedings*, Delmar–New York. – *Kratylos* 30: 178f.
11. Hadrovics, L., 1985, *Ungarische Elemente im Serbokroatischen*, Köln–Wien. – *Wiener Slavistisches Jahrbuch* 31: 225–231.
12. Schiefer, L. / Schiefer, E., 1982, *Lexikon der ostjakischen Sprache. II. Dialekt von Vasjugan*, München. – *Kratylos* 30: 220f.

1986

13. Behrens, L., 1982, *Zur funktionalen Motivation der Wortstellung: Untersuchungen anhand des Ungarischen*, München. – *Papiere zur Linguistik* 34: 61–64.
14. Hofstra, T., 1985, *Ostseefinnisch und Germanisch. Frühe Lehnbeziehungen im nördlichen Ostseeraum im Lichte der Forschung seit 1961*, Groningen. – *Ural-Altaische Jahrbücher, Neue Folge* 6: 241–244.

1988

15. Häkkinen, K., 1987, *Nykysuomen sanakirja. Etymologinen sanakirja*, Porvoo–Helsinki–Juva. – *Ural-Altaische Jahrbücher, Neue Folge* 8: 222–224.

1991

16. Groundstroem, A., 1988, *Finnische Kasusstudien* (= *Acta Universitatis Umensis. Umea Studies in the Humanities* 87), Umea. – *Ural-Altaische Jahrbücher, Neue Folge* 10: 188–194.

1992

17. Behrens, L., 1989, *Textanalyse und Sprachwandel. Historische Syntax des Ungarischen: ein empirisches Modell*, Frankfurt/Main–Bern–New York–Paris. – *Zeitschrift für Sprachwissenschaft* 11: 139–147.
18. Grönholm, M., 1988, *Ruotsalaiset lainasanat Turun murteessa*. – *Ural-Altaische Jahrbücher, Neue Folge* 11: 263–266.

1993

19. Kylstra, A.D. / Hahmo, S.-L. / Hofstra, T. / Nikkilä, O., 1991, *Lexikon der älteren germanischen Lehnwörter in den ostseefinnischen Sprachen*, vol. 1: A–J, Amsterdam–Atlanta, GA. – *Studies in Language* 17: 261–263.

1994/1995

20. Hajdú, P., 1991, *Az uráli nyelvészet alapkérdései*, Budapest. – *Philologia Fenno-Ugrica* 1: 29–32.

1996

21. Itkonen, E. et al. (eds.), 1992, *Suomen sanojen alkuperä. Etymologinen sanakirja* vol. 1: A–K, Jyväskylä. – *Eurasian Studies Yearbook* 68: 234–236.

1998

22. Itkonen, E. et al. (eds.), 1992, *Suomen sanojen alkuperä. Etymologinen sanakirja*, vol. 2: L–P, Jyväskylä. – *Eurasian Studies Yearbook* 70: 202–205.
23. Kylstra, A.D. / Hahmo, S.-L. / Hofstra, T. / Nikkilä, O., 1996, *Lexikon der älteren germanischen Lehnwörter in den ostseefinnischen Sprachen*, vol. 2: K–O, Amsterdam–Atlanta, GA. – *Studies in Language* 22: 744f.
24. Gulya, J. (ed.), 1995, [J.E. Fischer:] *Vocabularium Sibiricum (1747). Der etymologisch vergleichende Anteil* (= *Opuscula Fenno-Ugrica Gottingensia* 7), Frankfurt/Main – *Göttingische Gelehrte Anzeigen* 250: 1/2: 130–135.

2001

25. Liukkonen, K., 1999, *Baltisches im Finnischen* (= *Mémoires de la Société Finno-Ougrienne* 235), Helsinki. – *Res Balticae* 7: 229–231.

2006

26. Katz, H., 2003, *Studien zu den älteren indoiranischen Lehnwörtern in den uralischen Sprachen*, Heidelberg. – *Ural-Altaische Jahrbücher, Neue Folge* 20: 252–257.

2007

27. A. Molnár, F., 2006, *A legkorábbi magyar szövegemlékek*, Debrecen. – *Linguistica Uralica* 43: 3.
28. Zaicz, G. (ed.), 2006, *Etimológiai szótár. Magyar szavak és toldalékok eredete*, Budapest. – *Ural-Altaische Jahrbücher. Neue Folge* 21: 207.

Compiled by Michał Németh and Wojciech Sowa

Languages and Cultures in Research and Education
pp. 25–29

Grzegorz Bubak
(Kraków)

Jagelló Egyetem Magyar Filológiai Tanszéke húsz éve (1989–2009)

A magyar filológiai oktatás Jagelló Egyetemen való megindításának gondolata a Magyarországgal különféle módon kapcsolatban álló emberek agyában már a nyolcvanas évek elején kikristályosodott. Mégis csak 1987-ben határozta el a Filológiai Kar Tanácsa egyhangúlag Magyar Filológiai Tanszék megalakítását a Kar keretén belül. Az indoklásban Krakkónak és a Jagelló Egyetemnek a lengyel és magyar művelődésben, az országaink történelmében játszott fontos szerepére irányították a figyelmet. Nem ok nélkül működött Magyar Intézet Krakkóban a második világháború után, az Egyetemen magyar nyelvi lektorátus sok évig, pontosan 1969-től. Kezdetben az Orientalisztikai Tanszéken, majd Intézetben, a nyolcvanas évek elejétől pedig mint a központi lektorátus része.

Az előkészítő idő után – bár a Kar hajlandó volt meghirdetni a felvételi vizsgákat már ebben az évben (1987) – az első hallgatók a tanulást csak az 1989/90 tanévben kezdhették meg, mert a formális eljárások sokáig tartottak. Az Egyetem Rektora létre hívta a Tanszéket már 1988. februárjában, utána az Oktatási Minisztérium beleegyezésére várakoztak. Ez a beleegyezés a rektor kezéhez júliusban ért el: „rektor úrhoz, jagelló egyetem, krakkó, a minisztérium tájékoztatja, hogy miniszter polgár július 6. napról származó döntéssel a magyar filológiai létesítésére 89/90 tanévtől kifejezte beleegyezését". Felvételi határ 10 fő volt, mindenekelőtt hely- és az oktatói gárda alacsony létszáma miatt.

Azt, hogy a magyar nyelvet sokan tartották és tartják egzotikusnak, bizonyítja az a tény is, hogy a három részből álló felvételi vizsgákat a potenciális hallgatók az arab, japán és török tanszék diákjaival együtt tették le. Stanisław Stachowski professzor urat az Orientalista Filológiai Tanszékről, kiváló nyelvészt és a magyar ügyek barátját nevezték ki vezetőnek. Az oktatók többek közt dr. Kamocki Etelka és Dósa Márta magiszter voltak. Eredetileg 35 óra volt a heti oktatási idő. 18 óra jutott a szaktárgyakra, 17 óra más tantárgyakra. Az egyetem vezetősége nagyon számított Wacław Felczak professzor segítségére és tudására, aki a magyar történelem területén fontos szaktekintély volt, de súlyos betegsége lehetetlenné tette, hogy munkát vállaljon.

A különféle technikai nehézségek ellenére – megfelelő helyiség hiánya, szerény könyvtár és kezdetben alacsony létszámú oktatói csapat – tanszékünk az elmúlt húsz év alatt folyamatosan jó hírnévre tett szert nemcsak a Jagelló Egyetemen, hanem szerte Európában, szinte valamennyi hungarológiai központban. Éppen a szerteágazó nemzetközi kapcsolatoknak köszönhetően lehetséges a tanszék további tudományos fejlődése, illetve az oktatás színvonalának tökéletesítése. Kezdettől fogva a tanszék együttműködött egyetemi központokkal Budapesten, Debrecenben és Pécsett, meghívta az ottani felsőoktatási intézmények előadóit Krakkóba. Az utóbbi években különösen intenzívvé vált az oktatói és hallgatói mobilitás, tudományos ösztöndíjak igénybe vétele, a kongresszusokon, konferenciákon való részvétel.

Kezdetben a krakkói magyar filológia az Instytut Badań Polonijnych épületében kapott helyet (most már nem létezik) a Krupnicza utcán, a Collegium Paderevianum közelében. Ez az elhelyezés kedvezett a csaknem családias légkör kialakításának, amelyet elsősorban dr. Kamocki Etelkának köszönhettünk, aki az elsőéves hallgatóknak az előadások nagyobb részét tartotta. Az első, „történelmi" felvételi vizsga után kb. 10 hallgató vehette át indexét a magyar filológiára, azaz kezdte el a tanszék történetének írását. Az oktatás később a Mickiewicz sugárúton lévő épületben folyt, amelyet ugyan az angol College-től kaptuk örökségként, de sajnos nem volt igazán alkalmas az eredményes munkára. Abban az időben hallgatóink közönséges lakószobákból átalakított termekben folytatták tanulmányaikat. Tanszékünk most a Collegium Novum mellett található, a Piłsudski Józef utcában. Itt már sikerült kialakítani néhány jól használható előadótermet, illetve helyet kapott a gyorsan gyarapodó könyvtár, amelyet nemcsak a mi hallgatóink használnak. A könyvtár fejlesztésében elévülhetetlen érdemet szereztek könyvtárosaink, egykor Jadwiga Plucińska, jelenleg Anna Lembas.

1995-ben Józef Bubak professzort nevezték ki tanszékvezetőnek, aki magyar egyetemeken több évig tanított, hungarológiai körökben számos kapcsolata volt.

Éppen ebben az időben kezdett a tanszék együttműködni a krakkói Boglári Szövetséggel és a tarnówi Bem József Lengyel–Magyar Barátság Társasággal. Sok értékes tervet, pl. lengyel és magyar versantológia kiadását a Magyar Köztársaság egykori főkonzuljának, Puskás Ferencnek a segítségével sikerült megvalósítanunk. Puskás főkonzul úr utódai is igen szívélyes kapcsolatot tartottak fenn tanszékünkkel. Kovács István professzor történelmi előadásokat hallgatóinknak, Nagyiványi Zoltán pedig mindig szívesen támogatta rendezvényeinket, azokon örömmel vett részt.

A sikerekhez kell számítani a Nápolyi Egyetem Magyar Filológiai Tanszékével való együttműködést, amelynek megkezdése Amedeo Di Francesco professzor nevéhez fűződik, aki hallgatóinknak a magyar irodalomról tartott előadássorozatot Krakkóban. Érdemes megjegyezni, hogy az említett együttműködés keretében szerveztük meg a Balassi Bálint alkotásainak, illetve a Báthory István korszakának szentelt konferenciát.

Az 1998/1999. tanévben sajnos nem ünnepelhettük vidáman a tanszék fennállásának 10. évfordulóját. Márciusban elhunyt tanszékvezető professzorunk, Józef Bubak. Helyére Marek Stachowski nyelvészprofesszor került, aki igyekezett folytatni az édesapja által pontosan tíz évvel korábban elkezdett művet. A mai napig igen hálásak vagyunk neki, hogy a Filológiai Kar dékánhelyettesi teendőinek ellátása mellett talált időt és erőt arra, hogy abban a nehéz időszakban biztosítsa a tanszék munkájának folyamatosságát.

2002. októbertől Nagy László Kálmán irodalomtörténész a Magyar Filológiai Tanszék vezetője, aki egyben a Debreceni Egyetem Szlavisztikai Intézetének igazgatója. Az oktatók száma hosszú évek óta 10. Ebben a tanévben még velünk dolgozik Ralf-Peter Ritter professzor a Frankfurti Johann Wolfgang Goethe Egyetemről. Az ő helyét előreláthatóan szintén külföldi fiatal vezető oktatóval fogjuk betölteni. Doktori tudományos fokozattal három adjunktus rendelkezik, Piotr Kowalczyk, Tátrai Szilárd és jómagam. Ígéretesen indul legfiatalabb kollégánk, Michał Németh tanársegéd tudományos pályafutása. A nyelvoktatást kiválóan felkészült nyelvtanárok végzik, akikről később teszek említést., A magyaron kívül – második finnugor nyelvként – észt nyelvet is oktatunk, amelynek gazdája Aarne Puu, aki neves költő és műfordító.

A folyamatosan változó egyetemi, oktatáspolitikai és munkaerőpiaci igényekhez alkalmazkodva tanszékünk vezetősége többször korszerűsítette az oktatási tervet. Nemritkán „élő szervezeten" való „műtétek" voltak ezek, és nemcsak a legidősebb végzettek emlékeznek olyan helyzetre, amikor a magasabb évfolyamok még a régi terv szerint tanultak, a fiatalabbak viszont már teljesen más tárgyakból vizsgáztak vagy számoltak be. Mindezt annak érdekében, hogy az ötéves tanulás, illetve a diploma megszerzése után végzettjeink ne „papír-filológusként" kezdjék pályafutásukat.

A magyar nyelv oktatása kezdettől fogva a tanterv fontos részét képezte. Az elmúlt évek alatt az órák mennyisége az egyes évfolyamokon szisztematikusan emelkedett, ez lehetőséget adott a hallgatóknak, hogy egyre intenzívebben használják a tanult nyelvet. A lengyel kolléganők – Małgorzata Stós és Lidia Żołnierek – munkáját hagyományosan magyar anyanyelvi lektorok segítik. A tanszék történetébe már beírta a nevét – időrendben sorolva – Dósa Márta, Galambos Csaba, Tallér Mária, jelenleg pedig Fórizs Emília.

A kollégáinkról szóló információkhoz érdemes hozzáfűzni, hogy napi munkánkban kezdettől fogva lelkiismeretes, és magas szakmai kompetenciákkal rendelkező titkárokra-ügyintézőkre támaszkodhattunk. Ezek a munkatársaink – Małgorzata Smulska, Krystyna Nalepa, illetve már ötödik éve Magdalena Rogóż – naprakészen követik az adminisztratív változásokat, és megteremtik a nyugodt és színvonalas oktatás logisztikai hátterét.

Az oktatás fontos részét alkotja még a magyar történelem, a leíró nyelvtan, a magyar irodalom története, amely tárgyakból előadásokat és gyakorlatokat tartunk.

Kezdetben saját előadó hiányában a mi kis tanszékünk a Karhoz fordult segítségért, pl. a történelem órákat Baczkowski docens és Cetnarowicz dr. tartották. Az említett tíz oktató közül négy már a mi tanszékünkön végzett: Lidia Żołnierek magiszter, Michał Németh magiszter, dr. Piotr Kowalczyk és dr. Grzegorz Bubak.

A diplomamunkák évente növekvő száma hallgatóink tudományos kutatásának széles területét foglalja magába – magyar irodalmat, történelmet, nyelvészetet és fordítás-elméletet. A tanszék irattára az elmúlt évek alatt kb. 120 szakdolgozattal gazdagodott, amelyeknek vezetői főleg a tanszék tanárai voltak. A bírálók gyakran a Filológiai Kar más intézeteinek, illetve tanszékeinek az alkalmazásában álltak. Ez magyarázza a szakdolgozatokban feldolgozott témák nagyfokú interdiszciplináris voltát, amelyek egy kultúra, nyelv, irodalom, vagy történet keretein messze túlmutatnak. Ez tény rendkívül örvendetes, mert azt mutatja, hogy Magyarország sajátosságai, különbözősége ellenére közös kulturális örökségünk kétségtelenül elszakíthatatlan eleme.

Ebben a kontextusban meg kell jegyezni, hogy a hungarológiai tanulmányok iránti érdeklődés folyamatosan növekszik, ami valamilyen mértékben biztosan a Magyar Köztársaságnak az Európai Unióba való belépésével áll kapcsolatban. Az uniós tagsággal jelentősen nő Magyarország gazdasági és politikai tekintélye, amely tényt az utóbbi évek belpolitikai problémái sem vonják kétségbe. A már említett érdeklődés egyik jele a jelentkezők magas száma: több mint négyszeres túljelentkezésről van szó. A sok jelentkező közül a legjobbak jutnak be, akik valódi tudást akarnak szerezni, alaposan meg akarják ismerni a magyar nyelvet és kultúrát. A hallgatók jelentős százaléka más szakon is folytat tanulmányokat. A különböző filológiák vagy más diszciplínák párosításával komoly mértékben növekszik annak az esélye, hogy végzettjeink versenyképes pozícióhoz jutnak a meglehetősen feszült munkaerőpiacon. A jelentkezők Lengyelország különféle területeiről származnak, gyakran nagyon távoliakról, ami azt igazolja, hogy nemcsak az ország déli részének lakóihoz áll közel a Magyarország iránti érdeklődés. Bár tanszékük a nagy hagyományú Jagelló Egyetem fiatal oktatási egységeihez tartozik, az elmúlt húsz év alatt hungarológiai tanulmányokat kezdett és indexet kapott több mint 270 hallgató. Ha ebből a számból a jelenlegi öt évfolyam hallgatóinak számát levonjuk, láthatjuk, hogy 1989 és 2004 között kettőszáz fő kezdte meg tanulmányait, akiknek több mint fele, kb. 120 hallgató szerezte meg a „magyar filológiai magisztere" diplomát szerzett.

Azt, hogy a tanszék már „érett kort" ért el, igazolja az első nemzetközi tudományos konferencia megszervezése, melyet Balassi Bálintnak életművének szenteltünk, a legnagyobb magyar reneszánsz költő születésének 450. évfordulója alkalmából. Ez a konferencia 2004 áprilisban volt, a tanszékünkön kívül még a Nápolyi Kelet-Európa Intézet Magyar Filológiai Tanszéke, valamint a budapesti Balassi Bálint Intézet voltak szervezőtársak. A kétnapos tudományos találkozáson Budapestről, Debrecenből, Egerből, Nápolyból, Poznanból, Varsóból és természetesen Krakkóból vettek részt oktatók. Különféle tudományokat reprezentáltak: történetet, irodalmat és művelődéstörténetet, nyelvészetet, érdekes előadások széles skáláját bemutatva.

A konferencia válogatott anyagának megjelentetése nemcsak a mi könyvtárunkat gazdagítja, hanem további kutatások folytatására ösztönzi hallgatóinkat.

A Magyar Filológiai Tanszék dolgozói számos hazai és külföldi tudományos konferencián vettek rész többek között Amsterdamban, Bécsben Berlinben, Debrecenben, Nápolyban, Poznanban és Varsóban. A különféle tudományos találkozások kontextusában nagyon örülünk a varsói és poznani testvér-hungarológiákkal való egyre szorosabb együttműködésének, amely minden bizonnyal az oktatási színvonalának emelkedésében és a didaktikus módszerek változatosságával fog kamatozni.

Meg kell jegyezni azt is, hogy nemcsak az oktatók hanem a hallgatók is hozzájárulnak ahhoz, hogy a Tanszék neve az egyetemi körökben ismertté vált. Hallgatóink rész vettek többek között a *Kolostorok és keresztény írásbeliség a szláv országokban* c. konferencián. Állandóan jelen vannak olyan egyetemi rendezvényeken mint a nyílt napok, amikor középiskolák végzős diákjai közt népszerűsítik a filológiai tanulmányokra, így a magyar szakra történő jelentkezést. A magyar szakon jelentős vonzerőt jelentenek az 1–6 hónap időtartamra szóló változatos ösztöndíj-lehetőségek, nyári egyetemi kurzusok, amelyeket diákjaink Magyarország jelentős tudományos központjaiban, Budapesten, Pécsett vagy Debrecenben vesznek igénybe. Hallgatóink nagy része hasznosan, az aktív és intenzív nyelvtanulás érdekében él ezzel a lehetőséggel. Túlzás nélkül mondhatjuk, hogy a Magyarországon folytatott egyetemi tanulmányok majdnem minden esetben pozitívan ösztönözték a további hallgatói munkát.

A Jagelló Egyetem történetében 20 év csak rövid pillanat, de ennyi idő alatt kiderült, hogy nemzetközi összehasonlításban is megálljuk a helyünket a külföldi hungarológiák közt. Hallgatóinkat a magyarországi kurzusokon szinte hagyományosan a legjobb csoportokba osztják be, végzés után jó állásokhoz jutnak a gazdasági élet legkülönbözőbb területein, ahol szükség van magyar nyelvtudásukra. Valamennyi eredményünk közös eredmény, közös munka gyümölcse. Az oktatói-kutatói munkában nemcsak az egyetem, illetve a Filológiai Kar támogatását élvezzük, hanem mellettünk állnak más szakmák képviselői, diplomaták, a lengyel–magyar barátság iránt elkötelezett személyek, akik szívügyüknek tekintik az országaik közti kapcsolatok ápolását. A jubileum alkalmából mindenkinek nagyon köszönjük!

grzegorzb@konto.pl
Katedra Filologii Węgierskiej
Uniwersytet Jagielloński

Languages and Cultures in Research and Education
pp. 31–42

Peter ANREITER
(Innsbruck)

Die hungarologisch relevanten Dokumente des Bestandes „Sigmundiana" im Tiroler Landesarchiv zu Innsbruck

Wie wohl in jedem Archiv, so sind auch im Tiroler Landesarchiv zu Innsbruck (TLA) die einzelnen Archivalien in gewisse Bestände gegliedert, welche jeweils „artgleiche" Dokumente umfassen. Neben den klassischen Beständen wie Urbaren, Urkunden, Katastern, Sammelakten, Handschriften (Codices), Kopialbüchern, historischen Karten, Mikrofilmen usw. beherbergt das TLA auch einen Bestand namens *Sigmundiana*, der zum Schriftgut der landesfürstlichen Hofkanzleien zu zählen ist und dort einen eigenen Subbestand darstellt. Diese Schriften, die nachträglich aus dem Bestand *Maximiliana* ausgegliedert wurden, bestehen aus Akten und Urkunden aus der Zeit Sigmunds (1427–1496), des Sohnes Herzog Friedrichs IV. (1382–1439) und der Prinzessin Anna von Braunschweig-Göttingen (1390–1432). Sigmund war zunächst Graf von Tirol, regierte außerdem ab 1458 die habsburgischen Gebiete Vorderösterreichs und fungierte ab 1477 auch als Erzherzog von Österreich. Sein Nachfolger war Maximilian I. (1459–1519), der deutsche König (ab 1486) und Kaiser des Heiligen Römischen Reiches Deutscher Nation (ab 1509).

Zur Zeit Sigmunds war der Vater Maximilians I., nämlich Friedrich III. (1415–1493), deutscher König (seit 1442) bzw. Kaiser (seit 1452). Alle Bemühungen, die böhmische und ungarische Krone zu erlangen, waren vergeblich. Es kam zu kriegerischen Auseinandersetzungen mit dem ungarischen König Matthias Hunyadi „Corvinus" (1443–1490), der von 1469–1490 (neben Georg von Podiebrad) auch böhmischer König war. Das Jahr 1477 war in mehrfacher Hinsicht ein bedeutendes Datum: in diesem Jahr wurde Graf Sigmund von Kaiser Friedrich III. zum Erzherzog von Österreich erhoben, schlossen die eidgenössischen Kantone Zürich, Bern, Luzern und Solothurn mit Sigmund die 1. Schweizer Erbeinung[1], heiratete Maximilian I. Maria von Burgund, und annektierte Matthias Corvinus die Steiermark und stieß nach Niederösterreich vor (wodurch weitere Kampfhandlungen vorprogrammiert waren).

In die Auseinandersetzungen zwischen Kaiser Friedrich III. und Matthias Corvinus war Sigmund direkt und indirekt involviert. Davon legt u. a. die Korrespondenz zwischen dem österreichischen Erzherzog und „seinem" Kaiser Zeugnis ab. Und diese Korrespondenz – aber natürlich auch andere Dokumente der landesfürstlichen Hofkanzlei Sigmunds – lagert in Innsbruck und wird in der genannten Sammlung „Sigmundiana" zusammengefasst.[2] Dieser Bestand umfasst 14 Kartons (in den Ausmaßen von je 29 × 16 × 39 cm) mit über 4000 Dokumenten aus einem Zeitraum von 1439–1491.[3] Als Findmittel fungieren das Repertorium Nr. 15 und eine elektronische Datenbank.[4] Von hungarologischem Interesse sind ca. 140 auf Papier geschriebene Urkunden und Akten, zu überwiegendem Teil Originale, aber auch Kopien und bloße Konzepte.

Inhaltlich lassen sich bei den hungarologisch relevanten Schriften zwei Themenkreise ausmachen, nämlich die Berichte über die Kriegshandlungen zwischen dem deutschen Kaiser und dem ungarischen König einerseits und die Ersuchen bzw. Bitten des Kaisers um Kriegshilfe gegen Ungarn andererseits. Im Folgenden seien die wichtigsten Dokumente in Regestenform chronologisch vorgestellt:

30.12.1477: Die Stadt Basel lehnt militärische Hilfe (*solich Kriegsubungen vnnd Hendel*) gegen den König von Ungarn (*Mathias Kunig ze Hungern*) ab, um welche sie Kaiser Friedrich III. ersucht hatte.[5]

8.4.1478: Kaiser Friedrich verschreibt dem ungarischen König für die Abtretung von Besitzungen in Österreich 100.000 Gulden: *Wir Friedrich* [...] *Bekennen* [...] *daz*

---

1 Zwischen den Eidgenossen und den Habsburgern wurde ein Vertrag geschlossen, in welchem Sigmund auf sämtliche ehemalige Besitzungen des Hauses Habsburg in der Schweiz verzichtete. (Die übrigen Schweizer Orte traten erst ein Jahr später bei). Allerdings wurde dieser Vertrag, der nicht nur eine Nichtangriffsklausel enthielt, sondern die beiden Parteien in Notzeiten zur gegenseitigen Hilfe verpflichtete, von Kaiser Friedrich III. nicht anerkannt.

2 Einige Dokumente wurden aus thematischen bzw. archivalischen Gründen an das Wiener Haus-, Hof- und Staatsarchiv übermittelt.

3 Die ältesten hungarologisch relevanten Schriften befinden sich jedoch nicht im Bestand „Sigmundiana", sondern in den Handschriften (z. B. in Tiroler Rechnungsbüchern von 1296 und 1298 [= TLA, Cod. 280, fol. 4, 12, 15, 82]) und in der sogenannten „Urkundenreihe I". Die älteste Urkunde – allerdings nur eine **Kopie**, aber immerhin die Kopie einer Papsturkunde – stammt aus dem Jahre 1364 (= Urk. I 3553), das älteste Urkunden**konzept** wurde 1421 verfasst (= Urk. I 4101/5) und die älteste Urkunde, die im **Original** vorliegt, trägt das Datum 15.1.1435 (= Urk. I 3678).

4 Vgl. Beimrohr 2002: 67.

5 TLA, Sigm. 01.08.1 (alte Signatur: Max. 1.08; lfd. Nr. 514), Original, Format 40 × 30 cm, rückseitig aufgedrücktes Siegel abgefallen.

[...] *Kunig Mathias von vnsern Fürstenthumb Österreich vnnd ob der Enns von Abtretung wegen der Stett, Slosser, Merckht vnd Zusässen, so er daselbs zu Österreich noch Innehat, Hunderttausend Gulden sullen gegeb(e)n werd(e)n, daz wir dem genant(e)n Künig Mathias(e)n von vnnser(e)n kaiserlich(e)n wortten zugesagt vnd versproch(e)n haben.*[6]

5.5.1479: Bischof Lorenz von Gurk übermittelt Kaiser Friedrich ein Schreiben des ungarischen Königs betreffend das Erzbistum Salzburg: *Mathias Kůnig zu Hungern* [...] *mein gnedig(er) Herr hat mir von des Stiffts weg(e)n zu Saltzpurg yetz geschrib(e)n.*[7]

8.4.1480: König Matthias legt Graf Leonhard von Görz (*Leonhart(e)n Grauen zw Gőrz vnnsern lieb(e)n Freund*) seinen Standpunkt in den Auseinandersetzungen mit Kaiser Friedrich dar.[8]

4.6.1480: Bischof Philipp von Bamberg entschuldigt sich bei Kaiser Friedrich in aller Form, dass er das vereinbarte Truppenkontingent für den Krieg gegen die Ungarn nicht nach Linz schicken könne, weil er im eigenen Land in schwere Fehden verwickelt sei.[9]

18.12.1480: König Matthias rechtfertigt sich beim Markgrafen Albrecht von Brandenburg wegen des Vorwurfs, am Zwiespalt zwischen ihm und Kaiser Friedrich (*differencie inter nos et suam Maiestatem*) schuld zu sein.[10]

18.12.1480: Schreiben des ungarischen Königs Matthias an Erzbischof Ruprecht (Robert) von Köln wegen des Friedensschlusses mit Kaiser Friedrich (*nobiscum agere* [...] *bonam pacem et concordiam*), damit dann gemeinsam gegen die Türken

---

[6] TLA, Sigm. 04b.008 (alte Signatur: Max. 4a.28; lfd. Nr. 595), Kopie, Format 2°, 2 Bl.

[7] TLA, Sigm. 14.0687, Original, Format 22 × 15 cm, rückseitig aufgedrücktes Siegel beschädigt. – Lorenz von Freiberg entstammte einem alten Kärntner Adelsgeschlecht und war von 1478 bis zu seinem Tode (1487) Bischof von Gurk. Zu seiner Zeit fielen die Türken in Kärnten ein und besetzten die Ungarn 1479 die Orte Friesach und Althofen. (Hintergrund war die Tatsache, dass der Salzburger Erzbischof Bernhard von Rohr (1421–1487), der dort Besitzungen hatte, sich von König Matthias Corvinus zum Widerstand gegen den deutschen Kaiser bewegen ließ. Der Erzbischof verbündete sich mit dem ungarischen König und überließ ihm im Vertrag von 1479 die Burgen in Kärnten und in der Steiermark).

[8] TLA, Sigm. 01.81.3 (alte Signatur: Pestarchiv II/524), Kopie, Format 2°.

[9] TLA, Sigm. 01.25, Original, Format 31 × 27 cm, rückseitig aufgedrücktes Siegel in Resten vorhanden. Allerdings wurde dieses Dokument an das Wiener Haus-, Hof- und Staatsarchiv abgetreten. – Philipp Graf von Henneberg-Aschach-Römhild war von 1475–1487 Fürstbischof des Hochstifts Bamberg. Während dieser Zeit war er in Konflikte nicht nur mit dem Bamberger Domkapitel, sondern auch mit dem Markgrafen Albrecht Achilles verwickelt. Dieser weigerte sich, die sogenannte Türkensteuer (= finanzielle Abgaben an den Kaiser während der Türkengefahr) abzuliefern, worauf die Bamberger und Würzburger Bischöfe über ihn den Kirchenbann und das Interdikt (= Einstellung jedweder gottesdienstlicher Handlungen) verhängten.

[10] TLA, Sigm. 04a.041.2, Kopie. – Albrecht Achilles von Brandenburg (1414–1486) war als Albrecht I. Markgraf von Ansbach und Kulmbach sowie später als Albrecht III. Kurfürst von Brandenburg.

vorgegangen werden könne (*vt succursu et assistencia sue maiestatis et aliorum sacri imperij principum perfidi hostis inmanitas a ceruicibus xp(ist)ianis repellatur*).[11]

1480: König Matthias nimmt Graf Leonhard (*Leonhärten phallenzgrauen in Kernden, Graue zu Gorz vnd zu Tyrol*) mit 100 gerüsteten Pferden (*mit hundert phärden wol gerüst*) gegen eine jährliche Zahlung von 5000 Golddukaten in seinen Sold (*zu Vnnsern dyener*) auf.[12]

11.8.1481: Hans Lanz von Liebenfels berichtet Erzherzog Sigmund über Bündnisverhandlungen zwischen den Eidgenossen und dem ungarischen König (*das sich die Aÿ(d)g(e)nosen verschriben* [...] *hilf vnd bÿstand zu tun*).[13]

25.6.1481: Georg von Absberg berichtet nach seiner Rückkehr von Buda nach Wien (*von Ofen gen Wienn*) Erzherzog Sigmund über die Kriegsereignisse in Ungarn.[14]

1481: Bericht über die Beratungen am Reichstag zu Nürnberg wegen des Friedensschlusses zwischen Kaiser Friedrich und dem ungarischen König (*pax int(er) Cesarem et Regem Hungariae*).[15]

5.3.1482 (Ausstellungsort: Wien): Ladung Kaiser Friedrichs an Lorenz, den Bischof von Gurk, weil dieser die am Reichstag von Nürnberg beschlossene Kriegshilfe gegen die Ungarn nicht geleistet hat: [...] *du aber bisher Vngehorsam erschinen vnd dar durch in die Pene, Straff vnd Puss in denselben ausgeganngen briefen begriffen verfallen bist*.[16]

15.3.1482 (Ausstellungsort: Wien): Ladung Kaiser Friedrichs an den Erzbischof von Gran (Esztergom), den Administrator des Erzbistums von Salzburg, wegen unterlassener Kriegshilfe gegen die Ungarn ([...] *Hilff vnd beÿstannd* [...] *durch deinen Vorfar(e)n noch dich* [...] *nit beschehen*).[17]

---

11 TLA, Sigm. 14.1161, Original, Format 29 × 24 cm, rückseitig aufgedrücktes Siegel in Resten vorhanden. – Ruprecht von der Pfalz (1427–1480) war Kurfürst und Erzbischof von Köln (1463–1480).

12 TLA, Sigm. 01.81.2, Kopie, Format 2°, 2 Bl.

13 TLA, Sigm. 04b.040 (alte Signatur: Pestarchiv XXXIX/51), Original, Format 2°, 2 Bl., rückseitig aufgedrücktes Siegel abgefallen. – Hans Lanz (eig.: Hans Bader, † vor 1502) war im außenpolitischen Dienst Erzherzog Sigmunds (und später König Maximilians) tätig und fungierte als Diplomat bei eidgenössischen Angelegenheiten.

14 TLA, Sigm. 01.12.06 (alte Signatur: Max. 1.12), Original, Format 2°, 3 Bl., rückseitig aufgedrücktes Siegel abgefallen.

15 TLA, Sigm. 01.20, Original, Format 22 × 19 cm. – De facto handelte es sich nicht um einen Friedensschluss, sondern lediglich um ein Waffenstillstandsabkommen. Doch bereits im März 1482 erklärte der ungarische König dem deutschen Kaiser offiziell den Krieg und gab als Grund „den allgemeinen Verhandlungsunwillen und die mangelnde Zusammenarbeit des Kaisers" (wörtlich: *et cooperari nullum modo voluit*) (Ackerl 1985: 78) an.

16 TLA, Sigm. 14.0747, Original, Format 39 × 30 cm, Siegel rückseitig aufgedrückt.

17 TLA, Sigm. 14.0749, Original, Format 44 × 30 cm, Siegel rückseitig aufgedrückt. – Johann III. Beckenschlager (1435–1489) war unter Matthias Corvinus zunächst Propst von Fünfkirchen (ungar.: *Pécs*) und später Bischof von Großwardein (ungar.: *Nagyvárad*, rumän.: *Oradea Mare*), dann Bischof von Eger, Erzbischof von Gran (ungar.: *Esztergom*)

23.5.1482 (Ausstellungsort: Freising): Bischof Sixtus von Freising[18] weist gegenüber Kaiser Friedrich die Behauptung des kaiserlichen Kammerprokurators zurück, er habe die in Nürnberg vereinbarte Kriegshilfe gegen die Türken und Ungarn (*wider d(ie) Tuͤrcken vnd den Kuͤnig von Vnngern*) nicht erbracht. Er betont, „*das ich mein anZahl zu Nuͤernberg auf mich geslagen, vor vnd nach der Zeit daselb fuͤrgenomen*“).[19]

21.6.1482 (Ausstellungsort: Zabern): Bischof Albrecht von Straßburg, Landgraf im Elsaß, bittet Kaiser Friedrich, ihn von der am Reichstag von Nürnberg beschlossenen Kriegshilfe gegen die Ungarn zu entbinden.[20]

27.6.1482 (Ausstellungsort: Antwerpen): Bischof Georg von Metz bittet Kaiser Friedrich, ihn von der am Reichstag von Nürnberg beschlossenen Kriegshilfe gegen die Ungarn zu entbinden.[21]

1.7.1482 (Ausstellungsort: Salzburg): Graf Balthasar von Schwarzburg bittet Kaiser Friedrich, ihn von der am Reichstag von Nürnberg beschlossenen Kriegshilfe gegen die Ungarn zu entbinden.[22]

20.7.1482: Graf Konrad von Fürstenberg bittet Kaiser Friedrich, ihn von der am Reichstag von Nürnberg beschlossenen Kriegshilfe gegen die Ungarn zu entbinden.[23]

27.11.1482 (Ausstellungsort: Wr. Neustadt): Ein gewisser Georg Schätzer berichtet Erzherzog Sigmund aus Wr. Neustadt (*Newenstat*)[24] über die Einfälle

---

und schließlich Primas von Ungarn. Er wechselte ins Habsburgerreich und wurde 1487 zum Erzbischof von Salzburg ernannt. Er war nicht nur Geistlicher, sondern auch als Diplomat Kaiser Friedrichs tätig.

18 Sixtus von Tannberg war von 1470 bis 1474 Bischof von Gurk und von 1474 bis 1495 Fürstbischof von Freising. – Vgl. Landersdorfer 1987: 103–113.

19 TLA, Sigm. 01.19.1 (alte Signatur: Max. 1.19; lfd. Nr. 959), Original, Format 31 × 26 cm, rückseitig aufgedrücktes Siegel nur mehr in Resten vorhanden.

20 TLA, Sigm. 14.1177 (alte Signatur: Max. 6.2; Sigm. 6.2; lfd. Nr. 944), Original, Format 29 × 41 cm, rückseitig aufgedrücktes Siegel abgefallen. – Albrecht von Pfalz-Mosbach (1440–1506) wurde 1478 zum Bischof von Straßburg ernannt.

21 TLA, Sigm. 14.1181 (alte Signatur: Max. 6.2; Sigm. 6.2; lfd. Nr. 914), Original, Format 30 × 25 cm, rückseitig aufgedrücktes Siegel abgefallen. – Markgraf Georg von Baden (1433–1484) war von 1459 bis zu seinem Tode Bischof in Metz.

22 TLA, Sigm. 14.1178 (alte Signatur: Max. 1.21; lfd. Nr. 982), Original, Format 31 × 33 cm, rückseitig aufgedrücktes Siegel nur mehr in Resten vorhanden.

23 TLA, Sigm. 14.1180 (alte Signatur: Max. 6.2; lfd. Nr. 947), Original, Format 32 × 30 cm, rückseitig aufgedrücktes Siegel abgefallen.

24 Im Sommer 1482 begann Matthias Corvinus nach einem Waffenstillstand mit den Osmanen Ostösterreich planmäßig anzugreifen. Hainburg, St. Veit an der Triesting, Enzersdorf an der Fischa und Güns (ungar.: *Kőszeg*) fielen im selben Jahr, 1483 musste Kaiser Friedrich Wien verlassen, am 9.4. desselben Jahres wurde Klosterneuburg erobert, 1484 wurde Bruck an der Leitha eingenommen. Am 14.8.1487 musste sich nach fast zweijähriger Belagerung Wiener Neustadt (ungar.: *Bécsújhely*), der Geburtsort Maximilians I., ergeben. Nach dem Tode des ungarischen Königs im Jahre 1490 wurde die Stadt von Maximilian zurückerorbert.

der Ungarn (*der Kuͤnig hat das Veldt allenthalben inne*). Er habe wollen nach Wien reiten, doch der Feind versperre ihm den Weg und liege schon am Wienerberg.[25]

1482 (Ausstellungsort: Braunschweig): Die Herzöge von Braunschweig (*Brunswigk*) und Lüneburg (*Luneborg*) bitten Kaiser Friedrich, sie von der am Reichstag von Nürnberg beschlossenen Kriegshilfe gegen die Ungarn und Türken zu entbinden.[26]

30.9.1484 (Ausstellungsort: Graz): Kaiser Friedrich fordert Erzherzog Sigmund auf, ihm im Kampf gegen die Ungarn 300 Fußknechte zu senden und diesen für fünf Wochen den Sold zu bezahlen.[27]

3.2.1485 (Ausstellungsort: Linz): Kaiser Friedrich ersucht Maximilian von Österreich, nach Frankfurt zu den versammelten Reichsfürsten zu kommen und diese zur gemeinsamen Hilfe gegen die Ungarn und Türken (*die lanng Zeit vnd Jar swerlichen auf vns gelegen sein*) zu bewegen. Der Kaiser berichtet außerdem, der Feind habe Korneuburg (*vnnser Stat Korn Newnburg*) erobert und sei mit drei Heeren nach Wien (*mit dreyen grossen heren fvr vnnser Stat Wienn*) gezogen.[28] Gleichzeitig würden die Ungarn und die mit ihnen verbündeten Türken Kärnten und Krain (*Kernndten vnd Krain*) bedrohen, während ein ungarisches Heer Richtung Steiermark (*in vnnsere Lannde der Steÿrmarck*) ziehe.[29]

25.7.1485 (Ausstellungsort: Stein): Georg von Ebenstein und Hans von Neuhaus (*Newenhaus*) berichten von ungarischen Bedrohungen ([...] *daz sich der Kuͤnig von Vngern fur vns slahen welle*) und ersuchen Erzherzog Sigmund, ihnen zwei Geschütze (*zwo slangen*) zu schicken, um besser Widerstand leisten zu können (*damit sie sich desterpass weren muͤgen*).[30]

26.7.1485 (Ausstellungsort: Stein): Georg von Ebenstein, Sigmund von Welsberg (*Welsperg*), Sigmund von Neideck (*Neideckg*) und Hans von Neuhaus (*Newenhauss*) setzen Erzherzog Sigmund davon in Kenntnis, dass die Ungarn Schönberg eingenommen hätten (*Schoͤnberg das der Kunigsperger gewesen ist hat der Kuͤnig auch In*).[31]

25 TLA, Sigm. 01.12.10 (alte Signatur: Max. 1.2), Original, Format 2°, 2 Bl., rückseitig aufgedrücktes Siegel abgefallen.

26 TLA, Sigm. 14.1179 (alte Signatur: Max. 6.2; Sigm. 6.2; lfd. Nr. 989), Original, Format 32 × 30 cm, rückseitig aufgedrücktes Siegel abgefallen.

27 TLA, Sigm. 01.12.14 (alte Signatur: Max. 1.12; lfd. Nr. 1191), Konzept, Format 2°, 2 Bl.

28 Am 1.6.1485 zieht der ungarische König nach viermonatiger Belagerung in die Stadt Wien ein.

29 TLA, Sigm. 01.12.15 (alte Signatur: Max. 1.12; lfd. Nr. 1278), Kopie, Format 2°, 2 Bl. – Grund für die Einberufung des Reichstages war die Tatsache, dass am 11.5.1484 die zum Entsatz Korneuburgs ins Feld gezogenen kaiserlichen Truppen gegen Matthias Corvinus eine vernichtende Niederlage in der Schlacht bei Leitzersdorf (politischer Bezirk Korneuburg, Niederösterreich) erlitten.

30 TLA, Sigm. 01.12.16 (alte Signatur: Max. 1.12; lfd. Nr. 1242), Original, Format 22 × 23 cm, rückseitig aufgedrücktes Siegel abgefallen.

31 TLA, Sigm. 01.12.17 (alte Signatur: Max. 1.12; lfd. Nr. 1243), Original, Format 2°, rückseitig aufgedrücktes Siegel abgefallen.

24.9.1485 (Ausstellungsort: Straßburg): Kaiser Friedrich erteilt Erzherzog Sigmund die Befugnis, die auf dem Reichstag von Nürnberg beschlossene Kriegshilfe gegen den ungarischen König von einigen Prälaten Südwestdeutschlands, die dieser Pflicht noch nicht nachgekommen sind, einzufordern.[32]

24.9.1485 (Ausstellungsort: Straßburg): Kaiser Friedrich erteilt Erzherzog Sigmund die Befugnis, vom Adelsbund „St. Georgenschild" (*Gesellschaft sand Georg(e)n Schild*) im Hegau[33] Kriegshilfe gegen die Ungarn einzufordern.[34]

24.9.1485 (Ausstellungsort: Straßburg): Die Eidgenossen werden ersucht, bedingungslos ihren Pflichten gegenüber dem deutschen Reich nachzukommen und Kriegshilfe gegen die Ungarn zu leisten.[35]

28.10.1485 (Ausstellungsort: Nürnberg): Kaiser Friedrich bittet Erzherzog Sigmund, er möge zum Reichstag nach Würzburg kommen, um dort zusammen mit ihm für eine Kriegshilfe gegen den ungarischen König einzutreten (*wider den Kunig von Hungern, Zurettung vnns(e)r erblichen Fuͤrstenthumb vnnd Lannde, mit In zu hanndeln vnd enntlichen zu besliessen*).[36]

9.1.1486 (Ausstellungsort: Köln): Kaiser Friedrich ersucht Erzherzog Sigmund, dem Hauptmann von Duino (*Tybein*)[37], Georg Elacher, zweihundert Erzknappen aus Primör (*Pramer*)[38] zu Hilfe zu schicken, falls der ungarische König (*der Kunig von Hung(er)n*), wie vernommen, erneut Istrien (*Karst*) angreifen sollte.[39]

1486: Bericht über die Verhandlungen am Reichstag zu Frankfurt. Neben der Wahl Erzherzog Maximilians zum deutschen König ([...] *bey den Churfuͤrsten gearbaitt ainen Roͤmischen Kuͤnig zu kiesen* [...] *Erzherzog Maximilian zů* [...] *Kuͤnig erwellt ist*) wurde v. a. über die Kriegshilfe gegen den ungarischen König (*Hilpf wid(er) den Kuͤnig von Vngern*) verhandelt.[40]

---

[32] TLA, Sigm. 01.12.20 (alte Signatur: Max. 1.12; lfd. Nr. 1355), Konzept, Format 2°. – Die zu stellenden Truppenkontingente sind am Rande des Dokuments vermerkt.

[33] Unter „St. Georgenschild" ist ein temporäres Bündnis von Adeligen, Prälaten und Geistlichen zu verstehen, die sich in Gebieten etablierten, die einer üblichen landesfürstlichen Regentschaft ermangelten (v. a. im Herzogtum Schwaben).

[34] TLA, Sigm. 01.12.21 (alte Signatur: Max. 1.12; lfd. Nr. 1356), Konzept, Format 2°.

[35] TLA, Sigm. 01.12.22 (alte Signatur: Max. 1.12; lfd. Nr. 1358), Konzept, Format 2°.

[36] TLA, Sigm. 01.12.24 (alte Signatur: Max. 1.12), Original, Format 32 × 22 cm, rückseitig aufgedrücktes Siegel nur mehr in Resten vorhanden.

[37] Duino-Aurisina ist eine Gemeinde in der Provinz Triest (Region Friaul-Julisch Venezien).

[38] Primör (ital. *Fiera di Primiero*) war von 1477 bis 1600 ein bedeutendes trentinisches Bergbaurevier (Eisenerz, Silber) und zählte neben den montanistischen Arealen von Judikarien, Nonsberg-Sulzberg und Pergine zu den ergiebigsten Revieren. Es ist sicherlich kein Zufall, dass just zu Beginn der Auseinandersetzungen zwischen dem ungarischen König und Kaiser Friedrich, nämlich im Jahre 1477, der Tiroler Landesfürst für das Bergrevier von Primör eine eigene Bergordnung erließ (die u. a. den landesfürstlichen Zehent enthielt).

[39] TLA, Sigm. 01.12.28 (alte Signatur: Max. 1.12; lfd. Nr. 1389), Original, Format 29 × 21 cm, rückseitig aufgedrücktes Siegel nur mehr in Resten vorhanden.

[40] TLA, Sigm. 01.12.30 (alte Signatur: Max. 1.12; lfd. Nr. 1492), Original, Format 2°, 6 Bl., rückseitig aufgedrücktes Siegel nur mehr in Resten vorhanden.

1486: Auflistung verschiedener Forderungen, mit denen sich Kaiser Friedrich an Erzherzog Sigmund und die Tiroler Landstände wendet. Es geht u. a. um die Forderung nach Bereitstellung von Geldmitteln für den Krieg gegen die Ungarn, also *Ertzhertzog Sigmunden* [...] *zu bitten, das sein lieb welle gemaine Lanndschaft von Irer M(aies)tet wegen auch ersuchen vnd bitten, damit sÿ Ir M(aies)tet mit Darleÿhung der* [...] *hunderttausent Guld(e)n nicht verlassen, sunder damit* [...] *zu willen werden.*[41]

31.5.1487–17.7.1487: Bericht von Abgesandten Erzherzog Sigmunds über die Reichstagsverhandlungen mit Kaiser Friedrich und den Kurfürsten, in denen u. a. die Kriegshilfe gegen Ungarn thematisiert wurde.[42]

29.9.1487 (Ausstellungsort: Bruck an der Mur): Herzog Albert von Sachsen nimmt die Einladung Erzherzog Sigmunds zum Tiroler Landtag nach Meran (*Meran*) nicht an ([...] *das wir* [...] *zu solchem landtag personnlich zu komen verhindert werden*), da er am Kriegszug gegen die Ungarn (*dem Konig von Vngarn vnd den feindten zu widerstant*) teilnehme.[43]

10.9.1489: Kaiser Friedrich fordert Graf Leonhard von Görz (*Liennhart(e)n Grauen zw Gőrtz*) unter Androhung von Sanktionen zu militärischer Hilfeleistung gegen die Ungarn auf. Bei Illoyalität werde der Kaiser gegen ihn mit entsprechenden Strafen wegen Majestätsbeleidigung (*bey den penen der Beleidung vnnser kaiserlich(e)n maiestat, zw Latein genannt pena criminis lese maiestatis*) vorgehen.[44]

10.12.1489 (Ausstellungsort: Linz): Kaiser Friedrich bezeichnet die kriegerischen Auseinandersetzungen mit dem ungarischen König als *vnpillichen Krieg so der Kunig von Hunngern, lanng Zeit her, on all redlich vrsach, gegen vnns vnd*

---

41 TLA, Sigm. 05.02 (alte Signatur: Max. 5.02), Original, Format 2°, 2 Bl., rückseitig aufgedrücktes Siegel vorhanden.

42 TLA, Sigm. 01.12.33 (alte Signatur: Ad lfd. Nr. 1561), Original, Format 2°, 6 Bl.

43 TLA, Sigm. 05.07, Original, Format 30 × 26 cm, Siegel rückseitig aufgedrückt.

44 TLA, Sigm. 01.81.1 (alte Signatur: Pestarchiv II/524), Original, Format 44 × 30 cm, rückseitig aufgedrücktes Siegel abgefallen. – Die tatsächliche oder vermeintliche Illoyalität Leonhards gegen Kaiser Friedrich hatte eine lange Vorgeschichte: im Jahre 1443 hatte Kaiser Friedrich mit den Grafen von Cilli (Celje) einen Erbschaftsvertrag geschlossen, wonach ihr Erbe an die Habsburger fallen sollte, wenn die Grafenlinie aussterbe. Allerdings bestand aus dem Jahre 1377 ein Erbschaftsvertrag zwischen den Grafen von Görz und Cilli, worauf sich Graf Johann von Görz berief. Es kam, nachdem Graf Ulrich II. von Cilli 1456 in Belgrad ermordet worden war und mit ihm die Linie ausgestorben war, zum Erbfolgekrieg um die Grafschaft Cilli. Kaiser Friedrich triumphierte über die Görzer Grafen, und im Frieden von Pusarnitz (1460) mussten diese ihren Besitz in Oberkärnten und den größten Teil der Herrschaft Lienz abtreten. Graf Leonhard von Görz, Sohn des Grafen Johann, trachtete sein ganzes Leben danach, die Besitzungen in Oberkärnten zurückzuerobern. Um seine Position gegenüber den Habsburgern und auch gegenüber Venedig, das die Grafschaft Görz gerne annektiert hätte, zu stärken, knüpfte er Kontakte zu König Georg von Böhmen und zu Matthias Corvinus und schloss mit diesem 1480 ein geheimes Freundschafts- und Beistandsabkommen. – Weiterführendes bei Pizzinini 2000.

vns(er)n Erblichen Fuͤrstenthumben vnd Lannden [...] *gevͤbet vnd gebraucht hat, vnd noch teglich tůt* und fordert Erzherzog Sigmund auf, er solle ihm für die Truppen Ausrüstung und Verpflegung schicken.[45]

Am 6.4.1490 stirbt Matthias Corvinus in Wien.[46] Dies wird in einem Sigmundiana-Dokument nur beiläufig erwähnt – in einer Archivalie, in welcher man es zunächst nicht erwarten würde: in einem am 11.4.1490 in Villach ausgestellten Schreiben wird über die Verhandlungen zwischen dem Papst und dem türkischen Sultan Bayazit über eine mögliche Freilassung seines gefangenen Bruders Cem (*Dschem*) berichtet.[47] Bezüglich des ungarischen Königs liest man: *auff den Abend hab in der Schlag geruͤert.*[48]

10.7.1490 (Ausstellungsort: Enns): Florian Waldauf teilt Erzherzog Sigmund mit, dass die Ungarn wieder aus Wien vertrieben worden seien (*Die von Wienn haben* [...] *des Romischen Kunigs dienstlewt eingelassen, vnd darnach* [...] *die Hungrischen ausgejagt*) und die Rückeroberung weiterer Städte bevorstehe.[49]

28.10.1490: Florian Waldauf berichtet Erzherzog Sigmund über Kaiser Maximilians Kriegszug in Ungarn (*An Sambstag ist die k(ö)n(igliche) M(aiestä)t vber die Rab* (= Raab) *gezogen vnd ziehen* [...] *auf Vesprym* (= Veszprém) *zu*).[50]

9.11.1490: Florian Waldauf berichtet Erzherzog Sigmund u. a. über die Einnahme der Stadt Veszprém durch Kaiser Maximilian (*Die k(önigliche) M(aiestä)t* [...] *zeucht gen Westprym, dieselb Statt vnd Sloss vnd dazu das ganz Bistumb Wisprem hat sich vns(er)m* [...] *Kunig vndt(er)worffen*).[51]

---

45 TLA, Sigm. 01.12.35 (alte Signatur: Max. 1.12), Original, Format 44 × 30 cm, rückseitig aufgedrücktes Siegel nur mehr in Resten vorhanden.

46 Damit fällt Österreich wieder an die Habsburger zurück, und Vladislav II. wird am 21.9.1490 zum König von Ungarn gekrönt.

47 Zu dieser Zeit war Bayazit II. (1447–1512), Sohn Mehmets II. (1432–1481), Sultan des Osmanischen Reiches. Die Auseinandersetzungen mit seinem Bruder Cem um den türkischen Thron führten dazu, dass dieser fliehen musste und schließlich Papst Innozenz VIII. als Geisel anvertraut wurde. Nach dessen Tod (1492) erkannte auch sein Nachfolger, Papst Alexander VI., über welch wertvolles Pfand er verfügte und wie leicht Bayazit damit erpressbar war. Cem starb am 25.2.1495 in Capua.

48 TLA, Sigm. 01.14, Original, Format 2°, rückseitig aufgedrücktes Siegel abgefallen. – Offenbar war Matthias Corvinus einem Schlaganfall erlegen. Dies geht nicht nur aus obigem Dokument hervor, sondern wird auch durch den Augenzeugenbericht Antonio Bonfinis, des Hofhistoriographen des Königs, nahegelegt. (Weiteres bei Hoensch 1998: 228f.)

49 TLA, Sigm. 13.254.06 (alte Signatur: Max. 13/254), Original, Format 4°, rückseitig aufgedrücktes Siegel abgefallen. – Florian Waldauf Ritter von Waldenstein (ca. 1450–1510) war ein Tiroler Ritter im Dienste Sigmunds und Maximilians. Als Diplomat vermittelte er u. a. den Frieden mit Ungarn im Jahre 1491. Im Jahre 1493 verhandelte er wegen eines geplanten Türkenkrieges mit dem ungarischen König.

50 TLA, Sigm. 13.254.12, Original, Format 2°, rückseitig aufgedrücktes Siegel beschädigt.

51 TLA, Sigm. 13.254.13 (alte Signatur: Max. 13/254), Original, Format 2°, 2 Bl., rückseitig aufgedrücktes Siegel abgefallen.

6.1.1491 (Ausstellungsort: St. Pölten): Florian Waldauf informiert Erzherzog Sigmund u. a. über den Kampf um die ungarische Krone.[52]

31.1.1491 (Ausstellungsort: Linz): Florian Waldauf berichtet Erzherzog Sigmund über die Verhandlungen zwischen König Maximilian und dem König von Böhmen (*zwischen vns(er)m* [...] *Kunig vnd dem Kunig zu Beheim*) wegen der ungarischen Krone.[53]

***

Diese vorgelegte kleine Studie ist sicherlich in erster Linie für Quellenkundler, Archivare und Historiker (vornehmlich Kriegshistoriker) interessant. In linguistischer Hinsicht bietet sie indes nicht allzu viel: die Dokumente sind zum größten Teil in Deutsch verfasst, genauer: in einem spätmittelalterlich-frühneuzeitlichen Deutsch mit dem typischen Kanzleistil. Trotz einer gewissen Einheitlichkeit lassen sich regionale Färbungen und dialektale Einflüsse ausmachen. Die Schreibung der Siedlungs- und Personennamen weicht kaum von der graphischen Kodierung in zeitgleichen anderen Schriften ab. Wichtig scheint uns die Erkenntnis zu sein, über welche hungarologisch relevanten Schätze das Tiroler Landesarchiv verfügt, die z. T. noch nicht gehoben wurden. So soll diese Studie als Beginn eines größeren (und hoffentlich auch realisierbaren) Projekts verstanden werden, sämtliche Dokumente des TLA mit eindeutigem Ungarnbezug zu erfassen, zu kommentieren und einer breiteren Öffentlichkeit vorzulegen.

peter.anreiter@uibk.ac.at
Institut für Sprachen und Literaturen
Universität Innsbruck

52 TLA, Sigm. 13.254.14 (alte Signatur: Max. 13/254), Original, Format 2°, 2 Bl., rückseitig aufgedrücktes Siegel beschädigt.

53 TLA, Sigm. 13.254.16 (alte Signatur: Max. 13/254), Original, Format 2°, rückseitig aufgedrücktes Siegel beschädigt.

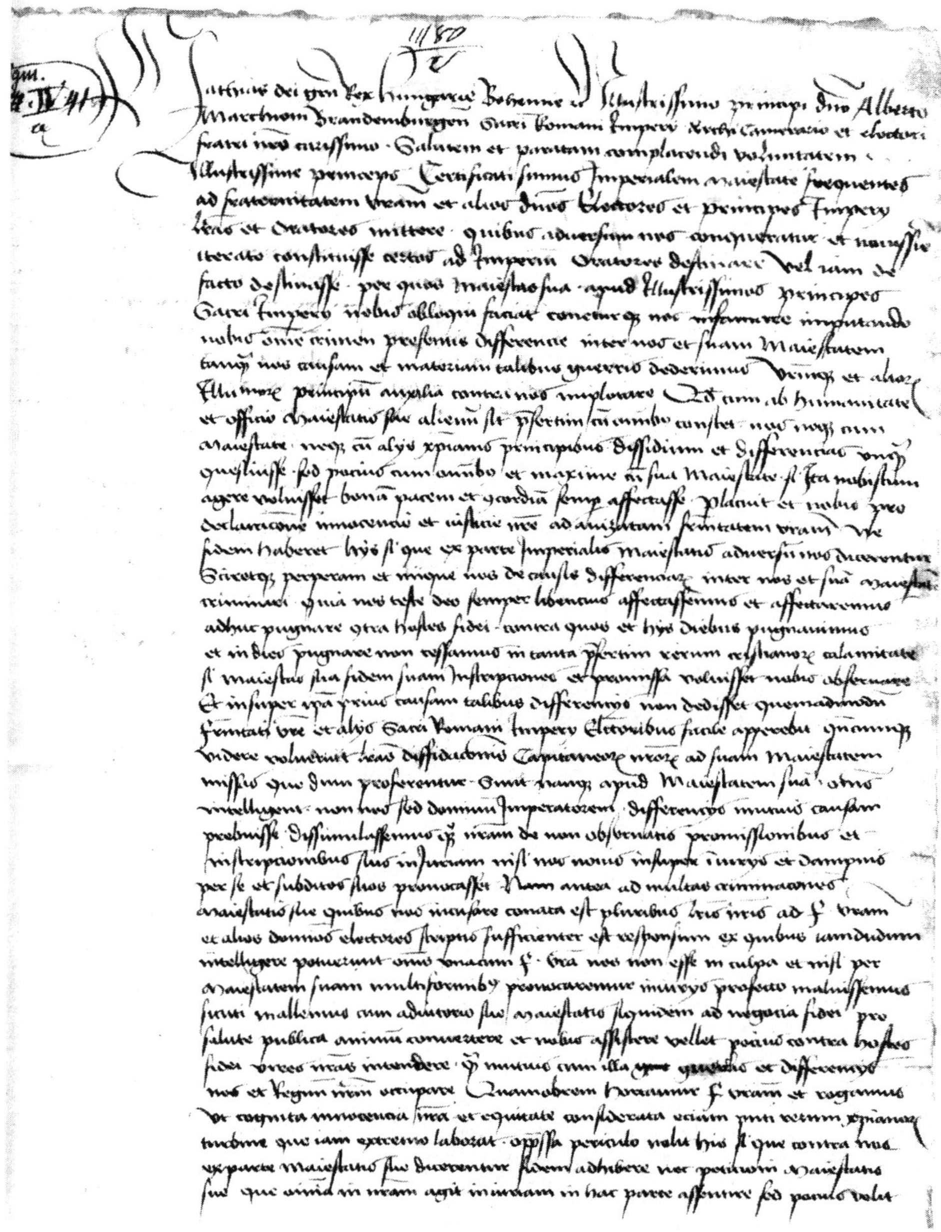

Mathias dei gratia Rex Hungarie Bohemie etc. Illustrissimo principi domino Alberto Marchioni Brandenburgensi Sacri Romani Imperii Archicamerario et electori fratri nostro carissimo. Salutem et parentum complacendi voluntatem.

(TLA, Sigm. 04a.041.2 vom 18.12.1480)

Literaturangaben

Ackerl, I., 1985, *König Mathias Corvinus. Ein Ungar, der in Wien regierte*, Wien.

Baum, W., 1993, Die Bündnispolitik der Habsburger in Tirol und in den Vorlanden im 15. Jahrhundert. – *Österreich in Geschichte und Literatur* 37/263: 76–91.

Beimrohr, W., 2002, *Das Tiroler Landesarchiv und seine Bestände* (= *Tiroler Geschichtsquellen* 47), Innsbruck.

Csikay, P., 1952, *Die Beziehungen des Mathias Corvinus zu den Eidgenossen*, München.

Fraknói, W., 1914, *Mátyás törekvései a császári trónra* (= *Értekezések a történeti tudományok köréből* 23), Budapest.

von Geusau, A., 1805, *Geschichte der Belagerung Wiens durch den König Mathias von Hungarn in den Jahren 1484 und 1485*, Wien.

Heinig, P.-J. (Hrsg.), 1993, *Kaiser Friedrich III. (1440–1493) in seiner Zeit* (= *Forschungen zur Kaiser- und Papstgeschichte des Mittelalters* 12), Köln–Wien.

Hoensch, J.K., 1998, *Matthias Corvinus. Diplomat, Feldherr, Mäzen*, Graz–Wien–Köln.

Landersdorfer, A., 1987, Sixtus von Tannberg, Bischof von Freising (1474–1495). – Schwaiger, G. (Hrsg.): *Christenleben im Wandel der Zeit*, Band 1, München: 103–113.

Nehring, K., 1975, *Matthias Corvinus, Kaiser Friedrich III. und das Reich. Zum hunyadisch-habsburgischen Gegensatz im Donauraum*, München.

Pizzinini, M., 2000, Graf Leonhard von Görz-Tirol. Zum Tod des Görzer Landesfürsten vor 500 Jahren am 12. April 1500. – *Osttiroler Heimatblätter* 68/4.

Summary

Sigmund, count of the Tyrol, governor of the Habsburg territories in so-called Vorderösterreich (since 1458) and archduke of Austria (since 1477) was involved in the conflicts between emperor Friedrich III. (1415–1493) and the Hungarian king Matthias Corvinus (1443–1490). This fact is supported by the correspondence between him and "his" emperor. And this correspondence and of course also other documents of Sigmund's court government office are stored at the Tiroler Landesarchiv in Innsbruck, where they establish a special collection called "Sigmundiana". This collection contains more than 4000 documents from the period between 1439 and 1491, and about 140 of them (primarily originals, rarely copies or rough drafts) are of hungarological interest. With regard to the contents we can divide two main subjects, namely the reports and commentaries on the military expeditions on the one hand and the emperors' request for military support against the Hungarians on the other hand. The most important documents are presented in short summaries ("Regesten") in chronological order.

Languages and Cultures in Research and Education
pp. 43–51

Elżbieta Artowicz
(Warszawa)

A lengyel nyelvű magyar leíró nyelvtan kidolgozásának előzményei. Szófajok kérdése

A magyar szakos lengyelországi diákok nem rendelkeznek egyetemi szintű, a mai magyar nyelvet leíró nyelvtannal. Egy ilyen tankönyv megírása többek között azért nélkülözhetetlen, mert az ún. minisztériumi alapprogram értelmében a nyelvszakos hallgatók kötelesek elvégezni egy kétéves leíró nyelvtani kurzust, beleértve ebbe a nyelvi struktúra leírásának módszereit.

A magyar nyelvű egyetemi nyelvtankönyvek anyanyelvűeknek szólnak, s használatuk korlátozott a külföldi tanulók viszonylag alacsony nyelvi tudása okán. A leíró nyelvtan alapvető feladata az ún. grammatikai kompetenciát jelölő nyelvtani ismeretek bemutatása. Több mint húsz éves szakmai tapasztalatom alapján mondhatom, hogy a diákok, akiknek anyanyelve a flektáló lengyel nyelv, elvesznek az agglutináló magyar nyelv alaktani bőségében. Nehézséget okoz a szintagmákban előforduló szóalakok helyének felismerése, valamint azok mondattani funkciójának meghatározása. Rendszerint a (többé-kevésbé) ismert jelentés szerint járnak el, mely csalóka információnak bizonyulhat, mivel főleg a szóalakokban megjelenő grammatikai jelentés alapján következtethetnek a szófaji státuszra. Tipikus hibás azonosítás például – *Nemet mondott az igazgató* – tagadószó. *Kutya hideg van.* – főnév. *Hetvenben született* – számnév. *Messze városban él.* – határozószó.

A szóalakok azonosításához olyan szabályokra illetve módszertani eljárásokra van szükség, melyek érthetők egy átlagos diák számára. E feladat a magyar nyelv morfoszintaktikai modelljének kiválasztásával kapcsolódik össze. Ez mit jelent? Kulcskérdés egy olyan modell meghatározása, mely az adott nyelvre jellemző lexémák funkcionális osztályozását tartalmazza, a velük járó morfológiai kategóriákkal együtt, melyek a leggyakoribb szintaktikai funkciók hordozói.

Régóta ismeretes, hogy a lexémák szófaji felosztása a legnehezebb módszertani feladatok egyike. A tankönyvszerű feldolgozások gyakran nem nevezik meg a felosztás kritériumait, maga az osztályozás a három hagyományos kritérium kombinációján alapszik (az alaktanin, a szemantikain és a mondanttanin).

Eltekintve a részletes megközelítéstől azt állapíthatjuk meg, hogy mind a lengyel és mind a magyar hagyományos munkákban a szövegben előforduló szóalakok azonosítása a jelentésből indul ki. Rendszerint autoszemantikus, önálló jelentésű alap- (vagy) fogalomszófajokat különböztetnek meg (mint Milewski (1965), *Magyar grammatika* (2000) – *MG*, *Mai magyar nyelv rendszere* – *MMNyR* (1960)), melyeket azután alaktani és szintaktikai kritériumok szerint osztályoznak. Az autoszemantikus (fogalom)szók között megkülönböztetik az expresszív és szimbolikus jellegű szófajokat (pl. Milewski – az indulatszó, mutató névmás, számnév mint osztályozószó). A toldalékolhatóság szerinti, alaktani felosztások rendszerint a toldalékolhatatlan lexémákba rekednek (pl. a lengyel lexémák Saloni-féle alaktani felosztása (1987)), ahol a határozószó, a névutó, az ún. valódi kötőszó egy közös csoportba kerülnek.

A hagyományos szófaji osztályozások korlátai arra kényszerítik a nyelvészeket, hogy szigorú formális kritériumokat keressenek. Ide tartozik a Zaliznjak-, a Kenesei- és a Laskowski-féle feldolgozás. Most szeretném közelebbről bemutatni az egyes munkákat azért, hogy elgondolkozzunk, lehetséges-e vagy sem egy közös nevezőre hozásuk, vagy legalább az összehasonlíthatóságuk biztosítása. Ehhez figyelembe vettem a *Magyar grammatikát*, Kenesei (2000) írását, valamint Laskowskitól *A mai lengyel nyelv leíró nyelvtanát* (*Gramatyka współczesnego języka polskiego* (1999) – *GWJP*).

A mai magyar nyelvet leíró tankönyvek, melyeket az egyetemi oktatásban használnak, módszertanilag két szélsőséges modell között helyezkednek el:

- Egy – hagyományos leíró nyelvtan (1961), mely a Priscianus Ceasariensis latin nyelvtanból nőtt ki – *Magyar nyelv rendszere*, 1960–1962, *Mai magyar nyelv*, 1988, *Magyar grammatika*, 2000.
- Kettő – posztgeneratív nyelvtan, melyet a *Strukturális magyar nyelvtan I–III* (1994–2000) és az *Új magyar nyelvtan* (1998) képviselnek.

Személyes véleményem szerint a *Magyar grammatika* módszertanilag elég eklektikus tankönyv, mivel megpróbálja összekötni a strukturalizmus (disztribucionalizmus) elemeit a latin nyelvtanra oly jellemző intuitív szemantizálással. Két fejezet foglalkozik azokkal az elemekkel, amelyek nélkülözhetetlenek a nyelv morfoszintaktikai meghatározásához – az „Alaktan" és a „Szófajtan". Az elsőben alapvető nyelvi egységnek „a morfémát tekinti mint a nyelvi rendszer alapegységét, a szóalak alapvető alkotórészét" (*MG*: 38). E fejezetben később a morfémára egy másik értelmezést találunk: „az alakváltozatok közül van egy tipikus, elvont állandó, melyet invariánsnak nevezünk. Ez reprezentálja az adott morfológiai kategóriát" (*MG*: 42). Ilyen értelmezésnél a szerzők kizárják a magyar morféma halmazából a kötőszót, a partikulát, a névelőt és a tagadószót. „Morfológiai természetű" viszonyszónak minősítik ezeket, de e szakkifejezés nem igen érthető a diákok számára.

A toldalékokat (ragokat, szám- és személyjeleket) disztributív kritériumok segítségével definiálják. A jól ismert kérdésre, hogy „Hány eset van a magyar nyelvben?", Balogh Judit, a fejezet szerzője úgy válaszol, hogy közvetítő egységet vezet be „a képzőszerű rag/jel" (*-szor/szer/ször, -lag/leg, -nként*, stb.) és a ragszerű képző (*-va/ve, -ván/vén*) formájában. E terminológiai megoldás azonban nem magyarázza meg sem a morfémák valódi státuszát, sem a sajátosságaikat, diákszemmel pedig nehezen értelmezhető.

Maga a **szófaj** műszavat a *MG* szerzői nem értelmezik, csak a szófaji felosztás három feltételét jelölik meg: „(A) a szó mondatbeli szerepét, (B) a szó alaktani viselkedését, és (C) a szó jelentését" (*MG*: 68). A szófajok rendszerezésében a könyv a toldalékolhatatlan morfémák taglalásával funkcionálisan alaptalan alosztályozást végez. Alaktanilag a módosítószó, a partikula, a mondatszó, az indulatszó ugyanúgy viselkedik, mint a határozószó. A pragmatikai szempontot pedig nem különítik el következetesen a grammatikai-szemantikaitól. A tárgyalt megközelítés végeredményben feleslegesen szétdarabolja az autoszemantikai és a nem-autoszemantikai morfémák sajátosságait, és eltünteti a köztük levő határokat.

Mint ismeretes, az *Új magyar nyelvtan* (1998) a *Strukturális magyar nyelvtan. Mondattan* (1992) után jelent meg. Ez utóbbi, címe ellenére, nem volt igazán nyelvtan, hanem de facto – posztgeneratív mondattani értekezések gyűjteménye, melyben válogatott problémákat tárgyalnak.

Az *Új magyar nyelvtan*-ban bemutatott nyelvi struktúrák leírása csak a nyelv felszíni szerkezetére (formájára) vonatkozik, valamint a mondatösszetevők lineáris rendszerezésére (sorrendjére). A mondat szemantikai dimenziója az interpretáció szférájában marad. E forrás tankönyvszerű használata két alapvető jártasságot igényel a diáktól, nevezetesen: a generatív módszertan ismeretét és a nyelv anyanyelvi szintű ismeretét.

Az „Alaktan" c. fejezet a nyelv alapvető egységeinek értelmezésével kezdődik – a szó, a morféma, a morf (mint a morféma szövegben előforduló változata). A szerző, Kiefer Ferenc a szó lehetséges értelmezéseit taglalja, megkülönböztetve a fonológiai szót, a morfológiai, a szintaktikai és a lexikai szót.

Az új magyar lexémák osztályozásának koncepcióját (mely formális elveken alapul), Kenesei István a *SMNy*, 3. kötetében (*SMNy*, 3: 79–111) mutatja be. A szerző megjegyezi, hogy a magyar grammatikában két módon közelítik meg az alaktan tárgyát, és ezt állítja: „A magyar nyelvben uralkodó «szó alapú morfológia» mellett, amelyben a szóképzés és -ragozás szó nagyságú elemeken működik, létezik a «tő alapú morfológiának» is egy kisebb szelete, mely az önálló szóként nyelvi elemeken hajtja végre e műveleteket. Ez a tő alapú morfológia jellemzi például az ógörögöt és a latint, míg a szó alapú morfológiai folyamatokat találunk például az angolban, a törökben és alapvetően a magyarban. – Jóllehet tehát mind a tő, mind a szó toldalékolható, a tő – terminusként – a toldalékolható elemeknek egy sajátos tulajdonságú részhalmazára vonatkozik [...] e tövek (*fesz, gyógy-, tám-, tév-*) **félszóként**[1] alkalmazhatók" (*SMNy*, 3: 92).

A szó Kenesei-féle megközelítése a bloomfieldi fonológiai értelmezésből indul ki, elfogadva a „**minimális szabad formát**, ahol a két vagy annál több szabad formát nem tartalmazó és önálló megnyilatkozásokban előfordulni képes fonémasorokat jelöli ki" (*SMNy*, 3: 79). Minden fonémasort, melyet fonológiai szónak minősít, két kritérium szerint osztályoz – az együttmozgathatóság és megszakíthatatlanság szerint. Ennek alapján két fő lexémacsoportot különít el:

- független (ill. szabad), más szavakkal összeköthető; ez minden önálló megnyilatkozást alkotóhangsor lehet,
- függő – melyek csak más szavakkal együtt előfordulnak (szintaktikai összetevőkhöz kapcsolódnak, pl. viszonyszó, segédszó (*SMNy*, 3: 107).

További osztályozást Kenesei aszerint végez, hogy az adott szónak van-e vonzatstruktúrája vagy nincs. Így két kategóriát jelöl:

- **fő kategóriát** (vonzatos)
- **másodlagos kategóriát** (vonzat nélküli) – mellérendelő kötőszó, számnév, mondathatározó.

A vonzatos fő kategória keretében 2 lexikai alosztályt különít el:

(1) **Lexikális kategóriák**, melyeknek tagjai lehetnek szintagmatikus (szemantikai) funkciók hordozói; tehát a generatív terminológia szerint az ún. thematikus szerep mutatói, hagyományosan pedig – fogalomszó, autoszemantikus szó.

(2) **Funkcionális kategóriák** – melyeknek tagjai nem lehetnek szintagmatikus (szemantikai) funkció hordozói; tehát a generatív terminológia szerint az ún. nem thematikus szerep mutatói, hagyományosan pedig – viszonyszók, szintaktikai-szemantikai szók (névelő, tagadószó, mondatbevezető, segédige).

A fő csoportba (a lexikai kategóriába) tartozó lexémák nyitott osztályt képeznek, míg a funkcionális kategóriába, a másodlagos csoportba tartozó elemek zárt osztályt képeznek, melyek osztenzív módon, illetve felsorolás útján definiálhatók. A másodlagos osztály tagjai hozzákapcsolással (adjunktumként) kötődnek a fő kategória tagjaihoz. Mivel előadásomban a funkcionális osztályozásra összpontosítok, ezért részletezésre egy másik alkalommal kerül sor. E helyen azonban érdemes megemlíteni, hogy Kenesei koncepciójához hasonló kritériumokat használ Hegedűs Rita a nagyszerű pedagógiai nyelvtanában (2004), a szófaji információkat tartalmazó fejezetben. Természetesen e tankönyvben más metanyelvi magyarázatokat ad, mint Kenesei vagy a *Magyar grammatika*.

Az általam bemutatott magyar szófajok osztályozási kérdések a tervezett magyar leíró nyelvtani tankönyvhöz kapcsolódnak, mely módszertanilag segítségére lenne a lengyelországi magyar szakosoknak. Hiszen azoknak az elméleti és módszertani ismereteket is el kell sajátítaniuk. Ezzel kapcsolatban gondolkodtam olyan lehetséges

[1] Tőnek azokat a félszókat vagy félszópróbát teljesíteni nem képes kötött formákat nevezzük, amelyek magukban nem toldalékok, és/de hozzájuk képzők, azaz toldalékok csatlakoz(hat)nak (*SMNy*, 3: 92).

szabályok alkalmazásán, amelyeket a lengyel nyelvészek fogalmaztak meg az utóbbi húsz évben a flektáló lengyel nyelv szükségletei szerint. Figyelmen kívül hagyom itt a hagyományos lengyel szemantikai-alaktani osztályozásokat és a Saloni-féle alaktani kritériumokon alapuló osztályozást (1987) is. Csak azoknak a lehetőségeknek a bemutatására szorítkozom, melyeket Laskowski (1999) szintaktikai megközelítése ajánl. A szerző azt állítja, hogy a szavak funkcionális osztályozása a mondattanhoz tartozik. Alaktani szempontból a funkcionális osztályozás, a szavak felosztása adva van. Egyetlen kritériumtípusa, mely lehetővé teszi az egységes elven és formális eljáráson alapuló szófaji osztályozást, a szintaktikai kritérium. Szófaji felosztásában két szintaktikai módszer lehetséges:

(1) Disztribúciós osztályozás, mely meghatározza a szavak előfordulási lehetőségét, minden osztálynak kijelölt szintaktikai kontextusokban (pl. Misz, 1967).

(2) Funkcionális osztályozás, mely azoknak a szintaktikai viszonyoknak az elemzéséből indul ki, melyekben egyes lexémák a megnyilatkozás más elemeivel kapcsolódhatnak.

A funkcionális osztályozásnak több változata lehet, attól függően, hogy melyik szintaktikai elméleten alapulnak. Például Kuryłowicz (1964), a lengyel strukturalisták klasszikusa a lexémák elsődleges (fő) és másodlagos szintaktikai funkcióit különbözteti meg. A mondat fő tagját konstitutív tagnak, míg a másodlagost alárendelt (függő, „szekundáris") tagnak nevezi. A **szintaktikai függést** Laskowski (1999) elemi fogalomnak (azaz nem definiálandónak) tartja.

A lengyel lexémák funkcionális osztályozása **a szintagmatikai** (határozott mondattani/szintaktikai kötöttségű) és **nem-szintagmatikai** lexémák megkülönböztetéséből indul ki. Ez utóbbiak eredetileg önálló nyilatkozatként funkcionálnak (*hej, haló! bum, durr!*), *a* kontextustól függetlenül felkiáltásként vagy a kontextustól függően kiegészítésekként (*istotnie, właśnie, czyżby – tényleg, vajon, igenis, úgy*) fordulhatnak elő. Mindig toldalékolhatatlanok.

A szintagmatikai lexémák mondattanilag viszonylag önállóak. Lehetnek **autoszintagmatikusak** – ekkor alapvetően betöltik a megnyilatkozás alapszerepét – vagy **nem-autoszitagmatikusak**. Ez utóbbi nem lehet a megnyilatkozás része, kötelezően valamelyik autoszintagmatikus lexémával vagy mondattani csoporttal kell összekapcsolódnia. E szempontból a Kenesei-féle függőszóhoz hasonlítható.

Azokat lexémákat, amelyek a mondattani csoport tagjainak szerepét játszhatják (**autoszintagmatikusak**), a továbbiakban következő sajátosságok szerint osztályozzák:

- mondattanilag önálló-e vagy nem,
- fölérendelt vagy alárendelt tagként jelenik-e meg a mondattani csoportban (pl. főnév),
- a fő (fölérendelt) taghoz alkalmazkodik-e vagy nem (pl. melléknév),
- a főnévhez kapcsolódnak-e vagy nem (pl. határozószó).

Ezzel a módszerrel a lengyel autoszintagmatikus lexémák közé a következő grammatikai szavakat sorolták be:

- valódi igét és az ún. predikatívumot, a *szabad, kell* típusút,
- főnevet – mint a főnévi csoport fölérendelt tagját a zárt osztályt alkotó főnévi névmásokkal együtt,
- melléknevet – mint a főnévi csoport alárendelt tagját, amely alaktanilag a főnévhez alkalmazkodik a lengyel nyelvben, a zárt osztályt alkotó melléknévi névmásokkal együtt,
- számnevet, mely a névszói csoportban főnévvel kölcsönösen alkalmazkodik,
- határozószót, mely az ige (nem implikált) alárendelt tagja lehet, és nem kapcsolódik a főnévhez,
- modalizátort (módosítószót), mely egy tetszőleges szintaktikai tag alárendelt eleme lehet, de önálló megnyilatkozásként nem jelenik meg.

A nem-autoszintagmatikus lexémákat a szintaktikai viszonyok mutatói alapján osztályozzák, aszerint, hogy a kötő funkciót betöltik-e vagy sem. E csoport **konnektorokat** és **partikulákat** foglal magában. A konnektorok a mondatközti viszonyok mutatói. Ide tartoznak az ún. valódi kötőszók, melyek nem a mondat összetevői és a **relátorok** (vonatkozó névmások), melyek a mondat összetevői (toldalékolhatók vagy nem toldalékolhatók). A konnektorok egy fajtája a lengyelben **az elöljárószók**, melyek nem-mondattani összekötő funkciót töltenek be, a főnévi csoportban előforduló szintaktikai viszony mutatói, és vonzatkeretük van.

A **nem-autoszintagmatikus**, nem kötő funkciójú lexémák csoportjában a partikulák helyezkednek el. A szórendjüket a mondatösszetevő jelöli ki, amelyekkel partikula szintaktikai viszonyt alkot (Laskowski 1999: 57–58).

A fenti lexémaosztályozás a szintagmatikai csoportban betöltött funkcióra hivatkozik: a fő tagra (predikatívum) és a függő tagra (a névszói csoportban vagy a névszói csoporton kívül). A névszói csoport függő lexémái a melléknév és a számnév, melyek alaktanilag és disztribúciójában definiálható. A névszói csoporton kívüli lexémákat a grammatikai viszony önállósága szerint osztályozzák: korlátolt önállóságú határozószó, nem-korlátolt önállóságú módosítószó (modalizátor) és partikula.

A lengyel lexémák fent felvázolt osztályozási koncepciója, mely szintaktikai elveken alapul, sok közös vonást mutat a Kenesei-féle megközelítéssel. Természetesen nem mondhatom, hogy az osztályozási sémák kölcsönösen helyettesíthetők. Számos kérdés további átgondolást és pontosítást igényel, mint pl. a névelő elhelyezkedése a fő taghoz való viszony tekintetében. A lengyel és a magyar lexémák jellegzetességeit tekintetbe vevő modell kidolgozásának lényeges előnye lenne, hogy biztosítaná a szófaji felosztások összehasoníthatóságát. Ily módon elkerülhetnénk az intuitív szemantikára és az ál-ontológiai kategóriákra való hivatkozást.

A javasolt eljárás alkalmazása még egy feltételt igényel – „a lexémák grammatikai jelentése meg kell, hogy legyen". Ez azt jelenti, hogy az osztályozás szempontjából az alaktani kategóriák készlete ismert kell, hogy legyen, és a grammatikai szók toldalékolhatósága szerinti definiálásnak meg kell történnie. Miután meghatároztuk, hogy az adott grammatikai szó milyen része alkot grammatikai jelentést

(= meghatározva az adott forma inflexiós funkcióit), a megmaradt jelentést lexikai jelentésnek minősítjük. Ez annyit jelent, hogy a lexikai jelentés egyenlő az általános jelentéssel, levonva abból a grammatikai jelentést (Laskowski 1999: 45). Ezekkel a problémákkal, mint tudjuk, a magyar nyelvtanírás is küzd (l. képzőszerű rag – ragszerű képző).

e.artowicz@uw.edu.pl
Katedra Hungarystyki
Uniwersytet Warszawski

Irodalom

Antal, L., 1960, *A magyar esetrendszer* (= *Nyelvtudományi Értekezések* 29), Budapest.

Artowicz, E., 1993, A szociokulturális ismeretek a magyar nyelvi tankönyvekben. – *Hungarológia* 2: 190–199.

Artowicz, E., 2003, *Morfosyntaktyczny model języka w dawnych gramatykach węgierskich. Od Jánosa Sylvestra do Ferenca Verseghy'ego*, Warszawa.

Artowicz, E., 2007, Az akadémiai magyar nyelvtan leíró nyelvtani modellje alapján állíthatjuk-e, hogy a magyar mondattan magyar? (A kettős alany, kettős tárgy kérdése). – Maticsák, S. et al. (szerk.): *Nyelv, Nemzet, Identítás*, II, Debrecen–Budapest: 377–383.

Bencédy, J. / Fábian, P. / Rácz, E. / Velcsov, M., 1988, *A mai magyar nyelv*, Budapest.

Csapláros, I., 1962, *Zarys elementarnej gramatyki języka węgierskiego*, Warszawa–Łódź.

Donatus, Ae., 1961, *Ars grammatica*. – Keil, H. (szerk.): *Grammatici Latini*, II, Hildesheim.

É. Kiss, K. / Kiefer, F. / Siptár, P., 1998, *Új magyar nyelvtan*, Budapest.

Fábian, P. / Szathmári, I. / Terestényi, F., 1989. *A magyar stilisztika vázlata*, Budapest.

Grzegorczykowa, R. / Laskowski, R. / Wróbel, H. (szerk.), 1999, *Gramatyka współczesnego języka polskiego. Morfologia*, I, Warszawa.

Hegedűs, R., 2004, *Magyar nyelvtan. Formák, funkciók, összefüggések*, Budapest.

Kenesei, I., 2000, Szavak, szófajok, toldalékok. – Kiefer, F. (szerk.): *Strukturális magyar nyelvtan. 3. Morfológia*, Budapest: 75–136.

Keszler, B. (szerk.), 2000, *Magyar grammatika*, Budapest.

Kiefer, F. (szerk.), 1992, *Strukturális magyar nyelvtan. 1. Mondattan*, Budapest.

Kiefer, F. (szerk.), 1994, *Strukturális magyar nyelvtan. 2. Fonológia*, Budapest.

Kiefer, F. (szerk.), 2000, *Strukturális magyar nyelvtan. 3. Morfológia*, Budapest.

Kiefer, F. (szerk.), 2003, *A magyar nyelv kézikönyve*, Budapest.

Kiefer, F., 2005, *Lehetőség és szükségszerűség. Tanulmányok a nyelvi modalitás köréből*, Budapest.

Kiefer, F., 2006, *Az aspektus és az akció minősége*, Budapest.
Krzeszowski, T., 1991, *Gramatyka angielska dla Polaków*, Warszawa.
Kuryłowicz, J., 1964, *The Inflectional Categories of Indoeuropean*, Heidelberg.
Laskowski, R., 1999, Zagadnienia ogólne morfologii. – Grzegorczykowa, R. / Laskowski, R. / Wróbel, H. (szerk.): *Gramatyka współczesnego języka polskiego. Morfologia*, I, Warszawa: 27–65.
Leech, G. / Svartvik, J., 1975, *A Communicative Grammar of English*, London.
Lotz, J., 1939, *Das ungarische Sprachsystem*, Stockholm.
Lotz, J., 1976, *Szonettkoszorú a nyelvről*, Budapest.
Milewski, T., 1965, *Językoznawstwo*, Warszawa.
Misz, H., 1967, *Opis grup syntaktycznych dzisiejszej polszczyzny pisanej* (= *Prace Wydziału Nauk Humanistycznych* 2), Bydgoszcz.
Mroczko, E., 1964, *Mała gramatyka języka węgierskiego*, Warszawa.
Nagórko, A., 2003, *Zarys gramatyki polskiej*, Warszawa.
Priscianus, 1961, *Prisciani Grammatici Caesariensin Institutionum Grammaticarum. Libri XVIII ex recensione Martini Hertzii*. – Keil, H. (szerk.): *Grammatici Latini*, II, Hildesheim.
Riegel, M. / Pellat, J.-Ch. / Rioul, R., 2005, *Grammaire méthodique du français*, Paris.
Saloni, Z. / Świdziński, M., 1987, *Składnia współczesnego języka polskiego*, Warszawa.
Tompa, J. (szerk.), 1960–1962, *Mai magyar nyelv rendszere. Leíró nyelvtan*, I–II, Budapest.

Summary

The paper deals with problem of limited usefulness of Hungarian manuals of the descriptive grammar of the Hungarian language when teaching Polish students of hungarology. They acquire their pragmatic competence but also need some theoretical support in syntactic analysis of Hungarian texts and sentences.

The aim of this paper is to examine methodological rules of systematization of so called parts of speech adopted in classical academic grammars of the Hungarian language and in selected manuals of the Polish language. The author investigates semantic and morphological rules of classification which have their origins in Greek and Latin grammatical tradition. These Greek-Latin rules have been adopted e.g. in *Mai magyar nyelv rendszere* (ed. by J. Tompa) and in *Magyar grammatika* (ed. by B. Keszler). However, the teaching experience shows that this traditional approach is inadequate because of intuitive semantization and vagueness of definitions of particular classes of lexemes (parts of speech). The post-generative model of grammar used in the manual *Új magyar nyelvtan* (ed. by F. Kiefer) also turns out to have considerable limitations as it passes over the meaning of words and expressions and focuses exclusively on the surface structure of sentences.

As one of the recent methodological approaches two proposals of functional classification of parts of speech are presented. The first, was formulated by István Kenesei for the Hungarian language, the second – by Roman Laskowski for the Polish language. Both refer to the formal syntactic properties of lexemes and to their syntagmatic autonomy within a sentence.

Languages and Cultures in Research and Education
pp. 53–68

Douglas FEAR
(Heidelberg)

Vindolanda: Ein verkannter frühgermanischer Ortsname?

Each fact is suggestive in itself.
Together they have a cumulative force.
(Sherlock Holmes to Dr Watson)

1. Einführung

Vindolanda als bedeutender Fundort der provinzialrömischen Archäologie, wichtig auch für die lateinische Epigraphik, Philologie und Sprachwissenschaft, braucht keine gesonderte Vorstellung. Der Fundort liegt nahe dem modernen Ort Chesterholm im Norden Englands. Hier sind seit 1973 verschiedene Dokumente ans Tageslicht gekommen, die einen einmaligen Blick auf die Verhältnisse am äußersten Rand des römischen Reiches des späten 1ᵖ liefern.

Der römische Name dieses Kastells und Vicus[1] ist uns zunächst durch verschiedene Erwähnungen bei späteren Geographen[2] überliefert. Im epigraphischen Material selbst[3] nennen einige der gefundenen Dokumente (größtenteils auf dünnen Holztäfelchen geschrieben) sowie eine Steininschrift[4] unseren Ort „Vindolanda". Damit ist der Name durch zeitgenössische Originalzeugnisse gesichert.

---

1 Zum Terminus „vicus" vgl. Fischer (2001: 56).

2 Notitia Dignitatum, Kosmologie des Anonymus von Ravenna (vgl. auch Fn. 32).

3 S. Anhang 1, „Ausgewählte Briefe aus Vindolanda".

4 Collingwood/Wright (1991 [1965]): N° 1700: PRO DOMV DIVINA ET NVMINIBVS AVGVSTORVM VOLCANO SACRVM VICANI VINDOLANDESSES CVRAM AGENTE ...O... VSLM.

2. Historisches

Der geschichtliche Hintergrund des nördlichen Britanniens im späten 1. Jh.^{p}, obwohl bestens bekannt, sei hier noch einmal kurz skizziert. Unsere Hauptquelle für die Jahre nach der Bataver-Revolte von 69/70^{p} bleibt nach wie vor der römische Historiker Cornelius Tacitus in seinem Werk *de vita et moribus Iulii Agricolae liber*. In diesem setzt Tacitus seinem Schwiegervater Iulius Agricola ein Denkmal; wichtig für unser Thema sind die Angaben über Militäreinheiten, die Agricola während seiner Statthalterschaft (77^{p} bis 84^{p}) einsetzte. Tacitus schreibt zum Kampf beim (bisher nicht näher lokalisierten) Mons Graupius in Kapitel 36,1:

> *Ac primo congressu eminus certabatur; simulque constantia, simul arte Britanni ingentibus gladiis et brevibus caetris missilia nostrorum vitare vel excutere, atque ipsi magnam vim telorum superfundere, donec Agricola quattuor Batavorum cohortes ac Tungrorum duas cohortatus est, ut rem ad mucrones ac manus adducerent...*

> 'Beim ersten Zusammenstoß focht man nur aus Distanz; tapfer und gewandt zugleich hielten die Britannier mit ihren ungeschlachten Schwertern und kurzen Schilden die Wurfgeschosse der Unseren auf oder schlugen sie zur Seite und überschütteten uns ihrerseits mit einem Regen von Wurfgeschossen, bis Agricola vier Kohorten Bataver und zwei von den Tungrern aufforderte, zum Nahkampf überzugehen. ...'[5]

Die batavischen Hilfstruppen waren für die Römer von überragender taktischer Wichtigkeit. Schon vorher, in Kapitel 18,4, beschreibt Tacitus, wie Agricola die Insel Mona (heute: Anglesey) einnahm:

> *Depositis omnibus sarcinis lectissimos auxiliarium, quibus nota vada et patrius nandi usus, quo simul seque et arma et equos regunt, ita repente inmisit, ut obstupefacti hostes, qui classem, qui navis, qui mare expectabant, nihil arduum aut invictum crediderint sic ad bellum venientibus.*

> 'Er [Agricola] ließ ausgewählte Leute aus den Hilfstruppen, die mit Untiefen vertraut und von daheim eine Art des Schwimmens gewohnt waren, bei der sie die Herrschaft über sich selbst wie über Waffen und Pferde behalten, ihr ganzes Gepäck ablegen und schickte sie so plötzlich hinüber, dass die erstaunten Feinde, die nach einer Kriegsflotte, nach Schiffen aufs Meer ausspähten, glaubten, es sei nichts schwierig oder unüberwindlich für die, die so ins Gefecht gingen.'[6]

[5] Übersetzung von Robert Feger (1973).

[6] Übersetzung von R. Feger, wie Fn. 5 oben.

Diese Hilfstruppen waren sicher Bataver[7]; antike Zeugnisse (hauptsächlich Tacitus, aber auch andere[8]) legen diese Annahme nahe. Die besondere Stellung der

---

7 Saddington (1975), schreibt zu den Batavern: (S. 190) „... the auxiliary system had become almost completely standardized by his [= Vespasian's, D.F.] time." (S. 191) „The Batavian regiments are instructive for the history of the development of the *auxilia* for the whole of the period under discussion. They receive a particularly good press in the Julio-Claudian period until the revolt in A.D. 69. They had assisted Germanicus in his campaigns in Germany under Tiberius, but contact with them must go back to the initial invasions of Germany under Drusus in 12 B.C. In the 'Germania' (29, 1f.) Tacitus refers to the *antiqua societas* they had with the Romans. They were exempt from taxation, being as it were 'reserved for war'. By a *uetus institutem* (Hist. IV, 12, 3) they had the right to be commanded by their own chieftains. The origin of the regiments is to be found in the treaty which they concluded with Romans, presumably at the time of Drusus, whereby they agreed to supply troops under their own commanders. They are found operating far from their home area on the Lower Rhine. So although they remained homogeneous in composition and had native, and not Roman prefects, they were as professional as regiments attested epigraphically. Unfortunately Tacitus' 'Histories' break off before we are told the terms of the peace that was concluded with them after their Revolt. They are however found regularly on inscriptions and diplomas for the Flavian period onwards. It can only be assumed that Vespasian, recognizing their worth, incorporated them fully into the standard pattern." (S. 192) „The auxiliary system reached its peak in the concluding decades of the first and the early part of the second century A.D." (Ebenda) „Agricola governed Britain from the end of the principate of Vespasian to 84 or 85 under Domitian. Just before his arrival, an *ala* that was stationed among the Ordovices in Wales was almost completely destroyed. Although the summer was far advanced, and the army units dispersed throughout the province in their garrisons, Agricola decided to act. ... In a subsequent attack upon the island of Mona (Anglesey), Agricola made use of select auxiliaries skilled in swimming while under arms and accompanied by their horses. These must have been Batavian."

8 Tacitus, *Germania* 29,1:

> *Omnium harum gentium virtute praecipui Batavi non multum ex ripa, sed insulam Rheni amnis colunt, Chattorum quondam populus et seditione domestica in eas sedes transgressus, in quibus pars Romani imperii fierent. manet honos et antiquae societatis insigne; nam nec tributis contemnuntur nec publicanus atterit; exempti oneribus et collationibus et tantum in usum proeliorum sepositi, velut tela atque arma, bellis reservantur.*
>
> 'Von allen diesen Stämmen zeichnen sich die Bataver an Tapferkeit besonders aus; sie bewohnen einen Streifen des (linken) Rheinufers, vor allem aber die von den Armen des Rheins gebildete Insel. Einst waren sie ein Teilstamm der Chatten und sind dann infolge einer inneren Auseinandersetzung in diese Wohnsitze herübergezogen, wo sie dem römischen Reich einverleibt werden sollten. Die Ehre und Auszeichnung als alte Bundesgenossen besteht noch heute; denn sie werden nicht durch Tribute erniedrigt, und kein Steuerpächter saugt sie aus. Freigestellt von Abgaben und Leistungen und nur zur Verwendung im Kampf bestimmt, werden sie wie Wehr und Waffen für Kriege bereitgehalten.'

Bataver hatte zur Folge, dass ihre Einheiten nicht nur von einheimischen Adeligen kommandiert wurden, sondern auch, dass neue Soldaten immer aus der batavischen Heimat rekrutiert wurden.

„Oft waren Auxiliareinheiten nach dem Volksstamm benannt, aus dem sie aufgestellt worden waren, z. B. *Cohors Raetorum*. Wenn dann aber eine solche Räterkohorte lange Zeit z. B. in Britannien lag, dann war der Name zum bloßen Traditionsnamen geworden, denn die Truppe bestand nun vorwiegend aus Britanniern. Anders war dies nur bei Spezialeinheiten mit einheimischer Bewaffnung, die für die römische Armee große Bedeutung besaßen. Zu diesen gehörten z. B. die Bataver vom Niederrhein, da sie Hilfstruppen mit besonderen Fähigkeiten darstellten: Sie waren nicht nur erstklassige Kämpfer zu Fuß und zu Pferde, sie konnten auch, was andere offensichtlich nicht beherrschten, in voller Rüstung mit ihren Pferden Gewässer durchqueren. Diese Fertigkeiten trainierten sie anscheinend seit ihrer frühen Jugend. Damit gehörten sie neben den vor allem aus Syrien stammenden orientalischen Bogenschützen zu denjenigen Hilfstruppen, die nicht nur in einem Gebiet aufgestellt und dann mit Rekruten aus der Umgebung ihres Garnisonsortes ergänzt wurden, sondern man vervoll-

---

Tacitus, *Historien* 4, 12, 2:

Batavi, donec trans Rhenum agebant, pars Chattorum, seditione domestica pulsi extrema Gallicae orae vacua cultoribus simulque insulam iuxta sitam occupavere, quam mare oceanus a fronte, Rhenus amnis tergum ac latera circumluit. nec opibus – rarum in societate validiorum – adtritis viros tantum armaque imperio ministrant, diu Germanicis bellis exerciti, mox aucta per Britanniam gloria, transmissis illuc cohortibus, quas vetere instituto nobilissimi popularium regebant, erat et domi delectus eques, praecipuo nandi studio, <quo> arma equosque retinens integris turmis Rhenum perrumperet.

'Die Bataver, solange sie jenseits des Rheins wohnten ein Teil der Chatten, besetzten, nachdem sie durch innere Unruhen vertrieben waren, das äußerste Ende der gallischen Küste, das von Bewohnern frei war, und zugleich eine nahe dabei gelegene Insel, die vorn der Ozean, hinten und seitlich der Rhein umspült. Auch ihre Mittel waren keineswegs erschöpft, was in einem Bündnis mit Mächtigeren selten ist; sie liefern dem Imperium nur waffenfähige Männer. Durch Kriege in Germanien lange geübt, mehrte sich ihr Ruhm bald in Britannien, als dorthin Kohorten geschickt wurden, die nach altem Brauch von den Edelsten ihrer Landsleute angeführt wurden. In der Heimat hatten sie auch erlesene Reiter; sie zeichneten sich besonders durch ihre Begeisterung für das Schwimmen aus. Daher überquerten sie in geschlossenen Schwadronen den Rhein, wobei sie Waffen und Pferde festhielten.'

Cassius Dio, *Ρωμαϊκὴ ἱστορία* 55, 23, 7:

Ξένοι τε ἱππῆς ἐπίλεκτοι, οἷς τῶν Βατάουκων ἀπὸ τῆς Βατάουας τῆς ἐν τῷ Ῥήνῳ νήσου ὄνομα, ὅτι δὴ κράτιστοι ἱππεύειν εἰσί, κεῖται.

'Hinzu kam noch eine Elitetruppe von fremden Reitern, die – nach der Insel Batava im Rhein – Bataver heißen, weil sie vorzügliche Reiter sind.'

ständigte sie immer wieder aus der gleichen Region. Auch ihre Offiziere waren einheimische Adelige."[9]

Interessant für die Stellung der Bataver ist auch die Tatsache, dass sie nach der Revolte von 69–71ᵖ weiterhin als vertraute Alliierte angesehen wurden[10]. Ein weiterer Hinweis für ihre besondere Stellung ist in den Grabinschriften für Mitglieder der kaiserlichen Leibgarde von Augustus bis etwa Nero (also in julianisch-claudischer Zeit) zu sehen[11].

Diese besondere Stellung ist wichtig für unsere Frage, denn wir wissen, dass Vindolanda um 100ᵖ eine oder mehrere batavische Kohorte beherbergte, was auch eine Gründung durch solche Kohorte nahelegt. Was diese Besonderheiten linguistisch zu bedeuten haben, wird weiter unten (Punkt 4, Linguistisches) diskutiert.

Dass Vindolanda kaum eine britische Gründung sein kann, wird auch durch die überlieferte Benennung der Einheimischen als *Brittunculi*, eine pejorative Benennung, suggeriert. Dieses Wort ist bisher nur in Vindolanda belegt[12]. Ob diese verachtungsvolle Erwähnung im Kontext der allgemeinen Kontaktsituation zwischen Soldaten und Einheimischen oder im Kontext der Frage nach der Verwendbarkeit Einheimischer als Soldaten in der römischen Armee zu verstehen ist, sei dahingestellt. Klar ist, dass die Einheimischen keineswegs besondere Achtung von seiten der römischen Soldaten genossen.

Die Anwesenheit batavischer Kohorten in Britannien unter Agricola ist gesichert; die Gründung von Kastellen in Nordbritannien wird von Tacitus für das dritte Jahr der Statthalterschaft Agricolas berichtet[13] (*Agricola* 22,1 & 2):

> *Tertius expeditionum annus novas gentes aperuit, vastatis usque ad Tanaum (aestuario nomen est) nationibus. ... ponendisque insuper castellis spatium fuit. adnotabant periti non alium ducem opportunitates locoroum sapientius legisse; nullum ab Agricola positum castellum aut vi hostium expugnatum aut pactione ac fuga desertum; nam adversus moras obsidionis annuis copiis firmabantur.*

> 'Das dritte Feldzugsjahr ließ neue Völkerschaften sehen. Bis zum Tanaus hin – dies ist der Name einer Bucht – wurden die Stämme gebrandschatzt. ... obendrein blieb noch Zeit, feste Plätze anzulegen. Experten bemerkten, kein anderer Heerführer habe günstige Örtlichkeiten verständiger aufgesucht; kein von Agricola gegründetes Kastell sei vom Feind gewaltsam genommen oder durch Vertrag oder Flucht aufgegeben worden, denn gegen lange Belagerung waren sie durch Vorräte für ein Jahr geschützt.'

9 Fischer (2001). Darin: Kap. 10, *Militär,* 10.1.2. *Auxiliartruppen*. Vgl. auch Fnn. 7 und 8 oben.

10 Vgl. Tacitus in Fn. 8.

11 S. Anhang 2, „Grabinschriften der batavischen kaiserlichen Leibwächter".

12 *Tab. Vindol.* II 164; Bowman (1994), Appendix II, Text 3.

13 Zitat aus: Feger (1973); vgl. Fn. 5 oben.

Diese Stelle macht klar, dass sich die Lage eines römischen Kastells in dieser Zeit und dieser Gegend kaum nach der Lage einer einheimischen Siedlung gerichtet haben wird. Sicher wurde das eine oder andere Kastell von einer batavischen Kohorte aufgestellt.

3. Archäologisches

Archäologisch feststellbare Hinweise auf eine Namensgebung sind erwartungsgemäß kaum vorhanden. Eine vorrömische Siedlung würde eine Namensgebung durch einheimische keltische Stämme wahrscheinlich machen. Es sind aber bisher keine Spuren einer solchen Siedlung gefunden worden; von der Deutung des Namens als keltisch auf eine solche Siedlung zu schließen entbehrt jeder Grundlage[14]. Alleine die Beschaffenheit des frühesten Kastells sowie eventuell vorhandene organische Reste sonst können Informationen zur Beschaffenheit der Umwelt zu der in Frage kommenden Zeit liefern. Bisher ist ein Graben aus der Zeit etwa zwischen 85ᵖ und 92ᵖ entdeckt worden, der Pollen enthielt[15]. Die Pollenanalyse – eine notorisch schwierige Angelegenheit, wenn es um frühe Umwelterscheinungen geht – liefert den Hinweis, dass eine gewisse Rodung stattgefunden hat. Diese war anthropogener Natur und muss wohl vor oder um 85ᵖ stattgefunden haben[16]. Die Debatte um die palynologische Evidenz[17] kann hier nicht kommentiert werden; als Fazit kann festgehalten werden, was L. Dumayne-Peaty geschrieben hat: „Events associated with the Roman invasion and occupation must have had an impact on the landscape and it is well known that the timber required for building and other uses was probably obtained from the local area .... the palynological evidence suggests that, although *some* [Hervorhebung des Originals] areas of northern Britain had been cleared of *some* of their woodland cover, the invading Roman army faced a mosaic of vegetation types, and that in some places ... a substantial amount of woodland still remained and in others woodland was regenerating...“[18]. Allem Anschein nach waren zwar die Römer alleine nicht unbedingt verantwortlich für die Waldrodung, aber es müssen erhebliche Mengen Wald oder teilweise bewaldeter Landschaft in der Umgebung von Vindolanda existiert haben. Dieser Punkt ist in Hinblick auf einen keltischen Ursprung des Namens *Vindolanda* nicht unerheblich und spielt in der linguistischen Argumentation eine Rolle (vgl. unten 4. Linguistisches).

Die römische Armee brauchte zunächst Holz, um überhaupt eine kleine Festung zu errichten; die notwendige Infrastruktur für andere Baumaterialien

14 Aber genau diese zirkuläre Argumentation wird angeblich von Birley (1977), verwendet, so jedenfalls die Angabe in Manning / Birley / Tipping (1997), spezifisch auf Seite 184.

15 Vgl. Manning / Birley / Tipping (1997).

16 Manning / Birley / Tipping (1997: 184).

17 Vgl. *inter alia* Hanson (1996: 354ff.), sowie Dumayne-Peaty (1998: 315ff.), und Manning / Birley / Tipping (Fn. 14, 15, 16 oben).

18 Dumayne-Peaty (1998: 315ff.).

wie Stein oder Backstein war ja noch nicht etabliert (etwa Straßen, Steinbrüche, Fabrikationsstellen für Backsteine und Ziegel usw.). Schon der Holzbedarf für ein kleines Kastell könnte eine lokale Rodung bedingt haben; hinzu kommt, dass die Soldaten auch Essbares haben mussten, was z.T. durch die Zahlungen in Naturalien durch die einheimische Bevölkerung gewährleistet wurde, aber sicherlich auch durch eigene Unternehmungen (Gärten, Äcker, Viehhaltung[19]) gesichert werden musste – „gegen lange Belagerung waren sie durch Vorräte für ein Jahr geschützt", wie Tacitus schreibt; die Vorräte werden kaum sämtlich mitgebracht worden sein. Etwas Rodung war wohl für solche Zwecke auch erforderlich. Ferner kam der Bedarf an Brennstoff hinzu – in aller Regel Holz oder Holzkohle. Bestimmte Geräte des Alltags wurden ebenfalls aus Holz angefertigt, nicht zuletzt die berühmten Schreibtäfelchen selbst[20]. Offenbar war aus all diesen Gründen eine gewisse Rodungsaktivität von den Römern entfaltet worden.

4. Linguistisches

Bisher wird der Name *Vindolanda* als keltisch angesehen. Mehrere Gründe sprechen ja dafür: Britannien war überwiegend oder ganz von keltischen Stämmen besiedelt; keltische Toponyme sind daher zu erwarten und tatsächlich in großer Anzahl belegt (Britannien gehört ja zum nordwesteuropäischen Bereich, in dem keltische Toponyme häufig vorkommen[21]); die Latinisierung solcher Toponyme stellt ein im römischen Herrschaftsbereich ganz gängiges Phänomen dar; nicht zuletzt lässt sich der in Frage kommende Name als keltisch gut deuten, da die Namenselemente durchaus keltischer Natur zu sein scheinen. Hinzu kommt die nicht überraschende Entdeckung, dass die an diesem Ort inschriftlich überlieferten Theonyme überwiegend durch gallische Theonyme erklärlich bzw. mit diesen identisch sind[22]. Der Name *Vindolanda* wäre im heutigen Kymrischen etwa **Gwynn-llan*, oder so ähnlich. Das Element *vindo-* bedeutet „blanc, weiß"[23]; *land-* soll „lande, terrain non utilisé, Land, Stück Land"[24] bedeuten.

---

19 Bowman (1994: 76): „Livestock was clearly kept under military supervision...".

20 Diese sind in der Mehrzahl aus Birkenholz, Eichenholz und Erlenholz gemacht, vgl. Bowman (1994: 16). Diese Tatsache unterstreicht die Anwesenheit von Wald in der Zeit zwischen 85[p] und etwa 100[p]. Die römische Armee generierte eine enorme Menge an Dokumentation der verschiedensten Sorten, daher der Bedarf an solchen Holztäfelchen dort, wo Papyrus nicht vorhanden oder zu teuer war.

21 Vgl. allgemein Sims-Williams (2006).

22 Vgl. für Chesterholm/Vindolanda RIB 1683; AE 1979, 392; AE 1975, 568; RIB II, 3 / 2431,2; RIB 1699; AE 1975, 565; AE 1975, 566; AE 1979, 393. (AE = *Année Epigraphique*; RIB = Collingwood / Wright (1965); RIB II, 3 = Collingwood / Wright (1991)). Sämtliche Angaben nach: Jufer / Lüginbuhl (2001).

23 Billy (1993: 158), Delamarre (2001: 269).

24 Billy (wie Fn. 23), s.v., Delamarre (wie Fn. 23), s.v. Delamarre erwähnt die Möglichkeit, dass das germanische Wort „land-" eine Entlehnung aus dem Keltischen sein könne.

Es ist jedoch nicht unbedingt mit einer derartigen Landschaft um Vindolanda zur fraglichen Zeit zu rechnen, wie unter (3) oben dargelegt. Wenn größtenteils Weideland vorgelegen hätte, wäre eine Benennung „weite Felder“ o.dgl. sehr verständlich. Da aber von einem zumindest teilweise bewaldeten Gebiet ausgegangen werden muss, ist diese Deutung des Namens nicht so einleuchtend, wie sie auf dem ersten Blick erscheinen mag. Das Fehlen jeglichen Hinweises auf eine vorrömische Siedlung reduziert die Wahrscheinlichkeit einer einheimisch keltischen Namensgebung noch mehr.

Was für einen Namen könnte also in *Vindolanda* vorliegen? Eine mögliche Antwort liegt auf der Hand: Dieser Name könnte durchaus von den Soldaten gegeben worden sein, die das erste Kastell errichteten. Wie oben bereits angedeutet, spricht alles dafür, dass diese Soldaten Germanen, genauer: Bataver, waren. Angesichts der Tatsache, dass die Bataverkohorten stets mit Rekruten aus der batavischen Heimat versorgt wurden, ist davon auszugehen, dass ihre germanische Sprache noch in Gebrauch war. Obwohl die Vindolanda-Täfelchen ebenfalls von Batavern stammen (der Kommandant Flavius Cerealis, der zwischen 101ᵖ und 104ᵖ in den Täfelchen belegt ist, war ein solcher[25]), sind sie auf gutem bis exzellentem Latein verfasst. Diese Tatsache entspricht aber nur den Erwartungen, denn jeder Soldat in römischen Diensten musste zum einen Befehle auf Lateinisch verstehen, zum anderen auch lesen und schreiben können – was selbstverständlich ebenfalls auf Lateinisch zu leisten war. Diese Situation schließt aber keinesfalls aus, dass die einheimische germanische Sprache noch unter Soldaten aus derselben Gegend gesprochen wurde. Ähnliche Situationen, wo eine Sprache als Schrift- und Amtssprache fungiert, und eine ganz andere im Alltag gesprochen wird, sind ja heute auch bekannt[26]. Sicherlich waren nicht nur Germanen in Vindolanda während des Zeitraumes anwesend, der von den Täfelchen repräsentiert wird[27]. Aber zur Zeit der Gründung – so sie durch Baraver durchgeführt wurde – wäre mit keiner solchen Mischgesellschaft zu rechnen. Und in der Zeit der Täfelchen scheint es auch klar zu sein, dass die Soldaten aus den Bataver- und Tungrergegenden ihre Frauen mitbrachten[28], was der Gebrauch der germanischen Sprache oder Sprachen im Alltag sicher auch bedingte. Der bereits erwähnte Flavius Cerealis, Präfekt der Neunten Kohorte in der Zeit etwa von 100ᵖ–104ᵖ, ist mit einer gewissen Wahrscheinlichkeit der erste oder eher zweite seiner Familie, der römischer Bürger war[29]. Somit ist es sehr wohl möglich,

25 Vgl. Bowman (1994: 27).

26 Etwa im Westen Afrikas oder in Teilen Chinas und Indiens heute.

27 Bowman (1994: 62–63).

28 Bowman (1994: 60).

29 Bowman (1994: 27): „His possession of the family name of the ruling dynasty, Flavius, strongly implies that the Roman citizenship was acquired by Cerealis or an ancestor not earlier than AD 70 and the *cognomen* may suggest a connection with Petillius Cerealis, perhaps forged in the context of loyalty to Rome during the revolt of AD 69/70.“ Petillius Cerealis hat die Bataverrevolte niedergeschlagen; er hatte später die

dass er noch die einheimische germanische Sprache der Bataver beherrschte. Aber auch wenn er vollständig romanisiert war und nur Latein sprach, sagt das nichts über die batavischen Soldaten der Zeit um 85p.

Wenn also mit einer gewissen Wahrscheinlichkeit die besagten Soldaten, die das erste Kastell errichteten, ein germanisches Idiom sprachen, so ist es nicht ganz abwegig anzunehmen, dass sie mangels eines einheimischen Namens für den Ort des Kastells einen eigenen Namen einsetzten. Von dieser Perspektive aus nimmt der Name *Vindolanda* plötzlich einen ganz anderen Charakter an.

Der Name *Vindolanda* und seine Elemente

Wie oben bereits gesagt, kann der Ortsname *Vindolanda* als keltisch gedeutet werden; das erste Element ist ja hinreichend aus der altkeltischen Toponomastik bekannt. P. Sims-Williams listet 29 Ortsnamen mit dem Element *vind* auf, die für ihn als „zulässig" („admissible") gelten[30]. Am bekanntesten ist wohl der Name *Vindobona*, heute Wien, der wohl als „Weißenburg, Belgrad, Blancville" zu deuten ist. Dieses Element *vindo-* ist demnach ähnlich wie im deutschen Sprachbereich *weiss-*, *blank-*, *schön-* bei Ortsnamen eingesetzt, um eine Grundbedeutung „glänzend" zum Ausdruck zu bringen, die auf die Auswirkung des Sonnenlichts auf Berge, Gewässer oder andere Teile der Landschaft Bezug nimmt[31]. Mindestens folgende Namen zeigen dieses Element mit dem Fugenvokal *-o-* innerhalb Britanniens: Vindocladia (Südwestengland, heute Badbury), Vindomium (nicht verortet, vielleicht North Waltham, Hampshire?), Vindolanda[32] (Nordengland, heute Chesterholm), Vindomora (Nordost-/Mittelengland, heute Ebchester), Vindovala (Nordost-/Mittelengland, heute Rudchester)[33]. In Frankreich existieren auch mehrere Ortsnamen mit diesem Element und gleichem Fugenvokal: Vindoialum (heute Vendeuil, Vandeuil, Depts. Marne, Aisne, Oise), Vindobriga (heute Vandeuvre, Vandoeuvres, Depts. Aube, Calvados, Indre, Vienne), Vindiacus (heute Vindey, Dept. Marne), Vindocinum (heute Vendôme)[34]. Weitere Namen in Europa, die dieses Element genauso aufweisen, sind Vindonissa (heute Windisch/Schweiz) und Vindonianus Vicus (heute Budapest – Békásmegyer)[35]. Das erste Element von

Statthalterschaft in Britannien inne und hatte die Eroberung der Gebiete der Brigantes – eben wo Vindolanda liegt – begonnen.

30 Sims-Williams (2006: 123–124).

31 Vgl. Bach (1981: § 294: 271–272).

32 Der Fugenvokal *-o-* ist gesichert, einmal zeitgenössisch in Tab. Vind. II Pub. N° 225, Tab. Vind. I Pub. N° 37 (Brief von Flavius Cerealis), und einmal bei Geographus Ravennas (der anonyme Autor der Cosmographia, auch als Cosmographia des Anonymus von Ravenna bekannt). Vgl. auch Fn. 2 oben.

33 Talbert (2000). Karte 8, Britannia superior; Karte 9, Britannien inferior.

34 Delamarre (2001), s.v. *vindo-*.

35 Talbert (2000). Karte 18, Augustonemetum–Vindonissa; Karte 20, Pannonia–Dalmatia sowie Karte 21, Dacia–Moesia.

Vindolanda kann also nach dem Zeugnis dieser Ortsnamen sehr wohl keltisch sein. Über das Problem der Motivation wird weiter unten die Rede sein.

Wie steht es mit dem Zweitelement *-landa*? Das Element existierte (und existiert) als Lexem in den keltischen Sprachen, mit der Bedeutung „Heide, Fläche, (freies) Land"[36]. Im Gegenteil zu *vindo-* ist dieses Element aber in der antiken keltischen Onomastik offenbar äußerst selten. Nach den Angaben im *Barrington Atlas* (s. Fnn. 33 und 35) gibt es antike Namen – keltisch und auch sonst – mit diesem Element in Britannien, Thrakien, Phrygien und dem mittleren Kleinasien (Ancyra und Caesarea – Melitene). Dass Kelten in diesen Gegenden waren, ist historisch gut belegt; dass Kelten in Thrakien, Phrygien, der Gegend von Ancyra und jener von Caesarea auch Ortsnamen hinterlassen hätten, ist überhaupt nicht belegt und höchst unwahrscheinlich. Damit bleibt nur Britannien übrig – und hier gibt es nur *einen* Ortsname mit dem Element *-landa*, eben *Vindolanda*. Dieser Umstand macht jede keltische Deutung suspekt. Sprachlich mag die keltische Deutung äußerlich einwandfrei erscheinen, obwohl das zu erwartende Zweitelement eher *-magos* „Feld, Mark, Gemarkung" wäre (68 mögliche keltische *-magos*-Namen sind bei P. Sims-Williams aufgelistet). Solange keine weitere Beispiele für antike keltische Ortsnamen mit dem Element *-landa* gefunden werden können, muss eine andere Erklärungsmöglichkeit in Betracht gezogen werden.

Bevor jedoch diese Möglichkeit untersucht wird, ist es nötig, etwas zur Motivation des angeblich keltischen Namens zu sagen. „Weiße Felder" oder „glänzende Felder" ist nicht gerade eine häufige, weil auch selten eine sonderlich sinnvolle Benennung. Wenn der adjektivische Bestandteil als „weit" oder „breit" gedeutet wird – und genau dies ist der Fall bei Vindolanda –, so sind Zweifel angebracht, ob diese Art der Deutung nicht einen semantisch zu weiten Bogen schlägt. Angesichts der archäologischen Evidenz für die lokale Umwelt, nämlich eine Landschaft mit noch recht ausgedehnten Waldpartien, mutet diese Deutung wie eine bloße Volksetymologie an. Weder der erste Bestandteil noch der zweite erscheinen nunmehr aus dem Keltischen gut deutbar zu sein.

Die beste Alternativ ist also die ganz andere Deutung, dass Bataver Vindolanda gegründet und genannt haben, wie oben bereits angedeutet. Kann der Name *Vindolanda* aus dem Germanischen besser als aus dem Keltischen gedeutet werden, steigt damit die Wahrscheinlichkeit, dass diese These stimmt. Tatsächlich lassen sich die beiden Bestandteile ebenso aus dem Germanischen deuten. Das erste Element, *vindo-*, wäre nichts anderes als „der Wind", ein alter o-Stamm. Man könnte einwenden, dass kurzes **o* zu kurzem **a* im Germanischen wird; dieser Lautwandel gilt aber nicht für Fugenvokale, man vergleiche den altgermanischen Personenname *Dago-bertus*, wo das Vorderglied eindeutig *daga-* „Tag"

[36] Meyer-Lübke (1936: 397), Nr. 4884; Falileyev (2000), s.v. *llan*. Im Übrigen hege ich Zweifel, ob das germ. Lexem aus dem Keltischen entlehnt wurde, da es im Germ. ein Neutrum ist, während es im Keltischen ein Femininum ist.

mit unverändertem Fugenvokal ist[37]. Ältere germanische Namen zeigen durchaus den Fugenvokal von den o-Stämmen noch, ohne Änderung zu *a*: *Marcomanni, Langobardi, Teutoburgium*[38].

Das zweite Element wäre dann eindeutig „Land". Ähnlich wie in der antiken keltischen Toponomastik fehlt dieses Element fürs Germanische, der Grund für das Fehlen ist aber bedeutend anders: Die antike germanische Toponomastik ist fast völlig unbekannt, im Gegensatz zur keltischen. Wir können gar nicht sagen, ob das Element *-landa* häufig, weniger häufig, oder gar nicht in antiken germanischen Ortsnamen vorkam. Da müssen frühmittelalterliche Belege herhalten. Die besten germanischen toponomastischen Quellen für das Frühmittelalter sind ohne jeden Zweifel in England zu finden, wo infolge der normannischen Eroberung eine allgemeine Bestandsaufnahme durchgeführt wurde – das *Domesday Book* von 1086ᵖ – und wo auch frühe Dokumente über Ländereien in relativ großer Anzahl existieren. In England des frühen Mittelalters sind komponierte Ortsnamen mit Zweitglied *-land* zwar nicht in der Überzahl, aber doch recht häufig anzutreffen[39]. Es kann zwar argumentiert werden, dass das heutige Kymrisch das Ortsnamenelement *llan* auch sehr häufig aufweist, aber dieses Element ist in der Bedeutung anders: „enclosure, church", also „eingezäuntes Stück Land, Kirch(land)"[40]. Allem Anschein nach ist also wohl mit einem Element *-land* in der germanischen Toponomastik zu rechnen. Wir hätten demnach in *Vindolanda* einen germanischen Ortsnamen vor uns, der die Gegend des Kastells beschreibt: „Windland", die „windige Gegend", „Windeck" u.dgl. Jeder Reisende im Norden Englands kann auch bestätigen, dass eine der herausragenden Eigenschaften der Region dort eine klimatische ist – der Wind ist fast immer zu spüren. Die batavischen Auxiliartruppen, die dort ein Kastell errichten

37 Krahe/Meid (1969: 20).

38 Zugegeben sei, dass dieses Phänomen hauptsächlich vor folgendem Labial zu finden ist, aber nicht ausschliesslich, vgl. Krahe/Meid a.a.O.

39 Beispiele: Buckland (ae. boc + land 'charter land', given by royal charter in Anglo-Saxon times), Domesday Book und öfter; Crowland, Lincolnshire ('bend land', i.e. of a river. OE *cruw, OE land. *Cruwland* 8th century); Great and Little Holland, Essex ('Hill-spur land'. OE hoh, OE land; several examples from 1086ᵖ, also one from around 1000ᵖ); Kessingland, Suffolk ('Land of *Cyssi's people' or perhaps 'land at the cress-beds'. ?OE *caersing, ?OE pers.n., ?OE -ingas, OE land. *Kessingalanda* 1086ᵖ Domesday Book); Leyland, Lancashire ('Fallow land'. OE *laege, OE land, *Lailand* 1086ᵖ Domesday Book); Stainland with Old Lindley, Yorkshire ('Stone land'. The original OE first element was later replaced by ON steinn. 'Flax wood/clearing'. 'Old' to distinguish from Lindley. OE stan, OE land. *Stanland* 1086ᵖ Domesday Book); Swilland, Suffolk ('Pig land'. OE swin, OE land. *Suinlanda* 1086ᵖ Domesday Book); Willand, Devon ('Waste land'. OE wilde, OE land. *Willelanda* 1086ᵖ Domesday Book); Woolland, Dorset ('Pasture land'. OE *winn, OE land. *Wonlonde* 934ᵖ, *Winlande* 1086ᵖ Domesday Book); Yaverland, Isle of Wight ('Wild boar land'. OE eofor, OE land. *Ewerelande* 683ᵖ, *Evreland* 1086ᵖ, Domesday Book). Die Beispiele sind i.a. aus: Mills (1998) (mit weiterer Literatur).

40 Vgl. s.v. *llan* in: James/Jones (o.J.).

sollten, werden zunächst in Zelten gewohnt haben und ganz sicher den Wind besonders gemerkt haben. Kein Wunder, wenn sie den Ort danach benennen sollten. Der Name hätte ohne Schwierigkeiten sowohl von Kelten als auch von Römern verwendet werden können, da er von der Flexion her weder im Gallischen (oder jedenfalls dem britisch-keltischen Idiom) noch im Lateinischen aufgefallen wäre.

dif3@gmx.net
Seminar für Sprachen und Kulturen des Vorderen Orients
Ruprecht-Karls-Univeristät Heidelberg

Literatur

Bach, A., 1981, *Deutsche Namenkunde*, II/1, Heidelberg.

Billy, P.-H., 1993, *Thesaurus Linguae Gallicae*, Hildesheim.

Birley, R., 1977, *Vindolanda: a Roman frontier post on Hadrian's Wall*, London.

Bowman, A., 1994, *Life and Letters on the Roman Frontier*, London.

Collingwood, R.G. / Wright, R.P., 1965, *The Roman Inscriptions of Britain*, I: *The Inscriptions on Stone, Part 2: Hadrian's Wall*, Oxford.

Collingwood, R.G. / Wright, R.P., 1991, *The Roman Inscriptions of Britain*, II: *Instrumentum Domesticum*, Fascicule 3, Oxford.

Delamarre, X., 2001, *Dictionnaire de la langue gauloise*, Paris.

Dumayne-Peaty, L., 1998, Notes. Forest Clearance in Northern Britain during Romano-British Times: Re-addressing the Palynological Evidence. – *Britannia* 29: 315 ff.

Falileyev, A., 2000, *Etymological Glossary of Old Welsh*, Tübingen.

Feger, R., 1973, *Tacitus. Agricola. Lateinisch-Deutsch*, Stuttgart.

Fischer, Th. (Hg.), 2001, *Die römischen Provinzen. Eine Einführung in ihre Archäologie*, Stuttgart.

Hanson, W.S., 1996, Notes. Forest Clearance and the Roman Army. – *Britannia* 27: 354 ff.

Herrmann, J. (Hg.), 1990, *Griechische und Lateinische Quellen zur Frühgeschichte Mitteleuropas. Zweiter Teil: Tacitus-Germania*, Berlin.

Herrmann, J. (Hg.), 1991, *Griechische und Lateinische Quellen zur Frühgeschichte Mitteleuropas. Dritter Teil: Von Tacitus bis Ausonius*, Berlin.

James, D. / Jones, Th. / o.J., *Geiriadur Ysgol. Scholar's Welsh Dictionary*, Wrexham.

Jufer, N. / Lüginbuhl, Th., 2001, *Répertoire des dieux gaulois*, Paris.

Krahe, H., Meid, W., 1969, *Germanische Sprachwissenschaft, Bd. III: Wortbildungslehre*, Berlin.

Manning, A. / Birley, R. / Tipping, R., 1997, Roman impact on the environment at Hadrian's Wall: precisely dated pollen analysis from Vindolanda, northern England. – *The Holocene* 7/2: 175–186.

Meyer-Lübke, W., 1936, *Romanisches Etymologisches Wörterbuch*, Heidelberg.
Mills, A.D., 1998, *Oxford Dictionary of English Place-Names*, Oxford.
Saddington, D.B., 1975, The Development of the Roman Auxiliary Forces from Augustus to Trajan. – *Aufstieg und Niedergang der römischen Welt. Principat*, III, Berlin: 176–201.
Sims-Williams, P., 2006, *Ancient Celtic Place-Names in Europe and Asia Minor*, Oxford.
Talbert, R. (Ed.), 2000, *Barrington Atlas of the Greek and Roman World*, Princeton.

Zusammenfassung

Für eine germanische Deutung des Namens Vindolanda spricht Folgendes:

- Germanische Hilfstruppen waren Ende des 1^{p} dort stationiert; sie werden das Kastell auch gebaut haben, und da sie Bataver waren, ist es nicht unwahrscheinlich, dass sie ihre eigene Sprache neben dem Latein noch verwendet haben und daher namensgebend waren;
- Eine Motivation für eine keltische Benennung fehlt: Keine Siedlung ist archäologisch nachweisbar, die Umgebung war höchstwahrscheinlich noch zum guten Teil bewaldet, womit die übliche Deutung „weiße Felder“ oder „weite Felder“ keinen Sinn mehr ergibt;
- Die Gegend ist windig, auch heute noch, und die germanische Deutung passt genau zu dieser klimatischen Eigenschaft und ist somit semantisch gut motiviert.

Anhang 1

Ausgewählte Briefe aus Vindolanda (Erwähnungen des ON sind **fett**)

The conventions which have been used are the following:

i, ii:	designate separate columns of text following the original layout.
. . .:	indicates that the text is broken or incomplete at the top or bottom.
m1, *m2*:	distinguish different hands in the text.
[ ]:	indicates a lacuna in the text.
[*c.4*]:	estimate of the number of letters missing in a lacuna.
uacat:	a space left by the scribe on the tablet.
[[abc]]:	letters crossed out or erased by the scribe.
^{abc}:	letters or words added by the scribe above the line.
<abc>:	letters erroneously omitted by the scribe.
{abc}:	superfluous letters written by the scribe.

abc: doubtful or partially preserved letters.
...: represents traces of letters visible on the tablet which have been left unread.
praef(ecto), (*centurio*): expansion or resolution of an abbreviation or symbol.

(http://vindolanda.csad.ox.ac.uk/help/tabguide-3.shtml)

TVII Pub. N°: 225

recto

1. [ ] *uacat* Crispino suo [*uacat?* **2.** [G]rattio Crispino redeunte .[... **3.** [*c. 10*] [[non fui mihi]] et .d.[.. **4.** [*c. 7* li]benter amplexus s[um do- **5.** mine salutandi te occassionem **6.** [d]ominum meum et quem saluom **7.** [[habere]] esse et omnis spei **8.** [[suae]] compotem inter praecipua **9.** uoti habeo hoc enim de **10.** me semper meruisti usque **11.** ad hanc d[*c. 4*].tem cuius fid- **12.** [*c. 4*]..[*c. 6*]..^{ut}e.il[...

verso

13. [....]m Marcellum clarissi[mum ui- **14.** [rum] consularem meum quar.[.... **15.** [oc]cassionem nunc ut. [*c. 11* **16.** [...]. tibi amicorum do[*c. 10* **17.** sua [p]raesentia quos tu[*c. 9* **18.** illius scio plurimos habere [.... **19.** quomodo uoles imple quidq[uid **20.** de te exspecto et me .lu.[.]... **21.** amicis ita instrue ut beneficio **22.** tuo militiam [po]ssim iucundam **23.** experiri ha[ec ti]bi a **Vindolan- 24. da** scribo .[*c. 6*]. hiberna [.. **25.** [.].n.u. h..[*c. 6*].ius a.[

. . . .

TVII Pub. N°: 242

i

. . . . . .

1. cras bene mane **Vindo- 2. landam** ueni ut **3.** numerationi cen-

ii

. . . . . .

1. *traces* **2.** (*m2?*) uale mi Felici..[**3.** karissime *uacat* **4.** ...... Septembres

verso

. . . . . .

1. (*m1?*) viiii Bat(auorum) **2.** [a] Flauio Ceriale *traces*

TVII Pub. N°: 338

. . . . . .

1. *traces* **2.** alique...em **3.** *traces* rm..i **4.** *traces* quam

. . . . . .

verso
1. Vindol ...[**2.** *traces*

TVII Pub. N°: 343
i
1. Octauius Candido fratri suo **2.** salutem **3.** a Marino nerui pondo centum **4.** explicabo e quo tu de hac **5.** re scripseras ne mentionem **6.** mihi fecit aliquotiens tibi **7.** scripseram spicas me emisse **8.** prope m(odios) quinque milia prop- **9.** ter quod (denarii) mihi necessari sunt **10.** nisi mittis mi aliquit (denariorum)

ii
11. minime quingentos futurum **12.** est ut quod arre dedi perdam **13.** (denarios) circa trecentos et erubes- **14.** cam ita rogo quam primum aliquit **15.** (denariorum) mi mitte coria que scribis **16.** esse Cataractonio scribe **17.** dentur mi et karrum de quo **18.** scribis et quit sit cum eo karro **19.** mi scribe iam illec petissem **20.** nissi iumenta non curaui uexsare **21.** dum uiae male sunt uide cum Tertio **22.** de (denariis) viii s(emisse) quos a Fatale accepit **23.** non illos mi uacat accepto tulit

iii
24. scito mae explesse [[exple]] coria **25.** clxx et bracis excussi habeo **26.** m(odios) cxix fac (denarios) mi mittas ut possi- **27.** m spicam habere in excusso- **28.** rio iam autem si quit habui **29.** perexcussi contuber- **30.** nalis Fronti amici hic fuerat **31.** desiderabat coria ei ad- **32** signarem et ita (denarios) datur- **33.** {ur}us erat dixi ei coria in- 34 tra K(alendas) Martias daturum Idibus

iv
35. Ianuariis constituerat se uentur- **36.** um nec interuenit nec curauit **37.** accipere cum haberet coria si **38.** pecuniam daret dabam ei Fronti- **39.** nium Iulium audio magno lice- **40.** re pro coriatione quem hic **41.** comparauit (denarios) quinos **42.** saluta Spectatum I...- **43.** rium Firmum **44.** epistulas a Gleucone accepi **45.** ual(e)

verso
46. Vindol

(http://vindolanda.csad.ox.ac.uk/4DLink2/4DACTION/WebRequestQuery)

Anhang 2

Grabinschriften der batavischen kaiserlichen Leibwächter

Eine Reihe von Inschriften (CIL VI 4337-4345, 4716, 8802-8812) bezeugt, dass „die Leibwache des Tiberius, Claudius und Nero aus Angehörigen verschiedener germanischer Stämme bestand, aus Batavern, Friesen, Ubiern, Sueben usw. Sie waren keine reguläre Soldaten, sondern Bedienstete des Kaisers und wie ein Collegium von Handwerkern in Dekurien unterteilt" (Herrmann 1991: 545).

Nachstehend diejenige dieser Inschriften, die Bataver erwähnen:
(*aus CIL VI, 2 Roma*)

8802 *corona*
ALCIMACHVS
NERONIS CLAVD
CAISAR AVG GER
CORPOR CVST
DEC ALBANI
NAT BATAVS
VIX ANN XXXV
H S E POSVIT
BATAVVS DEC MONTANI
HER EIVS EX COLI GER

8803 *corona*
TI CLAVDIVS
CHLOREVS
NERONIS CLAVDI
CAESARIS AVG
CORPORIS CVSTOS
DEC SPICVLI
NATIONE BATAVS
VIX ANN XL H S E POSVERVNT
TI CLAVDIVS DIADVMENVS ET
CENSOR DEC SPICVLI
HEREDES EIVS EX
COLLEGIO GERMANORVM

8804 *corona*
LINVS
TI CLAVDI
CAESARIS AVG
CORPORIS CVSTOS
DEC EPAGATI
NATIONE BATAVVS
VIX ANN XX .. H S E
POSVIT
MACER HERES
EIVS EX COLLEGIO
GERMANORVM

8806 (*cippus*)
NOBILIS
MILES IMPERA
NERONIS AVG
CORP CVST
DEC RABVTI
NAT BATAVS
MILIT AN III
VIX AN XX H S E
POSVIT BAEBIVS
D RABVTI HERES

8807 (*cippus*) *corona*
PAETINVS
TI CLAVD
CAISAR AVG
CORP CVST
DEC PACATI
NAT BATAVS
VIX ANN XX
H S E
POS VIRUS DEC PACATI
H EIVS EX COL GERMA///

Languages and Cultures in Research and Education
pp. 69–78

José Luis García Ramón
(Köln)

Zur indogermanischen Dichtersprache*)

1. Die Rekonstruktion der indogermanischen Phraseologie beruht bekanntlich auf dem Vergleich phraseologischer Kollokationen, die zumindest in zwei Sprachen belegt sind. Ob die Rekonstrukte dichtersprachlich im engeren Sinne sind, kann von Fall zu Fall unterschiedlich bewertet werden: wichtig ist sicherlich, wie der Begriff „Dichtersprache" aufgefasst wird. Aber auch wenn man sich auf die Phraseologie beschränkt, ohne bestimmen zu müssen, ob sie dichtersprachlich im engeren Sinne ist, sieht man sich der Schwierigkeit ausgesetzt, dass die Entsprechungen oftmals nicht vollkommen sind. Perfekte Gleichungen (*Äquate*), die beide Glieder der Kollokation betreffen bzw. zumindest die gleichen Lexeme (auch wenn die in den Einzelsprachen belegte Form bzw. Bildung nicht genau dieselbe ist: *Äquabilia*), lassen sich natürlich als ererbt erklären. Dies ist z. B. bei den Kollokationen [WEITE ERDE] oder [GUTER RUHM] der Fall. Zur ersten vgl. ved. *kṣā́m ... pr̥thivī́m*, jav. *zą̇m pərəθβīm* und aheth. *palḫiš ... daganzipaš* ‚die weite Erde',[1] zur zweiten vgl. in der Onomastik ved. *śu-śrávas-* : ap. *Hu-çavah-* und gr. *Εὐκλέης* ‚guten Ruhm habend'.

Umstrittener ist die Möglichkeit eines ererbten, indogermanischen Ansatzes, wenn eine phraseologische Kollokation zumindest in zwei Sprachen mit gleichem

*) Für wertvolle Hinweise zum armenischen Material bedanke ich mich bei Daniel Kölligan (Köln), bei Ralf-Peter Ritter (Kraków) und bei Irene Tinti (Milano). Für die unschätzbare Hilfe bei der formalen Gestaltung und Verdeutschung des Textes danke ich Lena Wolberg (Köln) recht herzlich. Standardwerke werden nach herkömmlicher Konvention zitiert. Doppelte Anführungszeichen werden gebraucht, wenn die Übersetzungen wörtlich von anderen Autoren (Geldner für das Rig Veda, Schadewaldt für Homer) stammen.

1 Im Falle der dreifachen Formel *palḫiš dankuiš daganzipaš* ‚die weite dunkle Erde' in dem dreisprachigen Hymnus an [d]ISKUR-Adad ist ein mesopotamischer Ursprung nicht auszuschließen.

Inhalt vorkommt, ohne dass die belegten Formen vollkommene formale Gleichungen darstellen. Es kann sein, dass ein Glied der Kollokation in beiden Sprachen vollkommen übereinstimmt, während das andere durch synonyme Wörter ausgedrückt wird, die aber nicht etymologisch verwandt sind: dies trifft z. B. bei der Kollokation [STELLEN – HIMMEL (UND) ERDE] zu, vgl. heth. *nepiš tekan dair* ‚sie stellten Himmel (und) Erde' und ap. *hya : imām : būmīm : adā : hya : avam : asmānam : adā* ‚der diese Erde schuff, der jenen Himmel schuff' (DNa 2ff.),[2] wobei heth. *nepiš* und ap. *asmānam*, heth. *tekan* und ap. *būmīm* nur die Bedeutung gemeinsam haben. Ähnlich verhält es sich auch im Falle von [ECHTER – RUHM], vgl. die Possessivkomposita ved. *Satyá-śravas-* und gr. *Ἐτεο-κλέης*, myk. */Etewo-klewēs/** ‚der authentischen Ruhm hat', wobei ved. *satyá-* und gr. *ἔτεος* etymologisch nicht verwandt sind.

Es ist auch möglich, dass die beiden Wörter bzw. Lexeme, aus denen die Kollokation besteht, in jeder Sprache unterschiedlich sind, obwohl ihre Semantik (und ggf. die darauf beruhende Metapher) identisch ist. Es sei als Beispiel an die Kollokation [BLUT – MACHEN] erinnert, die als Metapher für ‚töten' im Hethitischen, im Griechischen und im Lateinischen verwendet wird, vgl. heth. *ēšḫar i̯i̯a-*^{hhi} (auch *iššā-*^{hhi}) ‚töten' (: ‚Blut machen') : *αἷμα ἐργάζεσθαι / δρᾶν : sanguinem facere*. Einige Beispiele: KBo III 1+ Vs I 32'-33' ^{m}*Mur-ši-li-in ku-e[(n-nir)]/[(nu)] ẹ-eš-ḫar i-e-ir* ‚sie töteten den Muršili. Sie begangen einen Mord' (altheth./jungheth. Abschrift), Eur. *Or.* 284/5 *εἴργασται δ' ἐμοὶ / μητρῷον αἷμα*, Ov. *Her.* 14, 82 *queritur facti sanguinis esse parum.*[3]

Vorliegender Beitrag geht von der Voraussetzung aus, dass die Entsprechungen, die keine vollkommenen *Äquate* bzw. *Äquabilia* darstellen, doch aber auf Synonymen beruhen, die Rekonstruktion phraseologischer Ansätze zulassen. Dass die Lexeme, die die Kollokation in den verschiedenen Sprachen ausdrücken, nicht dieselben sind, schließt keineswegs aus, dass eine ererbte Form (vielleicht mehr als eine, denn Synonyme sind auch vorstellbar für die rekonstruierte Sprache) innerhalb einer (oder mehrerer) Einzelsprache(n) durch andere lexikalische Kontinuanten ersetzt worden ist, ohne dass der Inhalt der Kollokation sich ändert.[4] An dieser Stelle sind die phraseologischen Kollokationen [ÜBEL – (ER)WECKEN], [(WEIT) GLÄNZENDE – MORGENRÖTE] und [ERDE UND HIMMEL – FESTHALTEN] anzuführen.

2. Eine Kollokation [ÜBEL – (ER)WECKEN], wobei ÜBEL für ‚Zwietracht', ‚Kampf', ‚Feind(schaft)' steht, ist zumindest in vier Sprachen bzw. Sprachbereichen belegt, nämlich Griechisch, Latein, Germanisch und Armenisch.[5] Beide Glieder der Kollokation sind durch ganz unterschiedliche Wörter ausgedrückt (gr. *μάχην*

---

[2] Catsanicos (1986: 134ff).

[3] Vgl. die inhaltsreiche Studie von Dardano (2003), besonders 346ff.

[4] In dieser Richtung bewegen sich die Arbeiten von Campanile (1999) und Watkins (1995), auch García Ramón (2005).

[5] Ausführliches dazu, ohne Berücksichtigung des armenischen Materials, bei García Ramón (2008).

ἐργείρειν, lat. *caedem / bellum suscitāre*,[6] ae. *wīgbealu weccean*, anord. *víg vekja* ‚Streit/Kampf wecken', *hilde vekja* ‚ds.', *vekja vǫ* ‚Unheil wecken',[7] arm. *zartʿean paterazmownkʿ* ‚erwachten Kriege'), die darin beinhaltete Metapher bleibt aber identisch. Einige Beispiele:

(1) *Il.* 13.778 — *ἐξ οὗ γὰρ παρὰ νηυσὶ μάχην ἤγειρας ἑταίρων,*
ἐκ τοῦ δ' ἐνθάδ' ἐόντες ὁμιλέομεν Δαναοῖσι νωλεμέως ...

‚denn seitdem du [775 Ἕκτορ] bei den Schiffen den Gefährten die Schlacht erweckt hast' (Schadewaldt), vgl. auch *Il.* 2. 440 *ἴομεν ὄφρα κε θᾶσσον ἐγείρομεν ὀξὺν Ἄρηα* ‚Gehen wir, dass wir schneller erwecken den scharfen Ares'. Die Kollokation liegt auch Komposita und komponierten Namen zugrunde, vgl. *ἐγρεμάχη* (Epitheton von Athena, *HHCer.* 424 *Παλλάς τ' ἐγρεμάχη*), *ἐγρεμάχας* (Soph. *OC* 1054/5 *ἐγρεμάχαν* / Θησέα), Glosse *ἐγρεμάχας · ἐγερσιμάχας* (Hsch.), auch die PN *Ἔγερσις, Ἐγέρτιος* (Attika) und die „Kurzformen" *Ἐγερσι°*, *Ἐγερτι°*, die ein Hinterglied *°μαχος* vermuten lassen.

(2) Verg. *Aen.* 12.497/8 — *terribilis saeuam nullo discrimine caedem*
suscitat, irarumque omnis effundit habenas.

‚entsetzlich und wahllos regt er ein furchtbares Blutbad an und lässt seiner Wut freien Lauf', vgl. auch Liv. 21.10.3 ... *obtestans ne Romanum cum Saguntino suscitarent bellum.*

(3) *Beow.* 2044f. — *onginneð geōmormōd geongum cempan*
þurh hreðra gehyad higes cunnian
wīgbealu weccean ...

‚er beginnt traurigen Sinnes (getrieben) durch seines Herzens bedacht einem jungen Kämpen die Gedanken zu erproben, um das Übel des Krieges zu wecken'.

Rþ 38.3 — *víg nam ... at vekja*

‚er begann, den Streit / Kampf zu erwecken', vgl. auch Akv 15.3 *at vekja gram hilde* ‚um den zornigen Kampf zu erwecken'.

6 Auch *excitāre* und *incitāre*. Die drei Komposita von *°citāre* haben die alten Verben *expergere* und *expergēfacere* ‚jn. erwecken' (neben fientivem *expergīscere* ‚sich erwecken') ersetzt, die mit *ἐγείρειν* etymologisch zusammenhängen. Lat. **expergo/e-*, **ex-per-g-isco/e-* (jav. *frayris-a-* ‚erwachen') geht auf eine Dissimilation aus **°per-gro/e-*, **°per-grisco/e-* zurück (idg. **h_1ĝer-*: gr. *ἐγείρειν*, ved. *jár-a-*^{te}, mit Perf. *ἐγρήγορα* : ved. *jāgāra*, jav. *jaγāra*). Die Komposita von *°pergere* haben jedoch bis in die nachklassische Zeit fortgelebt, vgl. span. *de-spertar*.

7 Ae. *weccean*, an. *vekja* (urgerm. **wakjan-*), wie auch got. *us-wakjan* „ἐξυπνίζω", asächs. *wekkian*, ahd. *weckan* „excitare, suscitare" (Gloss.) sind mit lat. kausat. *uegēre* ‚beleben, anregen' (gegenüber *uigēre* ‚kräftig sein': stat. **u̯°ĝ-eh₁-*) : ved. *vāj-áya-*^{ti} ‚ds.' (RV+) verwandt und gehen auf idg. **u̯oĝ-éi̯o/e-* (*‚lebhaft machen') zu **u̯eĝ* – ‚lebhaft werden, erregt werden' zurück, wie Watkins (1973: 490) anhand auffallender phraseologischer Entsprechungen zwischen lat. *uegēre* und ved. *vāj-áya-*^{ti} gezeigt hat.

(4) Aristakes Lastiverc῾i, 11. Jh.[8] *yor yawowrs mer zart῾ean paterazmownk῾ i č῾oric῾ kołmanc῾*

‚in unseren Tagen erwachten Kriege in allen vier (Himmels-)Richtungen'.

Die Authentizität der Kollokation in der lateinischen Dichtung muss natürlich offen bleiben, denn der Einfluss des Griechischen darf nicht ausgeschlossen werden. Die eindeutige inhaltliche Übereinstimmung zwischen dem Griechischem und dem Germanischem, jetzt auch im Armenischen, spricht jedoch dafür, die konzeptuelle Kollokation [Übel – (er)wecken] als Reflex indogermanischer dichtersprachlicher Phraseologie zu verstehen.

Es muss hervorgehoben werden, dass es sich um eine metaphorische, stilistisch markierte Kollokation handelt, die neben zumindest einem anderen, stilistisch nicht markierten Ausdruck für das Entstehen eines Übels belegt ist, nämlich [Übel – (er)heben], natürlich mit der intransitiven Variante [Übel – (er)hebt sich]. Die Kollokation ist mit unterschiedlichen Verben ausgedrückt, die z. T. etymologisch verwandt sind, nämlich ved. *ar*[1] ‚sich erheben', Präs. *iyár-*[ti] / *īr-*[ta], hom.gr. *ὀρνυ-*, *ὀρ-*, lat. *orīrī*, vielleicht auch heth. *arai-* / *ari̯i̯a-*[hhi],[9] auch gr. *ἀείρεσθαι* / *αἴρεσθαι* (mit einem Menschen als Agens), lat. *mouēre*, auch intransitiv *consurgere* ‚entstehen'.

(1) RV I 81.3ab *yád ud rata ājáyo dhr̥ṣṇáve dhīyate dhánā*

‚Wenn die Kämpfe sich erheben, steht für den Mutigen Beutegewinn auf dem Spiel' (Geldner).

(2) *Il.* 9.353 *οὐκ ἐθέλεσκε μάχην ἀπὸ τείχεος ὀρνύμεν Ἕκτωρ*

‚Hektor wollte er nie die Schlacht vorantragen von der Mauer'. Zu *μάχην ... ὀρνύμεν* vgl. den PN *Ὀρσίμαχος* (Boiotien), *ὀρσίμαχος* ‚schlachterregend' (Epitheton von Athena). Auch mit Göttern als Subjekt, vgl.

Il. 4.15/6 *ἤ ῥ' αὖτις πόλεμόν τε κακὸν καὶ φύλοπιν αἰνὴν / ὄρσομεν ...*

(spricht Zeus zu Hera) ‚ob wir von neuem schlimmen Krieg und schreckliches Getümmel erregen' und Bacch. 15.3 *Παλλάδος ὀρσιμάχου*.

Thuc. 4.60.2 *πόλεμον γὰρ αἰρομένων ἡμῶν καὶ ἐπαγομένων αὐτούς*

---

[8] Auf diese Kollokation hat mich Daniel Kölligan auf meine Bitte freundlicherweise hingewiesen.

[9] Für das Griechische, Vedische und Lateinische lässt sich $^{*}h_3$*er-* ansetzen, nicht aber für das Hethitische, denn *arai-* setzt $^{*}h_1$*er-* oder $^{*}h_1$*rei̯-* (zuletzt M. Kümmel, in: LIV s.u., mit Lit.) voraus. Die Frage nach der indogermanischen Wurzel oder Wurzeln, auf die die einzelsprachlichen Formen zurückgehen, bleibt umstritten: dazu trägt auch bei, dass lat. *orīrī* und heth. *arai-* eine identische Bedeutung und gemeinsame Kollokationen besitzen und dass im Griechischen Formen mit *ἐρ-* belegt sind, die von Formen mit *ὀρ-* kaum zu trennen sind, vgl. z. B. die Glossen *ἔρσεο · διεγείρου*, *ἔρσῃ · ὁρμήσῃ* neben ὄρσο, ὄρσεο · *ἐγείρου*, *ὄρσαι · ὁρμῆσαι ἢ ἐγεῖραι* ... (Hsch.). Auf die Frage, ob es sich bei heth. *arai-* um ein akkadisches *Calque* handelt, muss hier nicht eingegangen werden.

vgl. auch *ἀερσίμαχος* ‚schlachterregend' Bacch. 13.100 *υἷας ἀερσιμάχ[ους* [von Ajax und Achilles].

(3) Verg. *Aen.* 2.411 … *oriturque miserrima caedes*

‚und es entsteht ein unsägliches Blutbad'.

Vgl. auch *Aen.* 1.148/9 *ac ueluti magno in populo cum saepe coorta est / seditio* ‚und wie in einer großen Volksmenge, wie es oft geschieht, eine Zwietracht entstanden ist', *Aen.* 10.262/3 … *clamorem ad sidera tollunt / Dardanidae e muris, spes addita suscitat iras* ‚Geschrei erheben zum Himmel die Dardaner von den Mauern her, erneuerte Hoffnung belebt ihre Wut'.

(4) KUB 31:66 IV 4 TUKU.TUKU-*an a-ra-a-i̯*

‚er erregt Zorn'.

Vgl. auch KUB 12:62 XXII 7 Vs. 1 *k*]*u-u-ru-ri* HI.A *a-ra-iš-kat-ta-ri* ‚Feindschaften erheben sich wiederholt'.[10]

Es lässt sich also die Annahme rechtfertigen, dass [ÜBEL – ERWECKEN] eine metaphorische Kollokation ist, die als ererbt gelten darf. Sie wird im Griechischen, Lateinischen, Germanischen und Armenischen durch synonyme Lexeme ausgedrückt.

3. Ein Paradebeispiel eines Äquabile ist die Kollokation [WEIT – SCHEINEN / GLÄNZEN], die für die Morgenröte charakteristisch ist. Wie Enrico Campanile (1978) hervorragend gezeigt hat, ist die Kollokation im Indoiranischen (ved. *uṣás- (vi)bhātī́-* [*uṣásam̥ vibhātī́m* RV III 61.4a *et al.*] : jav. *ušåŋhəm … viuuaitīm* Yt. 5.62) gut belegt und lässt sich auch für das Griechische ansetzen, und zwar im Lichte des Theonyms *Εὐρυ-φάεσσα*, das als *hapax* im homerischen Hymnus an die Sonne (*HH* 31.2,4) vorkommt: es handelt sich um die Gattin von Hyperion und die Mutter der Morgenröte (Eos: Ἠώς), Selene und Helios. Dass *Εὐρυφάεσσα* nicht der (auf einem spezifischen Epitheton *εὐρυ-φάεσσα* ‚weit glänzende' beruhende) Name der Morgenröte selbst, sondern der ihrer Mutter ist, lässt sich als partielle Abweichung innerhalb der griechischen dichterischen bzw. mythographischen Tradition erklären: Tatsächlich übernimmt *Εὐρυφάεσσα* die Stelle von Theia (*Θεία*), die seit Hesiod als Gattin von Hyperion und Mutter von Helios, Selene und Eos gilt (*Th.* 371ff. *Θεία δ' Ἠέλιόν τε μέγαν λαμπράν τε Σελήνην / Ἠῶ θ' … /… / γείναθ' ὑποδμηθεῖσ' Ὑπερίονος ἐν φιλότητι*).

Die Komposita ved. *vi-bhātī́-* : jav. *ui-uuaitī-* und gr. *Εὐρυ-φάεσσα* bilden ein Äquabile. Das Hinterglied lässt sich problemlos als Ptz. *$*b^héh_2$-n̥t-ih_2-* ‚sichtbar, glänzend' (idg. *$*b^heh_2$-* : ved. *bhā*, av. *bā*) ansetzen und ist beiden Sprachbereichen gemeinsam: ved. *bhātī́-*, jav. °*uuaitī-* sind lautgesetzlich, gr. °*φάεσσα* stellt eine Umformung des lautgesetzlichen *°*φάασσα* dar, und zwar nach dem Modell der Adjektive auf -*εσσα* vom Typ hom. *σκιό-εσσα*. E. Campanile erkennt überzeugend

[10] Vgl. auch die Variante KBo 5: 4 II 21f. *ma-an tu-uk-ma ku-iš-ki* … [LÚKÚR] *a-ra-a-i* ‚wenn ein Feind sich gegen dich erhebt' (auch KBo 17:151, V 4 Rs. 27).

in hom. *φάε*[11] einen Reflex von idg. *$*b^h$éh_2-e-t*, vgl. *Od.* 14.502 *φάε δὲ Χρυσόθρονος Ἠώς* (*Od.* 14.502), das wie auch *ἦμος δ' ἠριγένεια φάνη ῥοδοδάκτυλος Ἠώς* (*Il.* 1.477 = 24.788) eindeutig ved. *usó vibhātír bhāsi pūrvīḥ* ‚den vielen erglänzenden Morgenröten, glänzest du nach' (RV III 6.7b) entsprechen.

Dass das Vorderglied formal unterschiedlich ist, stellt die Entsprechung nicht in Frage, denn ved. *ví°* : av. *ui°* und *εὐρυ°* sind unverkennbar synonym. Welche die ursprüngliche Form war und welche die einzelsprachliche Ersatzkontinuante ist, darf in unserem Zusammenhang offen bleiben, m.E. kann man aber eine ererbte Kollokation [weit (**u̯i-*) scheinen (*$*b^h$eh_2-*)] ansetzen.

Andererseits stellt die Kollokation im Partizip sowohl im Indoiranischen als auch im Griechischen ein Epitheton der Morgenröte (ved. *uṣás-* : jav. *ušah-*, gr. *Ἠώς*) dar. Die komplexe Kollokation [(WEIT) GLÄNZENDE – MORGENRÖTE] (**u̯i-b^héh_2n̥tih$_2$- *$h_2$usós-*), wobei das Hinterglied selbst auf einer Kollokation beruht, darf als ererbt gelten: sie lebt ohne Veränderung im Vedischen und Avestischen fort, wird aber partiell umgestaltet im Griechischen (*εὐρυ-φάεσσα*).

Tatsächlich sind im Griechischen seit Homer zwei Kontinuanten der Kollokation belegt, denen bisher nicht die gebührende Aufmerksamkeit geschenkt wurde. Damit lässt sich das Bild, das sich aus der durchaus überzeugenden Analyse von E. Campanile ergibt, vervollständigen.

(1) Ved. *uṣás- (vi)bhātī́-* : jav. *ušå̄ŋhəm ... viuuaitīm* hat eine exakte Entsprechung, die sehr gut belegt ist, nämlich die homerische Formel, auch im Dativ (: instrumental vom Typ lat. *una cum luce* !) *ἅμα δ' ἠοῖ φαινομένηφι(ν)* (*Il.* 9.618, 682 *et al.*, *Od.* 4.407 *et al.*), die eine Kollokation **Ἠὼς φαινομένη* voraussetzt, vgl. z. B. *εὐνῇ ἔνι μαλακῇ · ἅμα δ' ἠοῖ φαινομένηφι φρασσόμεθ' ἤ κε νεώμεθ' ἐφ' ἡμέτερ' ἦ κε μένωμεν* ‚doch mit der glänzenden Morgenröte wollen wir bedenken, ob wir heimkehren in unser Land oder bleiben'.

In der Kollokation ist *φαινομένη* ein Epitheton ‚glänzend' (d. h. ‚gleichzeitig mit der glänzenden Morgenröte'), nicht ein Prädikat vom Typ *Sicilia amissa* (etwa ‚gleichzeitig mit dem allmählichen Strahlen der Morgenröte'). Das Ptz. *φαινομένη* ist die substitutive Kontinuante von **(u̯i-)b^héh_2n̥tih$_2$-*, wie hom. *φαίνομαι* ‚sichtbar sein' (transponierbar als **b^h-n̥-h_2-e-toi̯*) in der Tat die morphologische Kontinuante des akt. intrans. Wz.-Präs. **b^héh_2-ti* (ved. *bhā́ti*, jav. *°uāuiti*) ist. Der Präsensstamm ist stativisch, wie das Lexem selbst (‚ist sichtbar'), nicht durativ-fientiv (‚wird sichtbar'). Dies zeigen bestimmte Textstellen (*Il.* 13.13, auch 2.456,

---

[11] Benedetti (2003) zeigt, dass dem Kompositum *πολυδερκής* (Hsd. *Th.* 450/1 *οἳ ... ὀφθαλμοῖσιν ἴδοντο φάος πολυδέρκεος Ἠοῦς* „lo splendore che molto appare, dalle molti apparizioni i dell'Aurora" derselbe Begriff zugrunde liegt. Dafür verweist die Autorin auf Parallelen im Rig Veda (VII 77.3a *uṣā́ adarśi raśmíbhir vyàktā* „l'Aurora è apparsa, inondata dai raggi", I 48.13ab *yasyā rúśanto arcáyaḥ práti bhadrā́ ádṛkṣata* „(l'Aurora) i cui raggi splendenti di bene sono apparsi").

8.561)[12], wo das Subjekt (Feuerlicht oder der Berg Ida) ein duratives ‚allmählich sichtbar werden' ausschließt. Besonders eindeutig ist die Stelle

Il. 13.10ff. *Οὐδ' ἀλαοσκοπιὴν εἶχε κρείων ἐνοσίχθων*
καὶ γὰρ ὃ θαυμάζων ἧστο πτόλεμόν τε μάχην τε
ὑψοῦ ἐπ' ἀκροτάτης κορυφῆς Σάμου ὑληέσσης
Θρηικίης ἔνθεν γὰρ ἐφαίνετο πᾶσα μὲν Ἴδη,
φαίνετο δὲ Πριάμοιο πόλις καὶ νῆες Ἀχαιῶν

‚doch keine vergebliche Wacht hielt der gebietende Erderschütterer. Denn auch er saß und sah staunend auf den Kampf und die Schlacht, hoch auf dem obersten Gipfel der bewaldeten Samos, der thrakischen, denn von dort war der ganze Ida sichtbar, und sichtbar war des Priamos Stadt und die Schiffe der Achaier', wobei *φαίνετο* koordiniert mit *ἧστο* ‚saß' in 11/2 vorkommt. Die Lage ist eindeutig: Poseidon sitzt, und aus dieser Stellung waren der Berg Ida, Troja und die Schiffe der Achaier sichtbar, denn ein Berg, eine Stadt oder gestrandete Schiffe bleiben ohne Bewegung und können nicht sichtbar werden. Das Perfekt *πέφανται* (4mal bei Homer) ist synonym mit dem Präs. *φαίνεται*, wie bei einem stativischen Lexem kaum anders zu erwarten, vgl. *Il.* 14.332 ...*Ἴδης ἐν κορυφῇσι, τὰ δὲ προπέφανται ἅπαντα* ‚auf den Gipfeln des Ida, so ist dies doch alles offen sichtbar', vgl. *Il.* 2.122 ... *τέλος δ οὔ πώ τι πέφανται* neben *Od.* 6.329 *αὐτῷ δ οὔ πω φαίνεται ἐναντίη*.

Der Schluss liegt nahe, dass med. *φαίνεται* ‚ist sichtbar' die Kontinuante von (und Entsprechung zu) idg. $*b^h\acute{e}h_2\text{-}ti$ ‚ds.' darstellt. Transitives akt. *φαίνω* ‚macht sichtbar' (urgr. $*p^h\acute{a}n\text{-}\underset{\frown}{i}o/e\text{-}$) setzt einen kausativen -*n*-Verbalstamm $*b^h\underset{\circ}{n}h_2\text{-}o/e\text{-}$ (idg. $*b^h\underset{\circ}{n}h_2\text{-}e\text{-}ti$ ‚macht sichtbar') voraus, der durch ved. *bhán-a-*[ti] „dēclārāre" und arm. *bana-* ‚öffnen' („ἀνοίγω") vertreten ist, vgl. *Od.* 8.499 *φαῖνε δ' ἀοιδήν*, *Il.* 18. 295 *νοήματα φαίνεν* und RV IV 18.7a *kím u ṣvid asmai nivído bhananta* ‚die Gewässer sprechen an/für ihn Lobpreisen aus'. Das entsprechende Medium $*b^h\underset{\circ}{n}h_2\text{-}e\text{-}to\underset{\frown}{i}$ (→ urgr. $*p^h\acute{a}n\text{-}\underset{\frown}{i}e\text{-}to\underset{\frown}{i}$) : *φαίνεται* ‚ist sichtbar (gemacht worden)' übernimmt die Bedeutung des ursprünglichen Wurzelpräsens. Die Tatsache, dass es im Indoiranischen keinen Beleg für den Perfektstamm gibt, ist bei einem stativischen Lexem kaum befremdend. In diesem Punkt stimmen das Vedische und das Griechische (wo *πέφανται* nur 4mal belegt ist) überein. Die einzige Abweichung besteht darin, dass im Griechischen das Paradigma mit der Schaffung eines Aoriststamms *φαν-η-* zu *φαίνεται* (nach dem Muster von de *μαίνεται* :: *μαν-η-*) vervollständigt wurde.

(2) Das Vorderglied ‚weit, in die Weite' ($*\underset{\frown}{u}i^{\circ}$) der Junktur lebt in der griechischen Onomastik in der Lesart ‚aus der Ferne' als *Τηλε°*, vgl. *Τηλε-φάνης* ‚aus der Ferne sichtbar', *Τηλέ-φαντος*, auch mit „Kurzform" *Τηλε-φῶν*, fort, mit der

[12] Vgl. auch *Il.* 2.455/6 *Ἠΰτε πῦρ ἀΐδηλον ἐπιφλέγει ἄσπετον ὕλην / οὔρεος ἐν κορυφῇς, ἕκαθεν δέ τε φαίνεται αὐγή* ‚wie ein vernichtendes Feuer hinflammt über den unendlichen Wald auf dem Gipfel des Waldes und von Weitem ist sichtbar der Glanz', 8.561/2 ... *πυρὰ φαίνετο Ἰλιόθι πρό. / χίλι' ἄρ' ἐν πεδίῳ πυρὰ καίετο* ... ‚die Feuer leuchteten (: waren sichtbar) vor Ilios. Tausend Feuer brannten in der Ebene ...'.

auffallenden Parallele von *Τηλεφάασσα* (Apoll. 3.1.1). Desweiteren lässt sich eine onomastische Kontinuante **Εὐρυ-φάνης* ansetzen, wenn man annimmt, dass *Εὐρυ-φῶν* (Name eines Spartaners bei Hdt. 8.131) eine „Kurzform", wie fem. *Εὐρυ-φώ*, davon ist.

4. Wir wollen uns nun einer anderen komplexen Kollokation zuwenden, die im Anatolischen und im Lateinischen belegt ist und Gegenstand einer eingehenden Studie von J. Catsanicos (1986) gewesen ist, nämlich [Erde und Himmel – festhalten]. Die Kollokation ist in diesen Sprachen mit demselben Verballexem (heth. *ḫark-^{mi}* : lat. *arcēre* ‚festhalten') belegt, m. E. auch im Indoiranischen, im Griechischen und im Armenischen, und zwar mit anderen Verballexemen. Nach dem hier befürworteten Prinzip der Möglichkeit, phraseologische Kollokationen auf der Basis von konzeptuellen, auf Synonymen beruhenden Entsprechungen, zu analysieren, ließe sich die Kollokation [Erde und Himmel – festhalten] als ererbt bzw. indogermanisch (aber nicht ausschließlich indogermanisch, da auch im Semitischen belegt) verstehen. Im Folgenden werden die wichtigsten Punkte einer Interpretation, die als provisorisch gelten muss und weiterer, detaillierter Begründung bedarf, erläutert.

Wie J. Catsanicos gezeigt hat, ist die Kollokation im Hethitischen und im Lateinischen gut belegt. Einerseits *nepiš tekann=a ḫarši* ‚du hältst Himmel und Erde fest' (in der Tat ein Anruf an die hattischen Gottheiten) und aheth. *šuḫmiliš (dankuiš) taganzipaš* ‚die dunkle Erde, die festgehaltene':[13]

KBo 10.37 Vo 3.6 1 NINDA.KUR$_4$.RA (7) *šu-uḫ-mi-li* GE$_6$-*i* KI-*pí pár-ši-i̯a* ...
‚man bricht ein großes Brot ... für die dunkle Erde, die festgehaltene'

KUB 8.41 (= *StBoT* 25 nr. 109) (5')
da-an-du-ki-i̯š-ni̯ ^{D}*u̯a$_a$-še-ez-zi-li-iš* DINGIR^{MEŠ} *na-ša̯* [*iš-tar-na*] (6') UR.MAḪ LUGAL-*u̯š zi-ik nu ne-pí-iš te$^!$-kán-na* [*ḫar-ši*]

‚unter den Menschen (bist du) Wašezzili, unter den Göttern aber (bist) du ein Löwen-Gott, und du hältst Himmel und Erde fest'

Andererseits alat. *arcet terram mare caelum*, vgl. Enn. *Ann.* 542/3 *qui fulmine claro / omnia per sonitus arcet, terram mare caelum* ‚Jupiter, der mit seinem hellen Blitz alles mit Geräuschen festhält, Erde, Meer, Himmel' (auch Cic. *De respub.* 6.17).

Dieselbe konzeptuelle Kollokation ist im Indoiranischen mit ved. *dhar*, av. *dar* (nur mit *asmanəm* ‚Himmel') und gr. *ἀμφὶς ἔχω*, ferner mit arm. *hastatem* belegt:

(1) RV III 59.1b *ádhārayatam pr̥thivī́m utá dyā́m*

‚ihr festigt Himmel und Erde' (auch V 62.3a, VI 51.8b, 10.121.1c). Vgl. auch I 154.4c *yá u tridhā́tu pr̥thivī́m utá dyā́m éko dādhā́ra bhúvanāni víśvā* ‚der die dreiteilige (Welt), Erde und Himmel, und alle Lebewesen allein festhält' (auch III 32.8c *et al.*).

---

13 Heth. *šu-ḫmili-* ‚gut festgehalten' ist von ved. *sú-mita-* ‚gut aufgerichtet', *sú-miti-* ‚gute Gründung', *suméka-* ‚gut festgehalten', auch auch *sū-máya-* ‚ayant un bon ajustement' kaum zu trennen (Catsanicos 1986: 143ff.).

(2) Yt. 13.2 (Frawardin Yast) *vīδāraēm ... aom asmanəm yō usca raoxšnō*
frādərəsrō yō imąm ząm ā ca pairica buuāuua ...

‚diesen Himmel, dort oben, halte ich, leuchtend und sichtbar in der Ferne, der diese Erde herum umfasst ... '.

(3) *Od.* 1.54/5 *... ἔχει δέ τε κίονας αὐτὸς*
μακράς, αἳ γαῖάν τε καὶ οὐρανὸν ἀμφὶς ἔχουσι

‚(Atlas ... welcher) ... hält die Pfeiler, er selbst, die großen, die Erde und Himmel auseinander halten' (auch Aisch. *Prom.* 351 ... *ἔστηκε κίον' οὐρανοῦ τε καὶ χθονός*

(4) Eghišê p. 31 *jeṙk' or zerkins ew zerkir hastatec'in*

‚die Hände, welche Himmel und Erde (*zerkins ew zerkir*) fest machten (*hastatec'in*)'.[14]

Die Genauigkeit der Entsprechung, auch im Lichte der in jedem Sprachbereich zugrunde liegenden Weltdarstellungen, sowie ihre Parallelen in anderen Sprachfamilien bedarf weiterer Untersuchung. Die armenischen Belege bewegen sich zwar im Rahmen des Evangeliums, ein semitischer Einfluss ist daher stark anzunehmen. Im Prinzip lässt sich aber die Annahme rechtfertigen, dass die Kollokation zumindest als indogermanisch gelten darf und in einigen Sprachbereichen fortlebt und durch unterschiedliche Lexeme ausgedrückt wird.

5. Die drei besprochenen Kollokationen haben gemeinsam, in verschiedenen Sprachen belegt zu sein, wo ihr Inhalt (ggf. die zugrunde liegenden Metaphern) jeweils identisch bleibt. Dass sie mittels unterschiedlicher Lexeme ausgedrückt werden, lässt sich als Resultat lexikalischer Erneuerung durch Ersatzkontinuanten in den Einzelsprachen erklären, auch wenn die konzeptuelle Kollokation grundsätzlich unverändert bleibt.

garcia.ramon@uni-koeln.de
Institut für Linguistik
Historisch-Vergleichende Sprachwissenschaft
Universität zu Köln

14 Auf diese Kollokation hat mich Daniel Kölligan auf meine Bitte freundlicherweise hingewiesen.

Literatur

Benedetti, M., 2003, L'apparizione dell'Aurora e l'occhio del linguista: a proposito della radice **derk̂*. – *Atti del Convegno … in memoria di Tristano Bolelli*, Pisa: 31–44.

Campanile, E., 1987, Histoire et préhistoire d'une formule poétique indo-européennes. – *ÉIÉ* 6, 21-26 (= *Saggi di linguistica comparativa e ricostruzione culturale*, Pisa–Roma 1999: 175–178).

Campanile, E., 1999, *Saggi di linguistica comparativa e ricostruzione culturale*, Pisa–Roma.

Catsanicos, J., 1986, À propos des adjectifs hitt. *šu-ḫmili-* et véd. *sū-máya-*: quelques remarques sur le traitement du groupe °$V\text{-}H_xC$° à la jointure des composés. – *BSL* 81: 121–180.

Dardano, P., 2003, « La main est coupable », « le sang devient abondant » : sur quelques expressions avec des noms de parties et d'éléments du corps humain dans la littérature juridico-politique de l'Ancien et du Moyen Royaume hittite. – *Orientalia* 71/4: 333–392.

García Ramón, J.L., 2005, Indogermanische Dichtersprache, Phraseologie und Onomastik. – *Sprachkontakt und Sprachwandel* (= *Akten der XI. Fachtagung der Indogermanischen Gesellschaft*, Halle 2000), Wiesbaden: 117–138.

García Ramón, J.L., 2008, Vergil und die indogermanische Dichtersprache. – *Vergil und das antike Epos* (= *Festschrift Hans-Jürgen Tschiedel*), Tübingen: 267–278.

Watkins, C., 1973, Etyma Eniana (1. *uegeō*; 2. *ceu*). – *HSCPh* 77: 195–201 (= *Selected Writings*, Innsbruck, 1994: 487–493).

Watkins, C., 1995, *How to Kill a Dragon in Indo-European*, Oxford.

Languages and Cultures in Research and Education
pp. 79–88

GIZIŃSKA Csilla
(Warszawa)

A nyelv, mint léttragédia kifejezője a kortárs magyar drámában

A magyar drámát történetének folyamán csaknem a 20. század második feléig a szépirodalmon belül hagyományosan mindig a költészet és próza mögé rangsorolták. Ez a hátrányos helyzete főleg abból eredt, hogy a 18. század végétől a magyar színház, illetve színjátszás nem szerves fejlődés útján jött létre, hanem szinte mesterséges módon hívták életre nemzeti, politikai célok érdekében. A színháznak ez a meghatározó jellegű társadalmi küldetési szerepe a romantika korszakában egy erősen realista–naturalista formanyelven alapuló magyar drámafejlődést eredményezett, szemben például a korabeli sokkal inkább metaforikusabb, absztraktabb dramaturgiára épülő, allegorikus alakteremtésű lengyel színházi nyelvvel. A magyar dráma színpadi konvencióját hosszú időre meghatározza ez a mimetikus, valóságábrázoló látásmód, amelyből hiányzik a teatralitás, a hangsúlyt a látvánnyal szemben a dráma szövegére, mint irodalmi szövegre helyezi. Erre a konvencióra épülnek olyan hagyományteremtő dramaturgiák, mint a két világháború közötti korszakban Molnár Ferenc „szituációk és szavak pillanatnyi komikumára" épülő vígjátékai valamint az 1945 utáni korszakban Németh László, illetve Illyés Gyula gyönyörű, veretes nyelven írt, példázatszerű történelmi drámái, melyeket szöveg- vagy irodalmi drámákként tartanak számon. Németh maga is *papírdrámáknak* nevezi őket (Németh 1968: 599–602), ezzel is jelezve, hogy elsődlegesen nem a színpadkép volt számára a fontos, hanem a dialógusokon keresztül az eszmék ütköztetése.

Az áttörést a 60-as évek második felétől Örkény István groteszk vígjátékai jelentik, amelyek autonóm színpadi szemléletükkel, szuverén dialogikus beszéd módjukkal először lépték át az írott irodalomnak szánt szöveg határait. Örkény és nemzedéktársai (Sarkadi Imre, Szakonyi Károly, Csurka István, Eörsi István, Görgey Gábor, Hubay Miklós) azonban kevés kivételtől eltekintve, még mindig nem tudtak szakítani a hagyományos intrika-sémával, ugyanúgy jelen van továbbra is a reálszituáció valamint többségben a lineáris-dramaturgiai szerkesztés dominál.

P. Müller Péter a magyar dráma fejlődésében Örkény után további két drámaíró nemzedéket különböztet meg (P. Müller: Színház, 1990/5). Az igazi fordulatot a magyar dramaturgiában a hetvenes évek közepén debütáló második, az ún. „arctalan nemzedék" (Vinkó 1982: 120) jelenti, akiket úgy tematikailag, mint formailag a magyar dráma megújítóiként (Radnóti 1985: 169–195) tartanak számon. Ehhez a nemzedékhez tartozik Bereményi Géza, Spiró György, Nádas Péter, Kornis Mihály, Schwajda György, Vámos Miklós stb. Sokszínű, egyetlen közös irányzat alá be nem skatulyázható szerzőkről van szó, akik a magyar színpadon meghonosítják a rendezői színház műfaját. Ennek értelmében a szerző lemond úgymond mindenható szerepéről a rendező javára, egyre kisebb szerepet tölt be a szó, az irodalmi szöveggel szemben nő a látvány, a színpadi effektusok jelentősége. A nemzedék egyik legradikálisabb felfogású szerzője, Nádas Péter így határozza meg saját drámáit:

> *Az élő test mozgóképe érdekel. [...] Olyan szövegvázat igyekeztem létrehozni tehát, amely megengedi, hogy a színész teste legyen a domináns a színpadon, és ne a szöveg, a történet, a gondolat, a filozófia.* (Nádas 1983: 78)

A realista színpadi megjelenítés helyett a posztmodern dekonstrukciós esztétika érvényesül, jól érzékeltetvén azt, hogy „minden egész eltörött", s a vi lág csupán töredékességében tapasztalható meg. A drámai művek központjában már nem a társadalmi viszonyok tükrözése áll, hanem az individuum, a színpadra annak belső világa, közelebbről meg nem határozott szorongásai, félel mei, víziói vetülnek ki. Radnóti Zsuzsa ezeket a műveket a „belső utak drá máiként" (Radnóti 1985: 171) definiálja.

Mindkét nemzedékre jellemző az a tartalmi vonatkozás, miszerint a drámák többségében a hősök jellegzetesen értelmiségi hősök, akik cinizmusának és nihilizmusának generációs életérzését társadalmilag motiválta az 1956-os eseményeket követő ideológiai és erkölcsi devalváció. Míg az előző nemzedék drá máiban, ha ugyan diszharmonikus módon is, de megvolt a cselekvés gesztusa (pótcselekvés, önpusztítás stb. formájában), addig a második nemzedék egyik szemléleti újítása éppen a cselekvés hiánya – „cselekvésképtelenség" (Radnóti 1985: 174–175). A fiúk generációjából hiányzik a lázadás, rezignáltan tudomásul veszik helyzetüket. Nemcsak a szürke panelházak és belvárosi bérházak nyomasztó világában élnek bezárva, hanem leginkább saját magányuk börtönének bezártságából (belső víziók) képtelenek kitörni.

A második nemzedék tehát olyan új drámaformálási elveket tudott létrehozni, amelyeknek köszönhetően igazából először sikerül a magyar drámának felzárkóznia a modern világszínházi törekvésekhez. Ugyanakkor olyan horizontváltást jelentett a magyar dráma fejlődésében, amely kétségbe vonta a valóság mimetikus ábrázolásának lehetőségét. Olyan összetett formákat keresett, amelyek segítségével a kor lényegi ellentmondásai árnyaltabban kifejezhetőek, s ezzel megteremtették a kortárs magyar drámában manapság tapasztalható fellendülést – azaz a harmadik nemzedék alakulásának úgy formanyelvi, mint színházi feltételeit.

A harmadik nemzedéket olyan szerzők alkotják, akik többsége 1956 után született. Indulásuk a rendszerváltás idejére, illetve az utána következő évekre tehető (Parti Nagy Lajos, Márton László, Garaczi László, Kárpáti Péter, Egressy Zoltán, Hamvai Kornél, Háy János stb.). Bár mindmáig hiányzik e nemzedék máig is alakulófélben lévő, rendkívül különböző életművének rendszerezett földolgozása, a következőkben néhány közös vonásra szeretném felhívni a figyelmet.

Az 1989-es nagy társadalmi változás erősen meghatározta a fiatal generáció témaválasztását, műveik légkörét. Ismeretes, hogy a dráma – műfaji sajátosságaiból adódóan – hagyományosan a kor szellemét tükrözi. A drámának erről a kordiagnózis-funkciójáról természetesen az új nemzedék sem mond le. A szer zők a rendszerváltás kevésbé kedvező oldalaira józanul mutatnak rá, és idejekorán felhívják a figyelmet olyan veszélyekre, mint pl. az átmenet zavarosságára (Kiss Csaba *Dög*), az alvilág megjelenésére a társadalomban (Spiró György, Németh Ákos), a zsidó és roma-problémára (Spiró György, Kárpáti Péter) s nem utolsó sorban a társadalom peremére szorultak kilátástalan helyzetére (Egressy Zoltán, Háy János). Míg a korábbi drámákban az értelmiség helyzete rajzolódik ki a létező szocializmus idején, a legújabb kortárs drámák közege az alacsony képzettségűek, munkanélküliek, nyomorban tengődők, az elhanyagolt vidék világa a vadkapitalizmus viszonyai között. A tartalmi és formai sokszínűség ellenére, szembetűnő közös tényezőként említhetjük náluk a drámák gyakori hősnélküliségét, ami már nem antihősök vagy kvázi-hősök szerepeltetésében mutatkozik meg, hanem ennek a dramaturgiai funkciónak a teljes kiiktatásában. Az 1980/1990-es évek drámái sok esetben mellékszereplőkre épülnek. Az ed digi általános megoldás helyett, amikor a főhős sorsa jelenik meg modellként, az újabb drámákban nem egy hős sorsa áll a középpontban, hanem maga a hely zet, amelyben nagyjából egyenrangúak a szereplők. További közös jellemzőjükként említhetjük még a műfaji gazdagságot, amire az alcímekben jelölt műfaji megnevezések széles skálája is mutat. Ahhoz sem fér kétség, hogy a gyakori szociokörnyezet ellenére ízig-vérig modern drámákról beszélhetünk. Hegel és az ifjú Lukács György által definiált modern dráma ismérvei (konfliktus, cselekmény, jellem eltűnése) teljes egészében érvényesek ezekre a művekre, sőt Szondi Péter meghatározásával élve, ezek „jelen idejű interperszonális történésekként" (Szondi 2002: 174) foghatóak fel.

Szemben az előző nemzedékkel, a fiatalabbak visszatérnek ahhoz a magyar drámai hagyományhoz, miszerint a darab újra kapcsolatot teremt az irodalom és a színház között, azaz a dialógustechnika, s így a nyelvezet újra nagyon fontos szerepet kap a drámavilágban. Jellemző a rövid félreértéseken alapuló, vígjátéki eszközök, nyelvi humor, szójátékok alkalmazása, de ugyanakkor filozofikus töltéseket is magában hordozó dialógus-technika működik bennük.

A wittgensteini nyelvfelfogás, mint „nyelvdramaturgia" tulajdonképpen kétféle módon tapintható ki a kortárs magyar drámában:

1. „Amiről nem lehet beszélni, arról hallgatni kell." (A Tractatus 7 főtételének utolsó tétele) – ez alatt a minimalizáló szöveget értjük, azaz a szövegtest olyan purifikációs folyamaton megy végbe, amelynek jellemzői a töredezettség, furcsa szóösszetételek, a hagyományos grammatikai szerkezetek felbontása, csöndre és szünetre épülő szikár nyelvezet. Példaként hozhatjuk az amerikai

Robert Wilson mellett Nádas Péter és Pilinszky János sajátos színműveit. Egyikük sem él a dialógus beszéltető funkciójával, a szereplők megszólalásait a tűnődő monológ jellemzi.

2. „Egy nyelvet elképzelni annyi, mint egy életformát elképzelni." – ha Ludwig Wittgenstein Filozófiai vizsgálódások 19. pontját a modern drámákra vonatkoztatjuk, ez alatt azt a nyelvi sokszínűséget értjük, amely az irodalmi nyelv háttérbe szorulását okozza. A hétköznapiság színháza ez, ahol a drámák nyelve sokszor közönséges, triviális, alpári megnyilatkozásokkal van tele, koncentráltan szerepeltetve a kor köznyelvének sztereotípiáit, nyelvi paneljeit, kliséit, fordulatait. Ez a fajta „nyelvdramaturgia" jellemzi többek közt az olasz Dario Fo, a francia Valeri Novarina, az angol Harold Pinter műveit. Darabjaikban a hétköznapok silány fecsegése vagy az elhallgatott szavak mögött a lét öntudatlan mélységeibe hatolnak be.

A magyar drámairodalomban ez a modern értelemben vett Szó színháza először a második nemzedék olyan szerzőinél figyelhető meg, mint Kornis Mihály vagy Spiró György. Kornis a *Hallelujá*ban (1980), *a Körmagyar*ban (1990) a nyelvi sztereotípiák, politikai jelszavak, slágerek, falfirkák, szóviccek, szójáté kok konkrét történelmi korokat, társadalmi rétegeket idéző nyelvi eklektikájából teremt dramaturgiát.

Spiró György *Csirkefej* (1987) című darabja mérföldkő a kortárs magyar dráma szempontjából, ugyanis a szerző a társadalmi, az egzisztenciális, valamint a morális leépülést leginkább a nyelvi degenerálódás útján fejezi ki. Egy szanálásra ítélt bérház sivár udvarán lejátszódó gyilkossághoz (a darab elején felakasztanak egy macskát, majd a végén baltával megölik a macska gazdáját, a Vénasszonyt) vezető érzelmi, egzisztenciális széthullottságot jellegzetesen roncsolt nyelven jeleníti meg a szerző. A félbehagyott mondatok, az indulatos artikulálatlan makogások, a töltelék-káromkodások (írásban is fonetikusan feltüntetett *bazmeg*-ek) uralják a dráma szövegét, amelyek éles ellentétet képeznek a szövegben előforduló klasszikus versidézetekkel. A reménytelen kommunikáció a szöveg erős töredezettségében is megjelenik. Vannak szereplők, akiknek egyetlen befejezett mondatuk sincs, a szövegük írásképe hemzseg a kötőjelektől, amelyek a szöveg megszakítását jelzik. Ez a tétovázó, hiátusokkal teli közlés bizonyos ritmust kölcsönöz a szöveg számára, amelynek köszönhetően a primitív, durva nyelv mintegy költészetté szublimálódik.

> *SRÁC: Hadd maradjak itt – én nem tom – én bent mindig elképzeltem – hogy visszajöhetek – és akkor apuval – itt – pedig nem is írt – de én szeretnék itt – ővele – (Elsírja magát).* (Spiró 2003: 143)
>
> [...]
>
> *APA: Nahát! Egy-két frász, de verni – azt soha! Onnan kell elvinni, ahol agyonverik – de onnét soha – csak tőlem – amikor nagyok – amikor már keresnek – ez azér is van – mer ha nincsenek itt – akkor nem adnak nagyobb lakást – erre megy ki – tudom én! Mer a tanács is – mér kell beleszólni az ember életébe – mér kell – amikor úgyis kurva nehéz – akkor mér kell belepofázni – mér kell.* (Spiró 2003: 145)

Ezekben a mondatokban a gondolatainak formát kereső, s az azt nem lelő, az indulatszavakat is már csak megszokásból alkalmazó, a legnyersebb szavakat is csupán mechanikusan hajtogató ember elesettségét érzékeli még a legprűdebb néző ill. olvasó is, s felháborodás helyett szánalommal tekint ezekre a kal lódó figurákra, akik már létüket sem birtokolják – erre utal nevük és névtelenségük is (Vénasszony, Srác, Haver, Tanár, Nő).

Spiró *Csirkefej* c. műve mellett a másik paradigmaváltó magyar darab Parti Nagy Lajos *Mauzóleum* (1995) c. színműve, amely szintén egy lepusztult bérház belső udvarán játszódik, s abban a miliőben foszlik szerte az elmúlt ötven év minden illúziója. A naturalisztikus környezetben megjelenő nyelvi groteszk – jellegzetes pesti szleng és rétegnyelvek rosszul alkalmazott, kerékbetört, az obszcenitás és klasszikus idézetek vegyítéséből teremtett szózuhatagai viszik előre a történést.

> *RIGÓ: Ugyan, kérem, túszdráma! Személyes szabadság! Hát Hova mennének momentán? Maga hova készül a szmokingjában, Karcsikám? Hiltonba? Operába? Van ekívül számunkra hely? Lófaszt van. Megmondta a költő. Hát akkor. Nem jobb itt eltölteni? Melegedni? Elbulizgatni... a Rigó számlájára?* (Parti Nagy 1996)
>
> [...]
>
> *KLUMPETNÉ: Mit célozgat? Mit célozgat? Azt hiszi., magában nincs ott a hörcsög, hogy begyűjteni mindent, lekukázni az egész kurva életet? Azt hiszi? Én is tudnák célozgatni. Hogy egyesek miből él, például. Meg miből franciaágy.* (Parti Nagy 1996)

A furcsa szóösszetételek, szokatlan grammatikai képződések, szellemes neologizmusok különböző létállapotok költői megjelenítő eszközei. A színdarabban minden a nyelven keresztül történik, Tarján Tamást idézve „valódi nyelvi mű: nyelvhús" (Tarján 1999: 169).

Mint ahogy már említettük, a rendszerváltó évek krónikásai a harmadik nemzedék fiatal szerzői, akik közül mindenekelőtt Háy János dramaturgiájára szeretnék kitérni. Nem véletlen, hogy választásom a költőként és prózaíróként induló, majd drámaíróként a *Gézagyerek* c. darabbal 2000-ben debütáló Háyra esett. Mindamellett, hogy a szerző mára már tetralógiává nőtt drámai életművével drámairodalmunknak egy nagyon erőteljes hagyománnyal rendelkező vonulatát képviseli (Füst Milán, Csáth Géza, Sarkadi Imre, Spiró György), mégis sikerült rátalálnia egy teljesen autentikus színházi formanyelvre. Ő is az alullevőket, megalázottakat szólítja meg, de míg azt hihettük, hogy a *Csirkefej* és a *Mauzóleum* után már nincs tovább a leépült tudatvilág, és a nyelvi szegénység ábrázolásában – Háy ezt darabjaival megcáfolta. Választásom másik oka, hogy Háy János a hazai kritika egyöntetű elismerése után külföldi hírnevet is szerzett. A 2000-es években Spiró György mellett Lengyelországban leggyakrabban játszott magyar színpadi szerző (Háy János három darabja Lengyelországban hat bemutatót ért meg).

Továbbiakban tetralógiájának első darabjára, a *Gézagyerek* c. darabra szeretnék koncentrálni (először a Színház 2000/11. számában jelent meg), amelyet Beckett, a 19. századi népszínmű, Hrabal, Bodor Ádám és Krasznahorkai László írásaival állítottak párhuzamba (Radnóti: Színház 2000/11; Sebestyén: Ellenfény 2003/7).

A minimumra redukált történet a rendszerváltás utáni magyar falu mindennapjaiban játszódik, egy autista fiúról szól, aki munkát kap a helyi kőbányában (a német cégnek adókedvezményt jelent az autista fiú alkalmazása). Gézagyerek ezáltal kitörhet az otthoni konyha szürkeköves magányából, s az otthoni kőnézés helyett a szalagot felügyeli. A dráma egész konstrukciója állandó ismétlődő jeleneteken alapszik, ugyanis a fiú élete a konyha – buszmeg álló – kőbánya – kocsma untalan körforgása között telik. Fokozatosan tudatosítja magában, hogy valójában nincs különbség az otthoni kőnézés és a szalagon futó kövek nézése között. Ezen a csalódásán szeretnének a kollégái, Herda és Banda segíteni, s balesetet színlelnek, hogy Géza hasznosnak érezhesse magát.

A darabban a nyelv különös jelentőséggel bír. A szerző a szereplők által használt nyelven keresztül ábrázolja pl. a lelkileg sérült fiú belső világát, vagy Banda és Herda másképpen megjelenő korlátoltságát. Mellőzve a darab részletesebb elemzését, érdemes felhívni a figyelmet annak konstrukciójára, mely kb. hatvan állandóan ismétlődő kis staccato-jelenetből áll (ennek színpadi megoldása nehéz feladat elé állítja a rendezőket). Ennek a stációdramaturgiának az élet trivialitásaira utaló helyzetei (várakozás a buszmegállóban, a szalag egyhangú zöreje, a szünetben elfogyasztott párizsis kenyér) végtelen monotóniát visznek a darab világába, amely visszaadja az élet reménytelenségét, céltalanságát, a vegetálást. Gézagyerek éppen ez ellen lázad, amikor felteszi a kérdést, miért ül ott fenn a magasban, hogyha soha sincs szükség arra, hogy megállítsa a szalagot. Végül ugyanoda jut vissza, ahonnan elindult – a konyhába, s újra a követ nézi.

A darab legnagyobb erénye éppen a nyelvi közeg, amely mikrostruktúraként önmagában is hűen tükrözi a darab makrostruktúrájának repetitív elvét, mintegy zenei kompozíció összhatását teremtve ezzel. Nem egykönnyen meghatározható színpadi nyelv szólal itt meg, hiszen a szöveg nem imitálja az egyszerű emberek beszédét, hanem egy mesterségesen teremtett drámai-költői nyelv hangzik el, amely sok szempontból párhuzamot mutat a szerző költészetével, mindenekelőtt az *Istenek* c. verskötet teátrális, retorikai stílusával. A dialógusok sem a megszokott módon építkeznek, mindenki mondja a magáét (sokkal inkább monológok hangzanak el), a szereplők többször ismétlik ugyanazon gondolatokat. Eme rendhagyó dialógusépítés mögött azonban bizonyos szabályosságok ismerhetőek föl. A torzóban maradt személyiségek alulstilizált, roncsolt szerkezetű, hiányos mondatokat használnak, amelyeken belül legalább háromféle típusú mondattal találkozhatunk:

– egy mondaton belül többször ugyanazok az elemek ismétlődnek, ez főleg Gézagyerek nyelve:

> *GÉZA: Figyelek, mama, figyelek, csak számolom, hogy hány fekete kocka van, meg hány szürke a kövön, de mindig elrontom, hogy hány fekete van, meg szürke, mindig elrontom a számolást.* (Háy 2004: 216)
>
> [...]

GÉZA: Mit ugattok már megint, mit ugattok, vah-vah, mi? Egész nap itt ugattok, vah-vah, ugattok, de hülyék vagytok, de nagyon hülyék vagytok, vah-vah. (Háy 2004: 243)

[…]

GÉZA: De nem történik semmi, mama, nem történik semmi, nem kell megállítani a szalagot, nekem soha nem kell megállítani, már fél éve vagyok a fejtőben, és nem kell megállítanom a szalagot. Én azt hittem, hogy meg kell állítanom a szalagot. Én azt hittem, hogy történik valami és én fogom a gombot, és megnyomom a pirosat, amit meg kell nyomni, azt megnyomom, a pirosat. […] (Háy 2004: 249)

GÉZA: De én nem csinálok semmit, csak ülök, és nem csinálok semmit, reggeltől estig nem csinálok. Ott van a piros meg a zöld gomb, és nem csinálok semmit, nem nyomom meg, mert nem történik semmi. Ülök, és nézem a követ... (Háy 2004: 254)

GÉZA: De Lajos bácsi, ha nem ülök ott, akkor sincsen semmi, ha nincs ott senki, akkor se történik semmi, akkor se, mert nem kell megnyomni, soha nem kell megnyomni. Akkor is az van, ha nincs ott senki, ami van, akkor sincsen semmi. (Háy 2004: 256)

– a leggyakoribb mondattorzó, amikor állandó az újrakezdés, a szereplő elmond egy félmondatot, majd újrakezdi, vagy másként fejezi be. Ez a mondatszerkezet főleg Banda, Herda, Krekács, szomszédok szövegét jellemzi. Itt mindig jelen vannak a káromkodásszerű töltelékszavak is:

SZOMSZÉD NŐ: Azért nem hiszem, hogy nem lehetett volna olyan iskolába adni, ahol valamire mégiscsak megtanították volna, azt mondják, még a vakokat is megtanítják dolgozni még olvasni is, meg mindenre, nem hiszem, hogy nem lehetett volna valami olyanba beíratni… Még a vakokat is pedig… (Háy 2004: 231)

[…]

BANDA: Hogy nem ég a pofájuk, nem rohad le a belük, úgy szerzik csak a pénzt, hogy kitartják a kezüket, aztán egy mozdulattal elpakolják. Egy mozdulattal azt, amit fél évig keresett meg az ember. Egy mozdulattal! (Háy 2004: 239)

[…]

BANDA: A németnek az is mindegy, érted, neki mindegy, nem igaz, bazmeg, hogy ebből épült föl az ország, ebből a kőből, most meg semmire se jó, meg senkinek se kell itthon, ezt nem értem, a németnek mért éri meg jobban, mint nekünk, érted, ezt nem értem, egyszerűen. (Háy 2004: 247)

[…]

HERDA: Csak eszembe jutott a Géza, hogy milyen szar neki, csak nézi a követ, reggeltől estig nézi... Mi a jó a Gézának, neki mi a jó, nem tudom, minek van a Géza, nem tudom, minek él, ha nem jó neki semmi, neki semmi jó nincsen a Gézának. (Háy 2004: 259)

– viszonylag épkézláb mondatok, amelyek a legközelebb állnak a beszélt nyelvhez az anya (Rózsika néni) és Laci (főnök a kőfejtőben) szövegében találhatók:

RÓZSIKA NÉNI: El hát, ott leszel egész nap, rendesen dolgozol, este meg jössz haza, elmész Banda Lajos bácsiékkal a kocsmába, aztán hazajössz. (Háy 2004: 218)

Különösen figyelemre méltóak Banda és Herda egész darabot végigkísérő kettős jelenetei, akik a történetet csaknem végigbeszélgetik, magyarázzák, szinte túlverbalizálják a helyzetet. Kacskaringós falusi filozofálgatásaikban a gondolatok ide-oda csapongva egészen az abszurdig jutnak el. Anekdotaszerű sztorijaikban vissza-visszatérő szólamok bukkannak fel, ezek egymásba fonódva újra eltűnnek. Például:

HERDA: Mit ugatnak ezek a kurva kutyák, mit ugatnak egész nap.
BANDA: Az a dolguk, érted, azt kell csinálniuk.
HERDA: De szar lehet kutyának lenni, de nagyon szar lehet.
BANDA: Mért lenne szar, csak ugatni kell egész nap, érted, ugatsz, aztán kész, az a dolguk, hogy ugassanak.
HERDA: De szétmegy a fejem tőlük, teljesen szétmegy a fejem. Nézd a járdát, nézzed, látod?
BANDA: Mit látok, mit látok, hát persze, hogy látok.
HERDA: Nem úgy, hogy látsz, hanem hogy a járdát, látod-e a járdát.
BANDA: Persze hogy látom, mér' ne látnám.
HERDA: De úgy, érted, ahogy megyünk, érted, ahogy a kövek a szalagon, érted, hogy amikor lép az ember, olyan, ahogy a kövek a szalagon...
BANDA: Aha, ja, pont olyan, olyan pontosan.
HERDA: Milyen?
BANDA: Mint a kövek a szalagon, olyan.
HERDA: Milyen kövek?
BANDA: Nem tudom. (Háy 2004: 261)

[...]

BANDA: Bedugtam a hűtőket.
HERDA: Mért, ki voltak húzva?
BANDA: Persze, télre kihúztam, ki az a marha, aki fűti a konyhát, érted, eltüzel hat köbméter fát, az egyik sarkot meg elkezdi hűteni, nem, tiszta hülye az.
KREKÁCS BÉLA: Az tiszta hülye, az biztos, hogy tiszta hülye.
BANDA: De most bedugtam.
HERDA: Mit dugtál be, most mit mondasz, mit?
BANDA: Mondom, hogy a hűtőt, azt.
HERDA: Azt?
BANDA: Azt.
HERDA: Másra gondoltam.
BANDA: Most röhögjek?

HERDA: Min?
BANDA: Mindegy. (Háy 2004: 268)

A szöveg erős ritmikus ismétlődése egy idő után prózaversként hat, s ennek köszönhetően megemeli az egész darab realista világát. A szándékosan túl írt szöveg eleinte realista tapasztalati világot mutat, majd a mozaiktechnikával épülő drámavilág egyszer csak éppen a szövegnek köszönhetően felemelkedik a hétköznapiság talajáról. Ekkor értjük meg a Háy–darabok alcímének jelentését – (istendrámaként jelöli a tetralógia valamennyi részét) – azaz nem egy történetet mondanak el, hanem bizonyos létállapotok metaforáiként értelmezhetőek. A *Gézagyerek* az emberi lét alapvető kérdéseire kérdez rá – Létezik-e Isten? S ha van, tesz-e valamit azért, hogy a világ jobb legyen? Válaszok pedig nincsenek, illetve a darabok körkörös struktúrája és nyelvi kompozíciója sejteti a választ.

Összefoglalásképpen elmondhatjuk, hogy a Szó hangsúlyozott szerepe a mai magyar drámában egyrészt utalásként értelmezhető annak csupán informá ciócsere szintjére degradálódott, vagy talán még ennek sem eleget tevő funkci ójára, másrészt a gyakran mikrorealista környezetbe ágyazott, a legkülönfélébb stiláris rétegből (szleng, alvilági, alpári stb.) merített nyelvanyag, amely inkább lefelé általánosító, radikálisan depoetizált nyelvezet – metafizikai töltetet visz az egész dramaturgiába. Háy János, Egressy Zoltán, Kárpáti Péter, Kiss Csaba da rabjainak nyelvezete a francia Valeri Novarina mondatát juttatja eszünkbe:

A Szó Isten írása bennünk. (Novarina: L'Express 1989. X. 10.)

csilla.gizinska@uw.edu.pl
Katedra Hungarystyki
Uniwersytet Warszawski

Felhasznált irodalom

Tanulmányomban az alábbi drámakötetek alapján dolgoztam:

Háy, János, 2004, *A Gézagyerek. Drámák és novellák*, Palatinus, Budapest.
Parti, Nagy Lajos, 1996, *Mauzóleum. Ibusár*, Jelenkor, Pécs.
Spiró, György, 2003, *Három dráma. Az imposztor, Csirkefej, Kvartett*, Scolar, Budapest.

Szakirodalom:

Gadamer, H.-G., 1984, *Igazság és módszer*, Gondolat, Budapest.
Háy, J. / Maday, G. / Pinczés, I. et al., 2003, A beszélgetésből. – *Ellenfény* 7: 24–26.
Hegel, G.W.F., 1979, *Esztétika*, Gondolat, Budapest.
Kerekes, E., 2002, Nyelv és játék Gadamer és a kései Wittgenstein filozófiájában. – *Világosság*: 4–7: 191–200.

Koltai, T., 2001, Különben semmi. Háy János: A Gézagyerek – Debreceni Csokonai Színház. A bemutatóról. – *Élet és Irodalom* 41 (okt. 12.): 27.
Lukács, Gy., ²1911, *A modern dráma fejlődésének története*, Franklin Társulat, Budapest.
Nádas, P., 1983, *Nézőtér*, Budapest.
Németh, L., 1968, *Dráma és legenda*. – Németh L.: *Kiadatlan tanulmányok I*, Magvető, Budapest.
Perényi, B., 2003, Az előadásról. – *Ellenfény* 7: 18–19.
Müller, P., 1990, Drámairodalmunk – Örkény után. – *Színház* 5: 1–10.
Müller, P., 2003, A darabról. – *Ellenfény* 7: 15–17.
Radnóti, Zs., 1985, *Cselekvés-nosztalgia. Drámaírók színház nélkül*, Magvető, Budapest.
Radnóti, Zs., 2003, *Lázadó dramaturgiák. Drámaíróportrék*, Palatinus, Budapest.
Sebestyén, R., 2003, A darab és az előadás recepciójáról. – *Ellenfény* 7: 20–23.
Szondi, P., 2002, *A modern dráma elmélete*, Osiris, Budapest.
Szűcs, M., 2003, Önadaptációk? Háy János drámáiról. – *Ellenfény* 7: 30–31.
Tarján, T., 1999, *Fényfüggöny: színművek, színészek, színházak*, Littera Nova, Budapest.
Vinkó, J., 1982, *Hiánydramaturgia*, Népművelési Propaganda Iroda, Budapest.
Wittgenstein, L., 1989, *Tractatus (Logikai-filozófiai értekezés)*, Akadémiai Kiadó, Budapest.

Summary

The study outlines briefly the development of Hungarian drama through the characteristic writings of three generations of drama-writers following Örkény István. It shows in greater detail the third generation debuting after 1989. In dramas of these authors strongly present are the social changes observed after the political transformation. It points out that the Word obtains an important role in today's Hungarian drama again in a renewed way – the linguistic substance of the stories often taking place in a realistic environment is rather downgraded and radically unpoetized. The dialogue technique reflects Wittgenstein's concept of language. The study presents the social, existential and moral degradation through the linguistic degeneration exemplified from "Gézagyerek", the play by Háy János. It demonstrates that the anomalous dialogue technique not only imitates the speech of ordinary people, but it works as a styl ized, poetic language which brings a metaphysical charge/meaning into the play's realistic world.

Languages and Cultures in Research and Education
pp. 89–98

GULYA János
(Göttingen)

A lengyel mint közvetítő nyelv

A kora felvilágosodás nagy filozófusa, Gottfried Wilhelm Leibniz (1646–1716) 1695 és 1697 között *Desiderata circa linguas populorum* cím alatt többször is kifejti, hogy a nyelvek ősi eredetére a legjobban a nyelvek hasonlítása („*collatio linguarum*") révén lehet fényt deríteni. Történeti és összehasonlító nyelvtudományunk e fundamentális *lokusát* eredetiben is idézzük: „*...nihil majorem ad antiquas populorum origines indagandas lucem praebeat, quam* ***collatio linguarum***" (Leibniz 1768: 228; Leibniz itt idézett szövegéhez és további vonatkozásaihoz l. még Gulya 2005; Wessel, K. 2003–2004, továbbá Gulya 1974, 1987a, 1995; Schulenberg 1973).

Leibniz mottója, a *Theoria cum praxi* értelmében javaslata megvalósításához rögtön gyakorlati tanácsot is ad. Hat pont alatt csoportosítva összeállítja azoknak a szavaknak a listáját („*nonnula vocabula rerum vulgarium*"), amelyeket minden nyelvből és nyelvjárásból fel kellene gyűjteni, abból a célból, hogy majd ennek utána őket egymással össze lehessen vetni.

Leibniz e listája alapjában véve az alapszókincsből áll. Hasonló meggondolásból ilyen lista a M. Swadesh által 1955-ben összeállított *kultúramentes*, glottokronológiai 100 szavas szólista is, mely időközben joggal nagy hírre tett szert: csak éppen már 258 évvel Leibniz **után**...

Leibniz a kiválasztott szavakat a következőképpen csoportosítja:
1. Nomina Numeralia (*egy, kettő, három...*),
2. Propinquitates, sexus et aetates (*apa, anya, nagyapa...*),
3. Partes corporis (*test, hús, bőr, vér...*),
4. Necessaria (*étel, ital, kenyér...*),
5. Res („*Deus*" [!], *ember, mennyég...*) és
6. Actiones (*eszik, iszik, beszél...*).

Figyelemre méltó módon Leibniz a továbbiakban arra is kitér, hogy e szógyűjtő munkát az elsők között főleg északon, ennek is a keletre eső részén kellene elsőként elvégezni. Külön is megemlíti Szibériát, az Ob és az Irtis vidékét, Tobolszk városát (Leibniz 1768).

Maga a kezdeményező, Leibniz 1716-ban meghal, de javaslata így is igen nagy visszhangra talál, éppen az általa preferált Oroszországban. Az ottani tudósok, mint például a többek között történész-filológus államférfi, V.N. Tatiscsev (1686–1750) részéről (Gulya 1958: 43), de ugyanígy az 1725-ben alapított Orosz Tudományos Akadémia tudósai körében. A legnagyobb jelentősége ennek éppen az volt, hogy a II. Kamcsatkai Expedíció (1733–1743) a témát felvette tudományos programjába. A szógyűjtő munkában maga az expedíció vezetője, G.F. Müller is részt vett. Majd a 18. század egyik legjelentősebb „nyelvésze", az akkor már orosz szolgálatban álló Johann Eberhard Fischer (1697–1771) is. (Csak kuriózumként említem meg, hogy a kéziratos szójegyzékek másolásában – 9 hónapon át – részt vett a cárnő, II. Katalin is.)

Viszonylag rövid idő alatt az egy-egy nyelvet vagy nyelvjárást prezentáló vokabuláriumoknak százai gyűlnek össze.

A gyűjtés nem volt egyszerű. Ezt Müller meg is írja: „nem könnyű az itt születettek ajkáról a szavak valóságos ejtését a nálunk szokott latin betűkkel pontosan feljegyezni" (Müller 1732: III. 331).

Olykor a nehézségek ellenére bámulatos pontosságú lejegyzések születnek. A legkiemelkedőbb közülük a már említett Fischeré, aki az expedíció szentpétervári archiváló tevékenysége után 1739-től 1747-ig maga is részt vett az expedíció terepmunkájában. Ennek során többek között a demjankai osztjákból készített feljegyzéseket (erről részletesen l. Gulya 1997).

A demjankai nyelvjárás hangtanilag nem túl egyszerű. Még kevésbé volt az a 18. századi formájában. Egyik legbonyolultabb sajátossága, hogy 3 *l*-szerű hangja is volt: egy spirantizált *l*, egy spirantizált/palatalizált *l´* és egy kakuminális *l*. Fischer ezek jelölésére egy meglehetősen pontos rendszert dolgozott ki: ***lh***, ***dhl***, ***l***. Pl.: *lheer* 'Wurzel' (v.ö. V *ler)*, *dhlogem* 'Hosen', *lübet* 'Blatt', a szókezdeten kakuminális *l*-lel.

Több mint nem érdektelen, hogy a német helyesírás szabályainak felhasználásával jelölési rendszerében megkülönböztette a teljes (hosszú) és a redukált (rövid) osztják magánhangzókat: pl. *a* ~ $_e$; cf. *nâlhem* 'Zunge' ~ (Irt.) *ńat$_e$m*, cf. *püllhem* 'Lippe' (Irt.) *p$_e$t$_e$m.* A teljes (hosszú) *o* jelölésérére pedig a héberből vett át egy speciális, a betű alá írt (ọ) jelet (Gulya i.h.).

Fischer az időközben összegyűlt szójegyzékekből Leibniz eszméjét követve egy egybevető, de a kor szintjén és felfogásában valójában „etymológiai" szótárt állított össze, melyet ma a tudománytörténet *Vocabularium Sibiricum 1747* néven tart számon. Műve 39 nyelvre és nyelvjárásra, egyes hivatkozásokat is beleszámítva 55-re terjed ki. Szótárában a feltárt egyeztetéseinek, az „etimológiáknak" a száma 737, melyekben egymással 2434 szót vetett egybe (Gulya 1995).

August Ludwig Schlözer (1735–1809), a később nagyhírű göttingai történész, politológus és publicista, akinek mindezek mellett igen erős filológiai érdeklődése és képzettsége is volt, tanulmányútra Szentpétervárra megy. Itt 1762-ben Fischer és Schlözer meghitt és termékeny tudományos és politikai ismeretségbe kerülnek egymással. Fischer 1767-ben Schlözernek adja *Vocabularum Sibiricumát* („sein Original"), aki azt Göttingába viszi, ahol a *Vocabularium* csakhamar (1768-ban) a Királyi Történeti Intézetbe („Königliches Historisches Institut", Göttingen) kerül. Ma a kézirat a göttingai egyetem kézirattárában van. Ennek etimológiai anyagát hosszas 18. századi előtanulmányok után feldolgoztuk, majd 1995-ben ki is adtuk (Gulya 1995).

A *Vocabularium Sibiricum* elnevezés alatt valójában *két* kéziratos mű is van. Az egyik, a már említett, Göttingában. A másik az Orosz Tudományos Akadémia szentpétervári archívumában. Ez utóbbi mindmáig szinte teljesen ismeretlen, mindenestre az volt 1955 és 1957 között végzett levéltári munkálataimig, amikor azt *Vocabularium Sibiricum Sankpetergiense* („SPb") néven bevontam a tudományos vizsgálatba.

Az ún. *Vocabularium Sibiricum*, a *Göttingeniense* (göttingeni) elsőként, 1747-ben kétségtelenül készen volt. Ugyancsak kétségtelen, hogy a szentpétervári a második redakció. Létrejöttéről – legalábbis jelenleg – közvetlen ismeretünk nincs. Azon kívül, hogy a két Vokabulárium *per ipso* egy elvre és gyakorlatra vall. Kétségtelen, hogy az újabb redakció akkor készülhetett, amikor az első (a „göttingai") még Szentpétervárott volt. Azaz 1767 előtt, mielőtt még a „göttingait" Schlözer Göttingába elvitte volna. (Egyébként is, Fischer 1771-ben meghalt.)

A szentpétervári vokabulárium a göttingainál bővebb. Több mint 49–50 újabb (nyelvi) rubrika van benne. Szókincse is nagyobb az előbbinél, részben más is. Koncepciózusabb és homogénebb is. És ami számunkra ezúttal a legjelentősebb: a „transzkripciója".

A *Vocabularium Sibiricum SPb.* 5 részből áll. Nyelvei a következőek:

I. rész (5–31. old.)

latin
finn
zürjén
permják
magyar
vogul (Konda)
osztják
héber
votják
cseremisz
mordvin
észt
vogul (Pelim)
vogul (Verhoturje)
tangut
kínai

II. rész (32–48. old.)

görög
„szláv"[1]

III. rész (49–62. old.)

francia
buchár

[1] "Slavice": russisch, „slavonische Grundsprache" (Schlözer 1802).

orosz
lengyel
„bőhm"
grúz
lett
kurlandi

kacs(an)tatár
teleut
tomi tatár
tobolszki tatár
kazantatár
csuvas

IV. rész (63–76. old.)
olasz
kalmük
mongol
burját
mandzsu
tengeri tungúz
mezei tungúz
erdei tungúz

V. rész (76–88. old.)
svéd
asszán
kot – kojbál
jenyiszeji-osztják
tomi-osztják
kamassz
Jugria-szamojéd
Mezeny-szamojéd
angol

Ellentétben a göttingai Vokabuláriummal, melyben az egyes nyelvek *ad hoc* kerültek össze (Gulya 1995: 16), a szentpéterváriban az egyes részekben egy-egy nyelvcsalád van. Így az I. részben a finnugor nyelvek, a II.-ban a szláv- és a balti nyelvek, a III.-ban a tatár- és a türk-nyelvek, a IV.-ben a mongol és tungúz nyelvek, míg az V.-ben a jenyiszeji és a szamojéd.

A nyelvek rubrikái latinul vannak, illetőleg az egyes nyelvek latinizált nevei szerinti fejlécet viselnek: *Latine, Finnice, Sirianice, Permice* etc.

Az egyes nyelvek hasábjai élén Fischer következetesen megadja, hogy az illető nyelvi rubrika szavai mely írásgyakorlat („*pronunciatio*") szerint íródtak:

- Az egyes részek „vezérnyelvei" – I. latin (5. old.), II. görög (33. old.), III. francia (49. old.), olasz (64. old.) és svéd (76. old.) – a saját „helyesírásukban" szerepelnek. Saját helyesírásában, ugyancsak külön megjelölés nélkül van az angol nyelv is.
- Egyes nyelvek esetén a fejléc olykor részletezőbb is: „*Orthographia est Finnica*", „*Orthographia est Ungarica*", „*Polonice [orthographia patria]*". Ugyanígy a lett és a kur(land)i nyelvek esetében is.
- Az orosz nyelv cirill írásban, további megjelölés nélkül. Ugyancsak így a „*Slavica*" (ószláv), majd a nem szláv kínai, jugria- és mezenyszamojéd is.
- A vokabulárium jelentős – az I., II. és V. – részét, az egyes rubrikákat megnevezve: „*pronunciatione Germanica* (*germanica*)", vagy megnevezetlenül (pl. bőhm, asszán etc.), leginkább a **német(es)** helyesírás szerint hozza.
- Sajátos, hogy a héber – saját íráshagyománya ellenére – német lejegyzésben van.
- A kézirat III. (49–62. old.) és IV. részében (49–76. old.) a nyelveknek gondosan „*pronunciatione Polonica*", „*polonice*" a kiegészítő megjelölésük. Ez alól csak a pelimi és a verchoturjei vogul kivétel, melyek bár az I. részben szerepelnek,

mégis a lengyel gyakorlat szerint íródtak. Ennek bizonyára sajátos, egyedi történeti oka van. Ennek a tárgyalásába itt nem mehetünk bele. Mindössze azt jegyezzük meg, hogy ezek 1736-ból származnak, és valószínűleg a szibériai kancellária szervezése révén jöttek létre. Létrejöttükben talán Tatiscsevnek is része volt. A *Vocabularium Sibiricum 1747*-ben (még?) nincsenek benne.

- Mind a cirill, mind a németes és a lengyeles alapon vett jelölésekben rendszeresen egyedi **mellékjelek** is vannak. Ebben a leggazdagabb az osztják és a héber. (Az osztjákról részletesebben l. már előbb is.)

Úgy tűnik, hogy a „*polonice*" megjelölés/írásgyakorlat és az egyes részek nyelvei mibenléte között valamiféle összefüggés van. Kétségtelen, hogy nem véletlenül éppen a III. és a IV. részekben fordul elő és kerül alkalmazásra. A török/tatár, illetőleg mongol/tungúz nyelvek körében, mintegy az altaji nyelvekben. Fischer ebben az időben, azaz 1747 után és feltehetőleg 1767 előtt e nyelveket érintőleg, illetve róluk jelentős munkákat ír. Ilyen a *De origine Tatarorum*, melyet 1755-ben fejezett be (Fischer 1770: 43–76, 76), továbbá jeles, nagy műve, a *Sibirische Geschichte* 1768 (!) a megfelelő helyekkel (Fischer 1768). Könnyen arra a feltevésre juthatunk, hogy éppen e nyelvek és feldolgozásuk állt ekkor figyelme középpontjában. (Ismert, hogy Fischer emberileg is szimpatizált a tungúzokkal.) Várakozásunk ellenére azonban Fischer ezek adatközlésében „hagyományos" (jobbára „németes") módon járt el (v.ö. vogul: Fischer 1768: 162 a *der stein* alatt).

Az egyes részek végéhez illesztett nyelveknek – héber, tangut, kínai és angol – szempontunkból nincs jelentőségük: egyszerűen, ott volt hely számukra. Kivétel lehet a grúz, melyet a korban többször is kapcsolatba hoztak európai nyelvekkel.

A Vokabulárium, mind a göttingai, mind a szentpétervári forrásául szolgáló eredeti szójegyzékek jelentős része cirill betűs. Ezeket nem egyszer állami tisztviselők készítették vagy állították össze. Ilyen többek között a leibnizi program során egy 1736-os igen fontos vogul szójegyzet is, mely egy erdőfelügyelő, Ivan Kurojedov tollából származik (Gulya 1958, különösen 43).

Fischer újabb Vokabuláriumában a nyelveket egységes módon gondolta közzétenni. Minden bizonnyal azért is, mert művét az egyetemes – latin köznyelvű – tudósi világnak szánta. Ezért a cirillel írt források közzétételére is egy latin betűs rendszert kívánt kialakítani, mégpedig egy egységes **latin betűs** transzkripció alapján. Erre pedig következetes megfontolás alapján a **lengyel helyesírást** találta a legalkalmasabbnak. Ebben filozófiája a következő volt, illetőleg lehetett:

a cirill írás (esetünkben) *orosz* →
az orosz *szláv* nyelv →
a *lengyel* szláv nyelv →
a lengyel írás *latin*.

Képletesen kifejezve:

cirill & orosz ~ szláv ~ lengyel & latin

Ergo: a cirill betűs forrásokat a lengyel szerint, „*pronunciatione Polonica*", kell visszaadni!

Amit meg is tett. Legalábbis részben...

Mutatvány a nyelvi hasábok fejléceiről

A) *Vocabularium Sibiricum SPb.*, 6. old.

Vogulorum Pelymensium pronunciatione Polonica	*Vogulorum Verchoturiensium pronunciatione Polonica*	*Tangutice pronunciatione germanica*	*Sinice*

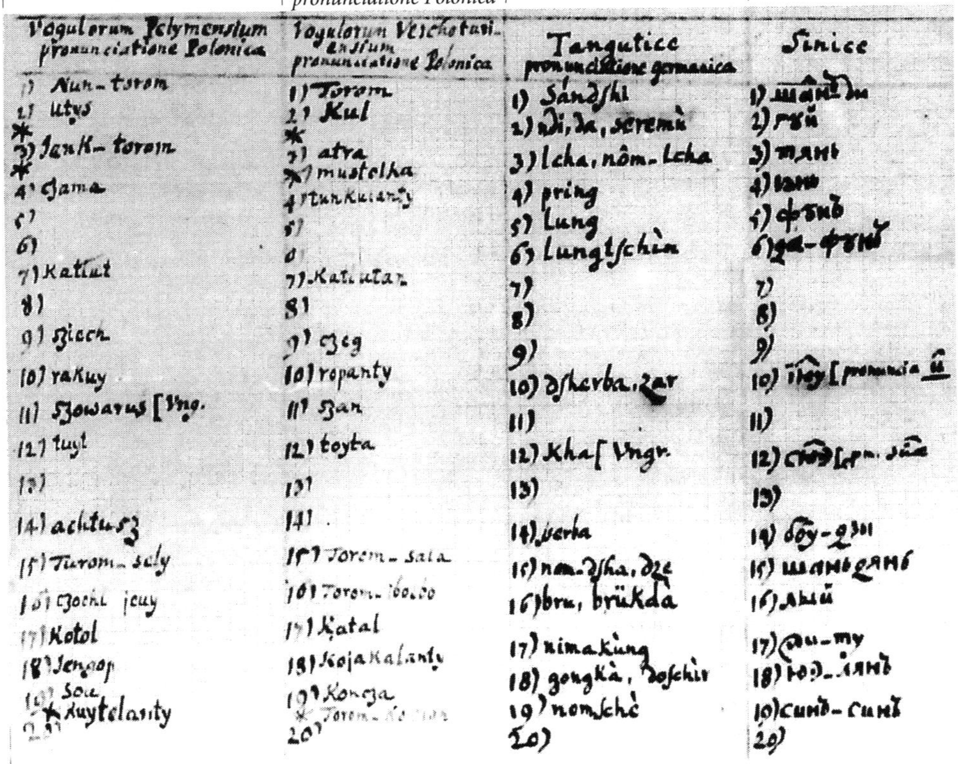

Vogulorum Pelymensium pronunciatione Polonica	Vogulorum Verchoturiensium pronunciatione Polonica	Tangutice pronunciatione germanica	Sinice
1) Nun-torom	1) Torom	1) Sándschi	1) [illegible]
2) utys	2) Kul	2) adi, da, seremù	2) [illegible]
* 3) Jank-torom	* 3) atra	3) lcha, nôm-lcha	3) [illegible]
* 4) Jama	*) mustelka 4) tunkuianty	4) pring	4) [illegible]
5)	5)	5) lung	5) [illegible]
6)	6)	6) lungtschin	6) [illegible]
7) Katlut	7) Katiutar	7)	7)
8)	8)	8)	8)
9) zjiech	9) czeg	9)	9)
10) rakuy	10) ropanty	10) dscherba, zar	10) [illegible]
11) Sjowarus [Vng.	11) szan	11)	11)
12) tuyt	12) toyta	12) Kha [Vngr.	12) [illegible]
13)	13)	13)	13)
14) achtusz	14)	14) berba	14) [illegible]
15) Torom-sely	15) Torom-sala	15) nam-dscha, dze	15) [illegible]
16) Jochi jeuy	16) Torom-[illegible]	16) bru, brükda	16) [illegible]
17) Kotol	17) Katal	17) nimakung	17) [illegible]
18) Jengop	18) Kojakalanty	18) gongkà, [illegible]	18) [illegible]
19) Sou * Kuytelanty	19) Koncza * Torom-[illegible]	19) nomschè	19) [illegible]
20)	20)	20)	20)

Majd hasábonként a számnevek következnek.

B) *Vocabularium Sibiricum SPb.*, 49. old.

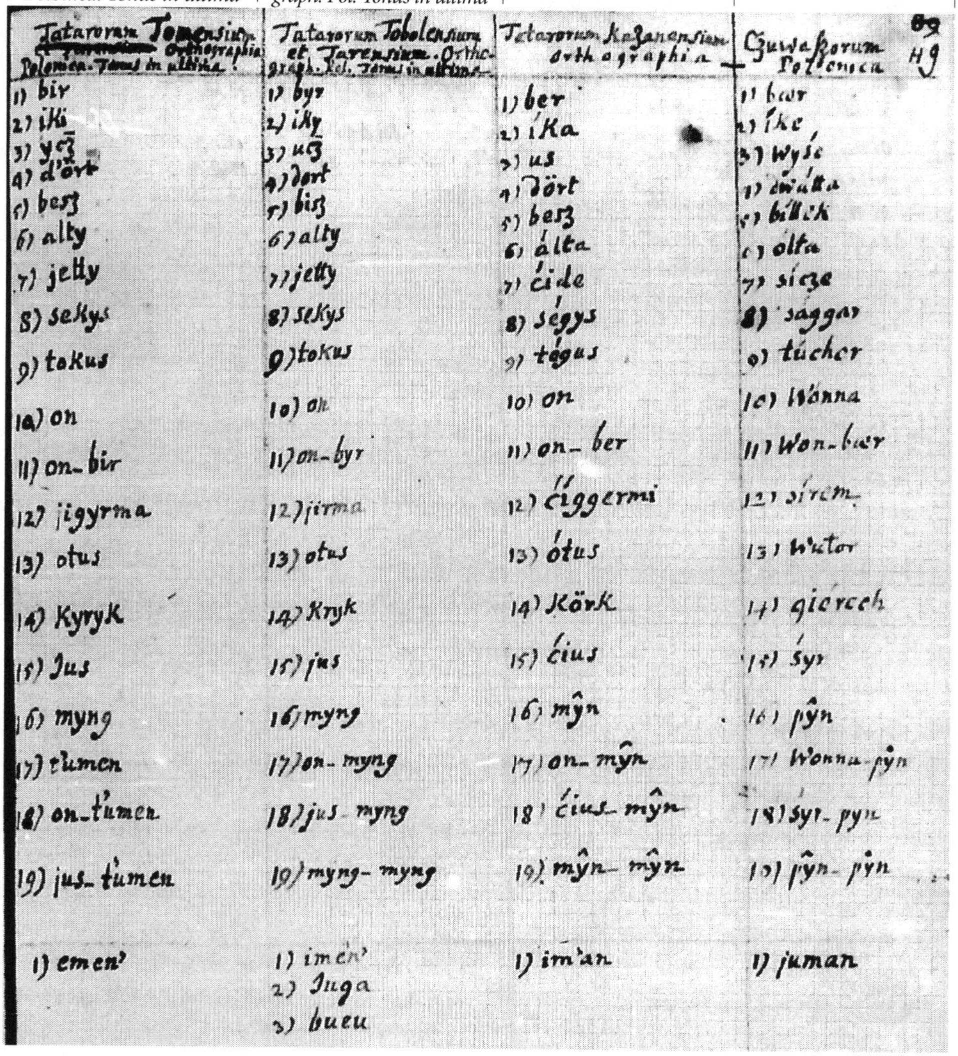

Tatatorum Tomensium [törlés] *Orthographia Polonica. Tonus in ultima*	*Tatarorum Tobolensium et Tarensium. Orthograph. Pol. Tonus in ultima*	*Tatarorum Kazanensium Orthographia*	*Czuwaszorum Polonica*
1) bir	1) byr	1) ber	1) bcer
2) iki	2) iky	2) íka	2) íke
3) ycz	3) ucz	3) us	3) wyśe
4) d'ort	4) dort	4) dört	4) dwátta
5) besz	5) bisz	5) besz	5) billek
6) alty	6) alty	6) álta	6) ólta
7) jetty	7) jetty	7) ćide	7) sićze
8) sekys	8) sekys	8) ségys	8) śaggar
9) tokus	9) tokus	9) tégus	9) túcher
10) on	10) on	10) on	10) wónna
11) on-bir	11) on-byr	11) on-ber	11) won-bcer
12) jigyrma	12) jirma	12) ćiggermi	12) sirem
13) otus	13) otus	13) ótus	13) wutor
14) kyryk	14) kryk	14) körk	14) giercech
15) jus	15) jus	15) ćius	15) śyr
16) myng	16) myng	16) mŷn	16) pŷn
17) tumen	17) on-myng	17) on-mŷn	17) wonna-pŷn
18) on-tumen	18) jus-myng	18) ćius-mŷn	18) syr-pyn
19) jus-tumen	19) myng-myng	19) mŷn-mŷn	19) pŷn-pŷn
1) emen'	1) imen' 2) Juga 3) bueu	1) im'an	1) juman

Fischer orosz–lengyel, azaz a cirill–latin átírási rendszerének teljességében való bemutatására nincs módunk, s hivatottak sem vagyunk rá. Ehhez nincsenek meg a szükséges polonisztikai ismereteink sem. Talán majd egy kompetens (lengyel?) kolléga vállalkozik rá. A magam részéről csak néhány sarkalatos betűt választottam ki, hogy segítségükkel Fischer elképzelését valamelyest is érzékeltessem. Remélhetőleg már e rövidre fogott bemutatásból is kiderül Fischer elképzelésének a zsenialitása.

Az a gondolata, hogy a lengyellel, mint transzkripcióval, hidalja át a cirill és a latin közötti diszkrepanciát.

Bemutatásra a pelimi vogult választottam. Főleg azon okból, mert ennek birtokomban megvan a legelső forrása, az 1736. évi cirill betűs eredetije. (Jelzete: Vokabulárium „*Goroda Pelym*", Pelim városi szójegyzék, AAN RF, 21, 5, 153).

Az egybevetésben első helyén a pelimi vogul eredetijéből vett cirill írású szavak állnak, melyeket a *Vocabularium Sibiricum SPb.* (AAN RF, R. III.1,135) adekvát latin betűs szavai követnek:

1. ч / чь > **cz**

   чохлъ > *czochl* 'dörgés'; тончь > *toncz* 'nyű'; очьлогъ > *oczlog* 'búza'; охча > *ochcza* 'pénz' etc.; obs.: чахъ > *sach* 'só'

2. ш > **sz**

   шимъ > *szim* 'szív'; шакрапъ > *szakrap* 'balta'; шотыръ > *szotyr* 'ezer'; шишъ > *szicz* 'hát (n.)'; шешва > *szeszva* 'nyúl'; ошъ > *osz* 'juh'; акташ > *achtasz* 'kő'; ипшо > *ipszo* 'sötét'; ушка > *uszka* 'bika' etc.

3. ^{1}с / сь > **s**

   сорт > *sort* 'csuka'; серварыпъ > *serwaryp* 'szúnyog'; сусь > *sus* 'jávorszarvas'; текусъ > *tekus* 'ősz'; поснасеуръ > *posna-seur* 'ünő' etc.

4. ^{2}с / сь > **ś**

   кусъ > *kuś* 'szolga'; осинъ > *ośin* 'keserű'; ямасъ > *jemaś* 'jó'; посынъ > *pośyn* 'világos'; тус- > *tuś-* 'száj' etc.

5. рж > **rż**

   оръжъ > *orż* 'rozs' etc.

Kérdés, hogy a cirill ~ lengyel/latin alapú átírás egészében Fischer saját leleménye-e. Vagy abban része volt vagy lehetett Fischernek a Schlözerrel Szentpétervárott való találkozásának. Schlözer nyelvekbeni, russzisztikai kiváló jártassága ismert. Főként a Nesztor-Krónika kapcsán (v.ö.: *Biographien zur deutschen Geschichte*. Deutscher Verlag der Wissenschaften. Berlin 1991: 448–449, l. még Schlözer 1802). Az 1802-beli idézett munkája (Schlözer 1802: 322–323). Lapján eszmefuttatást közöl a különböző nyelvek – itt köztük a lengyel – betűvető sajátosságairól, praktikusságukról. Hogy mennyiben praktikusak, és mennyiben nem. Pl. hogy az [ś] mássalhangzó jelöléséhez a német miért 3 betűt (*s-c-h*) használ. A szentpétervári *Vocabularium Sibiricum* körülbelül abból az időből származik, amikor Schlözer is ott volt. Schlözert Fischerhez nemcsak szakmabeli érdeklődés és érdekeltség fűzte, hanem annak kongeniális partnere is volt. Nehéz elképzelni, hogy nem ismerték egymás hasonló körű nézeteit, és nem hatottak egymásra.

Sajnos Fischer kezdeményezése megrekedt. Tulajdonképpen maga sem vitte végig, még szentpétervári Vokabuláriumában sem. Publikált nagyhírű művei – pl. a *Sibirische Geschichte* – ennek előtte íród(hat)tak. Talán kifutott tőle az élet, vagy a lehetőségei, az érdeklődés és az eszmei kör. Követőjéről se tudok. Kortárs potentát ellenei – Lomonoszov és köre – bőven jutalmazni vélték azzal, hogy *Vocabularium Sibiricum*-a bekerülhetett az Akadémia *örök* archívumába.

A 18. század az újkor kezdete. Tudománytörténete még sok fellobbanó szikrát rejt magába. Az egyik bizonnyal **a lengyel mint közvetítő nyelv**, mely Kelet-Európa, a szibériai tajga és tundra számos nyelvét lett volna hivatva kulturálisan Európa közelébe hozni.

j.gulya@gwdg.de
Am Ebelhof 17
D – 37075 Göttingen

A témánk alapjául szolgáló irodalom:

Fischer, J.E., 1768, *Sibirische Geschichte von der entdeckung Sibiriens bis auf die eroberung dieses Lands durch die Russische waffen*, I–II, St. Petersburg.

Fischer, J.E., 1770, *Quaestiones Petropolitanae. I. De origine Ungrorum. II. De origine Tatarorum. III. De diversis Shinarum imperatoris nominibus titulusque. IV. De Hyperboresis* [Schölzer, L. (red.)], Göttingem–Gotha.

Gulya, J., 1958, Egy 1736-ból származó manysi nyelvemlék. – *Nyelvtudományi Közlemények* 60: 41–45.

Gulya, J., 1965, Some 18th Century Antecendents of the 19th Century Linguistics. – *Acta Linguistica Academiae Scientarum Hungaricae* 15: 163–170.

Gulya, J., 1974, Some Eighteenth Century Antecedents of Nineteenth Century Linguistics: The Discovery of Finno-Ugrian. – Hymes, D. (red.): *Studies in the History of Linguistics: Traditions and Paradigms*, Bloomington–London: 258–276.

Gulya, J., 1987a, Die Aufklärung und die Entdeckung der Sprachen Sibiriens. – Fehlig, B. (red.): *Vermittlung und Rezeption. Beiträge zu den geistesgeschichtlichen Berührungen in der Aufklärungszeit* (= *Opuscula Fenno-Ugrica Gottingensia* 2): 55–63.

Gulya, J., 1987b, Drevnejšie svedenija o finno-ugorskih nöttingenarodah i pervye šagi v ih izučenii. – *Sovetskoe finno-ugrovedenie* 23: 127–130.

Gulya, J., 1994, Zur Frühgeschichte der vergleichenden Sprachwissenschaft: J.E Fischer (1747) und S. Gyarmathi (1799). – Sternemann, R. (red.): *Bopp--Symposium 1992 der Humboldt-Universität zu Berlin*, Heidelberg: 91–104.

Gulya, J., 1995, [*J.E. Fischer:*] *Vocabularium Sibiricum (1747). Der etymologisch-vergleichende Anteil* (= *Opuscula Fenno-Ugrica Gottingensia* 7), Frankfurt am Main.

Gulya, J., 1997–1998, Die Geschichte der *l*-Laute des Süd-Ostjakischen im 18. Jahrhundert. – *Ural-Altaische Jahrbücher, N.F.* 15: 43–63.

Gulya, J., 2005, Leibniz vergessene Verdienste. – Hasselblatt, C. et al. (red.): *Lihkun lehkos. Beiträge zur Finnougristik aus Anlaß des sechzigsten Geburtstages von Hans-Hermann Bartens*, Wiesbaden: 103–110.

Leibniz, G.W., 1768, *Leibnitii opera omnia* [Duteno, L. (red.)], I–IV, Genève.
Müller, G.F., 1732–1763, *Sammlung russischer Geschichte*, I–VIII, St. Petersburg.
Schlözer, A.L., 1802, *Nestor". Annalen in ihrer Slavonischen Grundsprache, verglichen, übersetzt, und erklärt. Erster Teil*, Göttingen.
von der Schulenberg, S., 1973, *Leibniz als Sprachforscher*, Frankfurt am Main.
Wessel, K., 2003–2004, Leibniz und das Finnisch-Ugrische in seinem Briefwechsel. Teil I. – *Ural-Altaische Jahrbücher, N.F.* 18: 67–102.

Languages and Cultures in Research and Education
pp. 99–110

Marialuise Haslinger
(Innsbruck)

Romanische Namen im Talkessel von Landeck

Die Stadtgemeinde Landeck liegt im westlichen Teil Nordtirols und ist der Hauptort des gleichnamigen Verwaltungsbezirkes. Der gesamte Talkessel von Landeck und den angrenzenden Gemeinden ist nicht nur das politische, kulturelle und wirtschaftliche Zentrum des Bezirkes, sondern auch ein bedeutender Verkehrsknotenpunkt – und zwar schon seit ältesten Zeiten. Die geographische Lage am Schnittpunkt der Ost-West-Verbindung durch das Inn- und Stanzertal über den Arlberg bzw. durch das Oberinntal in das rätoromanische Engadin einerseits und der Nord-Süd-Verbindung über den Reschenpass nach Südtirol (Italien) andererseits förderte bereits früh eine rege Siedlungstätigkeit.

Durch archäologische Funde und durch das Studium des Namenschatzes des Landecker Talkessels wissen wir, dass in diesem Raum schon in vorrömischer Zeit verschiedene Stämme bzw. Sprecherkollektive ansäßig waren. Greifbar sind uns v. a. die *Kelten* und der zum mächtigen ostalpenindogermanischen Block zählende Stamm der *Fokunaten*, wobei letzterer schon bei Plinius (nat. hist. III, 137) als eine der *gentes Alpinae* erwähnt wird, die unter Kaiser Augustus (bzw. seinen Stiefsöhnen Tiberius und Drusus) unterworfen wurden. Ein schönes Beispiel für ein keltisches Onym ist *Perjen* [pᵊrjénn] (heute: Name eines Landecker Stadtteiles), das 1299–1302 als *Preyenne*[1], 1306 als *Prienne*[2] oder 1539 als *Prienne*[3] bezeugt ist. Der älteste Beleg findet sich in einer Urkunde von 1254, in der sich die Grafen Gebhard von Hirschberg

---

1 Urbar des Amtes Starkenberg und Imst (= Tiroler Landesarchiv [TLA], Urb. 74/2), fol. 1.

2 Tiroler Rechnungbuch (= TLA, Handschrift 277), fol. 10.

3 Dokument des Gemeindearchivs Schönwies. – Vgl. Hölzl, S., 1995, *Die Gemeindearchive des Bezirkes Imst. Mit einem Nachtrag zum Bezirk Landeck: Gemeindearchiv Schönwies II. Teil* (= *Tiroler Geschichtsquellen* 35), Innsbruck: Nr. 55.

und Meinhard von Görz vertraglich den Herrschaftsbereich teilen.[4] Die Grenze wird dabei bei der (heutigen) Burschlbrücke in Perjen gezogen. Den Bereich innabwärts in Richtung Innsbruck (*in ponte Prienne per totam Vallem Eni, versus Ensbrucke*) erhält Gebhard. Der andere Teil, der bei besagter Brücke bzw. Landeck (*Landeke*) beginnt, fällt an Meinhard. Der keltische Ausgangsname lautete **Brīvénnā* in der Bedeutung 'Siedlung an der Brücke (= kelt. **brīvā*)', der später von den Römern zu **Briénna* verändert wurde. Wie spät dieser Name in deutschen Mund kam (obwohl er ein sehr wichtiges Referenzobjekt bezeichnete), erkennt man u. a. daran, dass die Akzentzurückziehung auf die erste Silbe nicht mehr wirkte. Die Eindeutschung kann nicht vor 1050 n. Chr. erfolgt sein. Als Beispiel für einen fokunatischen Namen möge *Trams* [tråms] dienen: Man kann auf Grund der ältesten Belege (ca. 1275: *Troems*[5], 1279: *Trams*[6], ca. 1290: *Trams*[7], 1294: *Trams*[8], 1438: *Trams*[9], ca. 1450: *Troums*[10]) eine Vorform **traumā* 'Bodenvertiefung' ansetzen (mit *[au] > [å] in der Mundart). Nach der Unterwerfung der vorrömischen Stämme durch die Römer folgte eine Jahrhunderte lange Herrschaft, die von der Christianisierung und dem weiteren Siedlungsausbau begleitet wurde. Die Via Claudia Augusta, die vom Süden durch den Vinschgau über den Reschenpass nach Landeck und weiter nach Imst und über das Außerfern (Bezirk Reutte) nach Norden (Augsburg) führte, verband das italische Mutterland mit dem strategisch wichtigen nördlichen Alpenvorland und entwickelte sich zu einer der bedeutendsten transalpinen Verkehrsadern der Römerzeit. Aus dem Latein der römischen Besatzungsmacht entwickelte sich im Laufe der Zeit ein Idiom, das man „alpenromanisch", oder „(proto-)ladinisch" oder auch „rätoromanisch" bezeichnen kann. (Wir sind uns dessen bewusst, dass dies

---

4 Tiroler Landesmuseum Ferdinandeum Innsbruck, Dip. 1103, S. 154 (*Instrumentum Divisionis q. C. Alb. de Tyr. inter generos ipsius Meinh. C. Gor. et Gebh. C. de Hirsberg*); von Hormayr zu Hortenburg, J., 1803, *Kritisch-diplomatische Beytråge zur Geschichte Tirols im Mittelalter. Mit mehreren hundert ungedruckten Urkunden*, Band 2, Wien: 230; Jaksch, A., 1915, *Die Kärntner Geschichtsquellen*, I. Ergänzungsheft zu Band I–IV 811–1269 (= *Monumenta Historica Ducatus Carinthiae*), Klagenfurt: 460, Nr. 2578; Wiesflecker, H., 1949, *Die Regesten der Grafen von Görz und Tirol, Pfalzgrafen von Kärnten*, I. Band: 957–1271 (= *Publikationen des Instituts für Österreichische Geschichtsforschung* 4), Reihe, 1. Abt., Innsbruck: 162, Nr. 620.

5 Steuerliste des Gerichtes Landeck (= TLA, Handschrift 3518, fol. 1). – Vgl. Stolz, O., 1939, Steuer- und Eigenleuteverzeichnisse aus den Gerichten Imst und Landeck von 1275 und 1310. – *Quellen zur Steuer-, Bevölkerungs- und Sippengeschichte des Landes Tirol im 13., 14. und 15. Jahrhundert* (= *Schlern-Schriften* 44), Innsbruck: 37.

6 Urkunde des Stiftsarchives Stams (= *officium praepositi*, Urk. B LVII 1).

7 Urbar des Stiftsarchives Stams (= Handschrift 57 [Cod. XI/1]).

8 Urbar des Klosters Stams (= U 1), fol. 28. – Vgl. Köfler, W., 1978, *Die ältesten Urbare des Zisterzienserstiftes Stams von dessen Gründung bis 1336* (= *Österreichische Urbare, III. Abteilung: Urbare geistlicher Grundherrschaften, 5. Band: Die mittelalterlichen Stiftsurbare des Bistums Brixen, III. Teil*), Innsbruck: 25, Nr. 392.

9 Urkunde des Stiftsarchives Stams (= *Brobstey-Amts-Revers*, Urk. L LXII 3).

10 Urbar des Gerichtes Landeck (= TLA, Urb. 68/1).

nur Behelfstermini sind, mit denen man aber arbeiten kann.) Die Träger dieses Idioms (und seiner diatopischen, diastratischen und diaphasischen Varietäten) besiedelten und bewirtschafteten das Gebiet, wobei die Hauptwirtschaftszweige Land-, Forst- und Almwirtschaft waren. Dies ergibt sich u. a. aus dem onymischen Befund. Hunderte von derartigen romanischen Namen haben bis in die heutige Zeit überlebt – natürlich in deutschem Mund oft stark verändert und bisweilen fast nicht mehr als ehemalige romanische Schöpfungen zu erkennen. Die Romanisierung des Landecker Gebietes erfolgte nicht nur „oberflächlich", sondern war tiefgreifend und erfasste alle Lebensbereiche. Ab dem 5. Jahrhundert n. Chr. sprach man im gesamten Bezirk Landeck – also nicht nur im Talkessel selbst – ausschließlich romanisch.[11]

Einige Beispiele aus dem romanischen Namenschatz seien nun vorgestellt:

a) Gemeindegebiet LANDECK:

Fasche

- Referenzobjekt: am Perfuchsberg gelegener Wiesen- und Waldstreifen
- bodenständige Aussprache: [fáschə][12]
- Belege: 1601: *auf der Fäschen*[13], 1775: *Wiese in der Fäscha*[14]
- Etymologie: Das roman. **faša* ~ **faža* als Bezeichnung für 'langgestreckter Wiesen- bzw. Ackerstreifen' (< lat. *fascia* 'Binde, Band' und auch 'Landstreifen'; vgl. bündnerroman. *fascha*[15]) findet sich im romanisch unterschichteten Alpengebiet in fast jeder Gemeinde.

Gasill

- Referenzobjekt: Wiesengelände in Perfuchs
- bodenständige Aussprache: [ggəsíl]
- Belege: 1529: *auf Gassill*[16], 1594: *auf Gaßil*[17], 1597: *auf Gaßyl*[18], 1627: *auf Gastill*[19], 1628: *auf Gassill*[20], 1775: *Gassill*[21]

---

[11] Die Germanisierung erfolgte – wir erwähnten es bereits – relativ spät.

[12] Die Notation der bodenständigen Aussprache hält sich in diesem Aufsatz aus Gründen der leichteren Lesbarkeit und Verständlichkeit bewusst nicht an die Regeln der IPA.

[13] TLA, Verfachbuch des Gerichtes Landeck.

[14] Theresianischer Kataster (= TLA, Kat. 41/19).

[15] Schorta, A., 1964, *Rätisches Namenbuch*, Band 2, Bern: 137f.

[16] Schmid, A., 1974, *Die romanischen Orts- und Flurnamen im Raume Landeck* (= *Romanica Ænipontana* 9), Innsbruck: 74.

[17] TLA, Verfachbuch des Gerichtes Landeck.

[18] TLA, Verfachbuch des Gerichtes Landeck.

[19] Steuerkataster des Gerichtes Landeck (= TLA, Kat. 41/1).

[20] Urbar des Johann Pinggera von und zu Gerburg (= TLA, Urb. 207/1).

[21] Theresianischer Kataster (= TLA, Kat. 41/19).

- Etymologie: Ebenso häufig wie der vorhergehende Flurname ist das roman. **casilla* 'Häuschen, Hütte' (← **casa* 'Haus' [< lat. *casa* 'einfaches Gebäude, Häuschen, Hütte']; vgl. engadin. *chasa*, surselv. *casa*[22]) in unserem Gebiet vertreten. Das Diminutivsuffix **-ill-* wurde im Alpenromanischen normalerweise zu **-ell-*, konnte aber auch aus unerklärlichen Gründen erhalten bleiben.[23] Auch der Vortonvokal blieb erhalten, wurde also nicht getilgt, wie dies etwa beim Namen *Gsall(alpe)* (1470: *Gsall*; < **gasáll* < **gaséll* < **caséll*a).

Gatlaun

- Referenzobjekt: ausgedehntes Wiesengelände oberhalb von Perfuchs
- bodenständige Aussprache: [ggətláu]
- Belege: ca. 1450: *auff Gatlaun*[24], 1586: *auf Gatlaun*[25], 1594: *auf Gatlaun*[26], 1602: *auf Gatlaun*[27], 1627: *auf Gatlaun*[28], 1641: *Gatlaun*[29], 1775: *auf Gattlaun*[30]
- Etymologie: Seltener, da wahrscheinlich von der Sache her nicht so häufig vorkommend ist das roman. **cortīle* 'Hof' und 'eingefriedetes Nutzland' (< lat. **cohortīle*) → **cortilōne* (mit Augmentativsuffix) > **cortlū́n* (mit starker Verkürzung des Namenkörpers im Vortonbereich) das uns in bair. **gatlū́n* > *Gatlaun* (mit hochmittelalterlicher Diphthongierung) heute vorliegt.

Kristille

- Referenzobjekt: ursprünglich grasbewachsener Bergrücken, mittlerweile stark verbaut
- bodenständige Aussprache: [ggrištíllə]
- Belege: 1627: *in der Gristille*[31], 1775: *in der Christille*[32]

22 Schorta, A., op. cit.: 81ff.

23 Vgl. z. B. *Pedilles* (Gemeinde Fiss) < **pradillu* 'kleine Wiese' gegenüber *Pardell* (Gemeinde Grins) < **pradellu*. Derlei Schwankungen lassen sich sogar innerhalb einer einzigen Gemeinde beobachten, vgl. etwa *Pardell* (Gemeinde Tobadill) < **pradellu*, aber der Gemeindename selbst stammt von **tavuladillu* 'kleine Scheune' [1275: *Taueldilli*] ← **tavuladu* 'Scheune, Stadel' < lat. *tabulātum* 'Bretterwerk').

24 Urbar des Gerichtes Landeck (= TLA, Urb. 68/1).

25 TLA, Verfachbuch des Gerichtes Landeck.

26 TLA, Verfachbuch des Gerichtes Landeck.

27 TLA, Verfachbuch des Gerichtes Landeck.

28 Steuerkataster des Gerichtes Landeck (= TLA, Kat. 41/1).

29 von Zingerle, I. / von Inama-Sternegg, Th., 1877, *Die Tirolischen Weisthümer* (= *Österreichische Weisthümer* 3/2), Wien: 205.

30 Theresianischer Kataster (= TLA, Kat. 41/19).

31 Steuerkataster des Gerichtes Landeck (= TLA, Kat. 41/1).

32 Theresianischer Kataster (= TLA, Kat. 41/19).

- Etymologie: Das roman. **cristilla*, Diminutivum zu **crista* 'Kamm'[33] (als topographische Formation; vgl. engadin. *craista*, surselv. *cresta*[34]) < lat. *crista* 'Kamm' bzw. 'Gebirgskamm' ist der Ursprung dieses Namens. Die Schreibung der jüngeren und jüngsten Belege ist wahrscheinlich zurückzuführen auf auswärtige Schreiber, die eine anlautende Affrikata [kch-] hörten; Namenparallelen im Gebiet sind umfangreich, vgl. *Grist* (Gemeinde Grins; 1590: *Grist*, 1779: *Grist*), *Grist* (Katastralgemeinde Zammerberg; 1275: *Grist*, 1582: *Grist*, 1602: *Grüst*, 1774: *Grist*), *Grist* (Gemeinde Ischgl; 1367: *Cresta*, 1775: *Grist*) und *Grist* (Gemeinde Serfaus; 1775: *Grist*).

Liget

- Referenzobjekt: im Gebiet von Perjen liegende Flur
- bodenständige Aussprache: [ligéət]
- Beleg: 1775: *Angermad am Rauth, die Ligedt genannt*[35]
- Etymologie: Aus lat. *liquēre* 'flüssig sein' bzw. *liquāre* 'schmelzen' lässt sich ein Nomen **liquum* 'Flüssigkeit' bzw. 'Schmelze' rekonstruieren, worauf das Kollektivum **liquētum* 'nasse Gegend' bzw. 'Örtlichkeit mit Schmelzwasser' aufbaute. Dies muss sich zunächst zu roman. **lig̯uēdu* (mit Erweichung der harten Konsonanten in intervokalischer Position) entwickeln. Später kam es zum Übergang von *-*gu̯*- zu *-*g*-, der allerdings so spät erfolgte, dass die Media vor *-*ē*- weder palatalisiert werden konnte noch getilgt wurde. Ferner wurde der Name derart spät eingedeutscht, dass roman. *-*ē*- nicht mehr durch bair. *-*ī*- substituiert bzw. zu *-*ei*- diphthongiert wurde. Die amtliche Schreibung ⟨Liget⟩ ist unglücklich und harmoniert auch nicht mit der bodenständigen Aussprache. Besser wäre ⟨Ligeat⟩ (siehe unten).

Perfuchs

- Referenzobjekt: seit 1900 Stadtteil von Landeck, vorher eine eigene Gemeinde. Am Fuße des Thials zwischen Inn und Sanna (die das Stanzertal entwässert) gelegen
- bodenständige Aussprache: [pə^{r}fúx]
- Belege: ca. 1290: *in prvusseprugge*[36], ca. 1300: *Chonradus de Profusse*[37], 1318: *in prufusse*[38], ca 1370: *Profüchs*[39], 1423: *Prafuschs*[40], 1423: *Prafuschs*[41], 1430–1432:

---

33 Vgl. Meyer-Lübke, W., [6]1992, *Romanisches etymologisches Wörterbuch*, Heidelberg: Nr. 2330.

34 Schorta, A., op. cit.: 115ff.

35 Theresianischer Kataster (= TLA, Kat. 41/20).

36 Urbar des Stiftes Stams (= Handschrift 57/XI/1).

37 Stolz, O., op. cit.: 43.

38 Urbar des Stiftes Stams (= Handschrift 63/XI/4).

39 Urbar der Herrschaft Starkenberg und Imst (= TLA, Urb. 74/3), fol. 20.

40 Urbar des Amtes Altstarkenberg und Kronburg (= TLA, Urb. 74/6), fol. 27.

41 Starkenberger Urbar (= TLA, Urb. 74/6).

Prafuschs[42], 1462: *Profuchs*[43], 1501: *Perfuchs*[44], 1561: *Perfuchs*[45], 1581: *Perfuchs*[46], 1602: *Perfuchs*[47], 1627: *Profuchs*[48], 1657: *Perfux*[49]

- Etymologie: Der Name hat etymologisch natürlich nichts mit dem 'Fuchs' zu tun; er setzt auch nicht roman. **pra(du) fuscu* 'dunkle Wiese' fort. Er ist vielmehr via Romania auf lat. *prōfūsiō* 'Überschwemmungsgebiet' bzw. 'über die Ufer tretendes Fließgewässer' zurückzuführen.[50] Sachlich traf dies in alter Zeit sicherlich zu. Offenbar wurde der *n*-Stamm in die *a*-Klasse überführt, denn roman. † *profusiōne* hätte sich in den Belegen und in der heutigen Namensform niedergeschlagen.

Rongalla

- Referenzobjekt: am Perfuchsberg liegendes Wiesengebiet
- bodenständige Aussprache: [rongálla]
- Beleg: 1775: *Galtwiese die Runggälen*[51]
- Etymologie: Es handelt sich klarerweise um ein Derivat von **runcu* 'Rodung'. Aber die Suffixe sind nicht aus -ELLU + -INU kombiniert, wie A. Schmid[52] meint, sondern zuerst wurde ein Zugehörigkeitsadjektiv **runcāle* gebildet, das sich verselbständigt hat.[53] Auf der Pluralform **runcālia* (> **runcălla*) baut unser Name auf.[54] Dass dem tatsächlich so war, ersieht man daraus, dass der Guttural als solcher erhalten blieb und nicht palatalisiert wurde. (Ein † *runc-ell-īnu* hätte

42 Urbar der Grafschaft Tirol (= TLA, Urb. 1/3 TLA), fol. 186.

43 Urbar von Schloß Kronburg (= TLA, Urb. 70/1), fol. 5.

44 Dokument des Gemeindearchivs Zams (vgl. Hölzl, S., 1991, *Die Gemeindearchive des Bezirkes Landeck* (= *Tiroler Geschichtsquellen* 31), Innsbruck: Nr. 8).

45 Dokument des Gemeindearchivs Fließ (vgl. Hölzl, S., 1980, *Regesten zu den Urkunden und Akten der Gemeindearchive Fließ und Nauders* (= *Tiroler Geschichtsquellen* 7), Innsbruck: Nr. 11).

46 TLA, Verfachbuch des Gerichtes Landeck.

47 Dokument des Gemeindearchivs Imsterberg (vgl. Hölzl, S., 1995, *Die Gemeindearchive des Bezirkes Imst. Mit einem Nachtrag zum Bezirk Landeck: Gemeindearchiv Schönwies II. Teil* (= *Tiroler Geschichtsquellen* 35), Innsbruck: Nr. 12).

48 Steuerkataster des Gerichtes Landeck (= TLA, Kat. 68/8).

49 TLA, Verfachbuch des Gerichtes Landeck.

50 Finsterwalder, K., 1990, *Tiroler Ortsnamenkunde*, Band 2 (= *Schlern-Schriften* 286), Innsbruck: 858f. (Erstveröffentlichung: 1956, Die vor- und frühgeschichtlichen Namen des Oberinn- und Stanzertals. – *Schlern-Schriften* 133, Innsbruck: 93–114 [hier 106f.]).

51 Theresianischer Kataster (= TLA, Kat. 41/19).

52 Schmid, A., op. cit.: 78.

53 Dieses konnte auch als Name fungieren, so etwa als *Rungál* (Name einer Wiese in der Gemeinde Serfaus) oder als *Runggáles* (Name eines Wiesengeländes in der Gemeinde Nauders).

54 Dasselbe Etymon hat der heute abgegangene Flurname *Runggällen* (Gemeinde Kappl / Paznaun).

sich zu **runčellīnu* entwickelt, was im Deutschen † *Runtschlín* oder † *Ra(n) tschlín* geworden wäre)[55].

Schenten

- Referenzobjekt: heute verbautes Gebiet in Perfuchs
- bodenständige Aussprache: [šéntə]
- Belege: 1582: *am Schenten Rain*[56], 1597: *im Schenten*[57], 1602: *im Schennten*[58], 1627: *im Schennte*[59], 1775: *Acker im Schenten*[60], 1803: *im Schenten*[61]
- Etymologie: In mittellateinischer Zeit ist die Form *cincta* 'von einer Mauer oder einem Zaun umschlossenes Gut oder Feld' belegt[62], die *cinctae dominicae* waren 'die dem Lehensherrn für die Jagd reservierten Wälder'[63] (← lat. *cīnctus* 'umschlossen' ← *cingere* 'umschließen'). Die Entwicklung zu roman. **čenta* verlief lautgesetzlich. Die anlautende Affrikata wurde in diesem Fall durch dt. [š] wiedergegeben.

b) Gemeindegebiet STANZ:

Fenill

- Referenzobjekt: steiles Wiesengelände
- bodenständige Aussprache: [feníl]
- Belege: ca. 1450: *in fanill*[64], 1582: *zu Fanill*[65], 1591: *in Fonill*[66], 1624: *in Fanül*[67], 1627: *zu Fanill*[68], 1769: *Angermad in Vanill*[69]
- Etymologie: Der Name geht auf roman. **fenĭlla* (Plural von **fenīle* 'Heustadel' < lat. *fēnīle* ← *fēnum* 'Heu') zurück. Im Bündnerromanischen sind **fenĭlla* bzw. **fenīle* als Appellativa nicht mehr erhalten, wohl aber im Namenschatz verbaut.

55 Die oft zu hörende Behauptung, dass in der Prätonika der romanische Guttural in der Regel nicht palatalisiert wird, halten wir für nicht bewiesen.

56 TLA, Verfachbuch des Gerichtes Landeck.

57 TLA, Verfachbuch des Gerichtes Landeck.

58 TLA, Verfachbuch des Gerichtes Landeck.

59 Grundsteuerkataster des Gerichtes Landeck (= TLA, Kat. 41/1).

60 Theresianischer Kataster (= TLA, Kat. 41/19).

61 Urbar von Kronburg (= TLA,Urb. 70/3).

62 Vgl. Du Cange, Ch., 1954, *Glossarium mediae et infimae Latinitatis*, Band I–II, Graz: 330.

63 Schorta, A., op. cit.: 92.

64 Urbar des Gerichtes Landeck (= TLA, Urb. 68/1).

65 TLA, Verfachbuch des Gerichtes Landeck.

66 TLA, Verfachbuch des Gerichtes Landeck.

67 Urbar des Schlosses Wiesberg (= TLA, Urb. 69/11).

68 Steuerkataster des Gerichtes Landeck (= TLA, Kat. 41/1).

69 Theresianischer Kataster (= TLA, Kat. 41/37).

Pardatsch

- Referenzobjekt: unterhalb von Schloss Schrofenstein liegendes trockenes Wiesengelände
- bodenständige Aussprache: [pᵊrdátš]
- Belege: 1769: *Galtwiesen in Partätsch*[70], 1777: *Galt Rain in Partätsch*[71]
- Etymologie: Das Namenetymon ist roman. **pradadžu* 'schlechte, minderwertige Wiese' (← **prādu* > lat. *prātum* 'Wiese'; vgl. engadin. und surselv. Koll. *prada*[72]).

Runggelin

- Referenzobjekt: Wiesen bzw. Gärten
- bodenständige Aussprache: [runggalW]
- Belege: ca. 1450: *ze Rungkhelin*[73], 1609: *auf Runggelin*[74], 1769: *Frühmad zu Rungalin*[75], 1775: *das Runggelinbachl*[76], 1803: *zu Runggelin*[77]
- Etymologie: An die Pluralform **runcālia* (> **runcălla*) wurde ein Diminutivsuffix **-inu-* angehängt und so spät eingedeutscht, dass die Diphthongierung nicht mehr greifen konnte. Siehe *Rongalla* (Gemeindegebiet LANDECK).

c) Gemeindegebiet GRINS

Parseier

- Referenzobjekt: aufgewanderter ursprünglicher Flurname, heute Bergname
- bodenständige Aussprache: [pᵊrsáir]
- Belege: 1551: *in Parseyr*[78], 1627: *zu Perseyr*[79]
- Etymologie: roman. **presūra* (< **prensūra* < **prehensūra*) bedeutete so viel wie 'Einfang' bzw. 'zum Zweck der Eigennutzung aus der Allmende herausgenommene Stück Land'. Das Wort findet sich im bündnerromanischen Onomastikon sehr häufig.[80] Auch im romanisch stark unterschichteten Westtirol finden wir etliche Zeugen. Das gegenständliche *Parseier* ist im Deutschen aus **Parseuer* delabialisiert und dieses ist aus **Parsūr(a)* lautgesetzlich diphthongiert. (Der

70 Theresianischer Kataster (= TLA, Kat. 41/37).
71 Grundsteuerkataster der Gemeinde Stanz.
72 Schorta, A., op. cit.: 266.
73 Urbar des Gerichtes Landeck (= TLA, Urb. 68/1).
74 TLA, Verfachbuch des Gerichtes Landeck.
75 Theresianischer Kataster (= TLA, Kat. 41/37).
76 Kataster der Gemeinde Stanz (= TLA, Kat. 41/2).
77 Urbar von Kronburg (= TLA, Urb. 70/3).
78 Urbar des Gerichtes Landeck (= TLA, Urb. 68/3).
79 Urbar des Gerichtes Landeck (= TLA, Urb. 68/8).
80 Schorta, A., op. cit.: 271.

Name wure also wesentlich früher eingedeutscht als etwa Persir [Gemeinde Flirsch; 1275: *Barsiur*], der die Diphthongierung nicht mehr mitmachte.)

d) Gemeindegebiet ZAMS

Fileid

- Referenzobjekt: Almgebiet östlich der Silberspitze
- bodenständige Aussprache: [filáit]
- Belege: 1774: *Vileite Spitz*[81], 1779: *Filaith Joch*[82]
- Etymologie: Lat. *ovīle* 'Schafstall' lebt in roman. **ovīle* weiter und konnte mit dem Kollektivsuffix **-ēdu* (< lat. *-ētum*) bedacht werden. Für unseren Namen kann **ovilēdu* 'Ansammlung von Schafställen' angesetzt werden. Anlautendes **#o-* wurde deglutiniert, ein Vorgang, der schon für das Romanische vorauszusetzen ist. Die Deglutination wurde gesteuert bzw. ist die Folge davon, dass **#o-* (> **#a-*) fälschlich als Artikelbestandteil interpretiert und abgetrennt wurde.

Finais

- Referenzobjekt: östlich von Zams gelegene Wiesengründe
- bodenständige Aussprache: [finóas]
- Belege: 1582: *Fanaiß*[83], 1587: *Fanaiß*[84], 1728: *in dem Fanaiß*[85], 1779: *das Finaiß*[86]
- Etymologie: Wegen des unsicheren Vortonvokals lässt sich das Etymon nicht genau eruieren. Es kann **fenōsu* 'voll Heu' (← roman. **fēnu* < lat. *fēnum* 'Heu') oder **avenōsu* 'voll Hafer' (← roman. **avēna* < lat. *avēna* 'Hafer') gewesen sein. Da im Hochmittelalter sowohl */ō/ wie auch */ai/ mundartlich in [oa] zusammenfielen, ist die Schreibung mit ⟨-ai-⟩ hyperkorrekt, „richtiger" wäre † ⟨Finos⟩.

Ligeat

- Referenzobjekt: östlich von Zams liegende landwirtschaftliche Nutzflächen
- bodenständige Aussprache: [ligéət]
- Belege: 1779: *auf der Liged*[87]

81 Tirol-Karte bzw. Atlas Tyrolensis von P. Anich und B. Hueber (vollständiger Titel: *Tyrolis sub felici regimine Mariae Theresiae Rom. Imper. Aug. chorographice delineata a Petro Anich et Blasio Hueber Colonis oberperfussianis Curante Ignat. Weinhart Profess. Math. in Univers. Oenipontana. Aeri incisa á Ioa. Erneste Mansfeld Viennae* 1774).

82 Theresianischer Kataster (= TLA, Kat. 41/23).

83 TLA, Verfachbuch des Gerichtes Landeck.

84 TLA, Verfachbuch des Gerichtes Landeck.

85 Dokument des Gemeindearchivs Zams.

86 Theresianischer Kataster (= TLA, Kat. 41/23).

87 Theresianischer Kataster (= TLA, Kat. 41/23).

- Etymologie: Siehe *Liget* (Gemeindegebiet LANDECK). Hier allerdings spiegelt die amtliche Schreibung die bodenständige Aussprache wider.

Pardann

- Referenzobjekt: landwirtschaftliche Nutzfläche, gegen den Zammerberg hin ansteigend
- bodenständige Aussprache: [p^{ə}rdán]
- Belege: 1551: *in undter Pardann*[88], 1582: *in ober Pardenn*[89], 1602: *die ober Pardänn*[90], 1627: *in Pardänn*[91]
- Etymologie: Das romanische Wort **prādu* 'Wiese' konnte mit dem Suffix **-aneu* (mask.) bzw. **-anea* (fem.) erweitert werden.[92] Die so entstandenen Formen **pradāneu* bzw. **pradānea* waren ursprünglich Adjektiva in der Bedeutung 'auf der Wiese befindlich', konnten sich aber im Laufe der Zeit verselbständigen und als Namen fungieren. Welche der beiden Formen (**pradāneu* oder **pradānea*) für unseren Namen vorauszusetzen sind, entzieht sich unserer Kenntnis. Allerdings können wir die lautlichen Entwicklungen genau nachzeichnen: **pradā̆neu/-a* > **pradā̆niu* → bair. **Pardā̆ni(u)* (nach 1050 n. Chr. eingedeutscht, da keine Akzentretraktion mehr beobachtbar; ferner Umlautwirkung des **-i-*, die allerdings nur mehr zum Sekundärumlaut führte) > *Pardánn* (Assimilation des **-i-*).

Patscheid

- Referenzobjekt: östlich von Zams liegendes Wiesengelände
- bodenständige Aussprache: [pətšáid]
- Belege: ca. 1450: *in Patscheid*[93], 1551: *in der untern Patscheid*[94], 1582: *in Patscheidt*[95], 1599: *in der Undteren Patscheid*[96], 1627: *in der obern Patscheidt*[97], 1674: *in der Obern Patscheid*[98], 1779: *in Patscheid*[99]
- Etymologie: Es handelt sich um das Kollektivum **pidžēdu* < lat. **picētum* (← *pīcea* 'Kiefer, Pinus silvestris'. Das romanisches */-ē-/ war geschlossen, das Bairische

[88] Urbar des Gerichtes Landeck (= TLA, Urb. 68/3).
[89] TLA, Verfachbuch des Gerichtes Landeck.
[90] TLA, Verfachbuch des Gerichtes Landeck.
[91] Urbar des Gerichtes Landeck (= TLA, Urb. 68/8).
[92] Dieses Suffix ist im Lateinischen schon vorgeprägt (vgl. *terra* → *subterrāneus* 'unter der Erde befindlich'), produktiv wurde es erst in romanischer Zeit.
[93] von Zingerle, I. / von Inama-Sternegg, Th., op. cit.: 212.
[94] Urbar des Gerichtes Landeck (= TLA, Urb. 58/3).
[95] TLA, Verfachbuch des Gerichtes Landeck.
[96] Verfachbuch des Stiftes Stams (IX,22,13).
[97] TLA, Urbar des Gerichtes Landeck (= Urb. 68/8).
[98] Verfachbuch des Stiftes Stams (134,86).
[99] Theresianischer Kataster (= TLA, Kat. 41/23).

verfügte zur Zeit der Übernahme über keinen äquivalenten Laut und substituierte ihn durch */-ī-/, das im Hochmittelalter regulär diphthongiert wurde.

Punt

- Referenzobjekt: östlich des Bahnhofes Landeck liegende Flur
- bodenständige Aussprache: [punt]
- Belege: 1579: *zu Pondt*[100], 1585: *zu Punth*[101], 1605: *im Velde zu Pundt*[102], 1627: *zu Pundt*[103], 1779: *zu Punt*[104]
- Etymologie: Der Name geht eindeutig auf roman. **punt* 'Brücke' (< **ponte* < lat. *pōns*) zurück. Sicherlich war das Referenzobjekt keine Innbrücke, sondern ein Steg über den vom Krahberg herabrinnenden, inzwischen verbauten Wasserlauf.

Quadrall

- Referenzobjekt: Westlich der Pfarrkirche gelegene Fluren auf ebenem, gutem Boden.
- bodenständige Aussprache: [quədrál]
- Belege: 1551: *in Quadrell*[105], 1590: *in Quodrell*[106], 1599: *in Quadral*[107], 1627: *in Quadrell*[108], 1674: *in Quadrel*[109], 1695: *in Zamber Kornveldt, Quadräll genannt*[110], 1775: *Quadral*[111], 1779: *in Quaterall*[112]
- Etymologie: Die Entstehung dieses Namens reicht bis in römische Zeit zurück, in eine Zeit, als die damalige Bevölkerung sogenannte *Quadra-Fluren* anlegte. Quadra-Fluren, also quadratisch angelegte Fluren, sind das Resultat systematischer Feldereinteilung. Das Grundwort **quadra*[113] konnte in romanischer Zeit mit den

100 Schmid, A., op. cit.: 122.
101 TLA, Verfachbuch des Gerichtes Landeck.
102 TLA, Verfachbuch des Gerichtes Landeck.
103 Urbar des Gerichtes Landeck (= TLA, Urb. 68/8).
104 Theresianischer Kataster (= TLA, Kat. 41/23).
105 Urbar des Gerichtes Landeck (= TLA, Urb. 68/3).
106 TLA, Verfachbuch des Gerichtes Landeck.
107 Stift Stams, Verfachbuch IX/22,11.
108 Urbar des Gerichtes Landeck (= TLA, Urb. 68/8).
109 Stift Stams, Verfachbuch 134,102.
110 Stift Stams, Verfachbuch 1a,223.
111 Theresianischer Kataster (= TLA, Kat. 41/2).
112 Grundsteuerkataster der Gemeinde Zams (= TLA, Kat. 41/23).
113 Als Flurname ist *Quadra* etwa in den Gemeinden Serfaus und Nauders zu orten. – Vgl. Tyroller, H. / Plangg, G.A., 2003, *Die Orts- und Flurnamen von Serfaus* (= *Arbeitspapiere der Romanistik Innsbruck* 20), Innsbruck: 43; Plangg, G.A. / Rampl, G. / Klien, R., 2004, *Die Orts- und Flurnamen von Nauders* (= *Arbeitspapiere der Romanistik Innsbruck* 25), Innsbruck: 75.

verschiedensten Suffixen erweitert werden.[114] Hier liegt die Diminutivbildung **quadrella* 'kleine Quadra-Flur' vor. Der Anlaut **#qu-* blieb hier erhalten, wurde also nicht zu **c-* vereinfacht, wie dies etwa beim Flurnamen *Kardalla* (Gemeinde Ladis; < **quadrella* [mit *e* > *a* vor Liquida in diesem Dialektareal]).

Diese wenigen Beispiele sollen stellvertretend sein, – nicht nur für das romanische Erbe des Talkessels von Landeck, sondern für den ganzen Westtiroler Bezirk. Für Reisende aus anderssprachigen Gebieten mag eine Fahrt auf der Route der alten „Via Claudia Augusta" den Anschein erwecken, in ein fremdländisches Gebiet einzudringen, die engen Täler und hohen Berge mit ihrer Schroffheit und seltsam klingenden Namen auf Ortsschildern beeindrucken und erstaunen, bei besonders linguistisch Interessierten erwecken letztere Neugier und Faszination. Vielleicht hat dieser Exkurs in romanisch unterschichtetes Alpengebiet einige Fragen beantworten können – andere aber aufgeworfen, sodass eine persönlich „Realprobe" (wieder) einmal in Betracht gezogen wird.

marialuise.haslinger@uibk.ac.at
Universität Innsbruck

Summary

The town of Landeck and its surrounding area is situated in the western part of the Tyrol. The settlements were on the old roman road, the „Via Claudia Augusta" which connected the south with the pre-alpine territories and promontories in the north. A great part of the names – place-names, field-names, names of mountains etc. – are dating from the roman time and have undergone some changes in the course of time. The names are examined according to the following scheme: exact localization, correct dialectal (local) pronunciation, historical documentation and etymology.

114 So etwa mit dem Pejorativsuffix *-ACEA z. B. in *Quadratsch* (Gemeinde Pians; 1288: *Quadraetsch*, 1299: *Quadrätsch* usw.), in *Gatratsch* (Gemeinde Serfaus; 1775: *Ein Stückl Bergwiesen in Gedrötsch*) bzw. *Gedratsch* (Gemeinde Fiss; 1775: *Getrötsch*), beide mit Entwicklung **#qu-* > **#k-* > *#g-*.

Languages and Cultures in Research and Education
pp. 111–120

Karolina KACZMAREK
(Poznań)

A jogi és a nyelvi normáról a magyar és a lengyel nyelvben

A szaknyelvekben, mint például a jogi szaknyelvben, a szóhasználat sokkal kötöttebb, mint a köznyelvben. Gyakran olyan szavak, amelyek a köznyelvben szinonimaként szerepelnek, a jogi nyelvben többnyire mást jelentenek. Egy törvényben a fogalom pontos jelentése, definiálása azért alapvető fontosságú, mert ez alapján rendeződik egy társadalmi viszony egésze, esetleg annak egy része, sőt szélsőséges esetben egy szakkifejezés jelentése akár az ember életéről is dönthet. E pontosság biztosítására többfajta eszköz használható. A törvényekben a legfontosabb kifejezéseket általában az ún. értelmező rendelkezésekben szokták definiálni. Ilyenkor az értelmezésről rendelkező szakasz első mondatában azt jelölik meg, hogy a kifejezés a törvény értelmében mit is jelent.

Ebben a dolgozatban a jogi nyelvben előforduló két alapvető fogalmat, a *jogi normát* és a *jogszabályt* vizsgáljuk. Annak ellenére, hogy mind a két fogalom alapvető jelentőségű, vitatkozni lehet arról, hogy pontosan mit jelentenek, illetve milyen a felépítésük. Az alapvető fogalmak definiálása elsősorban a jogászok feladata, de a felfogások közötti különbségek jobban láthatók, ha a jog és a nyelv szempontjából elemezzük őket.

1. A norma fogalma

A norma fogalma többféleképpen magyarázható, és nem csak a joggal kapcsolatban jelenik meg. Ha egy elv vagy tárgy értékesnek számít egy társadalomban, akkor olyan viselkedési minták keletkeznek, amelyek egy normarendszer részévé válnak (Stawecki / Winczorek 2002: 28). Szabó megfogalmazása szerint „a normák a helyes, a követendő magatartásformát írják elő, annak érdekében, hogy befolyásolják és irányítsák az emberi cselekedeteket, az emberek közötti viszonyokat" (2002: 11–12).

Ahhoz, hogy egy megállapított norma valóban működhessen, a társadalomban szükséges a szankcionálás, ami a norma be nem tartása esetében következik be. E szempontból azt mondhatjuk, hogy a társadalmi normák olyan magatartás-előírások, amelyek a lehetséges magatartások közül előírják a helyeset és követendőt, viszont az előírás be nem tartása esetére hátrányos következményt helyeznek kilátásba, és azt általában meg is valósítják (Szilágyi 1998: 204).

Történelmi folyamatok során a társadalmi normákkal egyre részletesebben írták le a különböző viselkedésmintákat. Külön tudományokon belül sajátos normák alakultak ki, mint például a nyelvtudományban a nyelvi norma, és a jogtudományban a jogi norma fogalma is.

A nyelvi norma „olyan szokásos nyelvhasználatot jelent, amely a normatív erő révén orientáló mintaként működve előírja, illetve szankcionálja a kívánatos, illetve nemkívánatos nyelvhasználatot" (Heltai 2004: 413, l. még Fóris 2005: 57). A norma fogalma tovább rétegződött, és a nyelvben kialakultak még részletesebb szabályok, így például a szaknyelvek normái. „A szaknyelvi normák szerepe hasonlóan fontos, mint a köznyelvi normáké, hiszen az adott szakmai közösség (múltbeli, jelenkori és jövőbeli) egymás közti megértésében, a gyors és eredményes szakmai kommunikáció lefolyásában kulcsszerepet játszanak" (Fóris 2005: 57).

Ahogy már előbb említettünk, a *norma* egy alapvető szakkifejezés, viszont jelentése a jog és a nyelv közötti viszony sajátossága miatt eltér attól, amit egyszerűen szaknyelvi normának hívnak. E viszony ismeretében tudunk a jogi norma logikai szerkezetéből levezetni bizonyos szaknyelvi, jogi nyelvre jellemző normákat, amelyek nemcsak a magyar, de más nyelvekre is vonatkoznak.

2. A jogi norma fogalma

Európában, a kontinentális jogi rendszeren belül eléggé egységes értelmezés alakult ki a jogi norma fogalmáról. A magyar jogtudomány definíciója szerint a jogi norma a jog legkisebb, még önmagában értelmes egysége, amelyik egy teljes, értelmezhető, követhető, alkalmazható magatartásszabályt alkot (Szilágyi 1998: 220, Peschka 1979: 93–99). Hasonló értelmezéssel találkozhatunk más európai jogrendszerekben. Például a fogalom lengyel definíciója lényegében nem különbözik a magyar megfogalmazástól. Zieliński szerint „a jogi norma a legkisebb jogi egység, amelyet az erre jogosult állami szervek vezetnek be vagy fogadnak el" (2002: 18). A jogi norma fogalma mégsem egyértelmű valamennyi jogrendszerben, mivel például az angol jogrendszeren belül bizonyos mértékben más a jelentése. A kontinentális (európai) rendszerben a normák a törvényekben szerepelnek, ahol egy törvénynek az a szerepe, hogy minél több helyzetben jelentsen jogi megoldást, azaz minél általánosabb legyen a jelentése. Különösen a törvénykönyveket kell úgy megfogalmazni, hogy az egész társadalmi szférát átfogják, és minden esetet ez alapján lehessen elbírálni. Minél alacsonyabb helyet foglal el a jogszabályi hierarchiában a szöveg, annál konkrétabb, így például egy rendelet konkrétabb, mint egy törvény, és így tovább. Ilyen típusú általános forma nehezen érthető egy angol jogász számára. Az angol rendszerben a norma egyedi jelentésű. Az angol *common law* rendszerben nem a törvény az alapvető a jogban, hanem a precedens. A bírósági ítélet joggá válik, és ez alapján más bíróságok is döntést hozhatnak. Törvények léteznek, de a jogot soha nem kodifikálták, így nem is léteznek a kontinentális törvénykönyvekkel összehasonlítható kódexek. Ezért e rendszerben a norma egyedi jellegű, és a kontinentális jogi norma értelmezésével ellentétben csak egy konkrét döntésről, esetről szól. Mivel a magyar jog a kontinentális rendszeren alapul, a jelen cikkben a jogi norma fogalmát a kontinentális gyakorlat szerint értelmezzük.

3. A jogi norma és a szöveg viszonya

A jogi norma fogalma elég bonyolult, ha nyelvi szempontból szeretnénk értelmezni. E helyütt fontos megemlíteni olyan terminusokat is, mint a *jogtétel* és a *jogszabály*. A legegyszerűbben azt mondhatjuk, hogy a *jogi norma* egy fogalom, amely a jog értelmét fejezi ki, a *jogtétel*, vagy a *jogszabály* pedig maga a nyelvi szöveg, amely kifejezi a tartalmát. Hasonlóan fogalmaz Szabó aki azt állítja, hogy „különbséget kell tennünk a *norma* és a *normaszöveg* között. [...] A norma tehát egy gondolati konstrukció, egy tudati képződmény, amely különböző normaszövegek segítségével fejezhető ki" (2002: 14).

A jogi normának mint fogalomnak van egy bizonyos szerkezete, viszont e szerkezet elemei nem mindig jelennek meg egyértelműen és világosan valamilyen állandó nyelvi formában és gyakran összeolvadnak.

4. A jogi normák logikai és nyelvi struktúrája

A jogi norma struktúrájának elemzésénél azt a tényt kell figyelembe venni, hogy a normák logikai és grammatikai szerkezete nem ugyanazt jelenti.

Szabó (2002: 14) a normák három szükségszerű *logikai elemét* említi:

i) „A *leíró elem* – egy magatartás, viszony, szituáció leírása; a valóságról szóló olyan állítás, amely lehet igaz vagy hamis.
ii) Az *előíró elem* a leírt szituáció normatív minősítését végzi el. Logikai értelemben a normának három minősítés lehetséges: tilos, kötelező, megengedett. Az előírás már semmit sem mond a valóságról; például, ha van olyan állítás, hogy a parkban tilos labdázni, attól még lehet, hogy valaki mégis ott labdázik – az előírás érvényességén ez nem változtat.
iii) A *címzett* az a személy, aki számára a norma érvényes előírást tartalmaz, akinek tehát kötelező, tilos, megengedett a leírt magatartást tanúsítani."

A nyelv valamilyen módon kifejezi a norma logikai szerkezetét. Szilágyi megközelítése szerint, „a jogi norma logikai struktúráját alkotó előírások jogtételekben vagy más szóval jogi mondatokban nyilvánulnak meg; a jogtételek pedig jogszabályokban jelennek meg" (1998: 262). A lengyel jogtudósok körében a jogi normát kifejező jogszabály felépítésével kapcsolatban kétfajta koncepció a leginkább elterjedt. Az egyik szerint a jogi norma három elengedhetetlen részből áll: hipotézisből, diszpozícióból és szankcióból. A másik szerint a jogi norma csak két részből áll: hipotézisből és diszpozícióból. A magyar jogtudományban hasonló a helyzet. Szilágyi (1998: 245–249) szerint a jogi norma szerkezeti elemei a hipotézis, a diszpozíció és a jogkövetkezmény, viszont a büntetőjog-tudományban általánosan elfogadott az a felfogás, hogy a büntetőjogi normának csak két szerkezeti eleme van: a hipotézis és a szankció.

Ezen a helyen érdemes még megemlíteni, hogy egy jogi norma általában több jogtételben fejeződik ki, és egy jogtétel több jogi norma részét képezheti. Többek között ezért tűnhet a jogtétel és a jogi norma kapcsolata nyelvileg bonyolultnak. Vannak viszont olyan nyelvi egységek, ahol elég egyértelműen megtalálhatók egy norma logikai és nyelvi elemei.

Nézzük meg részletesebben ezeknek az elemeknek nyelvi kifejezési formáit!

4.1. A hipotézis

A hipotézis általában a jogi norma egyik legterjedelmesebb része. Ez az elem a jogtételekben nincs mindig közvetlen módon kifejezve. Néha több jogi szöveg, több törvény tartalma szükséges ahhoz, hogy a hipotézis teljes tartalmát megtaláljuk, ezért jogászi képzettséggel nem rendelkező személy számára ez elég nehéz feladat. A hipotézis egy magatartás körülményeinek megfogalmazását, egy jogalany tevékenységének célját vagy módját tartalmazhatja (Stawecki / Winczorek 2002: 66). Már a hipotézis tartalmának a leírásából kikövetkeztethető, hogy nyelvileg az e normaelem kifejezésére szolgáló eszközöknek több fajtája lehetséges, és ezek között a leggyakoribbak a szokásos köznyelvi kifejezések és szerkezetek. Vannak viszont olyan nyelvi elemek, amelyek jobban jellemzőek egy jogi jellegű szövegre, továbbá egy bizonyos fajta jogszabályra, törvényre stb. Így például egy jogszabály gyakran feltételes mondat formájában kerül megfogalmazásra, és akkor a hipotézis a mondat első részében, az előtagban rejlik, és gyakran a *ha*, vagy az *amennyiben* szavakkal kezdődik. Ilyen típusú szerkezetek több nyelvben is megtalálhatóak:

Magyar:

(1a) *Ha* a büntetőeljárást felfüggesztik, ... (1978. évi IV. törvény a Büntető Törvénykönyvről, 35. § (2))

(1b) *Ha* bebizonyosodik, hogy a holtnak nyilvánított a határozatban alapul vett időpontnál korábban vagy később tűnt el, de a holtnak nyilvánítás feltételei egyébként fennállanak, ... (1959. évi IV. Törvény a Polgári Törvénykönyvről, 25. § (2))

(1c) *Amennyiben* a kezes a jogosultat kielégíti, ... (1959. évi IV. Törvény a Polgári Törvénykönyvről, 276. § (1))

(1d) Amennyiben a biztosító a kárt megtérítette, ... (1959. évi IV. Törvény a Polgári Törvénykönyvről, 558. § (1))

Angol (EU jogszövege):

(1e) *If* it is not possible to carry out complete re-estimation of the output of dwelling services annually, ... [*Amennyiben* nem lehetséges a lakásszolgáltatások termelési értékének teljes körű újrabecslését évente elvégezni, ...] (Commission Regulation (EC) No 1722/2005, Principle 7)

Lengyel:

(1f) *Jeżeli* czyn wyczerpuje znamiona określone w dwóch albo więcej przepisach ustawy karnej, ... [*Ha* a cselekmény kimeríti két vagy több, a Büntetőtörvénykönyvben leírt cselekmény fogalmát, ...] (Rozporządzenie Komisji (WE) nr 1722/2005, Zasada 7)

4.2. A diszpozíció

A diszpozíció azt fejezi ki, hogy a hipotézisben megfogalmazott feltétel bekövetkezése esetén a jogi norma címzettjének milyen magatartást kell, lehet vagy szabad tanúsítania (Szilágyi 1998: 245–249). A fent említett feltételes mondatban a diszpozíció a mondat utótagjában van. Általában az *akkor* kifejezéssel kezdődik, bár gyakran expliciten nincs benne. Eszerint a fenti mondatok második része a következőképpen alakul:

(2a) *akkor* a felfüggesztés tartama az elévülés határidejébe nem számít be.
(2b) ...(akkor) a bíróság a holtnak nyilvánító határozatot megfelelően módosítja.
(2c) ..., (akkor) a követelés az azt biztosító és a kezességvállalást megelőzően keletkezett jogokkal, valamint a végrehajtási joggal együtt reá száll.
(2d) őt illetik meg azok a jogok, amelyek a biztosítottat illették meg a kárért felelős személlyel szemben [...].
(2e) ...Member States may extrapolate a given base year figure using appropriate quantity, price and quality indicators.
(2f) ...(*to*) sąd skazuje za jedno przestępstwo na podstawie wszystkich zbiegających się przepisów [... (*akkor*) a bíróság az egyszerre megvalósuló jogszabályok alapján egy bűnügyben hoz ítéletet.)]

4.3. A jogkövetkezmény

A háromrészes norma hívei szerint a jogi norma harmadik része a jogkövetkezmény. E kifejezésen belül Szilágyi (1998: 245–249) megkülönbözteti:

a) a *szankciót* – a diszpozícióban előírt magatartás nem követése esetére a címzett számára hátrányos, negatív következmények kilátásba helyezését.
b) a *joghatást* – a diszpozíciónak megfelelő magatartás tanúsítása esetére a címzett számára kedvező, pozitív következmények kilátásba helyezését.

Ahogy már fent említettük, a lengyel jogtudósokra kétfajta koncepció jellemző, az egyik arról szól, hogy egy norma hipotézisből, diszpozícióból és szankcióból áll, a másik, hogy csak hipotézisből és diszpozícióból, a szankció pedig nem a jogi norma struktúrájának a harmadik eleme, hanem egy külön normának a része, amely egy norma megszegésének a következményeiről szól. Többfajta szankció lehetséges, a legjellemzőbbek a büntetőjogban szerepelnek. Ennek egyik „klasszikus" példája található az alábbi mondatban:

(3a) Aki házasságának fennállása alatt újabb házasságot köt, vagy aki házassági kötelékben levő személlyel köt házasságot, bűntettet követ el, és *három évig terjedő szabadságvesztéssel büntetendő*. (1978. évi IV. Törvény a Büntető Törvénykönyvről, 192. § (1))

Viszont a szankció, vagyis a jogkövetkezmény ugyanúgy szerepel a polgári jogban is, például:

(3b) Annak örökössé nevezése, aki az örökhagyó halálakor még meg sem fogant, érvénytelen. (1959. évi IV. Törvény a Polgári Törvénykönyvről, 646. §)

Ahogy már említettünk, a fentihez hasonló nyelvi elemzések általában nem elegendőek, mivel „a normaszöveg grammatikai szerkezete általában nem felel meg a normák logikai szerkezetének" (Szabó 2002: 16) és több tényezőt figyelembe kell venni, ha rekonstruálni szeretnénk a jogszabályban szereplő normát.

5. A jogi normák és a jogszabályok fajtái

A következő részben szeretnénk figyelmet fordítani más, normával kapcsolatos kérdésekre is, amely alapján le tudjuk vezetni a tipikus nyelvi szerkezeteket. Ebben segít a jogtudományi normák tipológiája.

A magyar tipológia szerint a jogi szabályozásnak két fő csoportját különböztetjük meg:

a) regulatív jogi normák – általában a hagyományos, hipotetikus szerkezet jellemzi őket. Tartalmi szempontból általában tiltó, negatív vagy megengedő szerkezet jellemző rájuk, parancsoló norma is megjelenhet, de ritkábban,
b) feladatkijelölő norma (feladatnorma) – mindenekelőtt az új társadalmi viszonyok létrehozásához kapcsolódó és a szervezeti magatartások szabályozása (Szilágyi 1998: 255).

Nyelvi szempontból érdemes különösen az első típusra figyelmet fordítani. A regulatív normák többféleképpen osztályozhatók, amiből két alcsoportot szeretnénk említeni. A magyar osztályozás szerint ezeket a normákat *kogensnek* és *diszpozitívnak* hívják.

A kogens jogi normák kötelező ereje nem függ a jogi norma alanyainak a megállapodásától, azok a norma előírásaitól közös megegyezéssel sem térhetnek el. Ide tartoznak például a büntetőjogi normák. Van, aki a kogens normát kategorikus normának nevezi, viszont ez szűkebb jelentés, mint a kogens – minden körülmények között betartandó magatartás (Szilágyi 1998: 256).

A diszpozitív (megengedő) jogi normák kötelező ereje a jogi norma alanyainak megegyezésétől is függ, annak rendelkezéseitől a felek kölcsönös megegyezéssel eltérhetnek, az eltérést a jog megengedi. Ilyen jellegű a polgári jog jelentős része (Szilágyi 1998: 257).

A lengyel jogtudományban hasonló az osztályozás. A normák fajtái közt megkülönböztethetünk ún. *feltétel nélkül érvényes* és *feltételesen érvényes* normát. Az előbbi olyan norma, amely szerint csak egyfajta lehetséges viselkedés létezik, és az ettől eltérő magatartás nem megengedett, a feltételesen érvényes norma viszont megengedi az eltérő viselkedést. A *feltételesen érvényes* normák hasonló nyelvi eszközöket használhatnak, mint a *feltétel nélkül érvényes* normák, viszont feltételes szerkezetek kapcsolódnak még hozzájuk.

Nézzük az alábbi példát:

(4) A nyílt eljárás ajánlati felhívással indul, amelyet az ajánlatkérő hirdetmény útján köteles közzétenni.

A fenti jogtétel egyszerű mondat, amelyből egy olyan *feltétel nélkül érvényes* norma következtethető ki, ami azt mondja ki, mi a kötelező az ajánlatkérő számára. Viszont a fenti norma akkor lenne *feltételesen érvényes*, ha hozzáadnánk még egy szerkezetet, amely általában *ha* vagy *amennyiben* szavakkal kezdődik, úgy mint a fent tárgyalt hipotézisben. Az ilyen típusú lengyel norma hasonló módon épül fel, és általában a *chyba, że* vagy *o ile* (mind a két esetben a legközelebbi magyar ekvivalens: *kivéve, ha*) kifejezéssel kezdődik. A magyar törvényekben használt kifejezések példáit az alábbi táblázat tartalmazza:

ha	a törvény / e törvény / bármely hatályos a törvény / e törvény melléklete / a jogszabály /	másképp nem rendelkezik
ha	a szerződés / nemzetközi szerződés / a felhasználás részletes feltételeiről szóló szerződés / jelen Általános Üzleti Feltételek	(arról) másképp / eltérően nem rendelkezik / rendelkeznek másként nem írja elő / sem rendelkeznek másképp
ha	a megrendelés	másként nem tartalmazhat
amennyiben / hacsak	a Szerződő Felek	másként nem állapodnak meg
kivéve, ha	e törvény	másként rendelkezik
kivéve, ha	a Felek	szerződésileg másban állapodnak meg
	törvény eltérő rendelkezése	hiányában

A normával kapcsolatos következő kérdés a norma címzettjének a helye és szerepe.

6. A címzett

A norma címzettjének a kérdésével szorosan összekapcsolódnak a norma olyan tulajdonságai, mint annak absztraktivitása (elvontsága) vagy generalitása (általánossága). A absztraktivitás azt jelenti, hogy egy norma olyan viselkedésre mutat, amely határozatlan számú esetben jelenhet meg. A generalitása azt jelenti, hogy a címzett nem egy egyedi, individuális lény, hanem egy szélesebb kategóriába tartozik. az e jelenségeket jelölő nyelvi eszközhöz egyaránt tartoznak olyan névmások, amelyek általában minden, az adott jogi rendszer alá tartozó emberre vonatkoznak, és olyan szavak vagy kifejezések, amelyek valamilyen konkrét, szűkebb, de mégis általános kategóriát jelölnek. Az első esetben gyakran szerepelnek olyan névmások, mint pl. *aki, mindenki, senki.*

(5a) *Aki* jogalap nélkül...
(5b) *Akiknek* olyan joga van, amely...
(5c) A Magyar Köztársaságban a bíróság előtt *mindenki* egyenlő...
(5d) *Mindenkinek* joga van ahhoz, hogy...
(5e) *Senki* sem tekinthető bűnösnek mindaddig, amíg...
(5f) *Senkinek* a tevékenysége sem irányulhat...

Hasonló eszközöket a lengyel szövegekben is használnak, például *Kto* zabija człowieka... [*Aki mást megöl...*] stb.

Egy szűkebb, de mégis általános kategóriához tartoznak például az alábbi dőlten szedett címzettek:

(6a) Az ingatlan tulajdonosa tűrni köteles...
(6b) A birtokos...
(6c) A három békéltető közül...
(6d) A feleket egyenlő elbánásban kell részesíteni...

Ritka esetben a törvény címzettje egy individuális, egyetlenegy alany. Ilyen eset szerepel például az alábbi jogtételben:

(7) Az *MFB Rt.* részvényeinek száz százaléka a Magyar Állam tulajdonában van.

E jogtétel egyik címzettje egy konkrét intézmény – *MFB Rt.*, ám a törvényekben általában nem szerepel individuális címzett.

A fentieket figyelembe véve arra szeretnék emlékeztetni, hogy a nyelv nem mindig fogalmazza meg egyértelműen, hogy ki a címzett. Ezt gyakran a logikai értelmezés során kell kikövetkeztetni. Ilyen esetről különösen akkor beszélhetünk, ha egy intézményről van szó. Ekkor a címzett felismeréséhez szükséges az adott intézmény működési rendszerének ismerete (Zieliński 2002: 37). Például ha azt olvassuk, hogy „a *Kormány* irányítja az államigazgatási szerveket", akkor igazából a norma a kormány tagjainak szól. Némely norma tartalmából az tűnik ki, hogy az adott időben és helyen csak egy, az adott jelenségekkel rendelkező címzett létezhet, pl. a mindenkori magyar köztársasági elnök. Ilyen esetben egy norma még mindig általános jellegű, mert a viselkedésminta nem egy konkrét személynek, hanem egy intézménynek szól (Stawecki / Winczorek 2002: 62).

Összefoglalás

A norma fent bemutatott fogalomértelmezésében mindenképpen a nyelvi szempontot tartottunk a legfontosabbnak. Fórizs azt állítja, hogy „különböző környezetekben is a terminus fő meghatározó jegye adja meg a terminus jelentését, és az egyes helyeken a környezetében lévő több terminussal való kapcsolatát a mellékjegyei határozzák meg" (2005: 39). Ez az állítás közel áll ahhoz a módszerhez, amelyet a jogi norma fogalmának tárgyalásánál választottunk.

A jogi ismeretek elemzése által megtudhattuk többek között azt, hogy egy jogtételt miért fogalmaznak meg gyakran feltételes mondat formájában. Azt állapítottuk meg, hogy a hipotézis a mondat első részében, az előtagban rejlik, és gyakran *ha* vagy *amennyiben* szavakkal kezdődik, a diszpozíció viszont a mondat utótagjában van, és általában az *akkor* kifejezést használja. Az is megállapítható, hogy miért pontosan az ilyen forma a kívánatos és szükséges az adott helyzetben, vagy milyen körülményre mutat egy hipotetikus szerkezet a jogtételben, továbbá milyen nyelvi eszközt használ egy jogi norma a címzettje jegyeinek bemutatására, és hogy mi a használt szavak jelentése. Az elemzett fogalom olyan jegyeit, illetve mellékjegyeit választottuk, amelyek a nyelvészek számára érdekesek lehetnek, és amelyek lehetővé teszik a jellemző nyelvi eszközök feltárását, bemutatását. A jogtudomány által használt fogalmakat Európa legtöbb országában ugyanúgy vagy hasonlóan értelmezik. Ennek az a következménye, hogy az adott norma jellemző jegyeinek a kifejezésére gyakran hasonló nyelvi eszközöket használnak. Mivel a vizsgálat eredményei nemcsak jogászok és nyelvészek számára értékesek, hanem az Európai Unióban egyre fontosabb és szükségesebb munkát végző jogi szakfordítók számára is, ezért a jogi nyelv sajátosságait és eszközeit érdemes minél tágabb szempontok alapján kutatni.

karkacz@amu.edu.pl
Instytut Językoznawstwa
Filologia Węgierska
Uniwersytet im. Adama Mickiewicza w Poznaniu

Bibliográfia

Fóris, Á., 2005, *Hat terminológia lecke*, Pécs.
Heltai, P., 2004, A fordító és a nyelvi normák I. - *Magyar Nyelvőr* 128/4: 407–434.
Peschka, V., 1979, *Jogszabályok elmélete*, Budapest.
Stawecki, T. / Winczorek, P., 2002, *Wstęp do prawoznawstwa*, Warszawa.
Szabó, M., 2002. *Jogi alapfogalmak*, Miskolc.
Szilágyi, P., 1998. *Jogi alaptan*, Budapest.
Szilágyi, P., 2006. *Jogi alaptan*, Budapest.
Zieliński, M., 2002. *Wykładnia prawa. Zasady. Reguły. Wskazówki*, Warszawa.

Languages and Cultures in Research and Education
pp. 121–132

Andreas L. Katonis
(Athens)

Three Honours Given to Hatzidakis by Pre-war Hungary

Georgios N. Hatzidakis (12.11.1848–26.6.1941) was the greatest linguist, and one of the greatest scholars of Modern Greece. Honoured by a large number of domestic and foreign institutions, he has been given distinctions also by three Hungarian establishments. In 1900 he was elected External Fellow of the Academy of Sciences and Honorary Member of the Budapest Philological Society. In 1935 he was awarded an Honorary Doctorate by Budapest University.

The unusual series of gestures Hatzidakis enjoyed calls for an investigation in order to understand the motives and the distinguished respect he and his country were confronted with in pre-war Hungary. It appears that it was the classicists who took an interest in his work rather than the linguists proper. Accordingly, the information for the following overview has been drawn mainly from philological sources, and from research in archives in Thessaloniki, Athens, Heraklion (Crete), and Budapest.[1]

As his work and life-span show Hatzidakis is to be considered a traditionalist whose contributions ran largely parallel to what is called in our days Classical Studies. With regard to linguistics, although the revolutionary turn from the historical or diachronic dimension to the synchronic one began with Saussure a few decades before Hatzidakis' death, the change we see today was not felt at that time in Greek Linguistics either in Greece or in Hungary. Certainly, the exceptionally rich body of Greek, and the respective cultural tradition did not predict a linguistic breakthrough, and, at least in the view of the present writer, do not require one even today.

[1] A book by the present author, with the same matter, was published in December 2009 in Budapest.

Hatzidakis' main concern was Greek in its vertical entirety even if he was also engaged in Latin, and to a minor extent in Sanskrit. In his country he was praised for what he had done for his native language (ancient, medieval and modern), and was also reprimanded for his clinging to Katharevousa, a learned variation of Greek suggested for scholarly, and, with some naivity, to a certain extent also for everyday use.[2] In the Western world, though not among the internationally leading linguists, Hatzidakis is acknowledged in first place in the field of Ancient Greek (and in this connexion also of Indo-European),[3] and secondly, that of Medieval and Modern Greek.[4] In Hungary, where Indo-European Studies existed in a restricted sense, Greek and Latin – with a main focus on the latter – had, on the contrary, already both developed and were largely cultivated. Hatzidakis' unfolding coincided with a great upswing in classical studies in Hungary for which a "fresh enthusiasm" was acknowledged by G. Bursian.[5] In this way, a theoretical context seems to be supplied, necessary if we want to understand why classicists and Hellenists were moved to honour a linguist. The country had already had a tradition, concerned both with classical texts, and with whatever from history to linguistics helped with the interpretation of a given text. Thus, Latin and Greek Studies were two established interactive realms referring to standards that could be drawn from the ancient Greek and Roman world, remaining united by Classical Philology; whereas Greek with its long history could be considered either partially as Classical or Byzantine Greek Studies, or united, with Modern Greek added, as Greek Studies.

In our attempt to explain the Hungarian interest, the careers of five important scholars, all of them classicists and Members of the Academy, ought to be analyzed first. Three among them were active in honouring Hatzidakis. John Télfy (1818–1898) realized that Latin and Greek Studies were closely related and should be studied together. He also understood that the same held true for the different periods of Greek

[2] This variation of Modern Greek, the "purified" language, based largely on Ancient Greek, was, apart from medieval origins, a suggestion made by the humanist scholar Adamantios Korais (1748–1833) whose contribution to classical philology and to linguistic questions was not unimportant.

[3] We quite often meet his name in the Schwyzer grammar (1953: e.g. 207.216.218[1].222.255.264), and, to be sure, Schwyzer contributed himself to the Hatzidakis-Festschrift (cf. ib. p. 254). It is perhaps not largely known that, with regard to some nationalist sensitivities, Hatzidakis always used the term "Iapetic" when dealing with Indo-European. This usage is based on the well-known passage in the Book of the Genesis (9.18). Posterity was not favourable to his gesture: the word used in his country today is the Greek equivalent of "Indo-European". Reservations are raised against the concept and less against the term.

[4] There exist two reprints of his famous *Einleitung* (1892), a German one (1977), and one by the Academy of Athens (1975).

[5] "seit der Mitte unseres Jahrhunderts eine frische Begeisterung für die classische Litteratur erwacht" (1883: 1243). In Bursian's survey, seven names are discussed, two of which (Télfy and Thewrewk) are important to understand the motives which led classicists to the person of Hatzidakis.

language and literature. This yielded with him a vigorous interest in classical studies, a passionate connection of Ancient and Modern Greek and an especially ardent love for anything that was Modern Greek. After an initial training in theology he transferred to the Bar earning his living for many years by this and by journalism. Then he became Associate Professor of Italian, and later Ordinary Professor of Classical Philology, and soon also an MA. The number of his publications may come close to seven hundred among which also his linguistic contributions are numerous but in this field, to cite E. Schwyzer, he was a *dilettierender Philhellene* (1953: 175). Yet, before Hatzidakis, he was called the "Nestor" of the philologists of his country.[6] He was elected an honorary member of several Greek associations and he also received the Gold Cross of the Redemptor's Order from the Greek King. Keen on uniting Ancient and Modern Greek Studies, he devoted his life to this and to another goal, that of building as many relations between Greeks and Hungarians as possible. His esteem is expressed e.g. in the dedication of his *Corpus Iuris Attici. Graece et Latine* published in 1868, as "ΤΩι ΠΑΝΕΛΛΗΝΙΩι – UNIVERSIS GRAECIS". This corpus of Attic Law, according to the Vári Encyclopaedia (1906: 446–447), was widely used for many years. He published an Encyclopaedia of Classical Philology in 1864, but there is a considerable Modern Greek material there which cannot be called classical. The policy obviously came up to his uniting endeavours as did his Greek Grammar, an unusual achievement, published as early as 1848, comprising both Ancient and Modern Greek. His fervor is apparent in the foreword, where he wrote *expressis verbis* that Greek is "a beautiful language". The book's linguistic tenor induced István Hegedűs, a fellow philologist, to learn Sanskrit! While working as a translator and writer, a significant part of his activities was devoted to academic teaching. The *heros ktistes* Thewrewk, and Pecz came out of his school.

Aemilius Thewrewk de Ponor (1838–1917), much criticized after his death, was looked upon differently during his life-time. His epoch was exceptional, accepting and perhaps also more tolerant towards vanity (one of the charges against him), a drawback from which young Hatzidakis was not free of either. Thewrewk's dynamic energy, range of interests and influence were remarkable. In addition to being a philologist, a linguist and a translator, he was also an eloquent speaker, a poet, writing even in Ancient Greek, not unusual in those days, a sensitive patriot, an important organizer of research and an academic who by the age of thirty-four had become MA, an admirer of the ancient world, yet a child of his time, and surprisingly, not only initiator of philology and of comparative linguistics in his country but also a champion of comparative musicology. He dared to challenge Franz Liszt, to whose circle he belonged, arguing that the Liszt thesis on the gipsy origin of Hungarian folk music was incorrect. Liszt accepted the refutation and declared himself convinced. Later he was a member of Kodály's examining committee when the composer defended his doctoral

[6] This was the honouring address by Paul Kretschmer for Hatzidakis at the First International Congress of Linguistics (1928) in the Hague. For Télfy, cf. Pecz 1902: 1.

dissertation. His biographer, Zs. Ritoók refers to him as "polyhistor" (1993: 158). His philological contribution was evaluated by Lindsay in the Festus-edition (Teubner), and we meet his name in the Graux-Festschrift to which the linguist Saussure and the historian Sp. Lambros also contributed.[7] As a linguist, he was engaged first of all in problems of his native language, but as a theoretician, in the wake of Schleicher and the Neogrammarians, he published some papers on "language as a natural science". His contribution is, in short, that he introduced classics and linguistics, he founded and led the Philological Society and its Organ, he encouraged the humanities and scholarship in general, he had an important academic organizational activity, he frequently helped young scholars (Vári, v. infra, was among them), and as to be expected, he produced a considerable number of papers and other writings. His death coincided with the ending of an exceptional period and a relatively happy awareness of life both in his country and in Europe.

Wilhelm Pecz (1854–1923), a committed follower of Hatzidakis, colleague of Thewrewk both at the Academy and in the Philological Society, Honorary Doctor of the University of Athens, was the "nimble servant of the Greek Muses" as Hatzidakis, using Homer's words, described him when he died. A Greek Philologist *par excellence* and yet more, a classicist, with a certain interest also in linguistic issues, influenced by the Neogrammarians, he too, established a School. It was he who proposed that Hatzidakis be elected External Fellow of the Academy. In 1883, he published a Greek Syntax which was based on the newest achievements in linguistics of his time. A Grammar of Modern Greek followed in 1894 which was considered a major contribution in his time. Critiques remarked he had proved that Greek was not a dead language. He published not only in his native language and in German which was then normal, but also in Greek, both in the *Organum Philologicum* and in Greek journals, like *Athena* edited by Hatzidakis. As a pupil and friend of the latter, he accepted the *Katharevousa* and always used this idiom when writing in Greek, and on solemn occasions, as was the Jubilee of the Philological Society in 1900, even in speeches among his colleagues as the Proceedings testify, published in the *Organum Philologicum*! In 1913, he published a book written in Modern Greek and issued by the Hungarian Academy on the Greek tropes, one of the main issues that occupied him throughout his life. Influenced by German language issues and having in mind Luther's *Kanzleisprache* used in the Bible translation, he saw it evident that the Greek linguistic development was to become similar to that of Modern High German. Over the last five decades or so, like Thewrewk, Pecz received much criticism in his country, and less recognition, but unlike the former, he was criticized during his life-time by his colleagues, for instance by Vári. The reason was his "maximalism", to which, after his death, a critique against his katharevousianism was attached. It must be added that he was always in favour of a moderate *Katharevousa*. His "maximalistic

[7] *Codex Festi breviati Trecensis*. In: Lavisse, E. (Préface), 1884, *Mélanges Graux*, E. Thorin, Paris: 659–669.

program" was the idea of a "united Latin-Greek Philology" for which, ideally, as carrier language, the Katharevousa was suggested. The idea of continuity required that Greek be understood as a whole, from Homer down to his time. But he went further than his teacher Télfy; he suggested the same for Latin, comprising even Latin usage in modern times. Italian was vaguely thought to belong to the complex. Vári repeatedly maintained that one person is incapable of mastering such an immense body of material. After a correspondence with the Byzantinist K. Krumbacher, an opponent of Hatzidakis in language questions, Pecz became a bit less ambitious and spoke only about united Greek-Latin philology. His contribution created the basis for Byzantine Studies, which became very important for his country. It is perhaps not an exaggeration if we draw the conclusion that – through the influence exerted on Pecz – the beginnings of Byzantine Studies as of an independent discipline in Hungary are due to Hatzidakis. Together with Thewrewk, he edited a series of Greek and Latin classics as part of an educational program. In our opinion, posterity owes him not criticism but gratitude for what he has done for Hungarian classical as well as Greek studies, and has to express gratitude, through his person, also to Hatzidakis. His school was continued by Vári and Moravcsik.

Rudolf Vári (1867–1940) was a scholar of a very considerable erudition. His modest nature makes it difficult to find details about his life, whereas his contributions to Classical and Byzantine Studies are self-evident. Despite his retiring nature, he was twice instrumental in proposing a distinction for Hatzidakis. He was active in the Philological Society, in academic teaching and in the Academy itself of which he became a corresponding member at the age of thirty-nine. With regard to Greek, his views were similar to those of Pecz, though he was more moderate. His Encyclopaedia of Classical Philology (1906) was still highly valued as late as 2000 by P. Hummel who also paid attention to the work of Thewrewk and Pecz. In 1915, Vári undertook a critical edition of a *Sylloge Tacticorum Graecorum*, which owing to several unfavourable factors, he never finished. After some volumes had been published and after critiques varying from very positive to negative, it was the French scholar A. Dain who took the upper hand. The failure caused Vári to temporarily return to Classical Philology, pleading not only in favour of the classics but also emphatically warning against restricting Greek studies because this would have a negative impact on national education. For several decades now, we can see how right he was. In 1926 he became an Ordinary MA. While not engaged in linguistics, his Latin and Greek were excellent. In 1900, on the occasion of the Jubilee of the Philological Society he offered the President as a surprise gift a poem written in eight distichs in Ancient Greek, praising him both as a philologist and as a translator and encouraging him not to abandon his translations of Homer. The poem is published in the 1900 volume of the *Organum Philologicum*. This silent man proposed two distinctions for Hatzidakis, one in 1900 (Philological Society), and one in 1935 (Budapest University).

Julius Moravcsik (1892–1972) was perhaps the last really universal Hellenist in his country. He was a member of several local and foreign institutions, elected, for example, as External Fellow of the Academy of Athens in 1966 together with G. Rohlfs and L. Robert. He continued in the Pecz and Vári tradition, but he was not involved with Latin. With regard to Greek, he expressed himself very vigorously in favour of *continuity*. Beginning with the year 1933, for more than three decades he kept suggesting the term "Hellenology" which would mean united Ancient, Medieval and Modern Greek studies. The idea is best expressed in a 1965 lecture given in Athens. However, like Hatzidakis' fate was with his proposal for "Iapetic", posterity did not accept his suggestion and the term remains "Greek Studies", "Gräzistik" or similar, whereas in Greece such united studies are called "Ellinognosia", or written more conservatively, "Hellenognosia". He was without any doubt the greatest Byzantinist of his country, and was also quite renowned internationally. His *Einführung* (1976) – first published in Hungarian in 1966 – is thought to be the best introductory work in the field of Byzantine studies, and his *Byzantinoturcica* was published in 1983 for the third time. In 1935 he initiated the successful series of the *Hungaro-Hellenic Studies* which, just like Thewrewk's *Organum* fell victim to the destructive trend in the second half of the 20th century. J. Sykoutris' (perhaps the greatest Greek classicist) *Philologie et vie* was published in this series in 1938. His 1955 treatise makes a sad reading, demonstrating to what extent politics could affect scholarly attitude. M. Fuhrmann's contributions (1995) give a clear picture of that epoch (e.g. pp. 160–166). Yet he survived as a scholar and this was not easy in those years. Beginning with his very first academic years he cultivated relations with Greek scholars. The greatest part of his correspondence has been deposited in the Academy of Sciences in Budapest. The letter in which Moravcsik informs Hatzidakis about the death of his teacher Pecz, is preserved in the Heraklion Archives.[8] In 1934 Moravcsik was the co-proposer sponsoring an Honorary Doctorate for Hatzidakis at the 1935 Jubilee Festivities of Budapest University. The letter sent by the University seems to have been lost. So a related personal letter by Moravcsik found in Athens, also published by this author, gains on importance. One of the last letters written by the Greek linguist (1938) is part of the Moravcsik literary remains. Beside several foreign relations, cultivated as far as such a thing was possible in the post-war years, Moravcsik had also Greek friends. One of them, N.B. Tomadakis invited him to Athens in the turbulent years of the 60s to read a paper. Tomadakis commemorated his colleague's death with these words: "A great and revered figure in Hellenic studies, Moravcsik has left the stage making no longer possible for others to continue in his wake. The winds of change bring with them irreplaceable loss as we enter the last third of the century."

[8] In the book by the present author mentioned above both this letter and Hatzidakis' answer found at the Academy in Budapest have been published.

The first distinction

The Statutes of the year 1900 of the Hungarian Academy (*Magyar Tudományos Akadémia* or *MTA*, *Academia Scientiarum Hungariae* in Latin), set the requirements for election as External Fellow those with a first language other than Hungarian, whose scientific achievements deserved attention either in scholarship in general, or through important results concerning any cultural aspect of Hungary, or concerning the Academy itself. Hatzidakis was elected External Fellow in the First Division (Arts and Language Sciences) and was appointed after his nomination on the 4th May, 1900. The Pecz proposal has been published by Szily (1900: 14). Pecz, who stood under the personal influence of Hatzidakis, having attended his courses in Athens, uses the best words and thought it sufficient to refer to the *Einleitung* to support his proposal. The nomination and the election occurred together with those of the Orientalist Barbier de Meynard (29 in favour, 8 against), the major Indo-Europeanist linguist Karl Brugmann (30 in favour, 5 against), and Karl Krumbacher, an outstanding Byzantinist (27 in favour, 7 against). Hatzidakis was elected with 30 in favour, 5 against. It is remarkable that the elections of Brugmann and Hatzidakis received the same share of votes. The Year Book of the Academy regularly records every change in the status of the members. Thus, according to the entry for the year 1941, Hatzidakis died on July 19th, 1941.

It is perhaps useful to remark that these distinctions applied to the scholarly achievements only. Neo-Hellenists would find curious that Hatzidakis (a Katharevousianist) and sharply opposed Krumbacher found their way together to the same academy division. It is true that Pecz favoured Katharevousa himself, yet he exchanged letters regularly also with Krumbacher and they mutually influenced each other. Outside Greece, the Katharevousa – Dhimotiki opposition has little importance, if not among those who are engaged mainly or only in Modern Greek. Whereas this controversy has gradually faded by our days, P. Mackridge, as late as 2004, undertook an unusual defence in favour of Hatzidakis. It must be emphasized that both Hatzidakis and Pecz, and further many other Hungarian Hellenists (this writer included) were and are in favour of Greek linguistic and cultural unity ("enotita" as it is called today) to which such a controversy is harmful. A somewhat strange plaidoyer – one would remark. Hatzidakis, an MA, the first Rector of Thessaloniki University in 1926, Dean and Rector of the University of Athens, repeatedly honoured by foreigners, with his immense work, done *also* in the field of Modern Greek (and, in parenthesis, being also a Cretan freedom fighter), does not need patronizing. Moreover, the writer, then, like Triantaphyllidis earlier, detects "contradictions" in his writings and thus the initial mentality follows a somewhat different course. It would be better to understand Hatzidakis released from the Katharevousa – Dhimotiki controversy.

The second distinction

The next important area which displayed its respect for Hatzidakis, and through him, his country, was that of the Budapest Philological Society (*Budapesti Philologiai Társaság*). Its co-founder in 1875, president, and perhaps most important figure, was Aemilius Thewrewk de Ponor. The society understood itself as a mediator between secondary and academic education, and the promotion of the "strict philological method" ("szigorú philologiai módszer") was considered as its main task. This objective, proposed by its president, followed the 19th c. German model and way of thinking which we know had a considerable impact on Eastern European scholarship. Thewrewk himself had studied in Berlin, the capital where historical and Indo-European linguistics were initiated, and where awareness of the mutual benefits to be derived from linking philology and linguistics was and remains intense. He then devoted himself to introducing classics and philology into his country where they had not existed in the proper sense before. His realism was remarkable: after failing to found a society of classical studies, he proposed that everything of lasting merit in philology and, to a lesser extent, in linguistics was to be deemed "classical". Thus, the activity of the society as well as its periodical, the extraordinary *Egyetemes Philologiai Közlöny* or *EPhK*, *Organum Philologicum* (*Hungaricum*), existing until the takeover in 1948, interested not only in Latin and Greek scholarship but also in Latin- and Greek-centred philological studies both in his country and at every great nation, had a considerable success during the last third of the 19th century, survived through the first half of the 20th, and it was only the low-level leftist turn in Eastern Europe after the war that made the existence of both the society and its organ of information impossible. According to the Statutes for the year 1900, foreigners could be elected as honorary members by the votes of two thirds in the General Assembly. For the nomination, an "outstanding activity in the field of the philological sciences" was required. When elected, the new member belonged to the Committee, had the right to elect and to be elected for any function, to propose further candidates, to read papers, and to receive the periodical of the Society. The President was fully aware of the exceptional achievements in the field of the past hundred years when he declared in an 1899 report that linguistics was "one the most marvellous intellectual achievements of the century". It was not difficult to persuade the members of the Society, which counted also linguists among its members, to vote for the Greek scholar. In the year 1900 the 25th Anniversary of the Society was celebrated and, in a sense, it was the last happy moment of the European *belle époque* before everything was changed by the outbreak of the First World War. At that time Hungary was an equal member of the Austro-Hungarian dual monarchy, and in spite of minor frictions between the two states, this was a golden age for both, and, whatever the discussions on the Dual Austro-Hungarian Monarchy conclude today, far superior to what followed. It pays to emphasize these details in order to understand both the optimism of the epoch and the pessimism of many decades to come. The spirit of the time was mirrored in the aristocratic attitude of Society President Thewrewk, a descendant of a Transylvanian minor gentry family, and enhanced the glamour of a jubilee election like that of Hatzidakis' and others in 1900. It was an equally happy fact that the foundation of the Society practically coincided with a turn which came in the so called *annus mirabilis*. The unusual year of 1876 brought the new and much more correct doctrine of the Neogrammarians in linguistics, so that members did not have to concern themselves unnecessarily with remnants of "old" views. Hatzidakis himself was a Neogrammarian as was his pupil and friend Pecz, as far as linguistic interests were concerned. No need to say that Thewrewk had long been involved in Greek philology and linguistics, even though Modern Greek fell outside his main interests. Yet, he was at pains to introduce Modern Greek studies in an official way and his efforts were crowned with success.[9] The story, not without Télfy's active participation, ended with the appointment of Rhousos Rhousopoulos, author of a good Modern Greek–German dictionary first published in 1900, as head of the newly established Chair of Modern Greek at the Budapest Commercial Academy. Both Télfy and Thewrewk had free access to the much-loved, philhellene, pro-Hungarian queen Elisabeth, wife of Franz Joseph II, who played a significant role in the background. As for Hatzidakis, he was elected an Honorary Member of the Society together with the Latinist J. Vahlen, a scholar of considerable weight.

Through research in the archives, I found that the nomination took place on 15th December, 1899. Here, Thewrewk nominated Vahlen, and Vári proposed Hatzidakis. The General Assembly on 13th January, 1900 approved of both nominations by acclamation. The procedure needed the authorization of the Ministry of Education which came before 10th October, 1900. Next, the Committee gave order to issue the two certificates and to mail them together with a letter to the new Members. Pecz would have written the letter to Hatzidakis in Greek, and G. Kassai to Vahlen in Latin.[10] At this point archival material, both in Budapest and in Athens or elsewhere in Greece, could not provide further details. The 1900 periodical of the society informs its readers that the number of foreign honorary members was five in that year. Hatzidakis' death was announced in the General Assembly of the Society and the written announcement appeared in 1942.

The third distinction

The third important distinction came from Budapest University (i.e. *Pázmány Péter Tudományegyetem* or *Universitas Scientiarum Budapestinensis de Petro Pázmány Nominata* in Latin) in 1935. This was part of the Tercentenary Anniversary Festivities. Fate was not always favourable to the archival researches. During the fights through-

---

9 One is impressed how aptly, Thewrewk (1884), who never claimed to be a Neo-Hellenist, reviewed and complemented Jannarakis' German–Modern Greek dictionary.

10 Vári remarked that Kassai was able to reproduce a Ciceronian style when writing in Latin (1906: 453).

out the Hungarian capital in 1956 a whole annex of the State Archives was destroyed. Some irretrievable documents concerning Hatzidakis may have been lost forever since the university material happened to be stored there. Data collected from other sources produced the picture that a letter of invitation dated February 1st, 1935, written in Latin, was sent "to all universities and academies" of the world announcing the celebration and requesting notification of acceptance. The "sollemnitates jubilares" were planned for October of that year. The letter in Latin, signed by University Director B. Kenyeres, has been published in the two Commemorative Volumes (Hungarian and French), both edited by J. Kornis, a high ranking Piarist priest, and Professor of Philosophy and Psychology at Budapest University. Its text can be accessed only through the evidence of the Kornis publications (cf. 1936: 139–140) since any archival research after the original remained unsuccessful.

There is no evidence either, indicating who composed the text. Some considerations make it probable that the author, as well as that of the Diploma which shows a similar language, was Kornis himself. There are allusions to the Hungarian past and to the cultural history which, however acute the questions were the moment they were put down, may have been unclear to some recipients. What is important however, is that all "citizens belonging to the same world of scientific and classical studies" were invited with equal respect and amiability, to attend the festivities in October of that year. To the letter, "most Universities and Academies" answered. There was a diplomatic memorandum sent by the Greek authorities and a congratulatory letter by Athens University. However, neither Hatzidakis, aged 87, nor any representative from a Greek university was able to attend the Budapest celebrations. With regard to the University of Athens, I have found the reason to be that representatives were supposed to travel and to attend on their own. There is some uncertainty about the exact number of the doctors *honoris causa*. The Commemorative Volumes mention eleven. The respective protocol has been lost but an Abstract exists which puts the number at thirty.

We add that among those honoured was the historian J. Dąbrowski, professor of the Jagellonian University, Cracow (cf. Kornis 1936: 23).

Indirect data show that University authorities must have sent some official notification to Hatzidakis. By courtesy of the late Maria Anagnostopoulou (Athens) who looked after Hatzidakis until his dying day, a personal letter from J. Moravcsik in Greek could be found which informed Hatzidakis with regard to both his election and to the official letter that was said to come from the university. The Moravcsik letter, dated from 17th May, 1935, is an important piece of evidence. There are indirect indications that Hatzidakis answered and supplied a reason for not being able to attend. Another letter sent by Moravcsik, now in a mutilated condition in the Heraklion Archives, requests a photograph from Hatzidakis for the "Album" to be published. It could not really have been sent at any time other than the end of 1935 as it contains wishes for the coming new year, and the Commemorative Volumes must have been meant. The rest of the University material rescued from the Budapest fire catastrophe and now stored separately contains a few documents concerning the 1935 doctoral election. I found a presentation setting forth why Hatzidakis should be elected as an honorary doctor, in two versions. The one was signed by R. Vári and J. Moravcsik on June 2nd, 1934. This was the last active year in Vári's professorship, and Moravcsik's rank was "Honorary Associate and Deputy Professor". The text is preserved in the Archives of ELTE University, Budapest (ELTE Levéltár) under Dosszié (Folder) 1484: "Díszdoktorok ügye" (Doctors Honoris Causa).

The text expresses a high appreciation not only for Hatzidakis but also for the excellent scholarship of his country. A second version with almost the same text is a Faculty Resolution dating from 26th December, 1934. There exists a letter from 19th June, 1935 sent to the Rector of the University with the information that Hatzidakis accepts the distinction but is unable to be present. The message, in the form of a letter or a telegram, must have been lost. An application written by Hatzidakis on 23rd June, 1935 to the President of Athens Academy, stored in the "Hatzidakis" Folder at the Academy in Athens, mentions health problems and contains a request for a longer sick-leave. Obviously, this is the reason why Hatzidakis could not be present and receive the diploma in person.

The courtesy of Maria Anagnostopoulou meant I was able to see the material which accompanied the diploma. The box, now in Heraklion, had among others the *Fasti Universitatis* containing the names of university people of excellence, such as of Télfy and others familiar with the Hatzidakis matter. The names of others honoured by the university earlier, like those of the linguist M. Müller, the philosopher H. Spencer, the psychologist-linguist W. Wundt, and so on, are also to be found.

The award ceremony at the university was carried out in Latin accompanied by a show of hands, adding the words "doctorem Te saluto" spoken by Dean J. Melich. Those unable to attend received the documents through the mail. The Diploma for Hatzidakis in Latin is now on exhibition in the central building of the Academy of Athens. It has been signed by the aforementioned Kornis (Rector) and by J. Melich (Dean), a linguist whose contribution was important in Slavic and medieval Hungarian studies. Issued in accordance with a 1935 decree of the Governor of the country, the diploma acknowledges outstanding merits (cf. "praestantissime comprobaverit"), uses words of great respect (like "respectu insignium Eius meritorum") and bears the great seal of the university (the "Sigillum Universitatis"). It is to be regretted that Hatzidakis was unable to attend the festivities, yet it is pleasing to know that his rich work could be crowned by a major gesture of an important Hungarian institution. Though his vigour was fading, six more productive years followed until his life ended in 1941.

akatonis@itl.auth.gr
University of Thessaloniki

References

Bursian, C., 1883, *Geschichte der classischen Philologie in Deutschland von den Anfängen bis zur Gegenwart* (= *Geschichte der Wissenschaften in Deutschland. Neuere Zeit* 19), R. Oldenbourg, München–Leipzig.

Fuhrmann, M., 1995, *Europas fremd gewordene Fundamente. Aktuelles zu Themen aus der Antike*, Artemis & Winkler, Zürich.

Hatzidakis, G.N., 1892, *Einleitung in die neugriechische Grammatik*, Breitkopf & Härtel, Leipzig [Reprint by the Academy of Athens, Athens: 1975; Nachdruck: Georg Olms Verlag, Hildesheim–New York: 1977].

Hummel, P., 2000, *Histoire de l'histoire de la philologie. Étude d'un genre épistémologique et bibliographique*, Librairie Droz, Genève.

Kornis, Gy., 1936, *Le tricentenaire de l'Université Royale Hongroise Pierre Pázmány de Budapest. En souvenir des fêtes jubilaires organisées pour commémorer le 300e anniversaire de sa fondation*, Rédigé par Jules Kornis, Recteur de l'Université, Imprimerie Royale Hongroise Universitaire, Budapest.

Mackridge, P., 2004, „Sie sprechen wie ein Buch": G.N. Hatzidakis (1848–1941) and the defence of Greek diglossia. – *Κάμπος: Cambridge Papers in Modern Greek* 12: 69–87.

Moravcsik, Gy., 1955, *Stand und Aufgaben der Klassischen Philologie in Ungarn* (= *Deutsche Akademie der Wissenschaften zu Berlin. Schriften der Sektion für Altertumswissenschaft* 4), Akademie-Verlag, Berlin.

Pecz, V., 1902, Télfy Iván. – *EPhK* (*Organum Philologicum Hungaricum*) 26: 264–267.

Ritoók, Zs., 1993, *Ponori Thewrewk Emil* (= *A múlt magyar tudósai* [= Hungarian Scholars of the Past]), Akadémiai Kiadó, Budapest.

Schwyzer, E., 1953, *Griechische Grammatik auf der Grundlage von Karl Brugmanns Griechischer Grammatik*, I, Beck (Fünfte, unveränderte Auflage, 1977), München.

Szily, K., 1900, *Magyar Tudományos Akadémia. Tagajánlások 1900-ban* [= Hungarian Academy of Sciences. Nominations in 1900], MTA, Budapest.

Télfy, I., 1868, *ΣΥΝΑΓΩΓΗ ΤΩΝ ΑΤΤΙΚΩΝ ΝΟΜΩΝ. CORPUS IURIS ATTICI. Graece et Latine*, E fontibus composuit, commentario indicibusque instruxit I.B. T. Advocatus, Sumptibus G. Laufferi, Pestini et Lipsiae.

Thewrewk de Ponor, E., 1884, Review of Antonios Jannarakis, Deutsch–Neugriechisches Wörterbuch [...], Jahn'sche Buchhandlung, Hannover 1883. – *Philologische Rundschau* 4: 25–28.

Vári, R., 1906, *A classica-philologia encyclopaediája* [= Encyclopaedia of Classical Philology], Athenaeum, Budapest.

Languages and Cultures in Research and Education
pp. 133–145

Keresztes László
(Debrecen)

The Standardization of Minor Fennic Languages (Karelian, Veps)

0. Karelians are a relatively large Fennic ethnic group. *Karelian* dialects, which are spoken in Russia – in the areas that lie beyond the eastern parts of the Finnish border – are divided into several subdialects, which have several parallel names in specialized literature, depending on the place and time of publication. Classification based on the four cardinal points differentiates between the *southern*, the *eastern* and the *northern* dialects. The northern dialect is also called *Viena Karelian* (*Vienanmeri* being the Finnish name for the White Sea). Eastern Karelian is also called *Lude;* this dialect was born out of the meeting of the Karelian and Veps dialects and is spoken by only very few. The other name of the most southern dialect is *Aunus* in Finnish and *Olonets Karelian* in Russian (after a city by the same name). This group call their own language *Livvi* (which, however, must not be mixed with the name of another small Fennic group, the *Livonian* (cf. Grünthal 1997: 75–76). *Tver Karelians* (former Kalinin region) moved from Karelia to the surroundings of the city of Tveŕ (Тверь) (the drainage area of the rivers Tikhvinka and Medveditsa) in the 17th century.

Veps are a small ethnic group in Russia, living near Lake Onega, to the south of Petrozavodsk on both sides of the River Sviŕ (*Syväri* in Finnish). Their southern groups, which live towards the White Lake (Белое озеро) use the old name (*bepsa-*, *vepsa-*), whose origin is unknown. There is a group called *veś* in the old Russian sources, which name refers most probably to the Veps. (Cf. Grünthal 1997: 97, 106–108, SSA III/426.) The middle (centre) groups called themselves *ťähińe, ťägälaińe* meaning 'local, coming from here'. The northern Veps near Lake Onega, on the other hand, use *ľüďińik, ľüďilaińe*, 'Lude' to refer to themselves. (There is also a Karelian subgroup by the same name.) This name has a Russian origin: *люди* 'people', which fits in the endonyms of most of the Finno-Ugric peoples. After the October revolution, however, all the ethnic groups were uniformly called *венс* (Grünthal 1997: 99; see also Ralf-Peter Ritter 1989 about the Veps language and its research).

1. Literary languages of the Fennic peoples

The Finns and the Estonians as peoples forming nation states can date back their literary languages to the first full Bible translations. For the Finns it is Mikael Agricola's 1548 New Testament translation and then Eerik Sorolainen's first full Bible translation that mark the beginnings of their modern national literary language (cf. e.g. Lehikoinen/ Kiuru 1993: 11, 18). Regarding the Estonian dialects the first full Bible translation was made in the northern dialect in 1739, which decided for this group (cf. Keresztes 1997: 212–213). Gospel translations in various Karelian dialects can be found as early as at the beginning of the 19th century as well as in recent years. The earliest attempt was the translation of *The Gospel according to Matthew* in Tver dialect (1820), which is in Cyrillic script. The more recent parts were already written in Roman script: *The Gospel according to Luke* is in Northern Karelian (1999), *The Acts of the Apostles* is in the Aunus/Olonets dialect (1999). Even the smallest Fennic group the Livonians take pride in having their own translations (cf. Suhonen 1995: 22). To sum up we can mention that among the minor Fennic languages/dialects it is only Veps that had no Bible translations earlier. Thus the first Veps gospel translation, *The Gospel according to Matthew* in 1998 was a pioneering enterprise.

2. The aim of the research

I would like to examine a few biblical expressions on the basis of Karelian and Veps translations and find out what principles guided the first and the more recent translators; to what extent could the new editions make use of the old translations and whether there is a significant difference between the translation devices of the languages/dialects studied. Presupposition: recent translators must have relied on the Estonian and Finnish patterns and most probably on some of the modern Russian editions. If we have a look at the dates of publication it appears that the recent Karelian and Veps translations were made parallel with each other in a co-operation co-ordinated by Institute for Bible Translation, Stockholm–Helsinki. (Regarding Karelian, Aunus/Olonets translations see: Peneva 2004: 101–112, Tver Karelian see: Gromova 2006: 29–39, Veps see: Keresztes 2008: 49–64.)

In my lecture I would like to present examples from the minor Fennic languages of the translation solutions of the following concepts. *Sin* occurs in the following relations in the Christian, or at least the Catholic, morality: *commit a sin – confess – repent – forgive.* Apart from the solutions to express the abstract notions of *repentance, pardon, conversion* I will also give some examples for the expression of the procedure of *christening* and *baptism*. The cognitive points of view, which served to reproduce the Biblical ideas in the attempts of native translators, can be validated in the phraseological examinations. On the basis of the parallel translation pieces and the more detailed comparisons with the other Fennic languages it is easier to find borrowings, calques, and ways of word formation. In order to help the interpretation of the possible patterns I also give the Russian, Hungarian and English translation of the pieces.

I give the data in the headword samples on the basis of the sources.

The structure of the headwords is the following: 'meaning' – Fennic example: Northern Karelian (1999) / Aunus or Olonets (1999), Tver (1820) / Veps (1998); Russian | Finnish | Estonian | Hungarian | English translation [literal interpretation] (source). → Ka. / Ol. / Tv. / Ve. | Rus. | Fin. | Est. | Hun. | Eng.

3. 'Sin, crime/ offence'

a) 'forgive'

– Ka. *prosti meilä miän riähät* | Rus. прости нам наши грехи | Fin. anna meille syntimme anteeksi | Est. ja anna meile andeks meie patud | Hun. bocsásd meg a bűneinket | Eng. forgive us our sins [lit. forgive us our sins] (Luke 11,4)
– Ka. *puitto ken voit piästyä riähät* | Rus. кто может прощать грехи | Fin. kuka muu kuin Jumala voi antaa syntejään anteeksi | Est. kes muu võib patte andeks anda kui üksnes Jumal | Hun. ki más bocsáthatja meg a bűnöket | Eng. who can forgive sins [lit. who can remit sins?] (Luke 5,21; 7,49)
– Ol. *ku teijän riähkät pühkittäzihes iäre* | Rus. чтобы загладились грехи ваши | Fin. jotta ne [synnit] pyyhittäisiin pois | Est. et teie patud kustutataks | Hun. hogy Isten eltörölje bűneiteket | Eng. that your sins may be wiped away [lit. that your sins may be wiped away] (Acts 3,19)
– Ol. *teile riähkät prostitah* | Rus. возвещается вам прощение грехов | Fin. teille julistetaan synnit anteeksi | Est. teile ... kuulutatakse pattude andeksandmist | Hun. a bűnök bocsánatát hirdetjük nektek | Eng. forgiveness of sins is announced to you [lit. your sins are remitted] (Acts 13,38)
– Tv. и ятя мѣйля міянъ веллатъ, куйнъ и мюö яттялѣммя міянъ велґаніекойла [i jäťä meiľä miän vellat, kuin i myö jäťťäľemmä miän velgańiekoila] | Rus. и прости нам долги наши, как и мы прощаем должникам нашим | Fin. ja anna meille velkamme anteeksi, niin kuin mekin annamme anteeksi niille, jotka ovat meille velassa | Est. ja anna meile andeks meie võlad, nagu meiegi andeks anname oma võlglastele | Hun. Bocsásd meg vétkeinket, miképpen mi is megbocsátunk az ellenünk vétkezőknek | Eng. and forgive us our debts, as we also have forgiven our debtors [lit. remit our debts, as we also have remitted our debtors' debts] (Matt. 6,12)
– Tv. женъ-тяхъ шанонъ тѣйля ю̂ґоріяхкя и короминѣ яттіячовъ инегмизилля: а кормиѣ Пюгя-генґенъ-піялля эй яттіяче инегмизилля [žen-ťäh šanon ťeiľä jogo riähkä i koromińe jäťťiäčou ińehmiziľľä: a kormińe Pühä-hengen piäľľä ei jäťťiäče ińehmiziľľä] | Rus. всякий грех и хула простятся человекам, а хула на Духа не простятся человекам | Fin. jokainen synti ja herjaus tullaan antamaan ihmisille anteeksi, mutta Hengen herjaamista ei anteeksi anneta | Est. iga patt ja jumalapilge antakse inimestele andeks, aga Püha Vaimu pilget ei anta inimestele andeks | Hun. minden bűn és káromlás bocsánatot nyer, de a Lélek ellen való káromlás nem nyer bocsánatot | Eng. Every sin and blasphemy will be forgiven him; but whoever speaks against the Holy Spirit, it will not be forgiven him [lit. so I say to you: people will

be forgiven every sin and blasphemy but blasphemy of the Holy Spirit will not be forgiven] (Matt. 12,31)

– Tv. куйнъ яттялѣття инегмизилля гіянъ віярюкшетъ, яттявъ и тѣйля тіянъ тайвагаллинѣ Туатто [kuin jäťťäľeťťä ińehmiziľľä hiän viäŕükšet, jäťťäü i ťeiľä ťiän taivahaľľińe Tuatto] | Rus. ибо, если вы будете прощать людям согрешения их, то простят и вам Отец ваш небесный | Fin. jos te annatte toisille ihmisille anteeksi heidän rikkomuksensa, antaa myös taivaallinen Isänne teille anteeksi | Est. sest kui te annate andeks inimestele nende eksimused, siis annab teie taevane Isa ka teile andeks | Hun. ha megbocsátjátok az embereknek, hogy vétettek, mennyei Atyátok nektek is megbocsát | Eng. for if you forgive men their offenses, your heavenly Father will forgive you also [lit. if you remit others' offences/sins your heavenly Father will remit yours too] (Matt. 6,14)

– Ve. *i pästa meiden velgad, kut mö-ki pästam meiden velgnikoiden velgat* | Rus. и прости нам долги наши, как и мы прощаем должникам нашим | Fin. ja anna meille velkamme anteeksi, niin kuin mekin annamme anteeksi niille, jotka ovat meille velassa | Est. ja anna meile andeks meie võlad, nagu meiegi andeks anname oma võlglastele | Hun. Bocsásd meg vétkeinket, miképpen mi is megbocsátunk az ellenünk vétkezőknek | Eng. and forgive us our debts, as we also have forgiven our debtors [lit. remit our debts, as we also have remitted our debtors' debt] (Matt. 6,12)

– Ve. *kaikutte grähk i pahad sanad pästtas mehile, no ken sanub pahoid sanoid Pühän Hengen polhe, sille sidä grähkäd ei pästkoi* | Rus. всякий грех и хула простятся человекам, а хула на Духа не простятся человекам | Fin. jokainen synti ja herjaus tullaan antamaan ihmisille anteeksi, mutta Hengen herjaamista ei anteeksi anneta | Est. iga patt ja jumalapilge antakse inimestele andeks, aga Püha Vaimu pilget ei anta inimestele andeks | Hun. minden bűn és káromlás bocsánatot nyer, de a Lélek ellen való káromlás nem nyer bocsánatot | Eng. Every sin and blasphemy will be forgiven him; but whoever speaks against the Holy Spirit, it will not be forgiven him [lit. people will be forgiven every sin and bad word but those who have bad words against the Holy Spirit, their sins will not be forgiven] (Matt. 12,31)

– Ve. *ku tö unohtat kaiken pahan, midä oliba tehnuded teile toižed, siloi teiden taivhaline Tat pästab teiden grähkäd* | Rus. ибо, если вы будете прощать людям согрешения их, то простят и вам Отец ваш небесный | Fin. jos te annatte toisille ihmisille anteeksi heidän rikkomuksensa, antaa myös taivaallinen Isänne teille anteeksi | Est. sest kui te annete andeks inimestele nende eksimused, siis annab teie taevane Isa ka teile andeks | Hun. ha megbocsátjátok az embereknek, hogy vétettek, mennyei Atyátok nektek is megbocsát | Eng. for if you forgive men their offenses, your heavenly Father will forgive you also [lit. if you forget all the bad that others have done against you, your heavenly Father will also remit your sins] (Matt. 6,14)

b) 'repent' (= 'be sorry, regret')

– Ka. *hyö jo ammuin ois jätetty riähät ta kiännytty Jumalan puoleh* | Rus. то давно бы они покаялись | Fin. olisivat jo aikoja sitten katuneet | Est. küll nad oleksid ammu kotiriides ja tuhas istudes parandanud meelt | Hun. tartottak volna bűnbánatot | Eng. they would have repented [lit. they would have abandoned sins and would have turned to God a long time ago] (Luke 10,13)
– Ol. *muutakkua mielet* | Rus. покайтесь | Fin. katukaa siis syntejänne | Est. sellepärast parandage meelt ja pöörduge | Hun. tartsatok bűnbánatot | Eng. repent [lit. change your thoughts, change your mind] (Acts 3,19)
– Tv. міе русситянъ тѣйдя вѣелля тіянъ когеннукшекши [mie rissiťän ťeiďä vejeľľä ťiän kohennukšekši] | Rus. я крещу вас в воде в покаяние | Fin. minä kastan teidät vedellä parannukseen | Est. mina ristin teid küll veega meeleparanduseks | Hun. én a bűnbánat jeléül csak vízzel keresztellek titeket | Eng. I baptize you in water unto repentance [lit. I baptize you in water unto for improvement/recovery] (Matt. 3,11)
– Ve. *minä valatan teid vedel, käraudamižen valatusel ...* | Rus. я крещу вас в воде в покаяние | Fin. minä kastan teidät vedellä parannukseen | Est. mina ristin teid küll veega meeleparanduseks | Hun. én a bűnbánat jeléül csak vízzel keresztellek titeket | Eng. I baptize you in water unto repentance [lit. I pour water on you with the pouring of repentance] (Matt. 3,11)

c) 'repent' (= 'return from sin')

– Ka. *jos että kiäntyne riähistänä Jumalah päin* | Rus. если не покаетесь | Fin. ellette käänny | Est. kui te ei paranda meelt | Hun. ha nem tartotok bűnbánatot | Eng. unless you repent [lit. if you do not turn away from your sins and turn to God instead] (Luke 13,3)
– Ol. *kiännükkiä (riähkispäi) Jumalan puoleh* | Rus. покайтесь | Fin. kääntykää | Est. parandage meelt ja pöörduge | Hun. térjetek meg | Eng. repent [lit. turn away from your sins, and turn to God] (Acts 3,19)
– Tv. когендуккуа [kohendukkua] | Rus. покайтесь | Fin. kääntykää | Est. parandage meelt | Hun. tartsatok bűnbánatot | Eng. repent [lit. improve/recover] (Matt. 4,17)
– Tv. и куйнъ кіяндіячетяхъ [kiańďiačeťäh] | Rus. и да не обратятся | Fin. jotta he eivät kääntyisi | Est. ega pöörduks | Hun. és meg ne térjenek | Eng. and they turn around [lit. and if they turned around] (Matt. 13,15)
– Ve. *käraukatoi grähkišpäi Jumalaha* – Ve. *käraukatoi Jumalaha* | Rus. покайтесь | Fin. kääntykää | Est. parandage meelt | Hun. tartsatok bűnbánatot | Eng. repent [lit. turn to God from sins] (Matt. 4,17)
– Ve. *i ei kärauzižihe Jumalaha* | Rus. и да не обратятся | Fin. jotta he eivät kääntyisi | Est. ega pöörduks | Hun. és meg ne térjenek | Eng. and they turn around [lit. they would not turn back to God] (Matt. 13,15)

To sum it up I give a short analysis of the above examples. (Cf. Keresztes 2005: 47–57.)
– Karelian: In the Northern Karelian examples presented above the word 'sin', which is of Russian origin, can be found in the following expressions: 'forgive', 'repent = regret', 'repent = return'. 'Forgive sin' is expressed partly with the verb borrowed from Russian and partly by the paraphrase 'remit sins'. 'Regret sin' is translated as 'abandon/leave sin'. 'Return from sin' in Karelian means 'turning/returning to God from sins'.
– Olonets: 'Forgive sin' is expressed partly with the verb borrowed from Russian and partly with the circumscription 'remit' as well as 'wash off' sin. 'Regret sin' is given back with the collocation 'change opinion/thought'. (It is similar to the expression used in Estonian, see: further down.) 'Return from sin' is 'turning/returning to God from sins' in Aunus/Olonets too. (Cf. Peneva 2004: 106–108.)
– Tver: The meaning of 'forgive' *jäťťiä* is 'abandon', whose object is 'debt' or 'offence, badness/wickedness, swearing'. 'Regret' and 'return' can be expressed with the same word *kohentuo* 'improve, recover, elevate (spiritually supposedly)', and *kiäńťüö* 'turn' for 'return' – most probably following the Russian pattern.
– Veps: It turns out from the Veps examples that 'to forgive sin' is expressed with 'to remit, forget' sin, offence, debt, etc. 'Regret' and 'return' are mainly expressed by the same word: 'turn around, return'. There are no separate words for regret and returning. The verb *kärauta* 'to turn something', whose reflexive form is *kärautaks*, belongs to the *kärdä* [kärďä] family, whose meaning is 'to twist/twine (yarn)'. Cf. Fin. *kiertää* 'roll, twist; turn; go round' (SSA I/354), all of which describe a back to forth or circular movement. This group of verbs seemed therefore suitable for the translators to express return from sin and turning to God. Although the words *grähk* 'sin', *abid* 'offence' can be found in the dictionaries (1972, 1995), the phrases examined are totally lacking. – Note that the Russian 'прости, прощать, forgive' is recorded only in the 1972 dictionary: *prosťťä* 'прощать': *prosťkät mindaiń, grähkišt!* 'простите меня, грешную!' We cannot find it in the gospel examined.
– Finnish: The original meaning of *antaa anteeksi* 'forgive' is 'give as a present' > 'cancel (debt), "annul/clear"' > 'forgive' (cf. French *pardon* ~ Latin *perdonare* 'give, give as a present'; Hakulinen 1969: 23–27). *Katua* 'regret' developed perhaps from the verb *kadota* 'fall behind, leave' by word splitting (SSA I/329), while 'return' in Finnish is turn around.
– Estonian: 'Forgive' is *andeks anda*, which was most probably borrowed from Finnish (SSA I/76). It is used generally, may it be the remitting of sin, offence or debt. 'Regret sin' is *meelt parandada*, whose literal meaning is 'improve one's spirit'. The same expression is used for returning from sin, on the same hand, another parallel expression *pöörduda* 'turn around' can also be found. The Estonian *kahetseda* 'regret' (~ Fin. *katua)*, which can be found in bilingual dictionaries was not present in the pieces examined. Neither does the meaning repentance occur in the dictionaries.
– Hungarian: Similarly to most Finno-Ugric languages, forgiving is the cancelling of sins; regretting sin means regarding sin as a problem, being sorry for having committed it; returning from sin is returning to God from sin.

– In the English translation regret and return are expressed with the same word, similarly to Russian.

Summary:

Hungarian	'bűnt megbocsát'	'bűnt megbán'	'bűnből megtér'
English	'to forgive'	'to repent'	'to repent'
Russian	'простить'	'(по)каяться'	'(по)каяться'
Karelian	< Ru. / remit	leave	turn
Olonets	< Ru. / cancel, wash off	change opinion	turn
Tver	abandon	improve, elevate (spiritually)	elevate, turn
Veps	remit, forget	turn	turn
Finnish	give as a present	leave	turn
Estonian	< Fin. give as a present	improve one's spirit	improve one's spirit, turn
Hungarian	cancel	regard as a problem	return

4. 'baptism'

'baptizes, be baptized'

– Ka. *mie kassan teitä vejellä ... hiän kastau teitä Pühällä Henkellä ta tulella* | Rus. я крещу вас водою ... он будет крестить вас Духом Святым и огнем | Fin. minä kastan teidät vedellä ... hän kastaa teidät Pyhällä Hengellä ja tulella | Est. mina ristin teid veega ... tema ristib teid Püha Vaimu ja tulega | Hun. én csak vízzel keresztellek benneteket... [ő] majd Szentlélekben és tűzben fog benneteket megkeresztelni | Eng. I baptize you in water ... he Himself will baptize you in the Holy Spirit and fire [lit. I immerse you in water ... he Himself will immerse you in the Holy Spirit and fire] (Luke 3,16)

– Ol. *anna ristie iččiedäs* | Rus. крестись | Fin. anna kastaa itsesi | Est. lase ennast ristida | Hun. vedd fel a keresztséget | Eng. be baptized [lit. let yourself be baptized] (Acts 22,16)

– Ol. *hyö ristittihes Ižändän Iisusan nimeh* | Rus. они крестились во имя Господа Иисуса | Fin. he ottivat kasteen Herran Jeesuksen nimeen | Est. lasksid nad endid ristida Issanda Jeesuse nimesse | Hun. megkeresztelkedtek Jézus nevére | Eng. they were baptized into the name of the Lord Jesus [lit. they have been baptized in the name of Jesus Christ] (Acts 19,5)

– Tv. міе рисситянъ тѣйдя вѣелля, ... же тіятъ рисситтявъ Пюгя-генґелля и тулелла [mie rissiťän ťeidä vejelľä, ... že ťiät rissiťťäü Pühä-hengelľä i tulella] | Rus. я крещу вас в воде, ... Он будет крестить вас Духом Святым и огнем | Fin. minä kastan teidät vedellä..., hän kastaa teidät Pyhällä Hengellä ja tulella | Est. mina ristin teid küll veega, ... tema ristib teid Püha Vaimu ja tulega | Hun. ... csak vízzel keresztellek titeket, ... ő Szentlélekkel és tűzzel fog megkeresztelni titeket | Eng. I baptized

you in water, ... he himself will baptize you in the Holy Spirit and fire [lit. I baptize you in water, ... he Himself will baptize you in the Holy Spirit and fire] (Matt. 3,11)
– Tv. рисситтiя̆сся гѣйдя Туатонъ, и Пойянъ и Пюгя-генґенъ нимехъ [riśśiťťiäśśä heiďä Tuaton, i Poijan i Pühä-heńgen ńimeh] | Rus. крестя их во имя Отца и Сына и Святого Духа | Fin. kastakaa heitä Isän ja Pojan ja Pyhän Hengen nimeen | Est. neid ristides Isa ja Poja ja Püha Vaimu nimesse | Hun. kereszteljétek meg őket az Atya és Fiú és Szentlélek nevében | Eng. ... baptizing them into the name of the Father and of the Son and of the Holy Spirit [lit. baptize them in the name of the Father and of the Son and of the Holy Spirit] (Matt. 28,19)
– Tv. и гянештя рисситтiя̆четтихъ Iôрданашша [i häńešťä riśśiťťiäčeťťih Jordanašša] | Rus. и крестились от него в Иордане | Fin. ja Johannes kastoi heidät Jordanissa | Est. ja ta ristis nad Jordani jões | Hun. és megkeresztelkedtek nála a Jordán folyóban | Eng. and they were baptized by him in the Jordan River [lit. and he was baptized by him in the Jordan] (Matt. 3,6)
– Tv. и рисситтiя̆чегюö Iйсусъ куйнъ новжи вѣештя [i riśśiťťiäčehüö Jisus kuin nouži veješťä] | Rus. и крестившись, Иисус тотчас вышел из воды | Fin. kun Jeesus oli kastettu, hän nousi heti vedestä | Est. kui nüüd Jeesus oli ristitud, tuli ta sedamaid veest välja | Hun. megkeresztelkedése után Jézus azonnal feljött a vízből | Eng. and having be baptized, Jesus went up immediately from the water [lit. after having been baptized, Jesus rose from the water] (Matt. 3,16)
– Ve. *i Joan valati heid Jordanas* | Rus. и крестились от него в Иордане | Fin. ja Johannes kastoi heidät Jordanissa | Est. ja ta ristis nad Jordani jões | Hun. és megkeresztelkedtek nála a Jordán folyóban | Eng. and they were baptized by him in the Jordan River [lit. and John spilt water over them in the Jordan] (Matt. 3,6)
– Ve. *minä valatan teid vedel, ... hän valatab teid Pühäl Hengel i lämoil* | Rus. я крещу вас в воде, ... Он будет крестить вас Духом Святым и огнем | Fin. minä kastan teidät vedellä..., hän kastaa teidät Pyhällä Hengellä ja tulella | Est. mina ristin teid küll veega, ... tema ristib teid Püha Vaimu ja tulega | Hun. ... csak vízzel keresztellek titeket, ... ő Szentlélekkel és tűzzel fog megkeresztelni titeket | Eng. I baptized you in water, ... he himself will baptize you in the Holy Spirit and fire [lit. I spill water over you, ... he Himself will throw the Holy Spirit and fire over you] (Matt. 3,11)
– Ve. *konz Iisus oli valatadud, hän libui pigai vedespäi* | Rus. и крестившись, Иисус тотчас вышел из воды | Fin. kun Jeesus oli kastettu, hän nousi heti vedestä | Est. kui nüüd Jeesus oli ristitud, tuli ta sedamaid veest välja | Hun. megkeresztelkedése után Jézus azonnal feljött a vízből | Eng. and having be baptized, Jesus went up immediately from the water [lit. after having been baptized, Jesus quickly emerged from the water] (Matt. 3,16)
– Ve. *valatagat heid Tatan i Poigan i Pühän Hengen nimes* | Rus. крестя их во имя Отца и Сына и Святого Духа | Fin. kastakaa heitä Isän ja Pojan ja Pyhän Hengen nimeen | Est. neid ristides Isa ja Poja ja Püha Vaimu nimesse | Hun. kereszteljétek meg őket az Atya és Fiú és Szentlélek nevében | Eng. ... baptizing them into the name of the Father and of the Son and of the Holy Spirit [lit. spill water over them in the name of the Father and of the Son and of the Holy Spirit] (Matt. 28,19)

'baptism'

– Ka. *ta ottua kassanta* | Rus. проповедуя крещение покаяния | Fin. ja ottamaan kasteen | Est. kuulutas meeleparandusristimist | Hun. bűnbánati keresztséget hirdetett | Eng. proclaiming a baptism of repentance [lit. Christianize] (Luke 3,3)
– Ol. *Iivanan ristindäl* | Rus. крещением показания | Fin. Johanneksen kasteella | Est. meelparandusristimisega | Hun. János keresztségével | Eng. with a baptism of repentance [lit. with the baptism of John] (Acts 19,4). The word *ristindä* does not exist in Karjalan kielen sanakirja (Dictionary of Karelian language), instead: *ristieset* [-sť-] probably < Fin. *ristiäiset.* **Ristintä* corresponding to Karelian is not recorded in Finnish.
[– Tv. мивла пидявъ шившта рисситтїячие [miula piďäü šiušta rissiťťiäčie] | Rus. мне надобно креститься он Тебя | Fin. minunhan pitäisi saada sinulta kaste | Est. minule on vaja, et sina mind ristiksid, ja sina tuled minu juure | Hun. nekem van szükségem a te keresztségedre | Eng. It is I who have need of being baptized by You [lit. I should be baptized by you] (Matt. 3,14)]
– Ve. *veď minei tarbiž sada sinuspäi valatamine* | Rus. мне надобно креститься он Тебя | Fin. minunhan pitäisi saada sinulta kaste | Est. minule on vaja, et sina mind ristiksid, ja sina tuled minu juure | Hun. nekem van szükségem a te keresztségedre | Eng. It is I who have need of being baptized by You [lit. since I should receive baptism from you] (Matt. 3,14)
– Ve. *minä valatan teid vedel, käraudamižen valatusel* ... | Rus. я крещу вас в воде в покаяние | Fin. minä kastan teidät vedellä parannukseen | Est. mina ristin teid küll veega meeleparanduseks | Hun. én a bűnbánat jeléül csak vízzel keresztellek titeket | Eng. I baptize you in water unto repentance [lit. I pour water on you with the pouring of repentance] (Matt. 3,11)

To sum it up I give a short analysis of the above examples. (Cf. Keresztes 2005: 47–57.)
– Karelian: To express the verb 'baptize' Northern Karelian uses the ancient element of the word set 'immerse in (water)' on the basis of the concrete act of the procedure. The same is true for Finnish. For the nominal expression of the procedure a derivative with derivational affix is used, which should be **kastanta.* However, what we find in Finnish is another nominal derivative of the same base, *kaste.* There is no borrowing from Russian in the Northern Karelian gospel translations either.
– Olonets: To express the verb 'baptize' a verb of Russian origin (which either came directly from Russian or was borrowed from Finnish) is used in this passage. The concept of 'baptism' is given back with a deverbal nominal affix. In the comprehensive Karelian dictionary there is one vocabulary entry, which is most probably borrowed from Finnish. However, the Finnish *ristiäiset* denotes the celebration rather than the procedure itself. (Cf. Peneva 2004: 107, 109.)
– Tver: *risiťie* 'baptize' was found as a verb only in the text examined. The modifier of 'John the Baptist' is the present participle form (nomen actoris) of the same verb: Рисситяя Ійвана [Rissiťťäjä Iivana]. I did not find its nominal derivation in

the text. It seems that the abstract nominal derivational affix is not as often used in Tver as in the other Karelian and Veps dialects. In the Karelian dictionary (KKS) for example, there is a word *risťiezet* 'baptism', this, however, denotes the celebration and not the act of baptising.
– Veps: The verb 'baptize' is expressed with the concrete expression 'pour water over somebody', however, the same expression is used for "baptism" in the Holy Spirit and fire, which indicates that the concrete meaning has become abstract. Nominal is the most general nomen actionis derivative: *valatamine*, and its synonym: *valatus* 'baptizing, baptism [lit. spilling over]'. The plural of the latter means the ceremony of baptizing, i.e. 'baptism' today. The attribute of 'John the Baptist' is the present participle form (nomen actoris) of the same verb: *Joan Valatai* 'John the Pourer'. Although the word *risttä* [ŕisťťa], which comes from Russian, and its derivatives can be found in the dictionaries (1972, 1995), the translators try to avoid them in the Veps gospel translations and use the old words instead.
– Finnish: The verb 'immerse, dip' and its derivative are used; there is also a derivative from the word cross, whose final origin is Russian, however the word 'baptism' denotes the ceremony of baptizing.
– Estonian: *ristida* 'baptize' is a Russian loanword, whose derivatives are *ristimine* 'baptizing', *ristsed* 'baptism'. The birth of the latter must have been influenced by the Finnish *ristiäiset* id. K*asta, kaste*, the equivalent of the Finnish *kastaa*, are only used in the concrete meaning of 'immerse, moisten'.
– Hungarian: The derivatives of *kereszt* (cross) are used following the Slavic pattern.
– Russian: 'Baptize' and 'baptism' are the derivatives of the word 'cross'. The background for this is most probably the practice by which the person to be baptized was touched with the cross/crucifix.
– English: The loan word, which comes from Greek (meaning 'immerse, dip) are used to express these concepts.

Summary:

Hungarian	'(meg)keresztel(kedik)'	'keresztség'
English	'baptize'	'baptism'
Russian	'крестить(ся)'	'крещение'
Karelian	immerse (him-/herself)	immersion
Olonets	< Ru. baptize	baptism
Tver	< Ru. baptize	–
Veps	pour over	pouring over
Finnish	immerse	immersion
Estonian	< Ru. baptize	baptism
Hungarian	< Sl. baptize	< Sl. baptism

5. Conclusions

The partly different ways of translating passages of the Bible show that the Northern Karelian and Aunus/Olonets languages/dialects are different. Also, we can conclude that these dialects were influenced by different language impact: Northern Karelian is closer to Finnish, while Aunus/Olonets shows a more intensive Russian influence. (Cf. Peneva 2004: 109.) The oldest printed Tver texts already indicate efforts to reform the language, however, the Russian impact is very much present here too (e.g. passive and reflexive forms). We would expect the same in Veps, too. Interestingly enough, presently translators make strong efforts to give preference to Veps words and expressions over the predictable elements of Russian origin.

For 'sin' both the Karelian dialects studied and also Veps use a word of Russian origin. In the earliest Tver texts besides the Russian loan word *(riähkä < грех)* we can find Tver innovations, too. The phraseology also contains the concrete pictural expressions of the process: sin like a negative thing is abandoned, or it is wiped off or washed off like dirt, or it is dismissed, released, forgotten, that is, people get rid of it. In small Fennic languages people turn back from sin, that is, they repent.

Translators use various forms to express the act of baptizing. Northern Karelian and Aunus/Olonets show significant differences in this respect, too: in the former – similarly to Finnish – the person to be baptized is 'made wet, dipped', in the latter and in Tver, too – similarly to Estonian and Russian – the person is 'christened', that is, they use the Russian loan word. We would expect the same in the case of Veps, too, since the words of Russian origin are present and listed in the dictionaries. However, translators innovate here, too, and they prefer the older 'pour' verb and its derivatives to the loan word. This kind of tendency can also be seen in other, more recent Finno-Ugric translations.

keresztes@mnytud.arts.klte.hu
Finnugor Tanszék
Debreceni Egyetem

Sources

a) Gospels

Evangelii Matvejan mödhe (vepsän kelel), Biblijan kändmižen institut, Издательство «Карелия» [Евангелие от Матфея на вепсском языке / Gospel of Matthew in the Veps language], Petrozavodsk–Stockholm–Helsinki 1998. = Matt.

Герранъ Міянъ Шюндю-руохтынанъ Святой Ёванꝗели Матвѣйста, Карьяланъ кіелѣлля [Herran miän Šündü-ruohtinan svjatoj jovangeľi Matveista karjalan kieľeľľä / The holy gospel of our Redeemer according to Matthew in the Tver Karelian language], Sankt-Peterburg 1820. = Matt.

Jevanheli Lukan kirjuttamana (varsinaiskarjalaksi), (Koittelupainos.) Piiplienkiännösinstituutti [Evankeliumi Luukkaan mukaan vienankarjalaksi / Евангелие от Луки на севернокарельском диалекте / The Gospel according to Luke in the Northern Karelian dialect], Helsinki–Stockholm 1999. = Luke.

Apostoloin ruavot, (Koitepainos.) Apostoloin ruavot livvikse, Biblien kiänändüinstituuttu [Apostolien teot livviksi / Деяния святых Апостолов на карельском (ливвиковском) языке / The Acts of the Apostles in the Karelian (Olonets) language], Helsinki–Stockholm–Petrozavodsk 1999. = Acts.

b) Full Bible or the New Testament

Biblia. Ószövetségi és újszövetségi szentírás, Szent István Társulat, Budapest 1979.

The Holy Bible, Authorized King James Version, Word Bible Publishers, Iowa Falls, Iowa 1987.

The New Testament, Recovery version, Text translated by: The Editorial Section Living Stream Ministry. Outline, footnotes, charts, and references written by Witness Lee. Living Stream Ministry, Anaheim, California 1991.

Piibel. Vana ja uus testament, Piibelseltsi väljaanne [The Bible in Estonian], s. l. 1968.

Pyhä Raamattu, 4th edition, Suomen Pipliaseura, Mikkeli 2001.

Újszövetségi Szentírás. (Görög eredetiből fordította P. Békés Gellért és P. Dalos Patrik), Budapest 1992.

Детская Библия [ред.: Арапович, Б., Маттелмяки, В.] Российское Библейское Общество, Москва 1997.

Новый завет, Printed by The Bible League. South Holland, in cooperation with Bethany Fellowship, Inc. Minneapolis [sine anno].

c) Works cited

Bartens, R., 1999, *Synti* suomalais-ugrilaisissa kielissä. – *Folia Uralica Debreceniensia* 6: 15–28.

Csepregi, M., 2005, Bibliafordító Intézet Helsinkiben. – *Finnugor Világ (A Reguly Társaság Értesítője)* 10/1. Budapest, 23–27.

Gromova, L. [Громова, Л.], 2006, Тверские печатные памятники карельской письменности 19. столетия. – *Folia Uralica Debreceniensia* 13: 29–39.

Grünthal, R., 1997, *Livvistä liiviin* (= *Castrenianumin toimitteita* 51), Suomalais-ugrilainen laitos, Helsinki.

Hakulinen, L., 1969, *Suomen sanaston käännöslainoista*, Suomalaisen Kirjallisuuden Seura, Helsinki.

Keresztes, L., 1997, Questions of Language Reform, Regulation and Planning in Estonia. – Røyneland, U. (ed.): *Language Contact and Language Conflict. Proceedings of The International Ivar Aasen Conference 14–16 November 1996, University of Oslo*, Volda College, Volda: 211–216.

Keresztes, L., 2004, Nyelvújítási törekvések és módszerek a Márk evangélium új vogul fordításában. – *Folia Uralica Debreceniensia* 11: 73–86.

Keresztes, L., 2005: Neological Aspirations in a Few Recent Finno-Ugric Bible Translations. – *Folia Uralica Debreceniensia* 12: 47–58.

Keresztes, L., 2008, A vepsze irodalmi nyelv az új evangéliumfordítás tükrében. – *Folia Uralica Debreceniensia* 15: 49–64.

Laanest, A. [Лаанест, А.], 1975, *Прибалтийско-финские языки. Основы финно-угорского языкознания. Прибалтийско-финские, саамские и мордовские языки.* Издательство «Наука», Москва.

Lehikoinen, L. / Kiuru, S., 1993, *Kirjasuomen kehitys*, Helsingin yliopiston Suomen kielen laitos, Helsinki.

Peneva, D., 2004, Nyelvújítási törekvések Karjalában a legújabb bibliafordításokban. – *Folia Uralica Debreceniensia* 11: 101–112.

Ritter, R.-P., 1977, Einige Beobachtungen zur Klassenbildung bei den vepsischen Substantiven russischer Herkunft. – *Finnisch-Ugrische Mitteilungen* 1: 161–169.

Ritter, R.-P., 1989, *Untersuchungen zum Partitiv im Vepsischen* (= *Veröffentlichungen der Societas Urali-Altaica* 26), Harrassowitz, Wiesbaden.

Suhonen, S., 1995, Züge der Literatursprachen der kleineren ostseefinnischen Völker. – Zaicz, G. (ed.): *Zur Frage der uralischen Schriftsprachen. Вопросы уральских литературных языков* (= *Linguistica, Series A, Studia et dissertationes* 17), Institutum linguisticum Academiae Scientiarum Hungaricae, Budapest: 17–23.

Sulkala, H., 2003, Itämerensuomalaiset vähemmistökielet kirjakieliksi. – *Folia Uralica Debreceniensia* 11: 101–112.

Zajceva, M.I. / Mullonen, M.I. [Зайцева, М.И., Муллонен, М.И.], 1972, *Словарь вепсского языка*, Издательство «Наука», Ленинград.

Zajceva, N.G. / Mullonen, M.I., 1995, *Vepsä-venälaine, venä-vepsläine vajehnik. Вепсско-русский, русско-вепсский учебный словарь*, Издательство «Карелия», Петрозаводск.

Languages and Cultures in Research and Education
pp. 147–154

Kiss Jenő
(Budapest)

Über die soziolinguistischen Forschungen in Ungarn[1]

Was den Vortrag angeht, leuchtet ein, dass nur ein kleiner Überblick gegeben werden kann – ohne Anspruch auf Vollständigkeit –, weil die zur Verfügung stehende Zeit kurz, das Thema demgegenüber weitverzweigt ist.

1. Ausgegangen sei aus folgenden Premissen: 1. Der Sprachgebrauch ist integrierter Teil der sozialen Handlung des Menschen. Demzufolge kann behauptet werden, das jeglicher Sprachgebrauch im sozialen Kontext intersubjektiver Kommunikation steht. 2. Eine sprachliche Varietät zeichnet sich dadurch aus, dass gewisse Realisierungsformen des Sprachsystems in vorhersehbarer Weise mit gewissen sozialen und funktionalen Merkmalen der Sprachgebrauchssituationen kookkurieren. 3. Die in Rede stehenden gewissen Realisierungsformen des Sprachsystems können wir nur auf der Ebene des tatsächlichen Sprechens/Schreibens in konkreten Situationen untersuchen und beschreiben. 4. Die Soziolinguistik ist bestrebt den Sprachgebrauch konsequent von der gesellschaftlichen Funktion der Sprache her, also im sozialen Handlungszusammenhang zu bestimmen bzw. zu untersuchen.

In Anbetracht der engen Verquickung von Sprache und Gesellschaft versteht es sich von selbst, dass die Thematik der soziolinguistischen Forschungen in den

---

[1] Es ist eine angenehme Pflicht für mich Gratulationen im Namen des Instituts für ungarische Sprachwissenschaft und Finnougristik an der Eötvös-Universität in Budapest, und im Namen der Gesellschaft für die ungarische Sprache, zu übermitteln. Die Glückwünsche gelten einerseits dem siebzigjährigen Professor Ralf-Peter Ritter, andererseits dem Ungarischen Philologischen Lehrstuhl der Jagiellonen-Universität anlässlich des zwanzigsten Jubiläums seines Bestehens. Ad multos annos, Herr Kollege Ritter, viel Erfolg für die Mitarbeiter des Lehrstuhls!

verschiedenen Ländern in erster Linie von den speziellen soziokulturellen und wirtschaftlich-politischen Gegebenheiten der in Frage stehenden Sprachgemeinschaften bestimmt wird. Natürlicherweise steht die Untersuchung der sozial bedingten Gliederung bzw. Variation des Sprachgebrauchs eo ipso und von Anfang an auch in der ungarischen Soziolinguistik auf dem Programm. Hervorzuheben ist allerdings die Tatsache, dass bestimmten Untersuchungsthemen (Sprachkontakte und Mehrsprachigkeit – die miteinander im engen Zusammenhang stehen) bei den ungarischen Forschern mehr Interesse geschenkt wird. Es handelt sich um die Erforschung des Sprachgebrauchs ungarischer Muttersprachler außerhalb Ungarns, mit besonderer Berücksichtigung der Zweisprachigkeit und der Sprachkontakte (zwischen dem Ungarischen und den mit ihm kontaktierenden Sprachen). Der Grund dafür ist, dass ungefähr ein Drittel der Ungarn nach dem Friedensdiktat von Trianon (1920) Mitglied anderer Staaten geworden ist bzw. auch heute noch mehr als ein Viertel ungarischer Muttersprachler außerhalb Ungarn lebt (in erster Linie im Karpatenbecken, also in den Nachfolgestaaten des historischen Ungarns, teils auch außerhalb des Karpatenbeckens, vor allem in Nord-Amerika). Im Karpatenbecken gehören die Ungarn heute als Mitglieder einer kulturellen Nation zu acht politischen Nationen, weil sie in acht Staaten leben (laut Statistiken 2001 bzw. Schätzungen): in Ungarn (10 Millionen), in Rumänien (circa 1,4 Millionen), in der Slowakei (circa 520 000), in Serbien (circa 290 000), in der Ukraine (circa 157 000), in Kroatien (16 595), in Österreich (6 641) und in Slowenien (5 212). Eine Verstreutheit dieses Ausmaßes ist für die Völker in Europa nicht charakteristisch, unabhängig davon, ob sie auf eine lange oder kürzere eigenstaatliche Vergangenheit zurückblicken können (das ungarische Königreich wurde 1000 n. Chr. gegründet).

2. In den 80-er Jahren des 20. Jahrhunderts war Europa politisch-ideologisch scharf geteilt. Demzufolge zeigten sich Unterschiede auch in der Thematik der Soziolinguistik: in den damaligen sozialistischen oder Ostblockländern waren die Probleme zwischen Ethnien bzw. Nationalitäten (mit besonderer Berücksichtigung der Minoritäten) unter den Teppich gefegt, aber auch die Kommunikation und bestimmte Aspekte der sozial bedingten Variation des Sprachgebrauchs waren für die Forschung mehr oder weniger nicht zugelassen. (Hartig 1981). So auch in Ungarn, wo die soziolinguistischen Forschungen im heutigen Sinne des Wortes Anfang der 70-er Jahre des 20. Jahrhunderts starteten, und zwar relativ früh – als Rezeption westlicher Forschungsansätze. Aber wie auch anderswo in Europa, so wurden auch in Ungarn Vorarbeiten zu späteren soziolinguistischen Untersuchungen vor allem in der Dialektologie geleistet. Die ersten modernen soziolinguistischen Analysen waren Untersuchungen zur Bernsteinschen Hypothese. Es wurde getestet, ob man mit der Dichotomie „elaborierter vs. restringierter Kode" auch in Ungarn operieren kann. Diese Untersuchungen mussten aber aus politisch-ideologischen Gründen eingestellt werden. Es stellte sich nämlich heraus, dass die sprachliche Leistung der Kinder der „herrschenden" Arbeiterklasse den amtlichen Erwartungen bzw.

Hoffnungen in den meisten Fällen nicht entsprach. (Bekannt ist, dass bestimmte wissenschaftliche Forschungen in den ehemaligen Ostblock-Ländern ideologischen Beschränkungen unterworfen waren. Was die Linguistik angeht, galten mehr oder weniger als Tabuthemen das Verhältnis zwischen den Nationalitäten sowie die sozial bedingten Unterschiede des Sprachgebrauchs.)

Was die Thematik der ungarländischen Soziolinguistik angeht, kann gesagt werden, dass nicht alle drei konzeptuellen „Wurzeln" eine Rolle gespielt haben, aus denen die Fragestellungen der modernen Soziolinguistik entstanden sind. Die sprachliche Relativität war nicht Gegenstand linguistischer Diskussionen. Umso mehr aber das Verhältnis von Hochsprache und Dialekt bzw. die Zweisprachigkeit. Dies ist durch die Tatsache zu erklären, dass der dialektale Sprachgebrauch und die Zweisprachigkeit eine wichtige Rolle auf dem ungarischen Sprachgebiet spielten – und spielen immer noch, besonders in den Nachbarländern von Ungarn. Was die methodologischen Paradigmen der Soziolinguistik angeht, sind die variationslinguistische Forschung, die Sprachwandelforschung bzw. die Soziodialektologie zu erwähnen.

3. Das Zentrum der soziolinguistischen Forschungen in Ungarn war von Anfang an und ist weiterhin das Sprachwissenschaftliche Institut der Akademie der Wissenschaften, wo eine Abteilung unter der Führung von Miklós Kontra, dem führenden Soziolinguisten in Ungarn, an verschiedenen soziolinguistischen Themen bzw. Projekten arbeitet. Kontra hat die Soziolinguistik Labovscher Prägung in den USA kennengelernt und nach seinem Rückkehr nach Ungarn entscheidend dazu beigetragen, dass die Methoden und Anschauungsweise der angloamerikanischen Soziolinguistik in Ungarn bekannt und verbreitet wurde.

Als größtes Unternehmen auf dem Gebiet der variationslinguistischer Forschung sind das Budapester Soziolinguistische Interview (abgekürzt nach der ungarischen Benennung: BUSZI = Budapesti Szociolingvisztikai Interjú) und die Ungarische Nationale Soziolinguistische Untersuchung (abgekürzt nach der ungarischen Benennung: MNSZV = Magyar Nemzeti Szociolingvisztikai Vizsgálat) zu nennen, geplant und durchgeführt im Sprachwissenschaftlichen Institut in Budapest. Auf Grund des großen Materials, das in Budapest bzw. in 100 Belegorten in Ungarn gesammelt wurde, wurden wichtige Publikationen auf Ungarisch und Englisch in Ungarn und im Ausland veröffentlicht (z. B.: Kontra 1992, Kontra / Pléh 1995, Kontra 2003).

Ein nicht nur vom Gesichtspunkt der Variationslinguistik aus gesehen, sondern auch von dem der Zweisprachigkeit, der Sprachkontakte und des Sprachwandels aus gesehen wichtiges großes Untersuchungsprojekt ist auch das unter der Regie von Miklós Kontra durchgeführtes Unternehmen „Die ungarische Sprache im Karpatenbecken Ende des 20. Jahrhunderts" (A magyar nyelv a Kárpát-medencében a XX. század végén). Die sprachsoziologischen bzw. soziolinguistischen Beschreibungen des ungarischen Sprachgebrauchs in Österreich, in der Slowakei, in der Ukraine und in Serbien sind bereits veröffentlicht worden (erwähnt werden soll die auch international anerkannte bahnbrechende Untersuchung von S. Gal aus dem Jahre 1979, siehe Bibliographie). Der soziolinguistischen Problematik des Ungarischen als Minderheitensprache wurde ein umfangreiches Buch in englischer Sprache gewidmet (Fenyvesi 2005). Verfasser der Beiträge sind Spezialisten der ungarischen Zweisprachigkeitsforschung. Die Zweisprachigkeit ungarischsprechender Personen bzw. Gruppen wurde und wird auch außerhalb des Karpatenbeckens, in erster Linie in Rumänien bei den Tschangos (in der Moldau) bzw. in den USA und Österreich untersucht. Es kann also mit Recht behauptet werden, dass die Zweisprachigkeit, die Sprachkontakte und die soziale Variation des ungarischen Sprachgebrauchs heutzutage im Mittelpunkt soziolinguistischen Interesses in Ungarn stehen.

Was die Untersuchung des Sprachgebrauchs der ungarländischen Minderheiten angeht, sind vier Sprachen bzw. Gemeinschaften zu erwähnen: die deutsche, die rumänische und slowakische Sprache sowie die der Roma, nämlich kontinuierliche soziolinguistische Forschungen werden nur unter den ungarländischen Deutschen, Rumänen, Slowaken und Roma geführt. Im Fokus des Interesses diesbezüglicher Untersuchungen stehen Fragen der Zweisprachigkeit, der sprachlichen Attitüden sowie der Zusammenhang zwischen Identität und Spracherhalt bzw. der Sprachverlust. Die meisten diesbezüglichen Untersuchungen wurden von ungarländischen Germanisten durchgeführt und publiziert. Bahnbrechend waren die Studien von Réger über den Sprachgebrauch sowie die sprachliche Sozialisation der Romakinder in Ungarn (z. B. 1990).

Die angewandte Soziolinguistik tritt immer stärker auch in Ungarn in Erscheinung. Wolfgang Kühlwein ist der Meinung: „Soziolinguistik ist nicht *per se* angewandt, aber angewandte Linguistik ist notwendigerweise stets auch soziolinguistisch" (in Hartig 1981: 21). Die Nützlichkeit der Soziolinguistik zeigt sich, wenn man an den Großbereich mit folgenden Teilbereichen denkt: Multilingualismus, Diglossie, Sprachkontakte, Sprachplanung, Sprachpolitik, Sprachnormung, Sprachen- und Menschenrechte, Sprachenerhalt, Sprachverlust und Sprachtod, Sprachbarrieren, Sprachen und Schule, Administration, Massenmedien, Kirche, sprachliche Stigmatisation und Diskrimination, Fachsprachen, Anrede- und Begrüßungsformen des Ungarischen, Muttersprachenunterricht in Minderheitengemeinden, Sprachkultur (Sprachpflege) im weiteren Sinne des Wortes. Diese Bereiche stellen aktuelle Problemfelder auch in der ungarländischen Soziolinguistik dar. Es handelt sich also um Erscheinungen bzw. gesellschaftliche Probleme, die mit Einbeziehung der Linguistik mit größerer Wahrscheinlichkeit gelöst werden können. Im neuesten Handbuch über die ungarische Sprache (s. Kiefer 2006) werden zum Beispiel folgende in Anbetracht der ungarischen Sprachgemeinschaft wichtige Themenkreise behandelt: Dialekte und regionaler Sprachgebrauch, Ungarische Sprachvarietäten außerhalb Ungarns, Über die Variabilität des ungarischen Sprachgebrauchs in Ungarn, Zweisprachigkeit und Mehrsprachigkeit, Fachsprachen, Sprachplanung,

Sprachpolitik, Sprachpflege, Fremdsprachenlernen und Fremdsprachenunterricht, Sprache und Recht, Sprachtechnologie.

Durch die Erweiterung der Europäischen Union befinden sich weitere Staaten bzw. Sprachen (auch Polen und Ungarn bzw. das Polnische und das Ungarische) in einer neuen Sprachsituation, in der die Anpassung – auch die sprachliche Anpassung – all die betroffenen Nationen vor neue Aufgaben stellt. Wobei der Einfluss des Englischen bzw. die Zukunftschancen der weniger gebrauchten Sprachen die meistdiskutierten Themen darstellen. In Fachkreisen werden immer wieder Gedanken darüber gemacht, ob die nationalen Fachsprachen ihre Wettbewerbsfähigkeit bewahren können, ob die Muttersprache im universitären Bereich als Unterrichtssprache erhalten bleiben soll oder nicht. Letztendlich geht es darum, ob es zweckmäßig ist, die Positionen der nationalen Sprachen auf der sog. inneren Sprachmarkt, d. h. innerhalb der eigenen Staatsgrenzen zu erhalten und eine Zweisprachigkeit anzustreben, in der die Muttersprache nicht zur Peripherie gedrängt wird. In dieser Hinsicht trägt die jeweilige Intelligenz bzw. Elite die größte Verantwortung für das Erhalten und Weiterentwicklung der nationalen Fachsprachen. Ohne Fachsprachen mit hohem Funktionspotential würden nämlich die Sprachen ihre Wettbewerbsfähigkeit verlieren bzw. nicht erringen können.

4. Zum Schluss einige zusammenfassende Gedanken: 1. Die Wichtigkeit der Soziolinguistik zeigt sich auch in Ungarn darin, dass die Nützlichkeit der Linguistik (und darunter soll soziale Nützlichkeit verstanden werden) immer klarer wird, auch außerhalb der Fachkreisen. 2. Die Wichtigkeit der Soziolinguistik zeigt sich auch darin, dass – vor allem – die Dialektologie und die Sprachgeschichtsforschung neue Impulse von ihr bekommen haben. Mit anderen Worten: die Soziolinguisierung der Sprachwissenschaft bedeutet – ohne übertreiben zu müssen – eine wichtige Phase auch in der Geschichte der Linguistik in Ungarn. 3. Es kann gesagt werden, dass die ungarische Soziolinguistik mit der Entwicklung der internationalen Forschungen im Grunde genommen Schritt hält. Es versteht sich von selbst: dies gilt für diejenigen Bereiche, die in Anbetracht der ungarischen Sprachgemeinschaft relevant sind. (Die Problematik der Pidgin- und Kreolsprachen ist z. B. nicht relevant, um ein Gegenbeispiel zu nennen.) 4. Es steht auch fest, dass viele Informationen über die ungarischen soziolinguistischen Forschungen zur Verfügung stehen. Was dabei hervorzuheben ist: nicht nur in ungarischer Sprache, sondern auch in anderen Sprachen, allen voran auf Englisch.

kullo@ludens.elte.hu
Magyar Nyelvtudományi és Finnugor Intézet
Eötvös Loránd Tudományegyetem

Ausgewählte und weiterführende Literatur

Ammon, U. / Dittmar, N. / Mattheier, K.J. / Trudgill, P. (Red.), 2004–2006, *Sociolinguistics. An International Handbook of the Science of Language and Society*, 2. Edition, Volume 1–3. / *Soziolinguistik Ein Internationales Handbuch*, 2. Auflage, 1–3. Teilband, W. de Gruyter, Berlin.

Bartha, Cs., 1999, *A kétnyelvűség alapkérdései. Beszélők és közösségek*, Nemzeti Tankönyvkiadó, Budapest.

Benő, A. / Szilágyi, N.S., 2006, *Nyelvi közösségek – nyelvi jogok*, Anyanyelvápolók Erdélyi Szövetsége, Kolozsvár.

Borbély, A., 2001, *Nyelvcsere. Szociolingvisztikai kutatások a magyarországi románok közösségében*, MTA Nyelvtudományi Intézet, Budapest.

Borbély, A. (Red.), 2000, *Nyelvek és kultúrák érintkezése a Kárpát-medencében*, Budapest.

Csernicskó, I., 1998, *A magyar nyelv Ukrajnában (Kárpátalján)*, Osiris Kiadó, MTA Kisebbségkutató Műhely, Budapest.

Csernicskó, I. / Kontra, M. (Red.), 2008, *Az Üveghegyen innen. Anyanyelvváltozatok identitás és magyar anyanyelvi nevelés*, PoliPrint Kft és II. Rákóczi Ferenc KMF, Ungvár–Beregszász.

Driussi, P., 2009, Sociolinguistica oggi in Ungheria. – Bombi, R. / Fusco, F. (Red.): *„Sand carried by a stream…" Scritti in onore di Vincenzo Orioles*, Forum, Udine: 73–80.

Fedinec, Cs. (Red.), 2008, *Értékek, dimenziók a magyarságkutatásban*, MTA, Magyar Tudományosság Külföldön Elnöki Bizottság, Budapest.

Fazekas, T., 1981, A magyar nyelvszociológia és nemzetközi háttere. – Hajdú, M. / Kiss, J. (Red.): *Tanulmányok a magyar nyelv múltjáról és jelenéről*, Budapest: 203–208.

Fenyvesi, A. (Red.), 2005, *Hungarian Language Contact Outside Hungary: Studies on Hungarian as a Minority Language*, John Benjamins Publishing Company, Amsterdam–Philadelphia.

Gadányi, K. / Pusztay, J. (Red.), 2002, *Közép-Európa: egység és sokszínűség*, Szombathely.

Gal, S., 1979, *Language Shift: Social Determinants of Linguistic Change in Bilingual Austria*, Academic Press, New York.

Gereben, F., 2005, *Olvasáskultúra és identitás. A Kárpát-medence magyarságának kulturális és nemzeti azonosságtudata*, Lucidus Kiadó, Budapest.

Gerner, Zs., 2003, *Sprache und Identität in Nadasch/Mecseknádasd* (= *Ungarndeutsches Archiv* 7), Budapest.

Göncz, L., 1999, *A magyar nyelv Jugoszláviában (Vajdaságban)*, Osiris Kiadó, MTA Kisebbségkutató Műhely, Forum Könyvkiadó, Budapest–Újvidék.

Göncz, L., 2004, *A vajdasági magyarság kétnyelvűsége. Nyelvpszichológiai vonatkozások*, Magyarságkutató Tudományos Társaság, MTA Kisebbségkutató Intézet, Szabadka–Budapest.

Gyivicsán, A., 1993, *Anyanyelv, kultúra, közösség*, Teleki László Alapítvány, Budapest.
Harlig, J. / Pléh Cs. (Red.), 1995, *When East Met West: Sociolinguistics in the Former Socialist Bloc*, Mouton de Gruyter, Berlin–New York.
Hartig, M. (Red.), 1981, *Angewandte Soziolinguistik*, Gunter Narr Verlag, Tübingen.
Kassai, I. (Red.), 1995, *Kétnyelvűség és magyar nyelvhasználat*, MTA Nyelvtudományi Intézet, Budapest.
Kiefer, F. et al. (Red.), 2006, *Magyar nyelv*, Akadémiai Kiadó, Budapest.
Kiss, J., 1990, Zur Geschichte der Soziolinguistik in Ungarn. – *Annales Universitatis Scientiarum Budapestinensis de Rolando Eötvös Nominatae. Sectio Linguistica* 21: 141–145.
Kiss, J., 1995, *Társadalom és nyelvhasználat*, Nemzeti Tankönyvkiadó, Budapest.
Kiss, J. (Red.), 2001, *Magyar dialektológia*, Osiris Kiadó, Budapest.
Kolláth, A., 2006, *Magyarul a Muravidéken*, Zora Kiadó, Maribor.
Kontra, M., 1990, *Fejezetek a South Bend-i magyar nyelvhasználatból*, MTA Nyelvtudományi Intézet, Budapest.
Kontra, M., 1999, *Közérdekű nyelvészet*, Osiris Kiadó, Budapest.
Kontra, M., 2003, Élőnyelvi kutatások határainkon belül és kívül – *Magyar Tudomány* 2003/4: 504–512.
Kontra, M. (Red.), 1991, *Tanulmányok a határainkon túli kétnyelvűségről*, Magyarságkutató Intézet, Budapest.
Kontra, M. (Red.), 1992, *Társadalmi és területi változatok a magyar nyelvben*, A Magyar Tudományos Akadémia Nyelvtudományi Intézete, Budapest.
Kontra, M. / Pléh, Cs. (Red.), 1995, *Hungarian Sociolinguistics* (= *International Journal of the Sociology of Language* 111), W. de Gruyter, Berlin–New York.
Kontra, M. / Saly, N. (Red.), 1998, *Nyelvmentés vagy nyelvárulás?*, Osiris Kiadó, Budapest.
Kontra, M. (Red.), 2003a, *Nyelv és társadalom a rendszerváltáskori Magyarországon*, Osiris Kiadó, Budapest.
Kozma, I. / Papp, R. (Red.), 2003, *Etnikai kölcsönhatások és konfliktusok a Kárpátmedencében*, Etnikai-nemzeti Kisebbségkutató Intézet, Budapest.
P. Lakatos, I. / T. Károlyi, M. (Red.), 2004. *Nyelvvesztés, nyelvjárásvesztés, nyelvcsere*, Tinta Könyvkiadó, Budapest.
Lanstyák, I. / Szabómihály, G., 1997, *Magyar nyelvhasználat – iskola – kétnyelvűség*, Kalligram Könyvkiadó, Pozsony.
Lanstyák, I., 1998, *A magyar nyelv Szlovákiában*, Osiris Kiadó, Kalligram Könyvkiadó, MTA Kisebbségkutató Műhely, Budapest–Pozsony.
Lanstyák, I., Szabómihály, G., 2002, *Magyar nyelvtervezés Szlovákiában. Tanulmányok és dokumentumok*, Kalligram Könyvkiadó, Pozsony.
Lanstyák, I., 2006, *Nyelvből nyelvbe*, Kalligram Könyvkiadó, Pozsony.
Molnár, Z.M., 1999, *Nyelvföldrajzi-szociolingvisztikai vizsgálatok a magyar nyelvterület nyugati régióiban*, Berzsenyi Dániel Tanárképző Főiskola Magyar Nyelvészeti Tanszéke, Szombathely.

Nádor, O. / Szarka, L. (Red.), 2003, *Nyelvi jogok, kisebbségek, nyelvpolitika Kelet-Közép-Európában*, Akadémiai Kiadó, Budapest.
Péntek, J., 2001, *A nyelv ritkuló légköre. Szociolingvisztikai dolgozatok*, Komp-Press. Korunk Baráti Társaság, Kolozsvár.
Réger, Z., 1990, *Utak a nyelvhez. Nyelvi szocializáció – nyelvi hátrány*, Akadémiai Kiadó, Budapest.
Sándor, A., 2000, *Anyanyelvhasználat és kétnyelvűség egy kisebbségi magyar beszélőközösségben, Kolonban*, Kalligram Könyvkiadó, Pozsony.
Sebestyén, Á., 1990, A szociolingvisztika elemei Csűry Bálint népnyelvkutató iskolájában. – *Magyar Nyelvjárások* 28/29: 47–65.
Szépe, Gy., 2001, *Nyelvpolitika: múlt és jövő*, Iskolakultúra, Pécs.
Uhrin, E., 2004, *A békéscsabai szlovák értelmiség anyanyelvhasználata*, Magyarországi Szlovákok Kutatóintézete, Békéscsaba.
Wardhaugh, R., 1995, *Szociolingvisztika*, Osiris, Budapest.
Zelliger, E., 2003, Sprache und Sprachgebrauch in der ungarischen Diaspora Oberösterreich. – *Dialectologia et Geolinguistica* 11: 73–87.

Summary

It follows from the relationship between language use and society that the agenda of sociolinguistic research in each country is determined by economic/ political and socio-cultural conditions of the given language community. In the case of Hungarian, the most important topics (that will be discussed in this study) are as follows: (1) bilingualism in native Hungarians and, especially in minority situations, linguistic contact (the relationship between Hungarian and other languages of the Carpathian Basin, as well as between Hungarian and English), (2) social variability within Hungarian (in terms of social strata, age, gender, education, occupation, and residence), (3) research in applied sociolinguistics (language policy, language planning, linguistic rights, schools and language use, professional registers and terminologies, language and culture, linguistic discrimination, consequences of EU membership). Further relevant information is provided in the references given.

Languages and Cultures in Research and Education
pp. 155–171

Piotr Kowalczyk
(Kraków)

Az útinapló – a szocialista realizmus jellegzetes műfaja a magyar költészetben (az 1948-as Kulturális Egyezmény keretében kiadott magyar és lengyel útinaplók)

2009-ben hivatalosan több mint fél százada véget ért mind a magyar, mind a lengyel irodalomban egy bizonyos korszak, amelynek a kutatók később a szocrealizmus vagy szocreál elnevezést adták. Zbigniew Jaroszyński lengyel irodalomtörténész szerint számos kollégája ezt a különleges és utánozhatatlan korszakot aberrációnak minősíti:

> *A lengyel szocreál, ha mai perspektívából nézzük, kulturális aberrációnak és programszerű képtelenségnek tűnik. Az idegen szervezetből áthozott rákos szerv átültetésére hasonlít, amelyben a szerv fejlődött bizonyos ideig, de lassan kiszáradt és leesett. Olyan sebhelyet hagyott maga után, amelyre már nem emlékeznek, de amely tapintáskor mégis csak fájdalmas. Az aberráció érzete fokozatosan növekszik, amikor visszanyúlunk a szocreál szövegekhez, amelyek a grafománia és a gyors akármilyenség elképzelhetetlen keverékét alkotják. E keverékben láthatjuk a ravasz opportunizmust és az infantilis jókedvet. Ennek köszönhetően az annak idején a legjobbnak tekintett művek ma iskolai szerzeményeknek, gyakran tapsért, és időnként anyagi ellenszolgáltatásért íródott műveknek tarthatóak.*
>
> *De lehet, hogy a mai perspektíva alkalmazása a dolog lényegét homályossá teszi. Írók százai kerültek a szocreál hatása alá. Nem erőszakkal lett bevezetve. A részvétel megtagadása nem vont maga után repressziót, legfeljebb – és ráadásul nem mindenkinél – kényszerhallgatással járt. Pár évre a kulturális élet mindennapjaivá vált, amelynek rituáléiban a szerzők vagy önként, vagy pedig felsőbb érdek miatt vettek részt, könnyen megtalálva önmagukat az akkori valóságban.* [...]
>
> *Nem kétséges azonban, hogy az új ideológiával fertőzöttek az új hitben támogatást, saját aspirációik megerősítését, valamint életszerű esélyt kapnak.* [...]

Czesław Miłosz szerint a józanul gondolkodó alkotók, ha nem is értettek egyet a doktrinális kötöttségekkel, felvállalták a nekik kiosztott szerepet, abban reménykedve, hogy így megmentenek valamilyen, más, magasabb rendű és igazibb értékeket. Ez a magyarázat teljes mértékben nem kielégítő. Csak magyarázza, miért nem volt ellenállás a szocrealizmus ellen, de nem magyarázza meg, miért gyakorolták a szocrealizmust olyan lelkesedéssel.[1]

Jaroszyński megállapítása minden bizonnyal nemcsak az akkori Lengyelországra, de minden más szocializmust építő országra is jellemző, természetesen beleértve Magyarországot is. Kronológiailag szocrealizmusról szintén Jaroszyński szerint 1948 második felétől beszélhetünk, amikor a lengyel és más, később népi demokráciának nevezett országokban felgyorsított változások következtek be. Az egész keleti blokk (Jugoszlávia kivitelével) politikai szinten jelentős mértékben uniformizálttá, és majdnem teljesen izolálttá vált a Nyugattól[2]. Mind a lengyel, mind a magyar írószövetség kongresszusain[3] hivatalosan proklamálták a szocialista realizmust, mint irodalmilag kizárólagosan érvényest. A lengyel írószövetség szczecini kongresszusa 1948 januárjában fogadta el, hogy a lengyel irodalomnak is szovjet minta alapján kell fejlődnie. Egy évvel azelőtt aláírták Budapesten a lengyel-magyar kulturális egyezményt, amely keretet adott a két ország közötti irodalmi kapcsolatok alakítására a legközelebbi pár évre vonatkozóan. Az egyezményt a magyar kormány nevében többek között Ortutay Gyula írta alá[4], a lengyel kormány nevében pedig Stanisław Skrzeszewski és Alfred Fiderkiewicz. Az egyezmény IX pontja szerint:

A magas Szerződő Felek kötelezik magukat, hogy

a) támogatják az értékes irodalmi és tudományos művek lefordítását magyar nyelvről lengyel nyelvre és lengyel nyelvről magyar nyelvre, valamint előmozdítják könyvek, folyóiratok, újságok, napilapok és egyéb kiadványok kiadását és cseréjét.

b) különösen elősegítik a két ország sajtóügynökségeinek és tudósítóinak működését.

Ez az elfogadott egyezmény rendszeres fordítói munkát tervez. Ehhez a feladathoz tehetséggel, de főleg megfelelő nyelvtudással rendelkező csapatot kellet kiképezni. Az elméleti kereteket Révai József vázolta fel A magyar irodalom feladatai c., később hírhedté vált felszólalásban, amely annak ellenére, hogy 1951. április 30-án a magyar írók első kongresszusán hivatalosan hangzott el, mintha korábban is érvényes lett volna. Révai világosan kimondta:

---

1 Jaroszyński, Z., 1999, *Nadwiślański socrealizm*, Warszawa: 5–6. Itt és a későbbiekben az én fordításom PK.

2 Jaroszyński, Z., 2007, *Literatura lat 1945–1975*, Warszawa: 42.

3 Azt, mennyire vonzó ez a téma a mai lengyel olvasó számára Włodzimierz Kalicki *Lekcja nowej mowy* c. szövege tanúsítja. Gazeta Wyborcza, Duży Format, 2010.01.21, 23. o.

4 2009-ben napvilágot látott Ortutay Gyula *Naplója*, amelyben a szerző nem tesz említést a fenti tényre.

Nem tanulunk a barátainktól eleget. Élénken figyeljük, mi megy végbe Romániában, Csehszlovákiában, Lengyelországban, teszem, a mezőgazdaság szocialista átalakulása terén, és amit átvehetünk barátaink tapasztalatából, azt igyekezünk megtanulni. Nem így áll azonban ez a dolog – hozzáteszem: sajnos az irodalom kérdéseiben. És ez a hiba, amelyet helyre kell hozni.[5]

Mivel már 1948 decemberében aláírták a Magyarország és Lengyelország közötti kulturális egyezményt, annak keretében rendszeresen mind a két fél küldött írókat, költőket, újságírókat és képzőművészeket azzal a céllal, hogy hazájuk értelmiségi körei információt szerezzenek a szocializmust építő baráti országról. Erre az időszakra jellemző az is, hogy a kelet-közép-európai országok zárt világba kerültek. Az elzártság egyrészt gátolta, ugyanakkor a hivatalos keretek elősegítették a két ország íróinak és műfordítóinak együttműködését. Az egyezmény alapján vegyes kulturális bizottságot hoztak létre, amely félévente váltva vagy Budapesten, vagy Varsóban ülésezett. Rendszeresen felülvizsgálták ennek a munkának az eredményeit és tisztában voltak vele, hogy ki kell képezni megfelelő színvonalon dolgozó műfordítókat, ha ezt a fontos feladatot mindkét szerződő fél teljesíteni szeretné. Ezek szerint az olyan műfordító a legjobb, aki maga is költő. Az első kiválasztottak közül Lengyelországba Sebők Éva került, Magyarországra pedig Tadeusz Różewicz és a képzőművész Aleksander Kobzdej. Megérkezésük után intenzív nyelvtanfolyamon vettek részt, mivel a hatalom elég gyorsan várta a befektetés megtérülését. A gyorsaság részben magyarázatot ad az első munkák színvonalára. Semmiképpen nem áll szándékomban lebecsülni a költők és műfordítók akkori erőfeszítéseit. Csak hangsúlyozni szeretném, hogy előfordult, nem arra hivatott emberek foglalkoztak fordítói munkával.

Teresa Wilkoń, Jan Błońskira hivatkozva állítja:

Nem említettem a fő hibát, amely a lengyel költészetet jellemezte az ötvenes években: azt, hogy újságcikket is lehetett rímekben, mintegy verses formában írni[6].

Folytatva, Wilkoń gondolatait, hangsúlyoznunk kell, hogy a legtöbb szocrealista alkotás az újságírásra jellemző retorikai-stilisztikai eszköztárat alkalmazta. Közvetlen mintául szolgált a LEMP hivatalos napilapja, a „Trybuna Ludu", valamint a különféle politikai röpiratok, amelyek forrásul szolgáltak a párt- és ifjúsági aktivistáknak. A szocreál művek – még a versek sem – természetesen nem mindig követték a rím és ritmus szigorú szabályait. Előfordult, hogy a költők szabad versformában alkottak, annak ellenére, hogy a korszak nem kedvelte a „polgári" irányzatokhoz kötődő verselési technikát. Többek közt Różewicz, valamint számos más nemzetiségű költő – Neruda, Aragon, Hikmet – alkalmazta a szabad verset.

Wilkoń munkája talán a legszélesebb és a legtartalmasabb képet adja a szocrealista lengyel költészetről. De csak a lengyelországi költészetre összpontosít, teljes mértékben figyelmen kívül hagyja a Lengyelországról verselő külföldi származású

[5] Révai, J., 1952, *Kulturális forradalmunk kérdései*, Budapest: 41–42.

[6] Lásd: Wilkoń, T., 1992, *Polska poezja socrealistyczna w latach 1949–1955*, Gliwice: 108.

költőket, illetve a lengyel költők külföldről szóló verseit. Viszont fontos és értékes észrevételei jelentősen segítenek abban, hogy az általa nem elemzett költészetet is megérthessük. Wilkońnak igazat adhatunk, amikor Wirpsza és Różewicz művei alapján azt állítja, hogy jellemző rájuk az újságírói vagy közgazdasági frazeológia és stílus alkalmazása, úgy mint a felsorolás, a főnevek és paralel mondatok halmozása, valamint az egymásnak ellentmondó hosszú és rövid mondatok párhuzamba állítása.

Az útinapló, mint szépirodalmi vagy határműfaj fontos szerepet kapott a kommunista párt által irányított irodalmi életben. Melania Kierczyńska, a lengyel szocialista realizmus akkori fő ideológusa egyértelműen megállapítja, hogy a realista prózai műfajok sokkal fontosabb helyet és szerepet kapnak a kultúra egészében, mint az ihlet által inspirált költészet. Az avantgárd irányzatok, izmusok pedig végképp nem juthattak szerephez a szocialista realista irodalom világában.[7] Az irodalom mindennapi gyakorlata azt mutatta. hogy az útinapló verses formában is művelhető.

Sebők Éva[8] lengyel szakot végzett a Varsói Egyetemen. Már ösztöndíjas évei alatt készített műfordításokat, illetve önálló verseket is írt.

---

[7] Kierczyńska, M., 1951, *Spór o realizm*, Kraków.

[8] **Sebők Éva** (Szeged, 1927. júl. 12.): író, költő, műfordító, Kultúrkapcsolatok Intézetének Díja 1951; Odznaka Tysiąclecia [Ezredév Érdemrend] 1966; A Lengyel Kultúráért Érdemérem 1970; ZAIKS-díj 1970, 1988; A Művészeti Alap Irodalmi Díja 1971; A Kulturális Minisztérium Nívódíja 1979-ben kétszer; A Munka Érdemrend ezüst fokozata 1987; Fundusz Literatury-díj 1987; A Lengyel Népköztársaság arany érdemkeresztje 1987; IRAT-nívódíj 1995; A Magyar Köztársasági Érdemrend kiskeresztje 1997. Művei: *Felköszöntő*, vers; 1951; *Volt egyszer egy kisfiú*, gyermekregény, 1962; *Mese az állatgyerekekről*, képes mesekönyv, 1963; *Hangmadár*, mesefüzér, 1968; *Mimóza*, gyermekregény, 1970; *Boholy*, meseregény, 1975; *Lengyel teakeverék*, úti esszé, 1978; *Koboldos*, vers, 1978, *Hiszőke*, gyermekvers, 1980; *Libikóka*, verses képeskönyv, 1982; *Denevérkönyv*, mese, 1982; *Tapóka*, gyermekregény, 1986; *Tip-top tárlat*, mese, 1988; *Jégkarc*, vers, 1989; *Belső sáv*, vers, 1994; *Koronatanú*, vers, 1997. Műfordítások: M. Brandys: *Az elbeszélés kezdete*, regény, 1952; K. Makuszyński: *Akik ellopták a Holdat*, ifjúsági regény, 1957; A. Mickiewicz: *Pan Tadeusz*, 1957; W. Wasilewska: *Kalandos út*, ifjúsági regény, 1959; M. Konopnicka: *Árva Mariska és a manók*, mese, Varsó, 1961; D. Rubinowicz naplója, 1961; A. Frank – D. Rubinowicz naplója [F. Solti Erzsébettel], 1962; I. Jurgielewiczowa: *A boldog pillangó*, mese, 1963; J. Larri: *Kukk és Kukki csodálatos utazása*, mese, 1963; S. Wygodzki: *Zenés üdvözlet*, elbeszélés [Bába Mihállyal, Gimes Romanával], 1963; B. Wiernik: *Elza kalandos élete*, regény, 1964; A. Fiedler: *Az őrjöngő Ucayali*, útleírás, 1965; Cz. Janczarski: *Fülesmackó új barátai*, mese, Varsó, 1965; J. S. Kopczewski – H. Samsonowicz: *Volt – vagy nem volt*? Vidám történelmi lexikon, 1965; J. Broszkiewicz: *Chopin élete*, regényes életrajz, 1966; A. Centkiewicz – Cz. Centkiewicz: *Nansen útja*, életrajzi regény, 1966; Cz. Janczarski: *Fülesmackó kalandjai és vándorlásai*, mese, Varsó – Bp., 1966; M. Krüger: *Nagyanyáink idején*, ifjúsági regény, 1966; W. Mach: *Agnieszka*, regény, 1966; A. Fiedler: *Új kaland: Guinea*, útleírás, 1967; A. Centkiewicz – Cz. Centkiewicz: *Amundsen útja*, életrajzi regény, ford., átd., 1968; Cz. Janczarski: *Fülesmackó az óvodában*, mese, Varsó, 1968; J. Korczak: *I. Matykó király*, gyermekregény, 1969; T. Boy-Żeleński: *Felség és feleség*, regény, 1969; A. Centkiewicz – Cz. Centkiewicz: *Tumbó kalandjai*, ifjúsági regény,

.Az „Irodalmi Újság" 1951. november 22-i számában, az 5. oldalon, Sebők Éva fordításában jelent meg Antoni Olcha *Együtt* c. elbeszélő költeménynek az alábbi címen közölt részlete.[9]

A város építői közt

...Hol csak romhalmaz,
Pusztaság sivárlott, ma ott nagy város emelkedik.
Jöttek a kendős külvárosi lányok,
Parasztok... Velük jöttél e te is?

Palotát, házat,
utcákat, tornyot
kell építeni, többet és mind szebbet!
A fényes utcák közt fű-szigetek.
A kőfaragó és szobrász
Emlékművet farag.
Dicsőség a munkásnak Bialistok,
Krakkó, Kielce alatt –
hol házak tömegévé nőtt, nőtt a vasakarat,
ez évben gyárak tíze kelt, új iskolák, utak.

1970; H. Lochocka: *Veréb Viki és barátai*, mesék, Varsó – Bp., 1970; J. Andrzejewski: *Az arany róka*, kisregény, 1971; K. Dziewanowski: *Özönvíz vár Núbiára*, útleírás, 1971; J. Kucmowa: *Gyű te Amália!*, meseregény, ford., átd., 1971; T. Konwicki: *Állatemberrém*, regény, 1972; A. Centkiewicz – Cz. Centkiewicz: *A könyörtelen Északi-sark*, életrajzi elb., 1973; Cz. Janczarski: *Fülesmackó meséi*, Varsó-Bp., 1973; J. Grabowski: *A fekete bárányka*, mese, Varsó – Bp., 1974; A. Krawczuk: *Heten Thébа ellen*, regény, 1974; I. Jurgielewiczowa: *Minden másképpen van, ifjúsági regény*, 1975; E. Wolak: *Varázslatos Szamoa*, útleírás, 1975; H. Bechlerowa: *Túl az aranykapun*, meseregény, Varsó – Bp., 1976; T. Konwicki: *Szerelmi krónika*, regény, 1977; A. Centkiewicz: *A Sarkcsillag nem vezérelte őket*, 1978; M. Kuncewiczowa: *Idegen nő*, regény, 1978; M. Lukešová: *Picilány és a pillangó*, mese, Prága-Bp. [1978]; M. Kownacka: *Vidám óvoda*, 1980; W. Terlecki: *Pihenj meg futás után*, regény, 1980; F. Hrubín: *Mese az eltévedt kiscsibéről*, Prága-Bp. [1981]; A. Centkiewicz: *Tumbó, az örök remény fia*, 1981; A. Krawczuk: *Néró*, életrajzi regény, Pozsony-Bp., 1981; S. Grabowski: *Filemon cica kalandjai*, 1982; M. Hanák: *Kisállatok esti meséje*, 1983; C. Janczarski: *Fülesmackó kalandjai és vándorlásai*, képes mese, 4. felújított kiad., 1984; L. Woźnicka: *Fantasztikus bűntények krónikája avagy Különös és hátborzongató históriák*, 1984; L. Wolanowski: *Posta Soha-soha földre. Ausztrália közelről*, átdolg. kiad., Pozsony-Bp., 1985; J. Kulmowa: *Ha a nap éjjel sütne*, gyv., 1986; M. Lukešová: *Állatvilág képekben*, Pozsony-Bp., 1985; S. Grabowski: *Filemon és Bonifác*, mese, 1986; J. Brzechwa: *Paca úr akadémiája*, mese, 1987. [MIL, KMIK, ÚMIL, KK96, MIB8, OSZKK, MNBCD]. Ezen lábjegyzet forrása: http://mek.oszk.hu/00000/00019/html/s/i011430.htm.

9 Az eredeti szövegekhez való korlátozott hozzáférés miatt célszerű, hogy számos költeményt itt teljes teredelemben közöljünk.

Ó, testvér, ki még húzódozol
valahol –
halld meg hangomat:
Jöjj velünk, a szépség
majd szárnyakat ad,
kapjon szárnyra a tégla,
a beton, a vas
s nőjjön falaknál gyorsabban
bennük is a szép!
Ki többet tud s szorgosabb,
Érzőbb és dolgosabb,
Az a mi szemünkben
A példakép.

Én, a népes falu fia
...Színház a téren –
Benne szivárvány
tarka ruhákból, mozgásból, fényből.
Egy lánnyal ülök
S hallgatok szépen –
az új színházban
Újban, enyémben
Mozi a téren – előtte ágyás –
A lánykám ajka rózsavirágzás.
A vallás épület napfényben úszik,
szikrázó tetőjén napsugár csúszik.
„Induljunk, kedves, a villamosunkkal.
S már előttünk itt áll a Múzeum-udvar
S én dúdolok, hisz a gazda itt én vagyok.
Itt én raktam síneket. A város ragyog és oly szivárványos,
Befonják az aranyos napsuúgár-pántok.
Itt a Múzeum. Nézd, kedvesem
Ezt a képet, a címe: „Kőművesek",
S itt egy másik, a címe: „A bánya", s amaz:
„Parasztgyerekek" és „Halniak", „Tavasz".
Lánykám szépe szeme nevess – neked
Itt és rakom le síneket."

Ó, éneklő város, te tarka, feszült –
Élő zajod a felhőkbe tépjen –
Utaid gyengéd, de kemény kezünkfuttatja messze a térben!...

Pár hónappal korábban, a Magyar Írók Szövetségének folyóirata, a *Csillag* 8. száma 1951 augusztusában közölte Sebők Éva önálló költeményét, amelynek címe a *Visztula partján.*

A Visztula lazán hullámzik,
Meg-megtörik a kis
Homokszigeteken...
Késő ősz van. Dús köd nyalja a fákat
S fürtjeimbe markol a szél
Hidegen.

Meredek-lapos testével az új híd
Hosszan, zömöken nyúlik el
A folyó fölött,
Átkönyököl a túlsó partra
S erős hátán a vörös trolibusz
Vígan dübörög.

Visszaidézni a múltat?
Még itt merednek koromtól átitatva
A puszta házfalak
Itt osontak elvtársak a túlsó partra át,
Itt, a náci halál rohadt-szagú
Szárnya alatt.

Egy kétemeletnyi, magányos házfal,
Mint iszonytató plakát fehér betűkkel
Süvölti: A németeket! –
S a folytatása rom… Ez megmaradt,
De mond buzgó, eleven szívemnek
Többet, mint eleget!

Dühtől könnyben úszó szemem
A céltalan, halott ablakon át befelé
Nem a szobába nézeget,
De meglátja a fal mögött a szürke,
Nehéz
Eget.

Visszaidézni a múltat?
Még merednek vér- és könnytől áztatottan
A puszta házfalak,
De palotákká virulnak a téglák

És házak sora áll új csatarendbe
Hat év alatt!

S ahogy Varsónak annyi negyedében
Már egészséges utcahosszak vidám
Sora nevet.
Úgy nőnek fel majd gyorsan iratomban is
A romok helyén, új szocialista
Épületek.

S mikor már csak az eleven emlékek
Táplálják majd a gyűlölet tüzét –
Azok, kik nem felednek,
A munkával és becsülettel együtt
A nemes gyűlöletet is szívébe oltják
A gyermekeknek!

Látjátok – szól a varsói anya
S hangja úgy kileng reszketeg, mint inga,
Ha távol földrengést jelez, –
Nem hagyjuk... ne hagyjátok soha
Újra feldúlni békés
Életetek!

Apátok ott a tornyon áll
S hegeszt, bár már leszállt
Az alkony,
Keze alatt kéken s vörösen
Szikrázik a láng
Csillag-fakasztón.

Hát van ember, ki felrobbantaná,
Hogy csillag és karcsú torony, mind
Zuhanjon a porba?
Ó jaj, van még ma is föld, ahol leomlanak.
Csattan a golyó, csap a bomba,
Városokat földre tiporva!

Van még hely, hol a lángszóró irgalmatlan
Kévéje, perzselve gyújtja a házat,
Pörköli a sikoltó testet!
Ahol gyilkolnak vicsorogva, s a burzsuj

Hízik az árva hullákon, hogy a föld is
Undorodva belereszket!

Elő veled, forradalom kohóján
Izzított, edzett
Vaskalapács!
Magasodj fel az égig s ott maradj függve,
Mint el nem sújtott,
Félelmes csapás!

A szabadság szökőkútja locsolja
Ezer sugárral a rügyező hajtást,
Növekedőt –
S állnak körötte, mint a kemény sziklák,
Ingathatatlan kapcsolódva: békét
Követelők!

Ezt a verset félig-meddig riportversnek nevezném. Az akkori nagyon fiatal költőnőnek sikerült megalkotnia a szocreálköltészet iskolapéldáját. Sebők számára a lengyelországi látogatás csak alkalmat szolgáltatott ahhoz, hogy az általa használt szimbólum-rendszerben világossá tegye a politikai rendszer iránti elkötelezettségét. Ha visszatérnénk 1951-be vagy 52-be, akkor ettől eltérő poétika alkalmazása elképzelhetetlen lenne. Főleg olyan személy esetében, aki a leendő műfordítói pálya reményében az említett kulturális egyezmény keretében az elsők között kezdte meg lengyelországi tanulmányait. Sebők Éva előszeretettel alkalmazta az új valóságban rögzült sztereotip elemeket. A híd a gyönyörű szocialista jövőt jelképezi. A német megszállók által tönkretett város az erős munkások, mint pozitív hősök segítségével csodás palota-együttessé, munkás-paradicsommá válik, amelyet az MDM (Marszałkowska Lakótelep) jelképez. A kommunista mennyország már alakulóban van, és létrejöttét csak a külső ellenség meg a reakció veszélyezteti. Kierczyńska már idézett munkájában a következő tanácsokat adja:

Az új tudat, az újjászülető valóság első formáinak az észrevétele és megfelelő értékelése a szocialista realista író fontos jellemzője. Az új és régi közötti küzdelem a szocialista és kommunista kor építésének leglényegesebb pillanata[10].

Sebők Éva, aki egyetemi hallgatóként minden bizonnyal ismerte Kierczyńska munkáit, tanácsait versében kiválóan megvalósította.

A Wilkoń által említett felsorolások, a főnevek és paralel mondatok halmozása, valamint az ellentétben lévő hosszú és rövid mondatok mind a fordításban, mint Sebők saját versében mintaszerűek.

[10] Kierczyńska, op.cit. 189.

Sebők Éva a *Visztula partján* című versének végén olyan jelenetet találunk, amelyet sokkal később, 1981-ben, Stanisław Bareja *Miś* (*Maci*) című kultikus filmkomédiája is kifigurázott. A filmben fiatal cserkész áll a Visztula prágai partján és belenéz a közeledő gyönyörű jövőbe, amely, ahogy gondolni lehet, természetesen a szocializmusba, illetve a kommunizmusba vezet. Mit is lát a cserkészruhás fiatalember? A forgatókönyv szerint a Łazienkowska sugárutat. A fiatal költőnő viszont vörös trolibuszt lát, amely szintén szimbólumként köti össze a jelent és a jövőt, mint a híd a folyó két partját. Egyúttal jelképezi a Szovjetunióhoz való kötődést, hiszen ez a jármű onnan kerül Lengyelországba. A trolibuszok 1973-tól Varsóban már nem közlekednek.

1953 után a magyar sajtó a korábbinál nagyobb számban közölt lengyel vonatkozású verseket. Sztálin halála után már érezhető volt az olvadás korszakának hatása, bár, mint tudjuk, ez nem volt mélyreható, aminek ékes bizonyítéka az 1956-os forradalom kirobbanása. Ettől függetlenül ez már kicsit más időszak, és mutatja a helyzet bizonyos változását. Ami nem változott – az írók többsége gyakran utazott vidékre. Az ottani gyárak, termelőszövetkezetek meglátogatása számos útinaplószerű költemény megírásában gyümölcsözött. A magyar irodalom ezen időszakának egyik legjellegzetesebb alkotása Kuczka Péter *Nyírségi napló* c. költeménye, amely először 1953-ban, az *Irodalmi Újság* hasábjain jelent meg, majd egy évvel később a szerző *Jó napot* című verseskötetében.

A lengyel irodalomban a *Nyírségi napló* megfelelőjének Adam Ważyk Nowa Hutáról szóló költeményét tarthatjuk, amelynek címe *Poemat dla doroslych* (*Felnőtteknek szóló költemény*).[11]

Az említett években a lengyel-magyar kulturális egyezmény változatlanul érvényben maradt, aminek köszönhetően lassan új nevek jelenhettek meg a párt által is akceptált irodalom palettáján.

Az *Irodalmi Újság* 1954. május 22-i számában, a 3. lapon találjuk Gömöri György *Balassi Krakkóban* című versét:

A lengyel cimborákkal
Egy dohszagú hodályban
– imbolygó gyertya mellett –
címeres cinkupákkal
meleg méhsert nyakaltál.
Minden szó áldomás volt,
S te öblös hangodon
halkan dalolni kezdtél
egy régi-régi nótát,
amit füvön tanultál
vitéz tusát pihenve
jótorkú egrieknél.

11 Bővebben róla Bikont, A., Szczęsna, J., 2006, *Lawina i kamienie. Pisarze wobec komunizmu*, Warszawa.

Aztán a Floriánskán
Baktattál őszi ködben
és hallottad, amott fenn
a szép Mária-templom
tornyán négyszer a ködben
hogy trombitál a strázsa;
köpenyed vállra vetve,
azt fürkészted a ködben,
hogy merre lehet Zólyom,
s vajon még visszavárja
a bujdosótág hazája?
Bolondság – mit! – haza?
bogas perek világa,
acsargó farkasok közt
a marásokat állva,
sebzetten, csalva, bántva
élni, ez a haza?
Hisz akkor szebb e város,
s a vidám cimborákkal
a Collegium Maius
helyett nőkkel, s ivással
múlatni bő időnket!

S mégis, ha olykor este
megcindul a citera,
s füskként lerakódik
a dal a mennyezetre
– A gyertya csonkig égett,
szomorkás, méla dallam
gyűrűzik félhomályban –
égő szemét lehunyja
a bús magyar, s nem érzett
vággyal eszmél fel arra,
minden, minden hiába –
idegenben nem élhet:

mert a kenyér zamata és a víz íze más,
mert másképp csókol a nő, mert másképp suttog a sás,
mert másképp járja a támcot az ifjú, s a büszke leány,
mert másképp csillan a kard a hetyke vitéz derekán,
mert otthon ilyenkor ősszel
muskotály illata száll levegőben...
mert otthon török ellen véres és vad tusa vár...

mert csak magyarul tudja elmondoni azt
igazán,
hogyan zokog a dallam a zengő citerán. (Krakkó, 1953. november)

A vers világosan elkülönülő két tematikus részből áll. Mindkettő jellemző ebben az időszakban. Az első a közös múlt történelmi és kulturális hagyománya felé fordul, amely Gömöri reneszánsz iránti érdeklődését is bizonyítja. A másik pedig, a Wilkoń által említett felsorolásoknak és ismétléseknek köszönhetően kiválóan illeszkedik a szocreál poétikájához. Gömöri eltér a doktrinálisan hirdetett internacionalizmus eszméjétől, hangsúlyozva a magyarság és a hazafiság semmivel nem pótolható élményét.

A Magyar Írók Szövetségének folyóiratában, a debreceni *Alföld* 1955/4. számában Pákozdi Ferenc két lengyel tematikájú verse olvasható. Az első a *Mickiewicz emlékműve előtt*, a második az *Újra Varsóban* címet viseli.

Mickiewicz emlékműve előtt

Varsót én szívdobogva nézem,
mert városod! Szép, hős, szabad!
Itt mégis mélyül szívverésem
s ajkamon ismerős szavad.

„Ja ilekroc marze" – idézem,
és látom álmodó magad.
Álmodsz ma is. Vágy visz merészen,
barátaid közé ragad.

Meglátsz-e engem? – félve kérdem –
és lehajolsz-e egykor értem?

Állok előtted csendesen.
Te adj erőt, vezesd kezem,
Áldj türelemmel, mesterem. (Varsó, 1955. május)

Újra Varsóban

A mozdonyt egyre buzdítottam:
siess, siess! Ne várj! Mit állsz?
Hadd járjak újra városomban,
Várnak barátok, annyi társ.

S ajtók előtt megálltam én,
szinte szívemmel is kopogva,
s meghitt szemekben gyúlt a fény,
hű ajkak nyíltak mosolyokra.

Mosolyban, fényben elmerültem,
így jó, így szép, így érdemes.
Karokból lánc ölel derülten,
ó, áldott, boldog élet ez.

S este vidám baráti kör,
öröm jár át, miként az áram,
s egy gondolat tör egyre föl:
most boldogabb akad-e nálam?

Sok álmot, tervet szőni még,
ülni együtt – van-e öröm szebb?
S nem is tudom, hogyan, miképp,
boromba hullt egy néma könnycsepp. (1955. május)

Köztudott, hogy 1955-ben, Mickiewicz halálának századik évfordulója alkalmából a költő háború alatt lerombolt varsói szobrát a régi helyén állították vissza, és országainkban számos ünnepséget rendeztek. Az ünnepségek kapcsán felelevenítették a nagy lengyel romantikus költő és Petőfi életműve között korábban erőltetve keresett művészi hasonlóságokat. Ami a nemzeti irodalom panteonjában elfoglalt helyüket, valamint az általuk képviselt korszakot illeti, mindenképpen találunk közös vonásokat. Azoknak köszönhetően a Petőfi – Mickiewicz párhuzam a mai napig él a magyarok emlékezetében. Mivel a korábbi tervektől eltérően nem sikerült kiadni a *Pan Tadeusz* magyar teljes fordítását, az évforduló kapcsán a *Krími szonettek* jelentek meg magyarul. Pákozdy szintén szonettel ünnepelte Mickiewicz halálának kerek évfordulóját. Az említett szerző másik verse a lengyel-magyar barátság hagyományaihoz kötődik. Ugyanakkor látszik, mennyire megváltozott a stílus és az ábrázolási mód. 1955 költői termése már egy másik korszakra emlékeztet. Ahogy említettük, 1955-ig az olvadás korszakából következő változások ténnyé váltak, amit a „Gazeta Wyborcza" című laphoz kötődő újságírók, Anna Bikont és Joanna Szczęsna legutóbbi, *Lawina i kamienie, Pisarze wobec komunizmu* (*Lavina és kövek. Lengyel írók és a kommunizmus*) *című* könyvükben külön kihangsúlyoztak.

Pákozdy Ferenc, aki egyébként Majakovszkijt tekintette mesterének, lengyel témájú verseiben már eltávolodott az orosz költő hatásától. Az említett költemények a különleges útinaplós művek sorát szaporítják. Dokumentumjellegük ellenére már szubjektív módon közvetítik a költő belső érzelmeit, gondolatvilágát. Korábban, a maximális objektivitásra való törekvés jegyében igen korlátozott mértékben nyilatkozhatott meg a szerzők – a lírai alany – belső világa.

Pákozdy említett művein kívül a magyar sajtóban a forradalom előtti időszakban még több lengyel témájú alkotás látott napvilágot. Az *Irodalmi Újság* 1955 augusztusi, 32. számában, a 3. oldalon András Sándor[12] *Varsóba futó sínek* c. versét olvashatjuk.

Rezgő, zengő vasútsínek,
Távolba futó idegszálak,
vigyétek el most vágyamat
részét minden emberi vágynak.

Hányan álltak előttetek...
Vállukat súlyos, néma puska,
és karjukat otthonmaradt
kedvesük nyúlánk karja húzta.

Szájukban cigarettacsikk...
Rég kialudt... Ki vette észre? –
Zsebükben hűs puskagolyók
várakoztak a kilövésre.

Vonat sípolt, s a honi táj
szétszakadozott a szemükben.
Távolról furcsa zaj riadt:
Fegyverek sírtak szégyenükben. –

Hányan álltak előttetek –
Reménytelen, eleven holtak...
Én, ha ölelem kedvesem,
örülni akarok a csóknak,

és hogyha házat építek,
örülni akarok aháznak,
s tudni akarom mindennap,
hogy lesz másnap, s jobb lesz a
másnap. –

12 **András Sándor** (Budapest, 1934): költő, irodalomtörténész, szerkesztő, esszéista, az Arkánum társszerkesztője. 1956-ban elhagyja az országot és az Egyesült Államokban telepszik le. Kötetei: *Rohanó oázis* (versek). London, 1970; *Mondolatok* (versek). London, 1981; *A teremtéselőtti ember* (versek). Orpheusz Kv. [Budapest], Cop. 1993; *Emberpassió: válogatott és új versek*, 1956–1998. Kortárs, Budapest, 1999.; *Szerelem: megközelítések* (versek). Ister Kiadó, Budapest, 2000.; *The Exile of Gods. Heinrich Heine költészete* (tanulmányok). Den Haag, 1968; *Zum Paradigmawechsel in der Literaturwissenschaft* (tanulmányok). München, 1989.; *Heidegger és a szent* (tanulmányok). Osiris – Századvég – Gondolat, Budapest, 1994; *Ikervilág* (esszék). Kijárat, Budapest, 1996.; *Játék vagy kaland* (tanulmányok). Jelenkor, Pécs, 1998. Forrás: www.lato.ro.

Otthon a fa elém siet,
ha hazatérek, friss almát hoz...
Nyárestén ő, s ne a halál
öleljen nyugtatón magához.

Rezgő, zengő vasútsínek
Távolba futó idegszálak,
vigyétek el most vágyamat
részét minden emberi vágynak

Hányan állnak előttetek –
mint én, hallom hangjukat zúgni...
Hányan állnak előttetek!
S olyan szép, olyan jó ezt tudni.

A továbbiakat az „Alföld" c. folyóirat közölte az 1956. július 21-i, 27. számban (a 29. oldalon), a Lengyel Népköztársaság nemzeti ünnepe alkalmából. Ekkor jelent meg Hegedüs Géza *Varsói szonettek* c. ciklusából néhány költemény. Az akkor már kétszeres József-Attila díjas költő addigi életművével már kiérdemelte a lengyelországi utazást. E látogatás emlékét őrzi az előbb említett ciklus. A szerző egyébként igen sokat írt: csak az ötvenes években tizenöt regényt adott ki. Köztük az útinapló jellegű, *Kijevi küldetés* c. kisregényt, 1951-ben. A *Varsói szonettekben* a magyar olvasó előtt Lengyelország háború után rögzült képe bontakozik ki. E kép „kötelező" tartozéka a pusztulás, majd gyors anyagi és morális újjászületés. Annak ellenére, hogy a szonettek megjelenésekor már 1956-ot írunk, a költemények az új, szocialista embertípust mutatják be, ami abban az időben már nem volt mindennapos. Gondolhatjuk, hogy az évforduló kapcsán a ciklus megrendelésre születhetett, ami indokolja a visszatérést az ötvenes évek első felének poétikájához.

I.

Én láttam még a romok városát,
és álmaiban vissza-visszatértek
a pusztulást idéző, szörnyű képek
hol véghetetlen omladékon át

a szemem magányos tűzfalakra lát,
ahol a lábunk megremegve lépett
kísértetjárta utcákon, kiégett
kerületekben. Láttam a halált.

És tudtam azt is, hányszor hány halállal
pusztult e nép, hogyan gázolta át
a mindig véres századéveket –
s bár hittem, hogy az élet halhatatlan,

de nem hihettem olyan gondolatban,
hogy feltámadás itten is lehet.

IV.

Még régi fénnyel a régi város
és körülötte új kerületek.
Az élet győz a romokon, de gyászos
múltat megőriz az emlékezet.

A régit itten már új emberek
idézik újra, akik a halálos
tanulságot megértik: lengyelek,
akik megtanulták: az ember határoz.

Igen, az ember maga szabja sorsát.
Az enyészetből, támadt fel az ország,
a poklokat járt lengyel élni mert.

S hogy keze nyomán új életre kelt
a régi Varsó (új világ alapja) –
már újat épít győztes akaratja.

VIII.

Oly sk rokon-vonás a múltban
és oly hasonló jelen
baráttá tett – ezt megtanultam
nem egy varsói emberen.

Szívek és kapuk tárultak ottan,
ahol csak mondtam a nevem:
a magyar írót meghatottan
fogadta a történelem.

Anjou, Jagello, Báthori,
Dembinski, Bem, és távoli,
sok már homályba múlt alak

előkészítvén utamat,
sokban nekik köszönhetem,
hogy jól tett itt az életem.

Ha közelebbről elemezzük az itt bemutatott verseket, akkor az 1953-os politikai cezúra a költészetben csak áttételesen követhető nyomon. Megállapítható azonban, hogy az 1953 utáni művekben már kevésbe dominálnak a szocreál poétika kellékei, amelyek Sebők versében még elementáris erővel jelentkeztek. Gömörinél láttuk a történelem felé való fordulást, ami Małgorzata Jarmułowicz[13] szerint egyúttal „veszélytelen" témaválasztást is jelentett a szerző számára. Nem véletlen, hogy a sztálinizmus éveiben a hivatalosan preferált aktuális témák mellett reneszánszát élte a történelmi, illetve életrajzi regény. Másrészt a második világháború, illetve a hivatalosan is támogatott magyar-lengyel barátság szintén mintegy kötelező tartozékként szerepelt a művekben. Az ötvenes évek műveit több szempontból a grafomániához közelítő alkotásoknak tarthatjuk. Ennek ellenére közös irodalmi múltunk részét képezik. Visszatérve a Jaroszyński által abberrációnak minősített irodalmi jelenségekhez, meg kell jegyeznünk, hogy az irodalomtörténész talán indokolatlan túlzásba esett. Az említett művek elsősorban a korszak dokumentumai, egy tragikus, olykor szomorú, máskor vidám időszak irodalmi kalauza.

piotr.kowalczyk@uj.edu.pl
Katedra Filologii Węgierskiej
Uniwersytet Jagielloński

Irodalom

Bikont, A. / Szczęsna, J., 2006, *Lawina i kamienie. Pisarze wobec komunizmu*, Prószyński i S-ka, Warszawa.

Jaroszyński, Z., 1999, *Nadwiślański socrealizm*, Wydawnictwo Instytutu Badań Literackich, Warszawa.

Jaroszyński, Z., 2007, *Literatura lat 1945–1975*, Warszawa.

Jarmułowicz, M., 2003, *Sezony błędów i wypaczeń. Socrealizm w dramacie i teatrze polskim*, Wydawnictwo Uniwersytetu Gdańskiego, Gdańsk.

Kalicki, W., 2010, Lekcja nowej mowy. – *Gazeta Wyborcza, Duży Format*, 2010.01.21, 23. o., Warszawa.

Kierczyńska, M., 1951, *Spór o realizm*, Państwowy Instytut Wydawniczy, Kraków.

Révai, J., 1952, *Kulturális forradalmunk kérdései*, Szikra Kiadó, Budapest.

Wilkoń, T., 1992, *Polska poezja socrealistyczna w latach 1949–1955*, Wokół nas, Gliwice.

[13] Jarmułowicz, M., 2003, *Sezony błędów i wypaczeń. Socrealizm w dramacie i teatrze polskim*, Gdańsk.

Languages and Cultures in Research and Education
pp. 173–186

A. Molnár Ferenc
(Miskolc)

A korai magyar tízparancsolat-szövegek hagyományozódásáról*

A tízparancsolatot mint a keresztény vallás alaptanítását (s egyben az emberi magatartás egyik alaptörvényét) már nyilván a kereszténység felvételének kezdetétől tanították a magyarságnak. Mivel azonban a szövege hosszú és helyenként erősen részletező, ezt az egyházi gyakorlatban – latinul vagy a nemzeti nyelveken – általában lerövidítették, sőt a még könnyebb megtanulhatóság érdekében olykor versbe is szedték. Igaz, arra szintén van példa, hogy akár bő verses szövegbe is részletes kommentárt építettek be. Például egy Krakkóban 1450 körül keletkezett – s lengyel és német földön több változatban, másolatban is megtalálható – verses tízparancsolat-szöveget és magyarázatot 1463-ban másolt be iskoláskönyvébe egy diák az esztergomi káptalani iskolában, amelyhez a prózában írt kommentár valószínűleg Esztergomban keletkezett. Az iskolai feldolgozást pedig a szöveghez írt számos latin és magyar glossza szintén jelzi, amelyek az anyanyelvi prédikációhoz is segítséget nyújtottak (Jakubovics 1927: 35–7; Mészáros 1981: 115; Németh 2007: 1–21; Németh 2009; OSzK. Cod. Lat. 410). Ezt a tízparancsolat-tananyagot más feldolgozásban, de azonos szerkezetben megtaláljuk egy az Országos Széchényi Könyvtárban lévő másik kódexben is (Cod. Lat. 379; vö. Mészáros 1981: 115).

Mivel a tízparancsolatot nem egy standard (lerövidített) szöveggel tanították, illetve az nem alakult ki (a tízparancsolat a liturgiának nem volt része), érthető, hogy több évszázados, elsősorban szóbeli gyakorlat után is az első fennmaradt, a XVI. század elejéről való kéziratos, valamint nyomtatott (rövid) tízparancsolat-szövegek is a megfogalmazás módját tekintve általában nem kevés eltérést mutatnak (persze, a 4.-től vagy inkább az 5.-től a 7.-ig terjedő parancsolatokat rövidségük miatt

* A tanulmány *A szöveghagyományozódás kérdései a magyar nyelvtörténetben* című OTKA-pályázat (száma K 69093) támogatásával készült. Nyelvi és Művelődéstörténeti Adattár 94.

kevéssé vehetjük figyelembe, ezek jórészt egyeznek), lásd: Példák könyve (1510; 49–50); Nagyszombati kódex (1512–1513; 363–364); a Peer-kódex töredékében (a XVI. század eleje; Volf 1874: VIII–IX; vö. még Oszkó 2003), Gyöngyösi kódex (a XVI. század eleje; 62–63, lelki tükörként); egyes parancsolatok pedig más kódexekben is fellelhetők. Úgyhogy kódexeink rövid tízparancsolat-szövegeiről bizonyos hasonlóságok ellenére Szerecz (1911: 24) ezt állapítja meg: „A nyelv önálló kezelése és a kifejezések változatossága jellemzi őket". Hasonló Jakubovics (1924: 85) véleménye is: „Nem lehet szövegüket közös magyar forrásra visszavezetni". Tarnai (1984: 241–242, 295) szerint ugyan a szövegekből úgy látszik, a tízparancsolatnak volt egy ősibb, világiaknak szánt variánsa (PéldK., PeerK., GyöngyK.), és egy későbbi, az egyháziaknak szóló (NagyszK.), megjegyzi viszont, hogy a kettő kapcsolatban, kölcsönhatásban állt egymással. (S megemlítem még, nyilván az egyháziaknak sokszor olyan szöveget tanítottak, magyaráztak, amit ők a világiaknak adtak tovább.) Annak ellenére, hogy az alábbiakban magam is bizonyos szöveghagyomány(ok) létét igyekszem kimutatni, úgy látom, Tarnai invenciózus elgondolása még további vizsgálódást igényel, az általa tárgyalt szövegrészek és szóhasználat ezt (egyértelműen) nem bizonyítják. (Pl. a későbbi *felebarát* szó korábbi szinonimái különféle szövegekben egyaránt megtalálhatók: *fél, barát, közel*[*e*]. A PeerK.-ből említett *üdölj* 'szentelj'-nek megfelelő, abból hasonulással keletkezett *ilj* ~ *ülj* 'szentelj' megvan az – apácák által használt – PéldK.-ben is. A PeerK. tízparancsolat-szövegében lévő *marha* 'vagyon' szó nem korábbi a PéldK.-ben és a NagyszK.-ben szereplő *jószág* 'vagyon'-nál, legelső adataik egykorúak, a XIV. század végéről valók [l. TESz], sőt a szók etimológiáját és legkorábbi evangélium-fordításainkat tekintve az utóbbi látszik korábbinak.) A tízparancsolat-szövegek között külön szólhatunk a bizonyára még 1465–1467-ből való magyarázatos Mondseei tízparancsolat-töredékről (Jakubovics 1924: 84–86; Tarnai 1984: 241, 295), amelyben a parancsolatok szövege a 4.-től a 7.-ig van meg, és a Jordánszky-kódexről (1516, *1519*), amely egy nem teljes bibliafordítás. A tízparancsolat szövege azonban, amely nyilván szóbeli előzményekre is támaszkodott, némileg még a JordK.-ben is rövidített.

A magyarban a tízparancsolat első két nyomtatásban megjelent ismert szövege az, amelyet Dévai Bíró Mátyás *Orthographia Ungarica* című kis munkája tartalmaz, illetve az, amely az ugyancsak őáltala írt *At tíz parancsolatnak. ah hit ágazatinak, am mi atyánknak és a hit pecsétinek röviden való magyarázatja* című munkában található. (A régi szövegeket a következőekben is mai helyesírással, de a tükröztetett, föltehető korabeli kiejtést megtartva idézem.) Mindkét könyv 1549-ben jelent meg, és volt egy 1538-as kiadásuk is, de azokból nem maradt fenn példány. És mindegyik kiadás Krakkóban készült Hieronymus Vietor nyomdájában (l. pl. *Régi magyarországi nyomtatványok*, I: 1473–1600).

S itt álljunk meg egy pár percre, és egy félévezred távolából mondjunk köszönetet a hajdani lengyel fővárosnak, a humanizmus és a reneszánsz legkeletibb európai központjának. A magyar történelem akkori igen viszontagságos időszaka, a hazai állapotok, az itthoni egyetem hiánya is magyarázzák, hogy számos magyar diák tanult a Krakkói Egyetemen, és főleg Krakkóban jelentek meg az első, részben, illetve teljesen magyar nyelvű nyomtatványok. Sylvester János, aki a krakkói egyetemre is járt, segített Hegendorff Cristoph: *Rudimenta grammatices Donati...* és Heyden Sebald *Puerilium colloquiorum formulae...* című magyar anyagot is tartalmazó munkáinak 1527-ben való megjelentetésében, illetve Krakkóban adták ki 1533-ban az *Az Szent Pál levelei magyar nyelven* című munkát, Komjáthy Benedek fordítását, amely az első teljesen magyar nyelvű nyomtatvány. Dévai Bíró Mátyás, a későbbi „magyar Luther" szintén tanult a krakkói egyetemen (1523-tól 1525-ig – 1529-ben pedig a wittenbergi egyetemre iratkozott be), s említett művei első kiadásakor is megfordult Krakkóban. Az *Orthographia Ungaricá*nak pedig több korabeli német munka mellett fontos mintája volt a jeles lengyel humanista, Stanisław Zaborowski *Orthographia seu modus recte scribendi et legendi Polonicum idioma quam utilissimus* című, először Krakkóban 1512-ben vagy 1513-ban megjelent könyve, amelyet ezután is többször kiadtak – 1526-ban és később Vietor is nemegyszer megjelentette –, és amely egyébként Sylvester Jánosra is hatással volt (l. Balázs 1958: 44–46, 166–168; vö. még Szathmári 1968: 144). Varjas Béla (1969: 100) statisztikája szerint az 1520 és 1552 között Magyarország számára készült könyvek 44%-a készült Krakkóban, a többi 56% szétaprózva 3–12%-os aránnyal Nyugat-Európa körülbelül húsz városában jelent meg. Erre lásd még V. Ecsedy 2000 és bibliográfiái. Majd csak ezután, az 1550-es években veszi át a magyar nyelvű könyvnyomtatásban a vezető szerepet Debrecen és Kolozsvár. Krakkónak a magyar művelődésben betöltött szerepe pedig a XVI. század második felében és később a megváltozott magyar és lengyel történelmi viszonyok (pl. 1610-től már Varsó a lengyel főváros), a Magyarországon terjedő reformáció következtében visszaszorul (l. pl. Kovács 1964; V. Ecsedy 2000: 166).

És most térjünk vissza ismét Dévai Bíró említett műveihez. Az *Orthographia Ungarica* a tízparancsolat szövegét egy lapon (B iij), a parancsolatokat külön sorokba tördelve folyamatosan közli, a tízparancsolat magyarázatát is tartalmazó munkája pedig úgy, hogy sorba veszi a parancsolatokat, s közben mindegyikhez magyarázatokat fűz (l. 32–57; D [IV] – [H]). Először az *Orthographia Ungarica* megfelelő szövegét hozom. Ennek egy későbbi utánnyomását (Budapest, é. n.) használtam.

AT TIZ PARANTSOLAT

Exodi. XX. Deutero. V.

Ne legyenek idegen istenid én előttem.
Ne vegyed az te Urad Istened nevét hijába.
Meg emlékezzél róla, hogy az szombatot szenteld.
Atyádat, anyádat tiszteljed.
Ne ölj.
Ne paráználkodjál.
Ne orozz.

> Ne légy hamis tanú felebarátod ellen.
> Ne kévánd felebarátod házát.
> Se feleségét ne kévánjad, se szolgáját, se szolgáló leányát, se ökrét, se szamarát, se egyéb jószágát, am mi az üvé. (i. m. B iij)

At tiz parancsolatnak... magyarázatja című könyvben pedig – amelynek az 1897-ben Budapesten kiadott újonnan szedett betűhű kiadását néztem – a következő a parancsolatok szövege (ugyancsak mai helyesírással közölve): „Egy Istent higy. ... Istennek nevét hiába ne vegyed. ... Innepet ilj (ülj 'szentelj'). ... Atyádat, anyádat tiszteljed. ... Ne ölj. ... Ne orozz. ... Ne paráználkodjál. ... Hamis tanú ne légy. ... Más embernek bűnről jószágát gonoszul ne kévánjad. ... Más embernek iát fiát bűnre ne kévánjad".

Megjegyzendő, hogy Dévai Bíró lényegében evangélikus tanítást ad, a tízparancsolatnak ezért is – a református, az ortodox, a görög katolikus és részben a zsidó állásponttal szemben – az Augustinus, a római katolikus egyház, illetve Luther Márton és követőinek csoportosítását veszi át. Összevonja a 2Móz. 20: 3–6-ot, a másik felfogás szerinti 2. és 3. parancsolatot (más istenek; istenszobrok), de kettéválasztja a 2Móz. 17-et (mások javainak, ill. családtagjainak elkívánása). A tízparancsolat felosztásához vesd össze például Katolikus katekizmus (1994: 415); Karasszon (1995). Az említett csoportosítás látható az *Orthographia Ungaricá*ban is, s Dévai Bíró mindkét munkájában elhagyja a 2. parancsolat második felét (vagy a 3. parancsolatot), az istenszobrok készítésének tilalmát („Ne csinálj magadnak faragott képet..."). Ez a képtiszteletnek a katolikus, ortodox és evangélikus értelmezésével függ össze, amely azt hangsúlyozza, hogy a képtisztelet nem önmagának a képnek szól, hanem annak, akit ábrázol, illetve elvezethet hozzá (Katolikus katekizmus 1994: 427).

Témánk szempontjából számunkra azonban most elsőrenden az figyelemre méltó, hogy bár ugyanannak a szerzőnek ugyanakkor, ugyanott, ugyanazon nyomdász által nyomtatott műveiről van szó, bennük a tízparancsolat-szövegek különbözők. Ez is nyilvánvalóan mutatja, hogy a tízparancsolatnak nem alakult ki egyfajta (rövidített) standard szövege. A szöveghagyományozódás, a szövegvariánsok szempontjából viszont igen figyelemreméltó, hogy Dévai Bíró Tízparancsolat-magyarázatában az 1., a 3., a 8. (valamint az esetünkben kevésbé figyelembe veendő 4. és 5.) parancsolat ugyanolyan szövegű, mint a tízparancsolat első fennmaradt magyar nyelvű előfordulásában, a Példák Könyvében, a mai Margitszigeten 1510-ben Ráskay Lea domonkos apáca által másolt verses tízparancsolatban:

> *Egy Istent higy.* Hejában nevét ne emléhed (említsed). *Innepet*
> *ilj* (ülj 'szentelj'). *Atyádat, anyádat tiszteljed. Ne ölj.* Soha ne uroz (orozz).
> Testi bínt el távoztas. *Hamis tanó ne légy.* Más ember-
> nek jószágát, feleségét, leányát bínre ne kévánjad.
>
> (l. PéldK. 49–50 [31–32], az egyező részeket kurziváltam)

Ez egyébként latin mintát követ, a megfelelő latin vers megvan Johannes de Verdena *Dormi secure* című művében (De tempore XLVI), és a budapesti Egyetemi Könyvtár 98. számú latin nyelvű kódexében (9b):

Unum crede Deum, nec vane jure per ipsum,
Sabbata sanctifices; habeas in honore parentes,
Non sis occisor, fur, moechus, testis iniquus,
Alterius nuptam, nec rem cupias alienam.

(l. PéldK. 207)

A két magyar szöveg egyezései egyfajta hazai szöveghagyományra mutatnak, amit Bognár Andrásnak és Levárdy Ferencnek, a PéldK. újabb kiadóinak a megfelelő részhez fűzött lábjegyzete is támogathat: „A XXIII. szövegegységet latin versekre utaló, de a feldolgozás formájában önálló utakon járó szabad átköltésnek tekintjük. Valószínű, hogy a verseket a kapitulumban – esetleg a hívek a templomban – imádkozták (a középkorban a tízparancsolatot is imádkozták!) vagy énekelve emlézték. Feltehető az is, hogy a kapitulumban fatáblákon kifüggesztették a verseket, s az apácák ezeket olvasták, vagy éppen ezeken tanultak olvasni" (205). A (rövidített) tízparancsolat-szövegek táblákon való magyarországi megjelenítését valóban fel lehet tenni, mert ennek a XIII. századtól, Franciaországból indulóan európai előzménye és gyakorlata volt, ami a reformáció után francia, német és holland protestánsoknál is tovább élt, s 1696-ból a magyarszecsődi református templomból is van rá példa. A táblák eredetileg a gyóntatást segítették, a pap a festett táblákra nézve egyenként rá tudott kérdezni a bűnökre; később pedig a hívek, a gyülekezet olvashatta a parancsolatokat (l. Szabó 2009: 123). Luther Márton *Kis kátéj*át is először falitáblák alakjában jelentették meg, hogy a házakban és az iskolákban kifüggeszthető legyen, ezért szól Luther az Előszóban táblákról (Czakó 1929: 4). Ő a lelkészeket, az igehirdetőket arra kéri, hogy (később a magyarázattal is élve) „akik jobbat nem tudnak, tartsák magukat ezekhez a táblákhoz, és a tanításnak ezen alakjához, és véssék be azt értelmesen a nép lelkébe szóról szóra" (Luther 1529/1536/1929: 10). Egyébként az eredeti héber szövegben is először minden parancsolat rövid tiltás vagy felszólítás lehetett, és a mai keresztény egyházak is általában a rövid formákat használják és tanítják. S visszatérve a PéldK.-re, ne felejtsük, hogy a benne lévő tízparancsolat-szöveg is másolat, a szöveg pedig támaszkodhat magyar nyelvű előzményekre. Továbbá megállapíthatjuk, hogy a PeerK. töredékének tízparancsolat-szövegéből az 1. és a 3. szintén ehhez a szövegvonulathoz tartozik: „*Vnum deum crede* egy istent higy … *Sabbata sanctifices* üdnepet üdölj" (vö. *üdölj* > *ülj*), s ezeken kívül a 2. – a közölt latin megfelelő után – Dévai Bíró Tízparancsolat-magyarázatának a szövegével egyezik: „*Non assumes nomen dei tui in vanum* Istennek nevét hejába ne vegyed". (A szövegek rövidsége s így kevésbé variálható volta miatt a 4., 6. és 7. parancsolatok szövegegyezéseit külön nem elemzem: „*Honora patrem et matrem* Atyádot, anyádot tiszteljed … *Non mekaberis* Ne paráználkodjál *Non furtum facias*

Ne uroz". (l. Volf 1874: VIII–IX; a két utóbbi parancsolat sorrendje itt meg van cserélve)). A PeerK. esetében ugyanakkor természetesen figyelembe veendő, hogy a magyar szöveg az előtte álló latint követi.

Dévai Bírónak az *Orthographia Ungaricá*ban közölt rövidített tízparancsolat-szövege (pedig ez a szélesebb olvasó közönségnek szóló) szorosabban igazodik a Szentírásbelihez, mint a Magyarázatában közölt. Ez utóbbiban – igaz, latin minták nyomán (is) – egyes parancsolatok megfogalmazásában, mondatként való megformálásában bizonnyal számolhatunk egyfajta, ha nem is általános, de legalábbis esetenként érvényesülő magyar szöveghagyománnyal is. Az eddigi szakirodalom egy részével (Szerecz 1916: 24–25; Jakubovics 1924: 85) szemben ezt határozottan vagy határozottabban állapíthatjuk meg (vö. még fentebb, de részben másképp Tarnai 1984: 241–242, 295).

Ugyancsak a szöveghagyományozódás körébe tartozik, bár más típusú és kisebb elterjedésű eset, ami egyes középkori kommentált tízparancsolat-szövegekből vagy azok hatására került be a latinon keresztül néhány nyelvemlékünkben az 5. parancsolat szövegébe. E parancsolatnak itt olyan – az európai egyházi nyelvhasználatban többfele is megtalálható – változata olvasható, amely az élet (indokolatlan) kioltása mellett a rágalmazást, a nyelvvel való ölést is tiltja; vesd össze: Mondseei tízparancsolat-töredék: „... Üted, hogy ember öldekő (!) te ne légy se kezedel, se tanálcsodal, se segedelmedel, ne elj lélekent embert teü nyelvedel rágalmazva" (Jakubovics 1924: 85; a föltehető hosszú mássalhangzók jelölésének mellőzése idegen, leginkább német anyanyelvű lejegyzőre vallhat); PeerK. töredéke: „Non occides nec verbo nec facto Embert ne ölj se tőröddel, se nyelveddel" (Volf 1874: IX); s vesd össze még a Gyöngyösi kódex bűnvallását: **„non occides** Hatodszer vétkeztem gyilkosságomba jóllehet téremmel nem, demaga nyelvemmel jámboroknak híreket neveket meg szeplősítettem" (63).

Már némileg későbbi időszakot érint, mégis kitérek a Kazinczy-kódex kommentált tízparancsolat-szövegére is. Az óbudai klarisszák számára készült KazK. törzsszövegét 1526 és 1541 között másolták, az említett tízparancsolat-szöveg azonban (noha a szakirodalom ezt nem mindig tartja számon) – mint az eltérő kézírás szintén mutatja – később került bele. A kódex első kiadója, Volf György (1874: XII) a tízparancsolat-szöveget „csinos folyó betűivel legfeljebb a 17. századból" valónak gondolta. A KazK. újabb, Kovács Zsuzsa készítette kommentált, fakszimilét is tartalmazó kiadásában pedig az áll, hogy ez a XVI. század végéről származik (Kovács 2003: 46). Kniezsa István (1952: 122) ugyanakkor azt mondja, hogy noha a szöveg 17. századi, a helyesírása középkori. Arról, hogy a tízparancsolat-szöveg mikor és hogyan került ebbe a ferences kódexbe, nincs tudomásunk, a forrása viszont megállapítható.

Új filológiai felfedezésként épp konferenciánkon mutattam rá, hogy a KazK.-ben lévő tízparancsolat Luther Márton *Kis kátéj*a (Enchiridion. Der kleine Katechismus... 1529) tízparancsolat-szövegének a fordítása. Luther a *Kis kátéj*át, mint tudjuk, az igehirdetők és a családok számára írta. A *Kis kátének* Magyarországon szintén nagy volta a hatása. Csak a legkorábbi időszakot említve (l. Sólyom 1933/1996; *Régi magyarországi nyomtatványok*, I: 1473–1600) felhasználta-tolmácsolta például Gálszécsi István, illetve Batizi András (A) *Keresztyén tudományról való könyvecskéje* (1538, illetve 1543–1545, 1550, 1555; az 1555-ben kiadott kötet Kolozsváron, a többi mind Krakkóban jelent meg) vagy Heltai Gáspár *Katekizmus minor*ja, annak bővített és rövidített változata (1550, 1553), s németül kiadták az erdélyi szászok is (1547, 1551, 1555). Legalábbis a számomra elérhető példányok, illetve megmaradt töredékek azonban azt mutatják, hogy a KazK. szövege nem ezekből való. Vagy valamelyik elkallódott vagy egy (későbbi) és még azonosítandó nyomtatványból, kéziratból származhat, vagy közvetlen fordítás, netán lehet latinból való átültetés is. Jelentőségét az adja, hogy a *Kis káté*ból való korai magyar fordítás, és hogy egy ferences kódexbe Luther-szöveget másoltak be.

A *Kis káté* és a KazK. tízparancsolat-szövegének viszonyát akképp szemléltetem, hogy néhány megfelelő részüket egymás alá írom. Luther a *Kis káté*ban szintén rövidített tízparancsolat-szöveget ad, s a „Mit jelent ez?" (Was ist das?) kérdésre adandó válaszként az egyes parancsolatokhoz rövid magyarázatot fűz. A KazK. a kérdést nem hozza, úgy csatolja a parancsolatokhoz a magyarázatot. A *Kis káté*ból a tízparancsolat alább idézett zárószavát pedig előreveszi, de ennek a végét elhagyja. A kérdés nyilván külön részletes filológiai kutatást igényelne, de – kis kitérőként – megjegyzem, lehetséges, hogy a tízparancsolat-szövegeknek másutt is volt hasonló hagyománya. Így Michael Agricola (1543/ 1549–1551 körül/1559/2007), finn reformátor finn ábécés könyve a tízparancsolat elé hasonlóan rövid bevezetőt tesz, amely megegyezik Luther említett Zárószavának elejével (s az abban lévő tízparancsolat-idézettel). A „Mit jelent ez?" kérdésre adott válasz azonban nincs meg benne. (A KazK.-ből pedig tulajdonképpen ennek a második fele hiányzik.) Agricola a tízparancsolatot – Dévai Bíró *Orthographia Ungaricájá*hoz is hasonlóan – rövidítve és magyarázat nélkül közli. Könyvében a *Tízparancsolat* alcím után az áll, hogy „a héber szöveg után", de a finn filológia szerint annak alapszövege a Vulgata lehetett (l. Heininen 2007: 50; Agricola 1543/1549–1551 k./1559/2007: 5, a fakszimile). És Luther *Kis kátéj*a – a korábbi szöveghagyományból nyilván szintén merítő – tízparancsolattal foglalkozó részének kezdetben magának is változott némileg a szövege (vö. Czakó 1929: 3). S volt latin átültetése is. Az alábbiakban a *Kis kátén*ak (*Káté*) a Prőhle Károly által készített új fordítását idézem (Luther 1529/2008). Noha ez mai szöveg, a Kazinczy-kódexbelivel való egyezés világosan látszik. A KazK.-ben pedig egy-két régies szót zárójelben megmagyarázok. A teljes szövegek párhuzamba állítását lásd A. Molnár 2009.

Káté: A tízparancsolat zárószava. – Mit mond Isten mindezekről a parancsolatokról? – Felelet: Azt mondja: – Én az Úr, a te Istened féltőn szerető Isten vagyok! Megbüntetem az atyák bűnéért a fiakat is harmad- és negyedízig, ha gyűlölnek engem. De irgalmasan bánok ezerízig azokkal, akik szeretnek engem, és megtartják parancsolataimat. – Mit jelent ez? Felelet: Isten büntetéssel fenyegeti mindazokat, akik ezeket a parancsolatokat megszegik. Félnünk kell tehát haragjától, és nem szabad ezek ellen a parancsolatok ellen vétkeznünk. Viszont kegyelmet és minden jót ígér mindazoknak, akik ezeket a parancsolatokat megtartják. Szeretnünk kell tehát őt, és bíznunk benne, és szívesen kell cselekednünk parancsolatai szerint. / *KazK.*: Mind e parancsolatokról e képpen szól Isten. Én vagyok te Urad Istened, erőss, igen szerető, meg látogatván attyáknak bűnöket az ű fiokra, azoknak harmad és negyed nömzetségiglen, kik engöm gyűlölnek, és irgalmazván mind ezeriglen azokval, kik szeretnek engöm, és őrizik az én parancsolatimat. Erőss fenyegetést teszen az Úristen mind azoknak, kik e parancsolatokat megtörik, és elhagyják. Kel azért félnünk haragját, és e parancsolatokat megtartsuk.

Káté: Az első parancsolat – Ne legyen más istened! – Mit jelent ez? – Felelet: Mindennél jobban kell Istent félnünk, szeretnünk és benne bíznunk. / *KazK.*: *A tíz Parancsolat közöt első* – Ne legyenek idegen Istenid, azaz, féljük és szeressük az Istent, és csak őbenne bíz(z)unk.

Káté: A második parancsolat – Ne vedd hiába Istened nevét! – Mit jelent ez? – Felelet: Istent félnünk és szeretnünk kell, hogy nevével ne átkozódjunk, ne esküdözzünk, ne igézzünk, ne hazudjunk, se ne csaljunk, hanem nevét minden bajban segítségül hívjuk, imádjuk, és hálaadással dicsőítsük. / *KazK.*: *Masod.* – Ne vegyed a te Uradnak Istenednek nevét hejába, azaz féljük és szeressük az Istent, senkit az ű neve által ne átkozzunk, ne eskedjünk, ne bájoljunk, ne hazudjunk, ne csaljunk, de inkáb mindön nyomoruságon(k)ba Istennek nevét segétségöl híuk, neki könyörögjünk, űtet dicsérjük, neki hálát adjonk. …

Káté: A hatodik parancsolat – Ne paráználkodj! – Mit jelent ez? – Felelet: Istent félnünk és szeretnünk kell, hogy tiszták és szemérmesek legyünk szavainkban és cselekedeteinkben, és hogy hitvestársát mindenki szeresse és megbecsülje. / *KazK.*: *Hatod.* – Ne paráználkodjál, azaz féljük és szeressük az Istent, tiszta és mértékletös életben éljünk, semmit mértékletlen ne szóljunk, se tegyünk. [A hitvestársra vonatkozó rész innen elmarad, föltehetőleg azért, mert a kódexet apácák használták.]

Káté: A hetedik parancsolat – Ne lopj! – Mit jelent ez? – Felelet: Istent félnünk és szeretnünk kell, hogy felebarátunk pénzét és javait el ne vegyük, se hamis áruval vagy ravaszkodással meg ne szerezzük, hanem segítsünk neki javait megtartani, és keresetét javítani. / *KazK.*: *Heted.* – Ne orozz, azaz féljük és szeressük az Istent, egyebeknek marháját (vagyonát) erővel el ne vegyük, és valami álnak áruval avagy csalárdsággal mienkké ne tegyük: inkáb egyebeknek javait öregbítsük (növeljük), gondját viseljük és oltalmazzuk. …

A korai szöveghagyomány természetesen a tízparancsolat későbbi, sőt mai, illetve teljes szövegű magyar átültetéseiben is él, főleg a szó- és kifejezéshasználat terén. Ez a kérdés azonban már egy másik vizsgálat tárgya lesz.

amolnarf@t-online.hu
Miskolci Egyetem
Magyar Nyelvtudományi Tanszék

Források

[Dévai Bíró Mátyás], *Orthographia Ungarica*, Krakkó 1549 [fakszimile: Budapest, é. n.].

Dévai [Bíró] Mátyás, *At tiz parancsolatnak. Ah hit ágazatinak, am mi atyánknak, és ah hit pecsétinek röviden való magyarázatja*, Krakkó 1549 [új szedés: Budapest 1897].

Gyöngyösi kódex. Az 1500-as évek elejéről, [Közzéteszi, a bevezető tanulmányt és a jegyzeteket írta Dömötör Adrienne] (= *Régi Magyar Kódexek* 27), Budapest 2001.

Jordánszky-kódex, [1516, *1519*], [Kiadta: Volf György] (= *Régi Magyar Nyelvemlékek* 5), Budapest 1888 [fakszimile: Budapest 1984].

Kazinczy-kódex, 1526–1541, [A nyelvemlék hasonmása és betűhű átirata bevezetéssel és jegyzetekkel. Közzéteszi, a bevezetést és a jegyzeteket írta Kovács Zsuzsa] (= *Régi Magyar Kódexek* 28), Budapest 2003.

Luther Márton, 1529/1536/1929, *Enchiridion. Doktor Luther Márton Kis Kátéja* [Kiadta: Czakó Elemér], Budapest 1929.

Luther Márton, 1529/2008, *Dr. Luther Márton Kis kátéja. (1529.)* [Fordította és magyarázatokkal ellátta Prőhle Károly], Budapest [8]2008.

Nagyszombati kódex, 1512–1513, [A nyelvemlék hasonmása és betűhű átirata bevezetéssel és jegyzetekkel. Közzéteszi, a bevezető tanulmányt és a jegyzeteket írta T. Szabó Csilla] (= *Régi Magyar Kódexek* 24), Budapest 2000.

Példák könyve, 1510, [Hasonmás és kritikai szövegkiadás. Jegyzetekkel és tanulmánnyal kísérve közzéteszi Bognár András és Levárdy Ferenc] (= *Codices Hungarici* 4), Budapest 1960.

Volf, Gy. (közzéteszi), 1874, *Peer-kódex* (= *Nyelvemléktár* 2), Budapest.

Szakirodalom

Balázs, J., 1958, *Sylvester János és kora*, Budapest.

Borsa, G. / Hervay F. / Holl B. / Käfer I. / Kelecsényi Á., 1971, *Régi magyarországi nyomtatványok*, I: 1473–1600, Budapest.

Czakó, E., 1929, Előszó. – *Luther 1529/1536/1929* [l. Források.]: 3–6.

V. Ecsedy, J., 2000, [Három nyelvű kiadvány] *Rola krakowskich drukarzy w XVI-wiecznej kulturze węgierskiej. Die Rolle des krakauer Druckwesens in der Ungarischen Kultur des XVI. Jahrhunderts. A krakkói nyomdászat szerepe a XVI. századi magyar művelődésben*, Budapest.

Häkkinen, K. (közzéteszi), 2007, [Mikael Agricola:] *Abckiria. Kriittinen editio*, Helsinki.

Heininen, S., 2007, Abckirian sisältö ja lähteet. – Häkkinen, K. (közzéteszi), 2007, [Mikael Agricola:] *Abckiria. Kriittinen editio*, Helsinki: 42–61.

[Jakubovics, E.], 1924, Nyelvtörténeti adatok I. Új magyar nyelvemlékek. – *Magyar Nyelv* 20: 83–86.

Jakubovics, E., 1927, Két magyar glosszás bécsi kódex. – *Magyar Nyelv* 23: 33–36.
Karasszon, D., 1995, Tízparancsolat. – Bartha, T. (szerk.): *Keresztyén bibliai lexikon*, II, Budapest: 618–620.
Katolikus katekizmus, 1994, *A katolikus egyház katekizmusa*, Budapest: 413–496.
Kniezsa, I., 1952, *A magyar helyesírás története a könyvnyomtatás koráig*, Budapest.
Kovács, E., 1964, *A krakkói egyetem és a magyar művelődés*, Budapest.
Kovács, Zs., 2003, Bevezetés. – *Kazinczy-kódex 1526–1541* [l. Források.]: 7–76.
Mészáros, I., 1981, *Az iskolaügy története Magyarországon 996–1777 között*, Budapest.
A. Molnár, F., 2009, Luther Márton Kis kátéjának Tízparancsolat-szövege a Kazinczy-kódexben. – *Evangélikus Élet* 74/25 (2009. június 21.): 10.
Németh, A., 2007, Közép-európai verses tízparancsolat egy 15. századi esztergomi iskoláskönyvben. – *Magyar Könyvszemle* 123: 1–21.
Németh, A., 2009, Esztergomi iskoláskönyv. – Madas E. (szerk.): *„Látjátok feleim…". Magyar nyelvemlékek a kezdetektől a 16. század elejéig. Az Országos Széchényi Könyvtár Kiállítása. 2009. október 29. – 2010. február 28.*, Budapest: 243.
Oszkó, B., 2003, A könyvtár-gyarapítás egy különös esete. – Bakró-Nagy, M. / Rédei, K. (szerk.): *Ünnepi kötet Honti László tiszteletére*, Budapest: 328–330.
Sólyom, J., 1933, *Luther és Magyarország. A reformátor kapcsolata hazánkkal haláláig*, [utánnyomás: 1996 (= *Magyar Luther könyvek* 4)], Budapest.
Szabó, A., 2009, Egy különleges kálvinista templom. – *Collegium Doctorum* 5/1: 120–128.
Szathmári, I., 1968, *Régi nyelvtanaink és egységesülő irodalmi nyelvünk*, Budapest.
Szerecz, A. I., 1916, *Kódexeink párhuzamos szentírási töredékei*, Budapest.
Tarnai, A., 1984, *„A magyar nyelvet írni kezdik". Irodalmi gondolkodás a középkori Magyarországon*, Budapest.
TESz = Benkő L. (főszerk.), 1967–1984, *A magyar nyelv történeti-etimológiai szótára*, I–IV, Budapest.
Varjas, B., 1969, A magyar könyvkiadás kezdetei és a krakkói magyar nyelvű kiadványok. – Csapláros, I. / Hopp, L. / Reychman, J. / Sziklay, L. (szerk.): *Tanulmányok a lengyel–magyar irodalmi kapcsolatok köréből*, Budapest: 79–128.
Reychman, J. et al. (szerk.), 1969, *Studia z dziejów polsko-węgierskich stosunków literackich i kulturalnych*, Wrocław.
Volf, Gy., 1874. Előszó. – Volf, Gy. (közzéteszi): *Peer-kódex* (= *Nyelvemléktár* 2), Budapest: V–XVIII.

Függelék

A Luther-szöveg kezdete a Kazinczy-kódexben, illetve részletek a tízparancsolat szövegéből

I

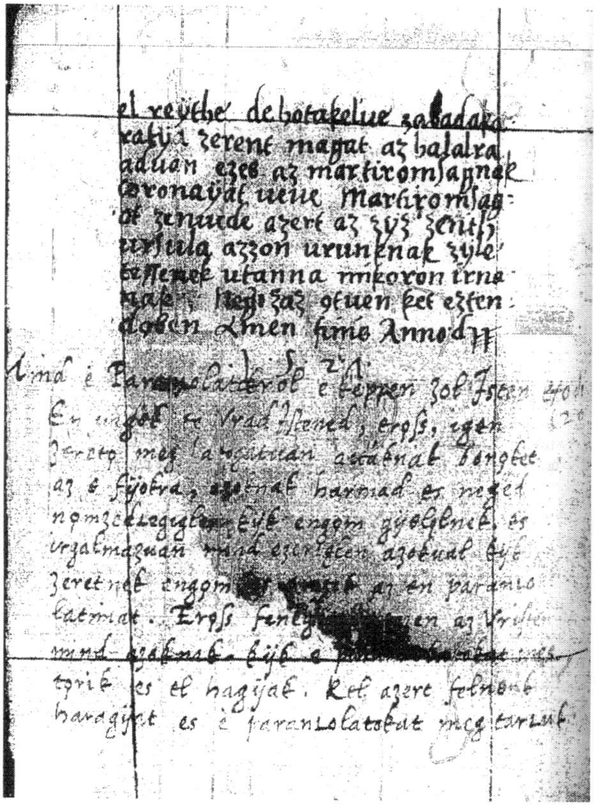

II

84

A tijz Parancholat egzgot
elsö

Ne legënek idegen Istenid, azaz,
felijek es zeressek az Istent, es
tak o benne byzzunk.

Masod.

Ne veged a te Vradnak Isten-
adnek neuet heijaba, azaz, fel-
ijek es zeressek az Istent, Sent-
az o neue altal ne atkozzunk,
ne esküdjünk, ne bayolyunk,
ne hazudgyunk, ne chalyunk, de
inkab mindon nömorusagonba
Istennek neuet segetsegöl hijuk,
neki könyörögjünk, ötet dicser-
jük, neki halat adijunk.

Harmad.

Emlekezzel meg hog innepet szen-
teg[illegible] azaz, felijek es zeressek [illegible]

III

85

Hatod.

Ne paraznalkodjal, azaz, felyőt es zereſſek az Iſtent, tizta es mertekletes életben elijenk, ſemmit mertekletlen ſe zolyjunk ſe tegyenk.

Heted.

Ne orozz, azaz, felyőt es zereſſek az Iſtent, egyebeknek marhajat erowel el ne vegyük, es valami alnak aruwal, a vagy kalarkaggal myenkke ne tegyük: Inkab egyebeknek iavayt oregbitsük, gongyat viſelyük es otalmazzuk.

Nyolczad.

Felebaratod ellen hamis [illegible] ne legy, azaz, felyőt es zereſſek az Iſtent, Egyebeket hamiſſan be ne adgyunk, ſenkit el ne arolyonk, ne ragalmazzonk, egyebek hiret nevet meg ne kiſſebitsük: [illegible] menteſ [illegible] [illegible] gondolyjunk felöle, mindenütte io vegre magyarazoni[illegible]

Kylenczed.

Summary

To facilitate learning it, in the Middle Ages and even later, the Ten Commandments (Decalogue) was generally taught in an abridged form. The first extant (shortened) Hungarian texts of it in codices and in early prints from the beginning of the 16th century are relatively different. This fact indicates that in oral and written practice a strict (shortened) definitive version of the text of the Ten Commandments had not been established. However, elements and lines of text tradition can be shown as existing. For instance, the text of the shortened Ten Commandments in the Lutheran Mátyás Dévai Bíró's work, *Orthographia Ungarica* (Cracow, 1533) is partly the same as that of the Ten Commandments in a Dominican codex, *Példák könyve* (Books of Examples; translated from Latin, copied in 1510). The author of the study (lecture) also points out that the shortened but commented Ten Commandment text of the Franciscan *Kazinczy-kódex* (1526–1541), which was inserted into the codex somewhat later, is a translation from Martin Luther's *Enchiridion. Der kleine Katechismus* (Enchiridion. Small Catechism).

Languages and Cultures in Research and Education
pp. 187–196

Morvay Károly
(Budapest)

Baszk és magyar

M. Malherbe a világ nyelveit bemutató ismeretterjesztő könyvében összeállított egy listát, amelyben egytől öt csillaggal jelöli az idegen nyelvek nehézségi fokát francia anyanyelvű, ill. a franciát jól beszélő személyek számára (Malherbe 1995: 426–429). A portugál, a spanyol vagy az olasz ezen a listán természetesen egy csillagos, tehát könnyen elsajátítható idegen nyelvnek számít. Két csillagos az angol, a román és meglepő módon az indonéz, valamint a nepáli is. Három csillagos a görög, a hindi, a holland, a lengyel és a német. A négy csillagosok között találjuk az arabot, a magyart, a finnt és a vietnámit. Legmagasabb nehézségi fokú, öt csillagos nyelv, többek között, a japán, a kínai, a grúz és a baszk. Ez utóbbit, saját nevén az *euskarát*, számos nyelvvel, többek között a grúzzal és a magyarral is kapcsolatba hozták. Rövid előadásomban felidézek néhányat a baszkra vonatkozó hiedelmek közül, valamint korabeli dokumentumok alapján beszámolok az első magyar nyelvű baszk nyelvtan (Ribáry 1866) magyarországi fogadtatásáról.

A baszk nyelv megtanulása sokak számára pokolian nehéz feladatnak tűnik. A XIX. században egy közmondást idézve többen is hivatkoztak az ördögre a baszk elsajátítása kapcsán. Egy 1837-ben megjelent „A' vaszkok" című írásban ezt olvashatjuk (az idézetekben megőrzöm a korabeli helyesírást): „A' nyelv [...] más nyelvűek előtt nehéznek tetszik, annyira, hogy spanyol közmondássá lett: «Az ördög hét esztendeig lakott Vizcayaban, de még sem birta a' vaszk nyelvet megtanulni»" (Dálnoki 1837: 411). Ribáry Ferenc szintén utal erre a mondásra: Humboldtnak, aki „a baszkok közt tanulta meg a nyelvet [...] sikerült a baszk mondása szerint az is, mit az ördög sem volt képes megtenni" (Ribáry 1866: 450). Egy XX. századi angol nyelvű közmondásgyűjteményben fedeztem fel a következő változatot: „The devil himself was learning the basque for seven years and then he only learned three words". Számomra a legmulatságosabb Lénárd Sándor egyik könyvében található utalás, amely szerint „a baszkok azt állítják, hogy az ördög őket nem viszi kisértésbe, olyan nehéz a nyelvük, hogy még nem tudta megtanulni" (Lénárd 1969: 27).

A baszkkal kapcsolatban számos hiedelem él. Várkonyi Nándor *Sziriát oszlopai* című könyvében ezt olvashatjuk: „A baszkok (ibér-kelták) magukat euskaldunaesnek vagy euskarának nevezik; népük, vagyis az emberiség az özönvíz előtt még egy nemzet volt, de a veszedelemből csak kevesen menekültek meg. Köztük volt az euskaldunaesek ősatyja; feleségével egy magas hegy barlangjába rejtőzött, míg a tűz és a víz szörnyű harca véget nem ért. Az elemek dühöngése oly félelembe ejtette, hogy elfelejtette saját nyelvét, s újat talált ki, ez lett a baszkok nyelve" (Várkonyi 1972: 565). A idézett részletben több pontatlanság is található. Az említett, „A' vaszkok" c. írás még abszurdabb dolgokat állít: „A' vaszk, vagy, mint írni is szokták baszk szó, saját nyelvükön *vadat* jelent, 's ez a' nemzetnek legközönségesebb neve; de ők magokat *Eszkualdunak* néven hívják, mi nyelvükön *ügyes kezű*, vagy szó szerint fordítva *ügyes kézzel bíró* embert tesz. Legrégibb nevök azonban *Cantaber*, melylyen őket a' régi classicusok is említik; ezen szó értelme saját nyelvükön *jó énekes*" (Dálnoki 1837: 402).

Itt az ideje a helyesbítésnek: a baszkok a nyugati Pireneusok két oldalán élnek. Spanyol-országban a *Baszk Autonóm Terület* három tartományában (*Araba*, *Bizkaia*, *Gipuzkoa*), valamint Navarrában (baszkul: *Nafarroa*) laknak. Franciaországban a Pyrénées-Atlantiques megyében, *Lapurdi*, *Nafarroa Beherea* (Alsó-Navarra) és *Zuberoa* tartományban élnek. A baszkok ezt a hét történelmi tartományt tekintik hazájuknak, amelyet *Euskal Herria*nak (Baszkföldnek) neveznek. *Zazpiak bat*, vagyis a hét [országrész] egyet [egységet] képez – hirdetik a baszkok, s ebben a mondatban megtalálható az euskara sajátos esete is, az *Ergativus*. Az euskara Nyugat-Európa egyetlen nem indo-európai nyelve, amely a tudomány mai állása szerint egyetlen ismert nyelvcsaládhoz sem tartozik. Mi magyarok, másokhoz hasonlóan, nyelvünk nevét a népnevünkből származtatjuk: magyarok vagyunk s ezért a nyelvünk is az – a baszkok viszont magukat a nyelvükről nevezik el. Nyelvük saját neve *euskara* (*euskera, eskuara, üskara*), s egy ebből képzett szóval *euskaldun*-nak (többes számban: *euskaldunak*-nak), vagyis baszkul beszélő(k)nek hívják magukat. Baszkföld, *Euskal Herria*, az ő nyelvükön így tulajdonképpen a „Baszk Nyelv Országa" nevet viseli. Az egységes baszk nyelv, az *euskara batua*, csupán az 1960-as évek közepén született meg és sajnálatos módon a „Baszk Nyelv Országában" mára a helyi nyelv ismerete visszaszorult: a baszkoknak csak kevesebb mint 30 százaléka beszéli már az *euskarát*. Az utóbbi években azonban, az iskolai oktatásnak és a tudatos nyelvpolitikának köszönhetően egyre nő a nyelvet újratanulók, az *euskaldun berri*-k (új baszkok) száma. A baszkok az idegen nyelvet, mindenekelőtt a spanyolt, franciát beszélőket, *erdaldun*-nak hívják. Az *erdi* jelentése 'fél', az *erdara* magyarul 'félnyelv', – az *erdaldun* pedig 'érthetetlen nyelvet beszélő'. A baszkok ezzel a nem éppen elismerő megfogalmazással nem állnak egyedül Európában. Gondoljunk csak a barbár szó etimológiájára, ami ógörögül érthetetlen nyelvet jelent, vagy arra, hogy számos szláv nyelvben a németek elnevezése a 'néma' szóból ered (lengyelül pl.: *niemy* 'néma', *Niemiec* 'német'), de ma már a beszélőkben nem tudatosul a két szó közötti kapcsolat, ugyanúgy, ahogy a magyarban sem, ahol *néma* és a *német* szó szláv eredetű. (A baszk nyelvvel és helyzetével kapcsolatban l. még Morvay 2003, 2006, 2007, 2008, 2009.)

A baszk az autonóm területeken hivatalos nyelv, elvárhatná tehát az ember, hogy a különböző spanyolországi ismertetések precíz leírást adjanak róla. Ennek ellenére az interneten, sőt még komolynak tűnő kiadványokban is számos pontatlan, vagy kifejezetten téves megállapítás található róla. Pl. Az egyik ismert spanyol kiadó, az Espasa *Las lenguas del mundo – A világ nyelvei* c. vaskos kötete (Moral 2002) ugyancsak felületes leírást tartalmaz róla. Még rosszabbul jár benne a magyar, amelyről ilyen megállapításokat találhatunk ebben a kézikönyvben: „Los nombres [...] se declinan en cinco casos: nominativo, acusativo, dativo, ilativo, conminativo", vagyis „A névszók öt esetben ragozódnak: nominativus, accusativus, dativus, ilativus, comminativus" (Moral 2002: 239). Ezek után már azon sem csodálkozik az ember, hogy a spanyol, ill. katalán akadémiai értelmező szótárakban található definíciók alapján arra a következtetésre lehet jutni, hogy jelentésbeli különbség van a spanyol *húngaro* és a katalán *hongarès*, illetve *magiar* szó között (ez utóbbit spanyolul *mahiar*-nak, katalánul pedig *mazsiar*-nak ejtik). A katalán akadémiai szótár legújabb kiadásában (DIEC2) a *magiar* címszónak csupán harmadik jelentésárnyalata utal az *hongarès* címszóra, pontosabban annak harmadik jelentésére: 'Llengua uraliana parlada a Hongria [Magyarországon beszélt uráli nyelv]'. Ennek alapján a szótárhasználó azt gondolhatja, hogy a *magiar* szócikkben az első és a második helyen szereplő jelentésnek („individu d'un poble que envaí i conquerí Hongria el segle IX" i „relatiu o pertanyent als magiars" – vagyis: 'egy a Magyarországot a IX. században elözönlő és elfoglaló nép tagja', illetve 'a magyarokkal kapcsolatos vagy rájuk vonatkozó') nincs köze az *hongarès* szóhoz. A spanyol akadémiai nagyszótárban (DRAE) pedig egyáltalán nincs semmiféle utalás a két szó közötti kapcsolatra és egy, a nyelvre vonatkozó megállapítás („se dice del individuo de un pueblo de lengua afín al finlandés, que habita en Hungría y Transilvania" [egy Magyarországon és Erdélyben lakó, a finnel rokon nyelvet beszélő nép egy tagjáról mondják]) megerősíti azt a benyomást, hogy két különböző népről (*húngaro*, illetve *magiar*) van szó, akik nem is ugyanazt a nyelvet beszélik. Valószínűleg így gondolták a szótár korábbi CD-ROM változatának szerkesztői is, mert abban az etimológiák közt keresgélve azt találjuk, hogy a spanyolban két szó (*chaco, paprika*) az *húngaro*-ból származik, a *coche* szó pedig a *magiar*-ból...

Mint említettem, a baszkot több nyelvvel, ill. nyelvcsaláddal (ibér, afrikai, kaukázusi, valamint a finn-ugor nyelvekkel), s köztük a magyarral is rokonították. Az Internetes vitafórumokon olvasható vélemények azt mutatják, hogy a baszk-magyar rokonságban még ma is jónéhányan hisznek. Illyés Gyula *Hunok Párizsban* című regényében ezt a feltételezést óvatosabban így fogalmazta meg: „A magyarság a világon csak a baszkok önzetlen barátságára számíthat, mert nyelvükkel, származásukkal éppoly árvák, mint mi, s *ezen az alapon* még rokonságot is kiderítettek" (Illyés 1970: 83. – Kiemelés tőlem: MK). Ugyanebben a regényben olvashatjuk a következő mondatot: „S mit tud a világ a baszkokról, a rokontalan baszk nyelvről, Európa legősibb és legkifejezőbb nyelvéről?". Mi magyarok szerencsésnek mondhatjuk magunkat, mert hála Ribáry Ferencnek már 1866-ban Pesten napvilágot látott egy baszk nyelvtan (Ribáry 1866), amely tíz évvel később francia fordításban is megjelent Párizsban (Ribáry 1877). Ribáry Ferenc (1827–1880) nevét ma Magyarországon kevesen ismerik, pedig Budán utca van róla elnevezve. A nyelvtan francia változata kapcsán a kor két jelentős baszk nyelvésze, a fordító J. Vinson és L.-L. Bonaparte folytatott vitát. Bonaparte, a kor egyik legkiválóbb nyelvésze, a baszk dialektológia atyja, egy külön kiadványban is reagált Vinson megjegyzéseire (Bonaparte 1877). Egy 1877 június 14-én kelt – a *Nemzeti Hírlap*ban magyarul publikált – levelében a következőket írta Ribárynak: „Kedves Ribáry ur! Épen most jelent meg egy kritikai birálatom Vinson ur megjegyzései fölött, melyeket ő az ön baszk nyelvtanulmányának francia forditása mellé adott. Vinson urnak néha igaza van ön ellenében, de gyakran hibáz ő és önnek van igaza. A tudomány és különösen az igazság szeretete kötelességemmé tette, hogy Vinson urnak tévedéseit a baszk nyelvre nézve helyreigazitsam. Védelmezem is önt, feltüntetve az ő hibáit, a hol önnek állitólagos hibáit helyreigazitva, téved." (K.K. 1887; l. még Morvay 2006 és 2009).

A korabeli magyar kritika elismeréssel fogadta Ribáry munkáját, amelyről a Magyar Tudományos Akadémia nyelv- és széptudományi osztályának ülésén Hunfalvy Pál számolt be. A *Pesti Napló* hasábjain 1866. május 9-én megjelent cikk nyomtatott formában is közreadta az összefoglalót:

„Magyar Tudom. Akadémia
April 23 án a nyelv- és széptudományi osztály tartott ülést.

Toldy Ferencz és Hunfalvy Pál olvastak.

[...] Hunfalvy *Ribáry* Ferencznek a baszk nyelvről beadott munkáját ismerteté meg. A baszkok vagy vaszkok, kik magukat *euszkaldunak*-nak, azaz beszélőknek nevezik, más népeket pedig *erdaldunak*-nak, azaz idegeneknek, a pyrenei hegyeken laknak Spanyol- és Francziaországban, mintegy 350 m.földnyi téren, és számuk 800,000-re megy, jóllehet, nem mindnyájan beszélik már a baszk nyelvet. Ők, a baszkok, Európa legrégibb lakosaihoz tartoznak, és Humboldt Vilmos véleménye szerint, hihetőleg az iberek maradványai. Nyelvük egyikéhez sem tartozik a három nagy nyelvfajnak, mert az sem nem árja, sem nem sémi, sem nem áltaji. Sokan az áltaji nyelvekhez, vagy, mint mondani szokták, a finnekhez számítják,*) ámde szorosabb tekintet azt mutatja, hogy a baszk nyelv saját, az áltaji nyelvekétől nagyon különböző alkotásu. [...]

A baszk nyelv feltünőbb sajátsága az igében rejlik. Vegyük az **eu-ke** birni, vallani (habere) igét ; ennek csak az **e** vagy **a** hangja marad meg, melyet a tárgyi jelölő **d**=azt, s a személyi vagy alanyi névmások közbe vesznek, igy: ***d-e-t*** hoc habeo, mintegy: hoc habe-o, ***d-e-zu*** hoc habes, ***d-u*** hoc habet, az alanyi névmás hiján ; ***d-e-gu*** hoc habemus, ***d-e-zute*** hoc habetis, ***d-u-te*** hoc habent. Legyen más példa : *ekarri* hozni, ebből lesz : *d-akar-t, d-akar-zu, d-akar,* *d-akar-gu, d-akar-zute, d-akar-te,* hozom, hozod, hozza stb. E két példában a szó elején álló **d** a tárgy jelölője, csak egyes számot fejez ki ; de a nyelv annak többes számát is ki birja fejezni, mit azonban, ha jól értesit Ribáry, nem a **d**-n eszközöl, ahhoz adván a többes szám jelölőjét, hanem ezt, mely **zki**, külön az ige után teszi, igy *d-akar-**zke**-t* hozom azokat, ***d**-akar-**zki**-zu* hozod azokat, ***d**-akar-**zki*** (az alany hiján) hozza azokat ; ***d**-akar-**zki**-gu, **d**-akar-**zki**-zute, **d**-akar-**zki**-te.* S a nyelv még többet fejezhet ki ; kifejezheti, hogy kinek mit tesz az ige, péld. okáért *d-akar-zu-t* én hozom azt neked, *d-akar-zki-zu-t* én hozom azokat neked ; *d-akar-zut-et* én hozom nektek azt, *d-akar-zki-zutet* én hozom nektek azokat stb. E kis mutatványból is kiveheti a nyájas olvasó, hogy mi roppant nagy számmal lehetnek a baszk ige-alakok.

Ribáry F. még folytatni fogja tanulmányainak közlését, mely a magyar nyelvtudománynak becses adaléka lesz."

(*Pesti Napló*, 17. évi folyam 106, 4816 [szám] Szerda, május 9. 1866)

---

*) Legujabban Bonaparte Lucián is, „Langue Basque et langues Finnoises" czimü munkájában, mely Londonban 1862-ben jelent meg, a nyelvészek figyelmét az ezen nyelvek közt lehető hasonlatosságraforditá.

Az ismertetésben van ugyan néhány pontatlanság, ezek cáfolatára itt most nem térek ki. Egy a számnevekre és névmásokra vonatkozó részt el is hagytam, hogy ne kelljen hosszabb magyarázatokba bocsátkoznom. Megállapítható azonban, hogy Hunfalvy a baszk ige sajátos vonásait Ribáry leírása alapján helyesen foglalja össze, ami kétség kívül az első magyar baszk nyelvtanban található magyarázat érdeme. Általában elmondható, hogy ez a tanulmány, ha nem is hibátlan leírás, megfelel a kor nyelvészeti színvonalának. A mű francia fordításának megjelenését a korabeli sajtó még nagyobb lelkesedéssel üdvözölte. A Bonaparte Ribáryhoz írt leveleit közre adó szerző (K.K.) cikkét a következőképpen zárja: „Francia, angol és német szaklapok (L'Avenir, Nature, Ausland stb) is megjegyezték, hogy Ribárynak annyira sikerült a baszk ige bámulatos ragozásának megfejtése, mint még senkinek, mert megjegyzendő, hogy e nyelv igéjének mintegy százhusz különböző alakja van, s képes nemcsak a személyes névmások tárgyesetei [sic], hanem tulajdonitóit is magába olvasztani, melyeknek magyarázatát Ribáry előtt magok a baszk nyelvészek is sphynx megfejthetetlen talányának tartották" (K.K. 1877).

A *Pesti Napló* egy aláírás nélküli cikkében, hosszabban ír a nyelvtan francia fordításának megjelenése alkalmából. Érdekes megjegyezni, hogy a francia változat kiadási éve hivatalosan 1877, az említett ismertetés azonban, amelyet teljes egészében idézek, a pesti újság 1876. december 28-i számában jelent meg.

„IRODALOM, MÜVÉSZET
Egy magyar könyv
a franczia irodalomban.

(Essai sur la langue basque par François Ribáry. Traduit du hongrois avecdes [sic] notes complémentaires et suivi d'une notice bibliographique par Joseph Vinson. Páris, 1877. 8-ad rét XXV. és 160 l.)

Kevés magyar dolgozatot ér azon szerencse vagy megtiszteltetés, hogy francziára forditsák. Jókai egy-két regényét, s néhány más elbeszélést, vagy Petőfi egyik-másik magyaros zamatu eredeti dalát kivéve, a franczíák inkább csak hirből ismernek bennünket. Azonban javul a helyzet, s e javulásnak egyik kitünő jele Ribáry Ferencz tizenötéves baszk tanulmányának forditása is. Vinson József, a lelkes fordító, Sareban, egy baszk ünnepélyen volt jelen, s ott d'Abbadie Antallal, a tudós nyelvésszel és a baszk irodalom mecaenásával beszélgetett e kis nép literatúrájának és nyelvészetének fejlődéséről. Beszéd közben megjegyzék, hogy Németország igen keveset tőn a baszk nyelv vizsgálásában. Ekkor jutott eszébe d'Abbadienak, hogy Bonaparte Lajos-Lucián herczeg egy magyar tanulmányra figyelmeztette őt, mely Pesten jelent meg. Azonban d'Abbadie gazdag könyvtárában ez nem volt meg. A forditó, ki ugy is többször fordult nyelvészeti dologban a tudós herczeghez, most tőle kérte el a magyar dolgozat teljes czimét. A mint ezt megtudta, azonnal két barátjához fordult. Egyik az ismert nyelvész Hovelaeque Abel vala, ki pár hóra rá Magyarországba utazott, másik az akkori temesvári franczia consul, Picot Emil. S két barátja segitségével megkapta Ribáry keresett dolgozatát. A munka meglepte. Ő a ki szélesen és mélyen ismeré a baszk nyelvészet irodalmát, oly jeles tanulmányt látott a magyar tanár munkájában, melyet nagyon érdemes lenne megismertetni a tudós világgal. Nem mintha nem volnának benne egyes pontatlanságok és tévedések, sőt tekintve, hogy a szerző oly távol munkálkodott a baszk nyelv hazájától, hogy oly kevéssé jeles forrásokból dolgozott, csoda, hogy több nem fordult elő benne, mégis annyi kitünő sajátsága van és igazán tudományos szellem vonul végig rajta és a baszk igének, a modern nyelvtudomány e félelmes sphinxének, annyira módszeres elemzését foglalja magában, hogy kiváló gonddal fogott hü fordításához. Nem is igen változtatott rajta, megjegyzéseit és javitásait a dolgozat végéhez csatolta, hol egyszersmind a baszk nyelvtudomány bibliographiáját adá. E könyvjegyzék nem akar teljes lenni, mert a forditó épen most dolgozik egy nagy és lehetőleg tökéletes bibliographián.

A forditó becses dolgozata a huszonöt lapra terjedő előszó. Ebben az *öszkara* (baszk) népnek, nyelvének és lakhelyének elég bő ismertetését nyujtja. A pyrenei hegység e kis népe Bonaparte Lajos Lucian számitása szerint mintegy 800.000 lelket számlál, kikből 660.000 Spanyolországra, a többi Francziaországra esik. Számosan vándoroltak ki Mexikóba, Buenos Ayresbe és Montevideoba is. Az öszkara hangtana igen egyszerü, legtöbbször előfordulnak benne a sziszegő, az orr- és torokhangok ; a lágy mássalhangzók sokszor két hangzó között szerepelnek. Gyakran találkozunk vegyes hangokkal is. A mássalhangzók torlódását épen nem szeretik, és mint a magyarban, hangzót tesznek közéjük. A viszonyítás rendesen utóragokkal történik, de előragok is fordulnak elő benne. Névelőül a mutató névmás szolgál. A »mi« és »ti« nem többese az »én« és »te« személyes névmásnak, hanem külön egyedeknek látszanak. Birtokos névmásokat sem képeznek belőlük, nem mondják »házam« vagy »enyém ház«, hanem »az én háza«. Nincs nemök, de némely ragok csak élő lények neveihez járulhatnak, az igéknél pedig bizonyos ragokkal jelezik, ha férfihez vagy nőhöz akarnak szólani.

Igéik ragozása igen bonyolult, ugy hogy egyetlen ige-alakkal, kifejezéssel még sokkal több viszonyt képesek jelezni, mint mi magyarok tárgyas (határozott) ragozásunkkal, pl. *szeretlek, szeretem*. Egykor nekik is csak két módjuk (a jelentő és foglaló), három idejök (a jelen, a félmult és az aoristus egy neme) vala, de nyelvük történeti élete alatt annyira kifejlett, hogy dialectusaikban tizenegy módjuk és kilenczven idejük van, mindegyikben két szám és három-három személy, és minden személy ismét változik a megszólitott egyéniség neme és állása szerint.

A baszk nyelv rendkivüli változékonyságának jele az, hogy alig van két község, melyekben egyformán beszélnének. Ez nem is lehet máskép oly népnél, melynek el kell felejteni saját nyelvét, hogy szomszédainak müveltségi fokára emelkedhessék. Bonaparte herczeg 24 szójárást különböztet meg a baszk nyelvben, melyeket Vinson szerint nyolczra, sőt háromra szállíthatni le.

A pyrenei hegyek kis népének nyelve, mint a fönnebbiekből látható, a ragozó nyelvek csoportjába tartozik, morphologiai tekintetben pedig az incorporáló és polysyntheticus nyelvekébe (az amerikai ny.) De azért nem lehet mondanunk, hogy közeli rokonok, mindaddig, míg a szóanyag rokonsága ki nincs mutatva, mint pl. a szanszkrit, a görög és a góth gyökök atyafisága ; már pedig a baszk nyelv szógyökeit napjainkig még nem találták meg más nyelvekben. Vinson erősen kikel azok ellen is, a kik az öszkara nyelvet az ugynevezett *turáni* csoportba szeretnék beosztani. Ezen olla potridába [sic[1]] sorozzák mindazt, a mi nem árja, semi vagy chinai.

A mi magát a forditást illeti, világosnak és hünek találtuk. Vinsont eleintén zavarni látszott a francziától eltérő magyar szókötés, de mint maga mondja, később megszokta, és könnyen, bár gondosan dolgozott.

(*Pesti Napló*, Esti kiadás 27. évfolyam. Budapest, Csütörtök deczember 28. 1876. 314. szám).

Befejezésül a magyar és a baszk között feltételezett egybeesések egyikéről szeretnék szólni, amelyről Ribáry leírásában is olvashatunk. Leggyakrabban a többes számú alany- és tárgyesettel (helyesen: az *Absolutivus*-szal) kapcsolatban szoktak a magyar nyelvre hivatkozni, mondván, hogy a többes szám jele mindkét nyelvben -*k*. Az egységes baszk nyelvben azonban, mint az a mellékelt táblázatban is látható, az eset képzése rendhagyó: ugyanis a többes számban az *Absolutivus* eset jele: -**A**- (-**E**- helyett) és ragja: -**k**- (zérómorféma helyett):

Köznevek ragozása – Élőlényt jelentő főnevek
A *katu* (macska) főnév ragozása

	Határozatlan ragozás	Határozott ragozás	
		Egyes szám	Többes szám
01	katu	katu**A**	katu**Ak**
02	katu**k**	katu**Ak**	katu**Ek**

[1] Helyesen: *olla podrida* – baromfihússal, sonkával, szalonnával, különböző zöldségekkel készült jellegzetes spanyol étel. Itt, átvitt értelemben, *vegyes felvágott*-nak lehetne fordítani.

03	katu**ri**	katu**Ari**	katu**Ei**
04	katu**ren**	katu**Aren**	katu**En**
05	katu**rekin**	katu**Arekin**	katu**Ekin**
06	katu**rentzat**	katu**Arentzat**	katu**Entzat**
07	katu**z**	katu**Az**	katu**Ez**
08	katu**rik**	----	----
09	katu**tzat**	----	----
10	katu**(ren)gatik**	katu**A(ren)gatik**	katu**Engatik**
11	katu**(ren)gan**	katu**A(ren)gan**	katu**Engan**
12	katu**(ren)gandik**	katu**A(ren)gandik**	katu**Engandik**
13	katu**(ren)gana**	katu**A(ren)gana**	katu**Engana**
14	katu**(ren)ganaino**	katu**A(ren)ganaino**	katu**Enganaino**
15	katu**(ren)ganantz**	katu**A(ren)ganantz**	katu**Enganantz**
16	----	----	----

Mint mondtam, az egységes baszkra vonatkoztatva ez a megállapítás téves. Nem szabad azonban elfelejteni, hogy – mint az Ribáry nyelvtanából, valamint a fordító, J. Vinson egyik megjegyzéséből is kiderül – a többes szám jele egyes baszk nyelvjárásokban valóban lehetett *-k*. A magyar szerző az aita ’apa’ szót a következőképpen ragozza: *áitakkin*, *áitakgatik*, *áitakgabe* (helyesen: *aitak gabe* ’az apák nélkül’), *áitetan*, *aitakaz*, *aitakez*, *aitakez*. Vinson hozzáteszi, hogy Irún és Fuenterrabia környékén fordulnak elő ilyen alakok: *gizon-ak* ’az ember-ek’: *gizon-ak-en* ’az ember-ek-nek a’, *gizon-ak-i* ’az ember-ek-nek’, stb. (l. Ribáry 1877: 16, valamint a 102. oldal 28. megjegyzését). Ez az eset jól mutatja, hogy bizonyos esetekben a tévhitnek tűnő véleményeknek is lehet további vizsgálatokat igénylő aspektusa.

* * *

Az embernek, s ezt már magam is megtapasztaltam, nyugdíjba vonulása után sincs nyugta: tovább foglalkoztatják kedvenc témái. Ezek kutatásához kívánok jó egészséget Ralf-Peter Ritternek, s természetesen a fiatalabb kollégáinak is.

morvayk@gmail.com
Bölcsészettudományi Kar
Spanyol Nyelvi és Irodalmi Tanszék
Eötvös Loránd Tudományegyetem

Irodalom

Bonaparte, L.-L., 1877, *Remarques sur certaines notes, certaines observations et certaines corrections dont M.J. Vinson a accompagné l'Essai sur la langue basque par F. Ribáry*, Franck (París) (= *Actes de la Société Philologique* 7/2), London.

Dálnoki [?], 1837, A' vaszkok. – *Athenaeum* (június 25): 401–403, 410–412.

DIEC2 [2]2007 = *Diccionari de la llengua catalana*, Institut d'Estudis Catalans, Enciclopèdia Catalana, SAU; Edicions 62, SA, Barcelona [http://dlc.iec.cat/].

DRAE [22]2001 = *Diccionario de la Real Academia Española*, Espasa Calpe, Madrid [http://www.rae.es/rae.html].

Illyés, Gy., 1970, *Hunok Párizsban*, Szépirodalmi Könyvkiadó, Budapest.

K.K., 1877, Bonaparte Lucián hg levelezése egy magyar tudóssal. – *Nemzeti Hírlap* (június 8).

Lénárd, S., 1969, *Egy nap a láthatatlan házban*, Magvető, Budapest.

Malherbe, M., 1995, *Les langages de l'humatité*, Éditions Robert Laffont, Paris.

Moral, R. del, 2002, *Diccionario de las Lenguas del Mundo*, Espasa, Madrid.

Morvay, K., 1999, Baszk. – Fodor, I. (főszerk.): *A világ nyelvei*, Akadémiai Kiadó, Budapest: 160–166.

Morvay, K., 2003 [2004], The Continuity of Basque (The situation of Euskara in our time). – Balaskó, M. / Balázs, G. / Galinski, Ch. / Pusztay, J. / Skujina, V. (szerk.): *European Profiles of Language Policy. Terminologia et corpora*, I, Berzsenyi Dániel Főiskola, Szombathely: 30–46.

Morvay, K., 2006, La noticia de Nemzeti hírlap. La correspondencia del pr. Luciano Bonaparte con un científico húngaro. – *Euskera* 51/2, Bilbo: 879–883.

Morvay, K., 2007, *Rövid baszk nyelvtan. Euskal gramatika llaburra*, L'Harmattan, Budapest [http://spanyolszak.elte.hu/HU/Baszk/BASZK%20NYELVTAN9.pdf].

Morvay, K., 2008, A baszk nyelvművelés. – Balázs, G. / Dede, É. (szerk.): *Európai nyelvművelés. Az európai nyelvi kultúra múltja, jelene és jövője*, Inter Kultúra, Nyelv- és Médiakutató Központ Kht. – PRAE.HU, Budapest: 35–42.

Morvay, K., 2009, Baszk. – Balázs, G. / Dede, É. (szerk.): *Európai helyesírások*, Inter Kultúra, Nyelv- és Médiakutató Központ Kht. – PRAE.HU, Budapest: 29–37.

Pesti Napló, 1866, 17. évi folyam, 106. szám (május 9.).

Pesti Napló, 1876, 27. évfolyam, 314. szám (december 28., esti kiadás).

Ribáry, F., 1866, A baszk nyelv ismertetése. – *Nyelvtudományi Közlemények* 5: 37–75; 426–474.

Ribáry, F., 1877, *Ribáry Ferenc Essai sur la langue basque par François Ribary. Professeur à l'Université de Pest* [Magyarból fordítva, Julien Vinson kiegészítő jegyzeteivel valamint bibliográfiájával.], F. Vieweg, Libraire-Éditeur, Libraire A. Franck, Paris.

Várkonyi, N., 1972, *Sziriat oszlopai*, Magvető, Budapest.

Kivonat

M. Malherbe francia nyelvész összeállított egy listát, amelyben egytől öt csillaggal jelöli az idegen nyelvek nehézségi fokát. A portugál, a spanyol és az olasz ezen a listán egy csillagos, könnyen elsajátítható nyelvnek számít. Két csillagos az angol, a román, de az indonéz és a nepáli is. Három csillagos a görög, a hindi, a holland, a lengyel és a német. A négy csillagosok között találjuk az arabot, a magyart, a finnt és a vietnámit. Öt csillagos nyelv, többek között, a japán, a kínai, a grúz és a baszk. Ez utóbbit, saját nevén az *euskarát*, számos nyelvvel, többek között a grúzzal és a magyarral is kapcsolatba is hozták. Előadásomban felidézek néhányat a baszkra vonatkozó hiedelmek közül, s bemutatok egy a két nyelv közötti – feltételezett – egybeesést. Korabeli dokumentumok alapján beszámolok az első magyar nyelvű baszk nyelvtan, Ribáry F. 1866-ban megjelent tanulmányának magyarországi fogadtatásáról; valamint röviden ismertetem a mű francia fordítása körül a fordító J. Vinson és L.-L. Bonaparte között kialakult vitát is.

Languages and Cultures in Research and Education
pp. 197–207

Nagy László Kálmán
(Kraków)

Vulgarizmusok a kortárs lengyel és magyar irodalomban

Már az írás címe felveti azt a problémát, milyen időkorlátok közé szoríthatjuk a *kortárs irodalom* (*literatura współczesna*) korszakhatárait. A terminus alatt a lengyel és magyar irodalomtörténet-írásban pár évtizeddel ezelőtt a XX. századi, később az 1945 utáni irodalmat értettük. Egyre inkább célszerűbb azonban tovább szűkítenünk a korszak határait, és a rendszerváltozás évét tartani egy olyan új irodalomtörténeti korszak nyitásának, amely a művek nyelvi megformálása és stílusa szempontjából is mérföldkövet jelentett. A rendszerváltozással összefüggő korszakhatár tehát nemcsak tematikailag, hanem a művek stílusa szempontjából is igen releváns, különösen a lengyeleknél.[1]

Az 1989 óta eltelt időszakot általában tematikusan szokás vizsgálni, azaz elsősorban abból a szempontból, milyen témák, szerzők jelentek meg, hogyan alakult az

[1] Kicsit visszatekintve: a XX. században mindkét nemzet irodalmára jellemző, hogy a korszakhatárok a történelem, illetve politika függvényében változtak, de a lengyeleknél ez a tendencia sokkal markánsabban jelentkezett, mint nálunk. Még a rendszerváltozás előtt mondta Jerzy Turowicz (1912–1999), az 1945 óta megjelenő krakkói „Tygodnik Powszechny" legendás alapítója és főszerkesztője, hogy „csak a cenzúrát ne szüntessétek meg, mert akkor nekem kell cenzorrá lennem". E szavakkal utalt a főszerkesztő a létező szocializmus kultúrpolitikájának perfid berendezkedésére, közvetve pl. a magyar viszonyokra, ahol – Lengyelországtól eltérően – nem létezett a cenzúra postacímmel és székházzal rendelkező intézménye, amit lehetett volna gyűlölni és kijátszani, hanem a könyv- és lapkiadók szerkesztői, illetve a szerzők „öncenzúrája" kötötte gúzsba a szellemi életet, ami adott esetben sokkal rosszabb volt, mint a lengyelek hivatala. 1989-ben a lengyelországi cenzúra egyik napról a másikra való eltörlése a Visztula mentén éppen ezért sokkal gyorsabb kulturális változást idézett elő, mint ahogy a magyarországi öncenzúra felszámolási folyamata során történt.

irodalom térképe. A lengyeleknél a változás nagyon karakteres volt, hiszen a nagy ország nagy kultúrájában nemcsak a szamizdat, a második nyilvánosság volt jelentős a hetvenes évek közepétől, hanem az emigráns irodalom is, amelynek alkotásai igen eltérő módon kaphattak publicitást. Bizonyos szerzőket, mint a világhírű Sławomir Mrożeket, '89 előtt is kiadták, míg mások, többek közt a sztálini munkatáborok borzalmas élményeit feldolgozó szerzők, a rendszerváltozásig tabu témát jelentettek, és a nevüket sem lehetett leírni. Mi, magyarok, kevesebb igazán jelentős emigráns szerzőt tudhatunk magunkénak, közülük első helyen kell említeni Márai Sándort, aki csak halála után foglalhatta el méltó helyét nemzeti irodalmunkban. A változás a magyar irodalomban tematikailag és stilisztikailag is lassabban zajlott le, mint a lengyeleknél, aminek elsősorban irodalmon kívüli, mindenekelőtt gazdasági, illetve szociális okai vannak.[2]

Referátumom keretei között most a kortárs irodalom néhány prózai és drámai művének nyelvi oldalát, azon belül a vulgarizmusokat kívánom kicsit közelebbről szemlélni és azt vizsgálni, vajon milyen okból és milyen kontextusban jelennek meg azok a legújabb alkotásokban. Itt és most csak néhány jellegzetes példa felvillantására van lehetőségem, de a téma mélyebb feltárása mindenképpen kihívást jelent az irodalom és a nyelv kutatói számára. A határtudományok (pl. irodalomszociológia) művelőinek is szembe kell nézniük bizonyos tabu-témákkal, pszichikai korlátokkal.

Gustaw Herling-Grudziński tette fel egykoron a kérdést a sztálini lágerekről szóló regénye, a *Más világ* kapcsán, vajon süllyedhet-e olyan mélyre az irodalom, hogy papíron örökítse meg a reálisan átélt borzalmakat. Herling-Grudziński dilemmája érthető volt, hiszen az alkotók egy része tehetetlenül állt a modern totalitárius rendszer ábrázolásának lehetséges módjai, elsősorban a szokatlan stilisztikai, nyelvi, illetve a lexikális elemek alkalmazása előtt. Pedig akkor, a XX. század derekán, az íróknak elsősorban nem a lexikális, hanem a szituatív vulgarizmusok, illetve az extrém horrorba illő naturalista élethelyzetek papírra vetése jelentett gondot.[3] Az

2 A rendszerváltozás hazánkban – az átlagpolgár szempontjából – lényegében nem hozott közérzetjavító változásokat. Lengyelországban, igaz, a gyakran emlegetett „sokkterápia" árán, de szinte egyik napról a másikra szűnt meg a magyarok számára ismeretlen áruhiány és sorban állás, illetve pár év múltán a piacgazdaság olyan pozitív elemei is jelentkeztek, amit mi, magyarok húsz év után sem érzünk. Az 1981-es hadiállapot óta folyamatosan romló életfeltételek miatt a lengyelek hamarabb megszabadultak a korábbi rendszer iránti nosztalgiától, de az egyenlőtlenebb fejlődés miatt az „új valóság" negatív következményei is markánsabban jelentkeztek, mint a Duna és Tisza mentén.

3 A lengyel lágerirodalomban sokan – paradox módon inkább a mítoszteremtő vonulat, nem pedig a „szolidáris emlékezet" vagy a „kővilág" koncepciójának képviselői – a szenvedés naturalista megjelenítésével kívántak elégtételt adni az áldozatoknak, illetve feltárni a lágerekről a „teljes igazságot". A legborzalmasabb jelenetek ábrázolása (gázkamrák kiürítése, az áldozatok elégetése, kannibalizmus, stb.), illetve a tábori élet konszolidáltabb perceinek bemutatása (szexualitás) nem járt együtt a foglyok „beszéltetésével", vagy ha igen, az „átlagfogoly" nyelvhasználata a háború előtti köznyelvi normákat, illetve a tábori argó keveredését (német és orosz szavak, nagyszámú eufemizmusok) mutatta.

1989 utáni irodalomban éppen fordított a helyzet: nem a totalitárius rendszer, hanem paradox módon a demokrácia léte implikálja a csípős, durva szavak használatát, mégpedig extrém élethelyzetek nélkül. Herling-Grudziński kérdését is megfordíthatjuk: vajon süllyedhet-e olyan mélyre a kutató, hogy az utca alantas, szitkozódó, obszcén, de az irodalomba belopakodó szövegeit veszi nagyító alá. Úgy vélem, igen.

Többek között Bohács Krisztina foglalkozott a témával *A káromkodás is önpusztító szenvedély* c. cikkében, és számtalan kérdést vet fel: nem tudni, „posztmodern útkeresés, vagy a művészet álruhájába bújtatott barbarizmus a szépirodalomban szereplő vulgarizmus? [...] Kinek kell felvennie a harcot a világjelenségnek számító nyelvi lealacsonyodással szemben?". Mivel én is ezt teszem most, igenlő választ adok arra, hogy a kutatók előtt ez a terület sem lehet feltáratlan, ugyanakkor tisztában vagyok a téma iránti fenntartásokkal. Nem vagyok nyelvész, csupán néhány gondolatot szeretnék megosztani arról, mi történik a mai lengyel és magyar irodalomban ezen a téren, műveikben hogyan reagálják le a szerzők a verbális kommunikáció változásait.

Tudjuk, hogy a napi kommunikációban sajátos szerep jut a vulgarizmusoknak, köztük a káromkodásnak, szitkozódásnak. Valamennyi európai kultúrában gondot jelent a napi kommunikáció egyre primitívebbé válása, nemcsak a magánéleti szférában, hanem a politikában, az üzleti, hivatali életben is. (Számos példát lehetne említeni: *elcsesztük*, *elkúrtuk*, vagy lengyel oldalról a *macie przerąbane / przejebane* kifejezéseket.) A korábban erős szitoknak, durva káromkodásnak számító szavak, vagy azok eufemizált változatai nyelvhasználatunkban egyre inkább teret nyernek (pl. *basszus*, *szívatás*, *zajefajny*). Nagy különbség van persze a lengyel és magyar káromkodási szokások között, azon túl is, hogy a magyar általában véve „káromkodósabb" nemzet a lengyelnél. A magyarok – objektív kutatási módszerekkel nehezen mérhető magas fokú káromkodási indexére többek közt Balázs Géza és Grétsy László hívta fel a figyelmet más európai nyelvek, illetve kultúrák kontextusában. Ennek okai nyilván a történelemben keresendők[4], híressé vált „hungaro-pesszimizmusunkban", illetve finnugor eredetű anyanyelvünk elzártságában, amely évszázadokon keresztül konzerválta és „házon belül" tartotta a legszaftosabb kiszólásokat. Nyelvünkben erősen jelen vannak az istenkáromló kifejezések (blaszfémia), ráadásul felmenőági rokonaikkal és szexuális tevékenységgel kapcsolatban, számos pejoratív jelzővel cifrázva, ami a lengyel nyelvből – vagy inkább nyelvhasználatból – teljességgel hiányzik. A durva magyar káromkodások lengyel tükörfordítása gyakorlatilag nem bír kommunikatív értékkel, attól függetlenül, hogy – mivel rendszerint nem frazeologizmusokról van szó, – szemantikailag interpretálható lenne. Még a legközönségesebben beszélő lengyelekben is olyan megdöbbenést kelt, hogy a szitok elveszíti eredeti funkcióját, mert a hallgatót leköti a bonyolult lexikális elemek köznapi tudat szintjén történő értelmezése, befogadása. A helyzetet „súlyosbítják" a magyarban használatos cselekvő, felszólító és

[4] Győrffy István néprajzkutató az 1930-as években az alföldi ember káromkodási szokásait a török elnyomásig vezeti vissza.

olykor műveltető igék, amelyek helyett a lengyel inkább személytelen vagy szenvedő alakokat, illetve igeneveket használ, mégpedig a szöveg szegmentálása szempontjából lényegesen kevesebb lexikai elemet beépítve. Miért fontos a káromkodási szokások vázlatos említése? Mert a köznyelvnek még ezen vulgáris elemei is teret nyernek az irodalmi művekben, filmekben és a színpadon. Művészetelméleti alapkérdés, illetve a közszereplés felelősségének sarkalatos pontja, hogy az úgynevezett normaadó műfajokban, így a szépirodalomban, filmekben, kortárs darabokban, illetve a média közszereplői esetében megengedhető-e a vulgarizmus. Sokak szerint a művészeket és a művészetet nem lehet korlátok közé szorítani, nem szabhatjuk meg, hogyan fejezze ki magát egy író. Ez kétségtelenül így van, mégsem sétálhat bele az öncélú trágárságnak, mint olcsó eszköznek a csapdájába.

A kutatók szerint a szitkozódás a verbális agresszió kifejezési módja. A megalázó, durva szavakkal a szitkozódó fél lealacsonyítja a másikat, befagyasztja kommunikációs képességét, vagy éppen felidegesíti és egy előre kitervelt tevékenységbe (verekedés) hajszolja bele.[5] Az irodalmi szövegekkel az a probléma, hogy ott a vulgarizmusok más szerepet játszanak. A nyomtatott forma mintegy prolongálja az agressziót, illetve a feszültség feloldását szolgáló obszcén kifejezések elveszítik pillanatnyi, mozzanatos jellegüket. A művekben a vulgarizmusokat két alapvető csoportra oszthatjuk. Az elsőbe a meglehetősen öncélúan használt vulgarizmusokat soroljuk, amikor a szerzők azokat megszokásból, a köznyelvhez való közeledés érdekében, népszerűségvágyból alkalmazzák. A második csoportba – köznyelvi szóval élve – az „indokolt" vagy stilisztikailag motivált vulgarizmusok tartoznak, amikor azok használata a jellem- vagy környezetábrázolás része. Itt azonban felvetődik a kérdés, milyen fokig ajánlatos realisztikusan követni, papírra vetni, s mintegy megörökíteni a vulgáris nyelvi elemeket, visszatérve a leíró realizmus vagy naturalizmus módszeréhez?

Jelen fejtegetésünkhöz elegendő, ha a vulgarizmus (*wulgaryzmy*) terminust egyszerűen köznyelvi értelemben használjuk. Vulgarizmusnak tekintjük azokat a lexikális, szemantikai, stilisztikai és kontextuális elemeket, amelyeket a nyelv anyanyelvi használójaként szubjektíve illetlennek, sértőnek, szégyenletesnek vagy közönségesnek érzünk, a nyelvi szituáció szempontjából pedig a következő csoportokba sorolhatóak: káromkodások, testrészek és állatok elnevezése vagy névátvitel (mocskos disznó, buta liba, stb.) a társadalmi együttélés írott vagy íratlan normáinak megszegése, szexuális és fiziológiai funkciók, halál, emésztés, kiválasztás, testváladékok. Az irodalmi szövegekben – akárcsak a viccekben – a verbális vulgarizmusokon kívül jelentős szerepet kapnak a szituatív vagy stilisztikai vulgarizmusok, amelyek tárgyi jelentése nem közönséges, de egyértelműen kifejezik a beszélő negatív viszonyát a megjegyzés személye, tárgya iránt. A kontextuális vulgarizmusok zseniális példájának tartom Péterfy Gergely *A régi Szebó* c. elbeszélését[6]. A mű a következő szavakkal kezdődik:

[5] Éppen ezt a célt nem éri el a magyar nyelv durva káromkodásainak lengyel tükörfordítása.

[6] In: Péterfy Gergely, *Félelem az egértől*, Liget Műhely Alapítvány, Budapest 1994.

– „Emlékszel?
– Hm?
– Mikor együtt vertük a farkunkat. Mi?
– Nem.”[7]

Az elbeszélés két szereplője a Budapest – Nyíregyháza között közlekedő vonaton találkozik. Egyikőjük – Gyuri – folyton visszatér az ifjúkori emlékekhez, a „csajok” megleséséhez, az öltözőben történt eseményekhez. Az olvasó éppen a közvetlen hangnemnek, illetve a kissé vulgáris stílusnak köszönhetően úgy érzi, régi, közeli barátok beszélgetéséről van szó, akik egykoron életük intim részleteit is megosztották egymással. A végén kiderül, nemcsak most, de régen sem tartotta őket össze semmilyen szál, és a találkozás inkább kellemetlen, mint örömteli. A búcsúzás után Szebó megnézi Gyuri névjegykártyáját, majd azt a következő megjegyzéssel dobja ki a vonat ablakán: „hogy ennek milyen hülye neve van”, azaz Gyuri vezetéknevére sem emlékszik.

Fussuk át röviden, mi játszhatott szerepet 1989 után a vulgarizmusok általános és rendkívül gyors elszaporodásában úgy a lengyel, mint a magyar köznyelvben és irodalmi nyelvben. A trágárság tömeges megnövekedése figyelhető meg a színpadon, gyakorlatilag alig van színdarab obszcén szavak nélkül. Ha nincs az eredetiben valami durva, akkor a színész teszi bele. Statisztikai adatokkal, az irodalmi szövegekben előforduló vulgáris elemek előfordulásának gyakorisági mutatóival nem rendelkezem, de a „fejlődés” akár egy szerző életművén keresztül is megfigyelhető. Tudjuk, hogy pl. a posztmodern szerzők általában kedvelik a vulgáris fordulatokat. Esterházy Péter *Termelési regény* (1979) c. művében még gyakorlatilag nem találunk vulgarizmusokat, míg újabb műveiben – *Egy nő* (1995), *Harmonia Caelestis* (2000), vagy *Semmi művészet* (2008) lépten-nyomon felbukkannak.

A rendszerváltozáskor nemzeteink szerencsére vér nélkül jutottak hozzá ahhoz a szabadsághoz, amiért elődeink hiába áldozták az életüket. A „szabadság” azonban a társadalmi normák és kötöttségek gyengüléséhez, az interperszonális kapcsolatok lazulásához vezetett. A verbális agresszivitás növekedésére kétségkívül hatással van több tényező is, többek között a médiában propagált rossz példaképek követése. Janusz Bańczerowski professzor a „Magyar Nyelv” hasábjain megjelent írásaiban arra tér ki, hogy a magyar társadalomban (de véleményem szerint a lengyelben is) végbemenő változások a nyelv és kultúra számára negatív következményeket is hozhatnak, amelyek elsősorban a nyelv kommunikációs, megismerési, kultúraalkotó és integrációs funkcióját érintik. A társadalmi és politikai élet demokratizálása, a piacgazdaság, a nemzeti hagyományok ellaposodása, a média és az internet különösen felgyorsítja a folyamatot.

A társadalmi normák változása törvényszerűen hozta a nyelvi normák fellazulását. A társadalmi folyamatok felgyorsulásával párhuzamosan a művek nyelvezete, stílusa is gyorsan változik, megerősítve az 1989-es korszakhatárt, ami

[7] Péterfy Gergely, *A régi Szebó*. In: Péterfy Gergely, *im.*, 103.

elsősorban politikai, másodsorban művészi. A rendszerváltozással megszűnt az a politikai-társadalmi helyzet, amely irodalmi szempontból megfelelő terepet és témát biztosított a szabadságért küzdő közép-európai váteszek számára. Egy sajátos, tematikus vákuumhelyzet alakult ki, amikor – legalábbis a lengyel szerzők – a XX. század során már másodszor „dobták le Kordián köpönyegét". Nem véletlenül emlegeti Tadeusz Konwicki *Czytadło* című regényében a főhős önironikus nosztalgiával a „régi szép időket", a rendőrség épületét, ahol egykoron kihallgatták, amikor ellenzékiként még szerette a „boldogtalan hazát", és szenvedni is képes volt érte. Korábban megszokott volt, hogy cenzurális (vagy autocenzurális) okokból az alkotók a metaforikus formanyelv világát választották, ami az „egymásra kacsintás" közösségét teremtette meg író és a befogadó között. Az irodalom romantikus-hazafias missziójának helyét a köznapi, egzisztenciális, és a cenzúra eltörlésének köszönhetően olykor teljesen új témák vették át. A társadalmi, politikai, világnézeti pluralizmus nemcsak az ellenséget tüntette el, hanem az irodalom társadalmat összekovácsoló uralmát is.[8] Az irodalomban eltűnt a létező szocializmus diktálta doktrinális hurrá-optimizmus, ami a korábban tabunak számító témák elszaporodását idézte elő. Az egykori tabu témák közt mindenképpen meg kell említeni a társadalmi devianciák (kábítószer, alkoholizmus, prostitúció, bűnözés, családon belüli erőszak, és azon belül nők és gyermekek fizikai bántalmazása, szexuális zaklatás, gyilkosság), valamint a korábban szemérmesen elhallgatott témák (szexuális másság) ábrázolását az irodalomban.

A magyar prózában is sokféle egyéni hang van jelen, köztük az elsősorban költőnek tartott, de prózaíróként is jelentős Parti Nagy Lajos. Műveit a nyelvi törmelékekből való építkezés, a szociolektusok állandó keverése, a populáris és elit irodalomból származó idézetekre való rájátszás jellemzi, írásai vulgarizmusokban is bővelkednek. *A hullámzó Balaton* (1999) c. novelláskötetét, *Hősöm tere* (2000) regényét, *A fagyott kutya lába* (2006) c. novelláskötetét említhetjük. (A címadó novellából és más írásaiból készült Pálfi György *Taxidermia* c. filmje, mely a 37. magyar filmszemle fődíját kapta.) Ezek a novellák a költészet és a próza határán álló, mesterien kimunkált szövegek, keverik a nyelvi szinteket a legmagasabbtól a legalacsonyabbig, telve vannak a mai magyar élet alapos ismeretével, fontos eszközük az irónia és a paródia, szeretnek eljátszani a nyelvi közlések, például a közhelyek kifordításával és a magyar irodalmi hagyomány átírásával. A roncsolt nyelv humoros formákat is ölt, ugyanakkor a mai magyar valóság szociografikus pontosságú leképezése is. A novellák különös figurákat mutatnak be, pl. egy testaranyozót, egy izompacsirta verőlegényt, egy „bányamosodást". Parti Nagy a stílusimitációnak, az ismerős irodalmi hangok és pontosan megfigyelt mindennapi nyelvi hordalékok – üledékek csúfondáros megidézőjének mutatkozik, mégpedig magával ragadó hangon.[9]

[8] Beata Guczalska, *Tajemnicza publiczność*, „Didaskalia", 1995/12.
[9] http://www.pim.hu/object.E1F26A49-1D97-4884-969A-C420D27801D4.ivy.

Ide sorolhatjuk a szintén önálló poétika felé tartó – korábban már említett – Péterfy Gergelyt is, többek közt az *A B oldal* (1998), *A tűzoltóparancsnok szomorúsága* (2000), vagy a *Bányató* (2004) c. könyvek szerzőjét. Kimunkált szerkezet és prózanyelv jellemzi írásait, gyakran választja témájául a fiatalok eligazodási nehézségeit az emberi viszonyokban, szerelmekben, barátságokban, életük összekuszálódását, céltalanságát.

Bartis Attila szintén előszeretettel használ vulgarizmusokat műveiben, különösen a legnagyobb kritikai visszhangot kiváltó regényében, *A nyugalom*ban (2001). A történet elbeszélő főhőse, Weér Andor maga is író, anyjával él együtt az 1970-es, 80-as évek Magyarországán. Az anyja az ötvenes években ünnepelt színésznő volt, de mára megőrült. A fiú egyre kétségbeesettebben próbál menekülni tőle. Egyben szembe kell néznie családja nyomasztó múltjával. Apja színikritikus volt és egyben ÁVÓ-s, 1956-ban elhagyta az országot. A főhős ikernővére szintén Nyugatra emigrált 15 éve, az anya a lánya disszidálása miatt nem kap szerepeket, ezért szimbolikusan eltemeti a lányát, és azóta nem lép ki a lakásából. Az ikernővér öngyilkos lesz, helyette a fiú küld levelet anyjának, aki rájön a cselre, és üres lapokat küldözget vissza. A fiú ócska kalandok után találkozik (a beszélő nevű) Fehér Eszterrel, ám szerelmük is kevés ahhoz, hogy őrült helyzetéből menekülni tudjon. Eszter gyereket szeretne tőle, ő nem egyezik bele, a gyereket elvetetik. Eszter ideggyógyászatra kerül, ő Eszter lakásába költözik, anyja magára hagyottan meghal. Eszter visszaköltözik a falujába, Erdélybe. A fiú történeteket ír, melynek kiadói szerkesztője apja hajdani szeretője, akivel a fiú is rendre lefekszik. Ezekben a részekben – ahogy Bartis elemzői is megjegyzik – hemzsegnek az obszcén kifejezések.[10] A történet felkavaró, a légkör megrajzolása igen hatásos. Néhány részben az újabb angolszász prózában is jellemző radikális, erőteljesen sokkoló írásmód jelenik meg. Az akár szimbolikusnak is tekinthető elemek (vér és takony, szexualitás és halál, paranoia és beteges fantázia) uralják a regényt, s egy kicsit háttérbe szorítják a történetet.

Nádasdy Ádám költőként vált ismertté, 1984-ben debütált, verseinek beszélője érzelmes, sértődékeny, szeretetigényében, önfejűségében emberi. Későbbi köteteiben mondja ki egyértelműen, hogy szerelmesei férfiak, s ezzel párhuzamosan, a kilencvenes évek közepétől kezdve ír novellákat a melegek (szerelmi) életéről, s válik a meleg közösség tevékeny tagjává. Napilapokban és folyóiratokban jelenteti meg a melegséget és az azt övező titkolózást, hallgatást tárgyaló publicisztikáit, melyek hozzájárultak a közvélemény formálásához, a másság társadalmi elfogadásához.

Az említett szerzők felvetik a rendszerváltás után jelentkező morális problémákat, az axiológiai kategóriák összemosódását, illetve a korábban doktrinálisan és mesterségesen életben tartott fogalomkör elszürkülését. A művekben a múlt és a politika csak a háttérben jelenik meg, de valahol mutatja a szereplők gyökértelenségét, a korábban stabilnak hitt vagy remélt kapaszkodási pontok eltűnését.

10 Vö.: Horváth, Gs. / Kiss, N. / Parragh, St. (szerk.), *Kortárs irodalmi olvasókönyv*, Budapest 2005, 15.

Az 1989 utáni lengyel prózában egész vonulatról beszélhetünk, amelyet a kritikusok és irodalomtörténészek „botránykeltő" vonulatnak neveznek. A botránykeltés egyik sajátossága – a klasszikus irodalomtól kezdve – a vulgáris nyelvi elemek térhódítása. A botrány mobilizáló hatása éppen abban rejlik, hogy lebontja a sztereotípiákat, megsérti a tabu szféráját, és társadalmi diskurzust kezdeményez korábban szégyenletesnek tartott jelenségekről.[11] Többek közt Natasza Goerke[12], Manuela Gretkowska[13], Jerzy Pilch[14], vagy kisebb mértékben Andrzej Stasiuk életműve tartozik ide. Ma már valamennyien befutott írók, könyveiket magyarra is fordítják. Műveik egyszerre érzékeltetik a rendszerváltozáshoz fűződő elvárásokat, mítoszokat, illetve annak folyamatát, hogyan tudják a lengyelek „felhasználni" a szabadságot. A mítoszok között talán legkarakteresebben az jelentkezett, hogy a rendszerváltozás automatikusan eredményezi a nemzet morális újjászületését. A „botránykeltő" szerzők többek közt ezzel a mítosszal számolnak le, és az olvasók figyelmét azokra az újonnan jelentkező morális problémákra irányítják, amelyek létrejötte épp a rendszerváltozáshoz kapcsolódik. Műveikre jellemző a „polgárpukkasztó" látásmód, az 1989 utáni társadalmi és gazdasági állapotok görbe tükörbe való állítása.

A „botránykeltés" ténye ma már nem jelent egzisztenciális gondot a szerzőknek. Konferenciánk óta, 2010 januárjában hunyt el Jerome David Salinger, akinek *Zabhelyező* c. könyvét 1951-ben Amerikában betiltották. A második világháború utáni korszakban éppen Salinger emelte fel a szabadszájúságot és az utca nyelvét a magas irodalomba. 1989 után, Közép-Kelet-Európában sokan, akárcsak a *Zabhegyező* lázadó főhőse, Holden Caulfield, a múlttól és annak értékeitől már eltávolodtak, de jövőképpel még nem rendelkeznek, és nem találják helyüket az új valóságban. A lengyel „botránykeltő" szerzők egy része éppen a korábbi axiológiai kategóriák összeomlására világít rá. Másrészt, és erre Andrzej Stasiuk prózája a bizonyíték, a kollektív emlékezet számára igyekeznek megmenteni egy letűnőben lévő világot, mintegy mítoszt építve köré. Stasiukkal polemizál Daniel Odyja, akinek *Tartak* (2003) c. regénye a vidéki élet szélsőségesen pesszimista képét közvetíti. A mű szokatlanul vulgáris nyelvezete a közvélemény felrázását szolgálta.

A lengyel irodalom sajátossága, hogy a pozitivizmus korszakától kezdődően jelentős számban képviseltetik magukat a női írók. A „botránykeltők" közt is akadnak hölgyek, akiknek műveit a kutatók egyben a *gender* témakörében tárgyalják. Gretkowska *Polka* c. regénye a szerző terhességének történetét meséli el, de nem

[11] Lásd, uo.

[12] Natasza Goerke, *Fractale. Sklepy prześcieradłowe* (1994), *Księga pasztetów* (1997), *Pożegnania plazmy* (1999), *47 dni na odlew* (2002).

[13] Manuela Gretkowska, *Kabaret metafizyczny* (1994), *Podręcznik do ludzi* (1996), *Namiętnik* (1998), *Światowidz* (1998), *Silikon* (2000), *Polka* (2001), *Sceny z życia pozamałżeńskiego* (2003), *Europejka* (2004), *Kobieta i mężczyźni* (2007).

[14] Jerzy Pilch, *Spis cudzołożnic* (2002), *Upadek człowieka pod Dworcem Centralnym* (2002), *Moje pierwsze samobójstwo* (2006), *Wakacyjna miłość* (2008).

a gyermekvárás emocionális vagy pszichológiai oldaláról, hanem a fiziológiairól megközelítve az élményeket.

A kortárs lengyel dráma szintén gyorsan reagált az új kihívásokra, olyan művekkel, mint Krzysztof Bizio, *Porozmawiajmy o życiu i śmierci*[15], *Toksyny*[16], Wacław Holewiński, *Znieczuleni*[17], Paweł Jurek, *Pokolenie porno*[18], Andrzej Kopacki, *Kokaina*[19], Ireneusz Kozioł, *Spuścizna*[20], Andrzej Pieczyński, *Zabić was to mało!*[21], Marek Pruchniewski, *Łucja i jej dzieci*[22], *Wesołe miasteczko*[23], Jan Purzycki, *Kufehek*[24], Ingmar Villqist, *Beztlenowce*[25], *Bez tytułu*[26], *Noc Helvera*[27].

Két röviden kiragadott példa: Wacław Holewiński *Znieczuleni* c. drámájában például a társadalmi devianciák szinte összes típusa előfordul. A cím arra utal, hogy a varsói bérház lakói közönnyel figyelik a patologikus család tragédiáját, amely brutális apagyilkosságba, az áldozat felnégyelésébe torkollik. A szellemileg elmaradott fiúgyermeket az apja nyomorította meg kiskorában, amikor tanúja volt lánytestvére szexuális molesztálásának. A szerző a patologikus viselkedés család- és társadalomromboló hatására akarja felhívni az olvasók (nézők) figyelmét, távol tartva magát a társadalmi tudatban kódolt sztereotípiáktól pl. a brutális apa, illetve a szenvedő, angyali jóságú anya és az „ártatlan" gyermek mítoszától. A drámában az anya is alkoholista, igyekszik védeni deviáns élettársát, az áldozatot („nem mindig volt részeg, reggel nem"). Az apagyilkosság egyéb drámákban is előfordul, többek közt Krzysztof Bizio *Toksyny* című darabjában. Az egyéni tragédiák ábrázolásában a hagyományos családmodell felbomlását, válságát vetíti előre a szerző, aki úgy kreálja hőseit, hogy azok nemcsak egymással, de külvilággal sem képesek kommunikálni. Nem meglepő, hogy a dráma nyelvezetében a vulgarizmusok igen nagy szerepet kapnak.

Az említett magyar és lengyel szerzők írásaiban egyaránt elmosódik a határ az irodalmi nyelv, a köznyelv, a szleng, a zsargon és a vulgarizmusok között. A művek azt bizonyítják, hogy az alsóbb stílusrétegek egyre inkább teret nyernek az irodalomban. Az átalakulás újraértelmezteti az olvasóval a korábbi műfaji és stíluskate-

15 „Dialog" 2000/12: 53–70.

16 In: Henryk Sułek (szerk.), *Pokolenie porno i inne niesmaczne utwory teatralne. Antologia najnowszego dramatu polskiego w wyborze Romana Pawłowskiego*, Kraków 2004, 25–69.

17 „Dialog" 2004/9: 12–59.

18 In: Henryk Sulek, *im.*, 75–94.

19 „Dialog" 2003/5: 5–24.

20 „Dialog" 2005/1: 5–25.

21 „Dialog" 2000/9: 17–36.

22 In: Henryk Sulek, *im.*, 193–241.

23 „Dialog" 2004/5: 5–36.

24 „Dialog" 2004/1: 16–44.

25 „Dialog" 2000/11: 5–53.

26 In: Henryk Sulek, *im.*, 371–394.

27 „Dialog" 2000/3: 29–51.

góriák fogalmát. Az önvizsgálat, a „gyökértelen" hősök sorsa, az individuum előre törése a közösségi hős rovására érzékenyen mutatja a társadalom atomizálódását. A művekben ábrázolt világ átgondoltatja velünk a fabuláris rituálék változását. A fabula – ha az egyáltalán létezik a korábbi irodalomelméleti fogalmak szerint – egyre kevésbé kötődik az általánoshoz és az emlékezetben reprodukálhatóhoz, előtérbe kerül az egyéni, illetve „elmondhatatlan". A politikai pluralizmus a korábbinál nagyobb mértékben és gyorsabban feszíti az irodalmi kánon fogalomrendszerét, hiszen a kánon lassan eltűnik, átalakul, egyre kevésbé karakteres, és egyre kevésbé mutatja nemzeti sajátosságainkat.

A magyar (vagy lengyel) irodalom mint idegen irodalom egyetemi oktatásában sajátos gondot okoznak a vulgarizmusok. Hiába határozzák meg egzakt módon nyelvészeti kézikönyveink és szótáraink a vulgarizmus fogalmát, végső soron definiálhatatlan, mitől durva, csúnya vagy illetlen egy kifejezés. A prozódiai elemeknek csak a nyelv anyanyelvi használói számára van jelentőségük, miután a vulgarizmus hangképét agyunk összekapcsolja a jelentéssel. Ez az evidens megállapítás a szókészlet legtöbb elemére vonatkozik. A magyarok számára például a lengyel *dzianina* (ruhaszövet) köznév – hangzása alapján – széphangzású női keresztnévre (Janina) emlékeztet. A lengyelek viszont nem „érzik" a szexuális aktus népszerű, de durva magyar megfelelőjének stílusértékét, mert a prozódiai elemek alapján agyuk inkább az egyik délszláv ország (Bosznia) elnevezésével köti össze. A magyarul kiválóan beszélő lengyelek számára is – a magyar [a], illetve lengyel [o] hang igen hasonló ejtése miatt – nehézséget okoz a „szoros" és „szaros" és melléknevek beszédben történő megkülönböztetése. Másrészt – és ebben az egynyelvű értelmező szótárak sem igazíthatnak el – az irodalmi szövegekben igen gyakran nem verbális, hanem szituációs, kontextuális, illetve szemantikai vulgarizmusokkal van dolgunk. Ha a lengyel anyanyelvű egyetemi hallgató először műfordításban ismer meg bizonyos magyar irodalmi művekben szereplő vulgarizmusokat, később az eredeti olvasása valóságos sokkhatást okozhat. Ha először magyar eredetiben találkozik az obszcén kifejezésekkel, komoly problémák lehetnek a szöveg megértésével, és a stílusérték helyes megítélésével. A magyar nyelvhasználó ingerküszöbe lényegesen magasabb, ezért a lengyelek számára nagyon vulgáris vagy obszcén kifejezés számunkra sokkal enyhébb. Mivel a magyar köznyelv sokkal több – főként összetett, „cifrázott" trágár elemet tartalmaz, mint a lengyel, a magyar anyanyelvű, lengyelül tanuló olvasót fordítva érinti ez a probléma. Egyszerűen nem érzi, hogy egy „kötőszóként"[28] használt

[28] Erősen szubjektív, de sokéves empirikus tapasztalaton, illetve tudatos odafigyelésen alapuló megjegyzés: a magyar – fonetikusan írva – *bazdmeg* (sajnos felszólító ige) adekvát szituációs párja a lengyelben a (szerencsére) személytelen *kurwa* főnév. De míg a magyar kifejezés – egyes vagy többes számban – még a felsőbb értelmiség (elsősorban férfiak) bizalmas közlési formáiban – különösebb indulatok nélkül is – igen gyakran elhangzik, lengyel megfelelőjét e sorok írója sokéves lengyelországi tartózkodás során, hasonló társadalmi közegben (egyetem) egyszer sem hallotta. Sem kollégáktól, sem a hallgatók egymással folytatott kommunikációja során. A munkahelyeken elhangzó vulgarizmusok

trágár kifejezés sokkal súlyosabb stílusértékkel bír a lengyelben, mint a magyarban, más társadalmi rétegek használják és más kommunikációs szituációkban.

Jelen cikkben csak vázoltam egy elég bonyolult problematikát. Nem prüdériából, de lényegében tartózkodtam a konkrét példák, az obszcén kifejezések említésétől. Nem kívánok részt venni a vulgarizmusok továbbadásában oly módon, hogy kiragadom azokat az irodalmi szöveg kontextusából. Igyekeztem nyelvművelőink példáját követni, akik rádiós előadásaikban nem használnak durva kifejezéseket. Az irodalmi nyelv további változásainak sorsát nehéz előre látni. Előfordulhat, hogy az olvasó csömört kap a művekben található vulgarizmusoktól, és szerzői oldalról megkezdődik egy visszarendeződés, igazodás a klasszikusok, pl. az Arany János által közvetített nyelvi normákhoz. Megtörténhet persze az ellenkezője is: az ifjúság pár év múlva alig érti majd váteszeink nyelvét.

laszlo.nagy@uj.edu.pl
Katedra Filologii Węgierskiej
Uniwersytet Jagielloński

tudományos eszközökkel nem kutathatóak, a kutatási eredmények igen kevés haszonnal bírnának. Mindemellett igen érdekes lenne megvizsgálni, milyen szavak hangzanak el a munkanap kezdetétől a végéig pl. egyetemi folyosót nyári szünet alatt festő szakmunkások között Lengyelországban, illetve Magyarországon. A verbális kommunikáció egzakt vizsgálatához többek közt a résztvevők lehallgatására lenne szükség. A szépirodalmi művekben fellelhető vulgarizmusok részben ezt a problémát „oldják" meg, visszaadva bizonyos társadalmi csoportok konkrét szituációkban használt nyelvezetét.

Languages and Cultures in Research and Education
pp. 209–218

Michał NÉMETH
(Kraków)

The Role of Borrowing Routes in Defining Loanwords as Hungarisms in Polish Dialects

The debate on Hungarian loanwords in Polish has been going on for many years and began in 1888 when I. Halász published the first part of his article entitled *Magyar elemek az északi szláv nyelvekben* [= Hungarian elements in the Northern Slavic languages] which dealt with Hungarian words found first and foremost in Slovak, but also in Czech and Polish lexicon. This early study, although written with good etymological intuition, bestowed very little attention to the borrowing routes of Hungarian words, in most cases simply enumerating their Slovak, Czech and Polish equivalents, but rarely attempting to elucidate their historical or phonetic backgrounds of the borrowing-mechanisms. Later on the same broad definition of Hungarism is observable in the works of such Polish scholars as L. Malinowski (1893) or even A. Brückner (1907, 1917a, b) where the lists of "Hungarian loanwords" contain practically all the words that Polish and Hungarian lexicon commonly possess (and obviously not being Slavic loans into Hungarian) regardless of the real donor language.

In subsequent years the question of borrowing channels was described in more detail, although they were not always fully appreciated in etymological research. A good illustration of this is A. Zaręba's article (1951), where the author mentioned the fact that the lexical material presented by him could be grouped according to the borrowing routes as well (Cf. Zaręba 1951: 123), but he completely neglected this criterion when discussing the loanwords. Moreover, he claimed that the majority of Hungarian loanwords in Polish were taken directly from Hungarian without any mediation (Zaręba 1951: loc. cit.). *Nota bene,* this assertion directly contradicted what J. Reychman claimed in the same year, namely that the overwhelming majority of the relevant lexicon was loaned via, first and foremost, Slovak, Ukrainian or

Romanian mediation and that only a certain group of cultural words (connected, for example, to warfare or administration) originate directly from Hungarian (Reychman 1951: 204–207). The most recent work, attempting to compile the entire Hungarian lexical material can be found in Polish (both dialectal and used in literary language), is the monograph by R. Wołosz published in two parts in 1989 and 1992 which is not, however, free from these kinds of shortcomings either.[1] Even if the author points out on the first pages of his work that the discussed material contains also words loaned from Hungarian via other mediating languages (i.e. from Slovak, Ukrainian) and mentions that these are "of course formally Slovak, Ukrainian &c. loanwords" (Wołosz 1989: 217), the Slovak, Ukrainian etc. material has been taken into account slightly selectively.[2] In addition, in the second part of his work the author concludes – apart from the Slovak, Ukrainian etc. material compiled in the work – that, again: the majority of the Hungarian loans in Polish were taken directly from Hungarian without any mediation (Wołosz 1991–1992: 17).

The latter statement has to be revised in the light of the fact that the lexical material examined by all of the above-mentioned authors must be divided into two groups containing, on the one hand, words used in literary language (this group contains mostly historical and cultural terms) and, on the other hand, dialectal words used in the area where in the past mutual linguistic Hungarian–Polish contacts have taken place.[3] We will focus on the latter.

Given the fact that within the borderland referred to above, the intensive contacts of the local Polish-, Slovak- and Hungarian-speaking elements within the population resulted in relatively complex borrowing-mechanisms, one might easily assume that this section of Polish dialectology has already been described in detail. However, again not enough wide-ranging research has been undertaken in order to trace back this group of Hungarisms in Polish. For more than one hundred years the only monograph dealing with Hungarian lexical elements in Polish dialects was the above-mentioned work of L. Malinowski published in 1893. Unfortunately while the title of Sokołowska's article sounds promising (see references, 2003), the article itself is rather disappointing and adds no valuable data to the relevant matter; it only

---

1 While discussing the relevant bibliography we deliberately did not take a closer look at papers describing smaller parts of the lexicon in question, such as (to mention the more important ones) Kniezsa (1934), Słuszkiewicz (1951), Sulán (1964), Stachowski (2002b).

2 The bibliography lacks, for example, the six-volume dictionary of the Slovak language (SSJ) and some other relevant publications (e.g. Gregor 1970, Schubert 1982) providing further Slovak lexical material which could have thrown new light upon the etymological commentaries of such Polish words as *baciar* 'rascal', *boczkor* 'outsize, old shoe', *bunkosz* 1. 'thick sheep-crook'; 2. 'boor', *galer* 'collar', *chotar* 1. 'village's border'; 2. 'big field', *kocz* 'carriage', *korbacz* 'whip', *pipasur* 'pipestem', *szałas* 'simple hut used as temporary shelter, usually made of wood' &c.

3 This concerns first and foremost the Polish *Orawa*, *Spisz* and *Podhale* region, i.e. the former borderland between Hungary and Poland.

enumerates nineteen lexemes with a brief etymological commentary attached – not being free, in many places, from conspicuous lacunae. Needless to say, having only a few titles in its references, it fails to provide a good etymological summary.

Recently this situation changed as a monograph discussing the Hungarian elements in the Orawa-dialect was published, compiled by the present writer (Németh 2008).

Before we begin describing the role of borrowing routes in defining loanwords as being Hungarian we must briefly present at the outset the most frequent schemes[4] (as they were presented in the above-mentioned works) in the terms that we shall use in our discussion:

A) Pol. (< Slk. ~ Ukr. &c.) < Hung.
e.g. *bakańcie, bojtar, gombik, hasen*

B) Pol. (< Slk. ~ Ukr. &c.) < Hung. < SCr. < Ott. < Pers.
e.g. *baciar ~ beciar, gazda, pajtasz, ziwań*

C) Pol. (< Slk. ~ Ukr. &c.) < Hung. < It. < Lat. < Gr.[5]
e.g. *burginia, cedula, ceruzka, somar*

D) Pol. (< Slk. ~ Ukr. &c.) < Hung. < Germ.
e.g. *boczkor, fakla, galer, korchel*

Without doubt, not mentioning possible or definite mediating languages leads to omitting a link in the word-history, which is just as important as finding its final origin. Moreover, in most cases – in order to verify every single detail of a given etymology – the question of the mediator is simply essential. There is no escaping the fact that the phonetic, morphologic or semantic features of a loanword are to be explained mostly by the closest etymon only (see the examples given below);

4 These schemes obviously do not present all of the possible routes of borrowings. This can be illustrated by a small group of words being of non-Ottoman Turkic origin loaned via Hungarian (and possibly other mediating languages) into Polish, e.g. Pol. dial. *ciawa ~ tiawa* 'camel' < Slk. *ťava* id. < Hung. *teve* id., Pol. dial. *kołdosz* 'beggar' < Hung. *koldus* id., Pol. dial. *segin(ica)* 'beggar women' < Hung. *szegény* 'poor' (for. (Kiptchak-) Turkic origin of the enumerated Hungarian words cf. respectively EWU 1515, EWU 76, Berta (2005), Stachowski (2002a). Additionally, one may find words the history of which presents a separate model, e.g. Rom. *plăcíntă* 'pancake' > Hung. *palacsinta* id. > Slk. *palačinka* id. > Pol. dial. *pałacynka* id. Last but not least, however, internal Polish borrowings (between dialects and between dialects and literary language) may also have taken place, but we did not specify them in the sketches since we usually do not have philological evidence unquestionably proving them. Besides, we believe that a Slovak word taken from, for example, the *Podhale* to the *Orawa* region remains a slovakism in the Orawa-dialect since Polish and its dialect should be treated in this case as a whole.

5 The B) and C) sketches present, of course, several models each: in B) we have words being ultimately of Hungarian, Serbo-Croatian, Ottoman and Persian origin while C) contains all words finally being of Hungarian, Italian, Latin or Greek provenience.

moreover, finding the direct donor language is a much more reliable criterion than settling for the final source. Consequently, one should define as Hungarisms only those words which were taken directly from Hungarian and – logically – one cannot find any linguistic evidence inevitably proving mediation.

In view of what has been said above: **(1)** Pol. dial. *meru* '40' cannot be classified as a Hungarism loaned into Polish from Hung. *mérő* 'measure; an old Hungarian measurement of volume, which value varied according to the region it was used – used for expressing quantity of such loose materials as e.g. wheat' (cf. e.g. MNyÉSz VII 1277–1279) because undoubtedly the change of the final vowel (*-ő* > *-u*) took place in Slovak (similarly to e.g. Hung. *kettő* '2' > Slk. *ketu* id., cf. Gregor 1975: 443–445; Rocchi II 24), cf. Slk. (1554) *meru* '40' (HSSJ II 287); **(2)** the Polish dialectal word *gombik* 'button' cannot be treated as a Hungarian loanword since the diminutive suffix *-ik* has been attached to Hung. *gomb* 'button' on Slovak ground, cf. Slk. *gombík* (1589) 'button' (Gregor 1993: 38, 40; Rocchi I 106); and finally **(3)** the polysemic word *golyr* used in the Polish Orawa dialect can be considered only partly as a Hungarism, merely in the meaning of 'a part of a cow's neck from its muzzle to breast', while in the more common meaning of 'collar' it was loaned into Polish – in all probability – via Slovak mediation, cf. Slk. *golier* (1629) 'collar' (HSSJ I 381) and Hung. dial. *gallér* (1901) 'fur or feathers around animals' neck' besides the original meaning (1395) 'collar' (< MHG. *goller* ~ *koller* 'a part of the armour protecting the neck; ruff', EWU 443). These few examples are enough to show that in many cases we can find linguistic criteria clearly distinguishing Slovak, Ukrainian etc. loanwords from those which are indubitably Hungarian.[6]

While searching for the answer to the question why in early Polish works the question of mediation was neglected it is difficult to resist the statement that for Slavists or Polonists the Hungarian origin in many cases seemed to be simply more attractive than Slovak, Ukrainian or Romanian. Moreover, while within these works the Hungarian origin was emphasised, in many cases Polish dialectologists simply did not take into account works published in Hungarian. This established a kind of etymological tradition: a certain number of words erroneously – according to the definition given above – interpreted as Hungarisms were repeatedly added to such works and, consequently, not mentioning them in new publications gave the impression of omitting a considerable part of the relevant lexicon.

On the basis of the above facts theoretically it would be possible to present a transparent classification of the lexicon in question in terms of which one could show precisely which language was the donor language. But then one can find a good many Polish, Slovak, Ukrainian, Hungarian or Romanian words not differ-

[6] These criteria (phonetic, morphologic and semantic) are obviously not the only ones used to elucidate the origin of Polish dialectal words. Several other non-linguistic sifting criteria may be listed here – examples being the *negative criterion* (i.e. the simple fact if the word in question appears in any possible mediating language; if not: we can assume that the word was borrowed directly from Hungarian), geographical and cultural criteria.

ing from each other much or having exactly the same phonetic shape; moreover, in many cases the Hungarian word would be adopted in Polish phonetically in the same way as it would have been taken via a mediating language (first and foremost in Slovak). Furthermore, in most cases chronological evidence also does not allow us to reach definitive conclusions (as is usually the case in etymological research and especially in dialectology) and should therefore be treated as being merely supportive. The latter, finally, concerns also semantic criteria (in many cases the meaning does not change, or the relevant lexemes differ only slightly) as well as morphologic features. Therefore, in most cases we cannot provide phonetic or semantic, let alone morphologic criteria to distinguish the donor language.

May the following few examples suffice to corroborate what we have said above: **(1)** Pol. dial. *cyga* 'pulley' could be originated from Slk. *čiga* (1650) id. as well as from Hung. *csiga* (?1272, ca. 1395) id.; **(2)** the same holds true of the Pol. dial. *fajt* 'sort, breed' in the light of similar Slovak and Hungarian word forms: Slk. dial. *fajt* id. (SSN I 436, SV I 245) and Hung. arch. *fajt* (1693) id. (TESz I 830); **(3)** as well as of Pol. dial. *bojtar* 'shepherd' which the etymon might be both Slk. *bojtár* 'herdsman' and Hung. *bojtár* 'young herdsman', etc.

In the light of the above-mentioned etymological difficulties perhaps it would be more appropriate to define this part of the Polish lexicon as *slovako-hungarisms*. This group of words would contain loanwords brought into Polish via Slovak territories and, simultaneously, those in respect of which we cannot distinguish if the Slovak- or the Hungarian-speaking population has been the mediatory one. Separating this kind of loanword layer would make it easier to classify this type of words, for it is difficult to classify e.g. Pol. dial. *ciardaś* '*csardas*, a lively Hungarian national dance' as a possible Slovak loanword (cf. Slk. *čardáš* id., see SSJ I 192) as we know that morphologic[7] and – obviously – cultural reasons argue in favour of Hungarian provenience. The proposed term would be more suitable as we know that the great part of the population of the former Upper Northern Hungary was bilingual, and that it is Slovak- and Hungarian-speaking.

This brings us back to the question of the "etymological tradition" we have mentioned above, as we have to stress that in some cases placing a Polish word into the group of, for example, Slovak loanwords but not mentioning its Hungarian background may be rather inappropriate. This can be illustrated by the etymology of Pol. dial. *ceruzka* 'pencil': according to our definition the word is not a Hungarism since it was not taken directly from Hung. *ceruza* id. but via Slk. dial. *ceruzka* ~ *céruska* id. (SSJ I 163, SSN I 203). The Slovak diminutive suffix attached to the Hungarian word supports this presumption.[8] But a closer examination of the word's

[7] Hung. *csárdás* ← Hung. *csárda* + *-s* [-š] 'derivative suffix'.

[8] However the Polish diminutive suffix could have been attached to the Hungarian basis as well, we believe that it happened on Slovak ground. This is much more probable in the light of the lack of Pol. dial. **ceruza*, contrary to Slovak where *ceruza* id. is also attested (SSN ibid., SSJ ibid.).

cognates, present in various languages, in the meaning of 'ceruse, white lead' and its etymology,[9] shows that the meaning of 'pencil' emerged in Hungarian, and consequently, the word is characteristic of the Hungarian language area. Hence, this semantic argument to some degree justifies adding this word to works dealing with Hungarisms. We may define this kind of loanwords – again: in order to make the classification of such words easier – as *hungaro-slovakisms*.

Glossary of Polish dialectal words not explained in the text (with concise etymological commentary)

baciar ~ *batiar* 'a men, usually a bachelor, leading an easy life; rascal' < Ukr. *béťar* id. (Ukr. *báťa* 'father, old man') < Hung. *betyár* 'young man without employment; handsome youth' < SCr. *bèćar* 'bachelor, young man without employment' < Ott. بیکار *beḱār* 'bachelor, young man' < Pers. بیکار *bikār* 'without employment or profession; an idle, lazy fellow'; cf. respectively SGP, SUM, EWU, Škaljić (1973), de Meynard (1971), Steingass (1892), see also *beciar*.

bagańcie ~ *bakańcie* 'laced sneakers made of leather' < Slk. *baganče* ~ *bakanče* id. < Hung. *bakancs* 'laced boot, ankle boot'; cf. respecively SGP, SSJ, EWU.

beciar ~ *betiar* 'a men, usually a bachelor, leading an easy life; rascal' < Slk. *beťár* 'playful young man; rascal' < Hung. *betyár* 'young man without employment; handsome youth' < [see *baciar*]; cf. respectively SGP; SSJ; EWU, see also *baciar*.

boczkor 'outsize, usually old and worn shoe' < Slk. *bačkor* ~ *bočkor* 'simple leather boot' < Hung. *bocskor* 'kind of sandal, moccasin' < MHG *botschuo* 'kind of rugged boot'; cf. respectively SGP, HSSJ, EWU, Mollay (1982).

bojtar 'shepherd' < Slk. *bojtár* 'herdsman' < Hung. *bojtár* 'young herdsman'; cf. respectively SGP, SSN, EWU.

burginia 'sugar beet' < Slk. *burgyňa* 'beet; sugar beet' < Hung. *burgonya* 'potato' < It. *Borgogna* 'Burgundy'; cf. respectively Kąś (2003), SSN, ÚMTsz, EWU.

cedula 'banknote' < Slk. dial. *cedula* 'banknote' < Hung. *cédula* 1. 'a short, usually official note'; 2. 'piece of paper' < Lat. *cedula* 'piece of paper; kind of official note' (*dimin.*) ← Lat. *scheda* 1. 'a strip cut off from the stalk of papyrus, which used to be glued together in order to gain papyrus leafs'; 2. 'piece of paper' < Gr. *σχέδη* 'papyrus'; cf. respectively Kąś (2003), SSN, EWU, GLat, TGL.

fakła 'torch used usually to frighten away wolves' < Slk. *fakľa* 'torch' < Hung. *fáklya* 'torch' (to be more precise: form earlier *fākľa*) < Lat. *facula* 'torch' (*dimin.*) ← Lat. *fax* 'torch'; cf. respectively Kąś (2003), SSN, EWU, TLL.

---

[9] Cf. Eng. (arch.) *ceruse* 'white lead', Fr. *céruse* id., It. *cerussa* id., Lat. *cerussa* id. etc. The final etymon of the word is Gr. *κηρουσσα* 'being of wax, covered in wax', cf. TGL IV 1527 (s.v. *κηρὸς*) – without the accentuation being indicated. EWU 164 notes a reconstructed Gr. **κηροῦσσα* here, however, as we can see turning to TGL, one can find the word attested. The meaning of 'white lead' appeared in Latin.

gazda 'a person who owns house and land; landlord' < Slk. *gazda* 'farm foreman; owner; husbandman' < Hung. *gazda* 'head of the household; farm foreman; landlord; smallholder' < SSlav. **gospoda* '*coll.* lords, sires, members of higher class'; Kąś (2003), SSJ, EWU, SłPrasł.

hasen 'profit, benefit; advantage' < Slk. *chasen* 'benefit' < Hung. *haszon* 'profit, benefit', cf. respectively Kąś (2003), HSSJ, EWU.

korchel 'hard drinker' < Slk. *korheľ* 'drunkard' < Hung. *korhely* 'drunkard' (precisely form earlier *korhel*) < HG. *chorherr* 'canon'; cf. respectively Kąś (2003), SSN, EWU, DW.

pajtas 'small, spry child' < Slk. *pajtáš* 'friend, fellow; prankster' < Hung. *pajtás* 'friend, fellow, mate' < SCr. *pajdaš* 'mate' < Ott. *paydaş* 'the one who shares one's faith; partner'; cf. respectively Kąś (2003), SSN, EWU, Skok (1971), Kakuk (1973).

somar 'donkey' < Slk. *somár* 'donkey' < Hung. *szamár* 'donkey' < It. dial. *somàr* ~ *sumár* 'donkey' < Lat. *sagmārius* 'a pack animal' < Lat. *sagmarium* 'weight, saddlebag' < Gr. *σα(γ)μάρι(ον)* 'packsaddle (put on horses or donkeys)'; cf. respectively Kąś (2003), SSJ, EWU, DELI, GLat, TGL.

ziwań 'layabout, lazy person' < Slk. *živáň* 1. 'rascal, scallywag'; 2. 'robber' < Hung. *zsivány* 1. 'spiteful, despicable'; 2. 'thief'; 3. 'cunning person' < Ott. جوان *ǯivan* 'handsome young man' < Pers. جووان *ǧiwwān* 'a youth'; cf. respectively Kąś (2003), SSJ, EWU, de Meynard (1971), Steingass (1892).

michal.nemeth@uj.edu.pl
Katedra Filologii Węgierskiej
Uniwersytet Jagielloński

Symbols

>, <	=	borrowing	←	=	derivation
↔	=	contamination	†	=	extinct word form

Abbreviations

arch. = archaic; **coll.** = collective; **dial.** = dialectal; **dimin.** = diminutive; **Eng.** = English; **Fr.** = French; **Germ.** = German; **Gr.** = Greek; **HG** = Early New High German; **Hung.** = Hungarian; **It.** = Italian; **KTkc.** = Kiptchak-Turkic; **Lat.** = Latin; **MHG.** = Middle High German; **Ott.** = Ottoman; **Pers.** = Persian; **Pol.** = Polish, **Rom.** = Romanian; **SCr.** = Serbo-Croatian; **Slk.** = Slovak; **SSlav.** = Southern Slavic; **Ukr.** = Ukrainian.

Abbreviated references

DELI = Cortelazzo, M. / Zolli, P., 1990–1991, *Dizionario etimologico della lingua italiana*, V, Bologna.

DW = Grimm, J. / Grimm, W., 1860, *Deutsches Wörterbuch*, II, Leipzig.

EWU = Benkő, L. et al. (eds.), 1993–1994, *Etymologisches Wörterbuch des Ungarischen*, Budapest.

Glat = du Cange, Ch. du Fresne, 1883–1887, *Glossarium mediae et infimae latinitatis*, I–X, Paris [first edition: 1678; new edition by Léopold Favre].

HSSJ = Majtán, M. et al. (eds.), 1991–, *Historický slovník slovenského jazyka*, I–V [A–Š], Bratislava.

MNyÉSz = Bárczi, G. / Országh, L. et al. (eds.), 1965–1966, *A magyar nyelv értelmező szótára*, I–VII, Budapest.

SGP = Karaś, M. / Reichan, J. (eds.), 1982–, *Słownik gwar polskich*, I–VI [A–D], Kraków.

SłPrasł = Sławski, F. (ed.), 2001, *Słownik prasłowiański*, VIII, Wrocław–Warszawa–Kraków.

SSJ = Peciar, Š. (ed.), 1959–1968, *Slovník slovenského jazyka*, I–VI, Bratislava.

SSN = Ripka, I. (ed.), 1994–, *Slovník slovenských nárečí*, I–II [A–Pov], Trenčín–Bratislava.

SUM = Bilodid, I.K. et al. (eds.), 1970, *Slovnyk ukrajinśkoji movy*, I, Kyjiv.

SV = Halaga, O.R. (ed.), 2002, *Východnoslovenský slovník*, I–II, Košice–Prešov.

TESz = Benkő, L. et al. (eds.), 1964–1984, *A magyar nyelv történeti-etimológiai szótára*, I–IV, Budapest.

TGL = Stephano, H., 1831–1865, *Thesaurus Graecae Lingue*, vol. 1–8, Paris.

TLL = [Editus auctoritate et consilio academiarum quinque Germanicarum Berolinensis Gottingensis Lipsiensis Monacensis Vindobonensis], 1912–1926, *Thesaurus linguae latinae*, IV/1, Leipzig [the chief editor of the 4th volume was Georg Dittmann].

ÚMTsz = B. Lőrinczy, É. (ed.), 1979–, *Új magyar tájszótár*, I–IV [A–S], Budapest.

Further references

Berta, Á., 2005, Hungarian *koldul* 'to beg' and *koldus* 'beggar'. – Siemieniec-Gołaś, E. / Pomorska, M. (eds.): *Turks and non-Turks. Studies on the history of linguistic and cultural contacts* (= *Studia Turcologica Cracoviensia* 10), Kraków: 49–55.

Brückner, A., 1907, Wyrazy obce w języku polskim. – *Prace Filologiczne* 6: 1–55, 602–636.

Brückner, A., 1917a, *Walka o język*, Lwów [see pp. 237–245].
Brückner, A., 1917b, Wpływy języków obcych na język polski. § 11. Wpływy węgierskie. – *Encyklopedia polska*, II, section III (part I), Kraków: 100–153.
Dezső, L., 1989, *A XVI–XVIII. századi kárpátukrán nyelvemlékek magyar jövevényszavai*, Budapest.
Gregor, F., 1970, Ung. *kocsi* 'Wagen' und die Namen ähnlicher Fahrzeuge sowie einiger Bestandteile im Slowakischen. – *Studia Slavica Academiae Scientiarum Hungaricae* 16: 193–218.
Gregor, F., 1975, A magyar labiális *ö*, *ő*, *ü*, *ű* hangok megfelelései a szlovákban. – *Magyar Nyelv* 71: 438–448.
Gregor, F., 1990, Magyar eredetű szavak a szlovák szókincsben. – *Magyar Nyelv* 86/1–3: 180–192.
Gregor, F., 1993, *A szlovák nyelv magyar elemeiből*, Budapest.
Halász, I., 1888–1889, Magyar elemek az északi szláv nyelvekben. – *Magyar Nyelvőr* 17: 250–255, 300–307, 444–449, 495–500, 532–536; *Magyar Nyelvőr* 18: 212–216.
Kakuk, Zs., 1973, *Recherches sur l'histoire de la langue osmanlie des xvie et xviie siècles. Les éléments osmanlis de la langue hongroise*, Budapest.
Kąś, J., 2003, *Słownik gwary orawskiej*, Kraków.
Kniezsa, I., 1934, Pochodzenie hungaryzmów karpackiej terminologii pasterskiej. – *Księga referatów. II Międzynarodowy Zjazd Slawistów (Filologów Słowiańskich). Sekcja I – Językoznawstwo*, Warszawa: 49–53.
Malinowski, L., 1893, O niektórych wyrazach ludowych polskich. – *Rozprawy i Sprawozdania z Posiedzeń Wydziału Filologicznego Akademii Umiejętności* 2: 1–96 [see pp. 20–25: Ślady wpływu węgierskiego w mowie góralskiej na Podhalu tatrzańskim].
de Meynard, A.C.B., 1971, *Dictionnaire Turc-Français*, I–II, Amsterdam.
Mollay, K., 1982, *Német-magyar nyelvi érintkezések a XVI. század végéig*, Budapest.
Németh, M., 2008, *Zapożyczenia węgierskie w gwarze orawskiej i drogi ich przenikania*, Kraków.
Reychman, J., 1951, W sprawie zapożyczeń węgierskich w polszczyźnie. – *Język Polski* 31/5: 203–211.
Rocchi, L., 1999–2010, *Hungarian Loanwords in the Slovak Language*, I–III, Trieste.
Schubert, G., 1982, *Ungarische Einflüsse in der Terminologie des öffentlichen Lebens der Nachbarsprachen*, Wiesbaden.
Skok, P., 1971, *Etimologijski rječnik hrvatskoga ili srpskoga jezika*, II, Zagreb.
Słuszkiewicz, E., 1951, Na marginesie „Węgierskich zapożyczeń". – *Język Polski* 31/5: 196–203.
Sokołowska, J., 2003, Leksykalne wpływy węgierskie na polskie gwary spiskie. – *Zeszyty Naukowe Uniwersytetu Rzeszowskiego. Seria Filologiczna* 8: 112–122.
Stachowski, M., 2002a, Das Ethnonym *Zigeuner*, sein slawisch-türkisher Hintergrund und ungarisch *szegény* 'arm'. – *Studia Etymologica Cracoviensia* 7: 159–169.
Stachowski, M., 2002b, Uwagi o wybranych etymologiach węgierskich w języku polskim. – *Studia Slavica Academiae Scientiarum Hungaricae* 47/1–2: 45–52.

Steingass, F., 1892, *A Comprehensive Persian-English Dictionary*, London.
Sulán, B., 1964, Über die ältesten ungarischen Lehnwörter des Polnischen. – *Slavica* 4: 131–137.
Škaljić, A., 1973, *Turcizmi u srpskohrvatskom-hrvatskosrpskom jeziku*, Sarajevo.
Wołosz, R., 1989, Wyrazy węgierskie w języku polskim. – *Studia Slavica* 35: 215–317.
Wołosz, R., 1991–1992, Wyrazy węgierskie w języku polskim II. – *Studia Slavica* 37: 3–27.
Zaręba, A., 1951, Węgierskie zapożyczenia w polszczyźnie. – *Język Polski* 31/3: 113–125.

Zusammenfassung

Im vorliegenden Artikel wird versucht, durch die Analyse der in Frage kommenden Vermittlersprachen einige methodologische Aspekte des Problems darzustellen, welche polnischen (Dialekt)Wörter als direkte Entlehnungen aus dem Ungarischen zu definieren sind.

Languages and Cultures in Research and Education
pp. 219–226

Wiesław Tomasz Stefańczyk
(Kraków)

Języki ugrofińskie w polskiej tradycji leksykograficznej (na przykładzie języka estońskiego)

1. Języki ugrofińskie – uwagi ogólne

Języki ugrofińskie (lub szerzej – uralskie) stanowią obecnie, biorąc pod uwagę liczbę ich rodzimych użytkowników, jedną z najmniejszych rodzin językowych świata. Językami uralskimi, tj. ugrofińskimi i samojedzkimi, posługuje się obecnie ok. 25 000 000 ludzi, głównie w Europie, a także w Azji (por. też Hajdú 1981, Majewicz 1989).

Według danych Instytutu Języka Estońskiego Estońskiej Akademii Nauk z 2008 roku istnieją obecnie 24 języki uralskie, w tym 20 ugrofińskich (por. tabela 1) i 4 samojedzkie (por. tabela 2), z czego większość jest zagrożona wymarciem.

Rodzinę uralską tworzą języki pod wieloma względami bardzo zróżnicowane. Są to zarówno języki o długiej i bogatej tradycji literackiej, zwłaszcza węgierski (XIII w.) czy klasyczny permski (XIV w.), obecnie rozbity na dwa odrębne języki, komi-zyriański i komi-permski, jak i języki o relatywnie nowym (np. karelski, setu) bądź wciąż słabym stopniu standaryzacji i kodyfikacji, np.: chantyjski, selkupski.

Jedynie trzy spośród języków ugrofińskich, tj. węgierski, fiński i estoński, mają status języków urzędowych niepodległych państw, przy czym są to również oficjalne języki Unii Europejskiej.

Status języków urzędowych, obok rosyjskiego, mają także języki używane w tzw. republikach autonomicznych Federacji Rosyjskiej, tj. komi (zyriański i permski), maryjski, mordwiński (w wariancie erzja i moksza) oraz udmurcki. Wyjątkiem jest jednak etnicznie ugrofińska Karelia, gdzie jedynym oficjalnym językiem jest język rosyjski.

Status drugiego języka urzędowego, obok norweskiego, szwedzkiego i fińskiego (w zależności od kraju występowania), ma ponadto język lapoński.

Tab. 1. Języki ugrofińskie

Lp.	Język	Populacja	Wzrost/spadek liczby użytkowników w okresie od 1989 do 2002 r.	Kraj (obszar) występowania
1.	węgierski	15 000 000		Węgry (Rumunia, Słowacja, Austria)
2.	fiński	5 000 000		Finlandia (Szwecja, Rosja, Estonia)
3.	estoński	1 000 000		Estonia
4.	mordwiński (erzjański i mokszański)	843 000	–22%	Rosja
5.	udmurcki	636 900	–11%	Rosja
6.	maryjski (czeremiski)	604 300	–6%	Rosja
7.	komi-zyriański	293 400	–13%	Rosja
8.	komi-permski	125 000	–15%	Rosja
9.	karelski	93 300	–27%	Rosja
10.	lapoński (saami)	55 000–100 000		Norwegia, Szwecja, Finlandia, Rosja
11.	chantyjski (ostiacki)	28 000	+28%	Rosja (Syberia)
12.	czangijski (csángos)	20 000		Rumunia
13.	mansyjski (wogulski)	11 400	+37%	Rosja (Syberia)
14.	kven	10 000		Norwegia
15.	wepski	8200	–33%	Rosja

16.	setu (seto)	3200	Brak danych z 1989 r.	Rosja (Estonia)
17.	bessermiański (beserman)	3000	Brak danych z 1989 r.	Rosja
18.	ingryjski (iżorski)	700	–12%	Rosja
19.	liwski (liwoński)	250		Łotwa
20.	wocki (wotycki, wotski)	100	Brak danych z 1989 r.	Rosja

Tab. 2. Języki samojedzkie[1]

Lp.	Język	Populacja	Wzrost/spadek liczby użytkowników w okresie od 1989 do 2002 r.	Kraj (obszar) występowania
1.	nieniecki (jurako-samojedzki)	41 000	+21%	Rosja (Syberia)
2.	selkupski (ostiacko-samojedzki)	4200	+16%	Rosja (Syberia)
3.	nganasański (tawgijski, tawgi-samojedzki)	800	–38%	Rosja (Syberia)
4.	eniecki (jenisej-samojedzki)	300	+50%	Rosja (Syberia)

[1] Tabelę nr 1 i 2 sporządzono na podstawie danych Instytutu Języka Estońskiego w Tallinie (Eesti Keele Instituut) z listopada 2008 roku (por. też www.fennougria.ee). Porównania liczby użytkowników dokonano na podstawie danych ze spisu ludności przeprowadzonego w ZSRR w 1989 roku i w Federacji Rosyjskiej w 2002 roku. W nawiasach podano synonimiczne nazwy języków uralskich stosowane wymiennie w opracowaniach lingwistycznych (por. np. Hajdú 1981, Majewicz 1989, Polański [red.] 1993). Uwzględnione w tabeli języki *kven, czangijski, bessermiański,* a także *setu* są traktowane również jako dialekty bądź odmiany regionalne danego języka, tak więc kven uznawany jest za dialekt fiński, csángos za dialekt węgierski, język bessermiański za gwarę udmurcką, natomiast setu za dialekt południowoestoński (por. też Hajdú 1981, Szelle [red.] 1989, Majewicz 1989, Ładykowski [red.] 2000). Językiem estońskim jako drugim posługuje się ponadto ok. 400 000–500 000 osób, głównie Rosjan.

Pozostałe języki uralskie, mające zresztą bardzo małą liczbę użytkowników (poniżej 100 000), to języki mniejszościowe, których możliwości rozwoju (bądź przetrwania) są uzależnione od poziomu autonomii na terenie kraju występowania. Warto dodać, że zdecydowana ich większość jest zagrożona wymarciem, o czym informują dane Europejskiego Biura ds. Języków Rzadziej Używanych (EBLUL), a także *Atlas Języków Zagrożonych UNESCO* (PDF).

Przytaczane w tabelach dane nie zawsze odzwierciedlają faktyczną liczbę użytkowników poszczególnych języków, lecz często jedynie ich duchową przynależność do danej wspólnoty językowej czy etnicznej. Dotyczy to zwłaszcza języka liwskiego (liwońskiego), wockiego (wotyckiego), ingryjskiego (iżorskiego) i enieckiego (jenisej-samojedzkiego). Przynależność do narodu liwskiego deklaruje obecnie 250 osób (*de facto* mówiących na co dzień po łotewsku), choć w latach 90. XX wieku językiem tym posługiwało się niespełna 20 osób, a obecnie jest to prawdopodobnie język martwy bądź wymierający, żywy jedynie w spuściźnie literackiej. Podobnie trzy inne wspomniane języki - wocki, iżorski i eniecki - szybko się asymilują w środowisku rosyjskojęzycznym. Jedynie najstarsze pokolenie jest jeszcze w stanie rozumieć w pewnym stopniu swój język etniczny. Należy dodać, że języki te nie mają obecnie żadnej autonomii.

Szczególnie złożona i niepokojąca jest sytuacja narodów uralskich zamieszkujących obszar Federacji Rosyjskiej, tj. 17 różnych ludów i języków. Przytaczane dane liczbowe wskazują, że liczba użytkowników tych języków dramatycznie się zmniejszyła z 3 300 000 w 1989 roku do 2 700 000 w 2002 roku. Przyczyną tego zjawiska jest ustawicznie postępująca asymilacja w dominującym liczebnie środowisku rosyjskojęzycznym.

2. Miejsce języka estońskiego w polskiej tradycji leksykograficznej

W polskiej tradycji leksykograficznej stosunkowo dobrze opracowane są zwłaszcza dwa języki ugrofińskie, tj. węgierski i fiński, co potwierdza znaczna liczba prac zarówno wcześniejszych (por. np. Varsányi 1980, Reychman 1980, Csorba 1985; Wałęga 1978, Kudzinowski 1988), jak i opublikowanych w ostatnich latach (por. np. Koutny et al. 2000, Stós 2006; Ojaniemi/Zgółkowa 2006). Od niedawna przedmiotem coraz większych zainteresowań i dociekań językoznawczych jest także język estoński, o czym świadczy ustawicznie wzrastająca liczba różnorodnych opracowań, w tym także leksykograficznych.

Pozostałe języki ugrofińskie, poza krótkimi wzmiankami bądź fragmentarycznymi komentarzami, nie były dotychczas w zasadzie przedmiotem opracowań lingwistycznych (por. np. Weinsberg 1981, Majewicz 1989, Polański [red.] 1993).

Estońsko-polska tradycja leksykograficzna (i lingwistyczna) jest stosunkowo młoda, jej początki sięgają 1937 roku, wówczas bowiem - o czym mowa niżej - ukazała się pierwsza publikacja poświęcona omawianemu zagadnieniu (Nurmik / Skomorowski 1937).

Dotychczasowy leksykograficzny dorobek estońsko-polski, zresztą bardzo skromny, można podzielić na dwie grupy. Pierwszą z nich tworzą opracowania dydaktyczne bądź publikacje popularnonaukowe przeznaczone dla turystów, zawierające pierwsze zestawienia bądź indeksy słów, są to więc w istocie prace o charakterze quasi-leksykograficznym. Drugą grupę tworzą opracowania ściśle leksykograficzne, tj. próby pierwszych słowników.

Pierwsza z wyodrębnionych grup obejmuje dwa podręczniki, trzy wydania rozmówek estońskich oraz dziewięciojęzyczny minisłownik. Jak zaznaczono, pierwsza publikacja, tj. dwujęzyczny podręcznik *Praktiline eesti-poola, poola-eesti käsiraamat. Praktyczny podręcznik estońsko-polski i polsko-estoński*, został wydany w 1937 roku w Tartu (Nurmik / Skomorowski 1937). Jego dwa kolejne wznowienia z 1938 roku, a następnie z 1939, świadczą zarówno o zapotrzebowaniu na tego typu prace, jak i popularności na ówczesnym rynku wydawniczym. Publikacja składa się z trzech części: wprowadzenia gramatycznego, charakteryzującego systemy gramatyczne obu języków, części komunikacyjno-dialogowej, stanowiącej jej zasadniczy zrąb, oraz zamieszczonego w końcowej części pracy *Słownika estońsko-polskiego i polsko-estońskiego*, zawierającego ok. 800 haseł. Ze względu na podręcznikowy charakter opracowania słownik ma dość prostą strukturę, ogranicza się bowiem w zasadzie do podawania ekwiwalentów typu *ema* 'matka', *isa* 'ojciec', *kirik* 'kościół', niemniej zawiera pewne informacje gramatyczne, jak podwójna postać infinitivu, np.: *valmistama – valmistada* 'gotować', *elama – elada* 'żyć', 'mieszkać', *olema – olla* 'być', bardzo ważne w gramatyce estońskiej.

Omawiana publikacja, choć w istocie popularnonaukowa, lecz niepozbawiona walorów lingwistycznych i leksykograficznych, była przez kilka dziesięcioleci jedynym opracowaniem poświęconym językowi estońskiemu i polskiemu.

Drugi podręcznik *Poola keel. Podręcznik języka polskiego dla Estończyków*, opublikowany w roku 2000 w Warszawie, jest przeznaczony dla studentów estońskich uczących się języka polskiego (Erin / Stefańczyk 2000). Podręcznik składa się z części fonetycznej, 15 jednostek tematyczno-komunikacyjnych, zawierających komentarz gramatyczny w języku estońskim, oraz minisłownika polsko-estońskiego i estońsko-polskiego, obejmującego ok. 1500 podstawowych słów i zwrotów. Jak wskazuje liczba haseł, ten minisłownik jest jedynie próbą leksykograficzną, sporządzoną dla potrzeb dydaktycznych[2].

Istotną rolę w popularyzacji obu omawianych języków odgrywają także rozmówki. Pierwsze tego typu opracowanie – *Minirozmówki estońskie* – ukazało się w 1984 roku w Warszawie (Sepere / Sepere / Wójcik 1984). Warto dodać, że była to jedyna praca dotycząca języka estońskiego i polskiego opublikowana w okresie komunizmu. Kolejne wydania rozmówek estońskich (*Eesti-poola vestmik*), wzorowane

[2] Podobny podręcznik, przeznaczony dla studentów polskich uczących się języka estońskiego, powstał na Uniwersytecie im. A. Mickiewicza w Poznaniu, por. Bielecki 2009.

w znacznym stopniu na omówionej wyżej pracy Nurmika i Skomorowskiego, ukazało się w 2000 roku w Tallinie (Major 2000). Szczególnie interesującym i ambitnym przedsięwzięciem jest trzecie wydanie rozmówek *Eesti-poola vestmik* (Borowska-Peterson / Peterson 2008). O ile dwa pierwsze wydania uwzględniają podstawowe sytuacje komunikacyjne i związane z nimi indeksy słów, o tyle trzecia edycja, składająca się ze 184 stron, jest nowoczesną dwujęzyczną publikacją, obejmującą – oprócz komentarza gramatycznego – słownictwo z różnych dziedzin życia (bank, finanse, podróże, przyroda, Kościół, religia), zawierającą niezbędne informacje oraz indeksy słów i zwrotów w obu językach.

Do pierwszej grupy prac zwanych quasi-leksykograficznymi należy zaliczyć także dziewięciojęzyczny minisłownik *Languages around the Baltic Sea. Dictionary in Nine Languages*, zawierający 800 polskich słów (Kaljuste 1996). Omówione publikacje, będące w istocie namiastką prac leksykograficznych (i lingwistycznych), świadczą z jednej strony o żywym, choć może mało widocznym, zainteresowaniu obu językami, z drugiej natomiast o wzrastającej potrzebie ich gruntownego opracowania naukowego i popularyzacji.

Drugą grupę prac, zresztą równie skromną, stanowią próby opracowania pierwszych słowników, publikowanych zarówno w wersji tradycyjnej (drukowanej), jak i internetowej.

W wersji drukowanej ukazał się dotychczas jeden tylko słownik *Eesti-poola sõnastik. Słownik estońsko-polski*, zawierający ok. 10 000 haseł (Erin / Stefańczyk 2000). Ze względu na genetyczne i typologiczne pokrewieństwo estońszczyzny z innymi językami ugrofińskimi słownik jest częściowo wzorowany na opracowaniach leksykograficznych fińsko- i węgiersko-estońskich. Zgodnie z konwencjami leksykograficznymi hasła słownikowe zawierają niezbędne kwalifikatory i informacje gramatyczne, jak formy kazualne rzeczownika, np. *kohvik, -u, -ut, -usse 'kawiarnia'*, podwójna postać infinitivu, np. *armastama – armastada 'kochać,'* czy aspekt.

Omawiany słownik, choć skromny, jest dotychczas jedynym słownikiem estońsko-polskim opublikowanym w tradycyjnej wersji. Nadal nie ma słownika polsko-estońskiego oraz wielkiego słownika, który by obejmował leksykę obu języków w sposób możliwie najpełniejszy[3].

Lukę tę zapełnia, powstający od 2007 roku, *Otwarty słownik polsko-estoński i estońsko-polski*, publikowany tylko w wersji elektronicznej. Słownik ten zawiera obecnie 7258 haseł, a ich liczba ustawicznie wzrasta.

W ostatnich latach także zespół estońsko-polskich językoznawców (R. Bielecki, L. Erin, A. Matuszewska, M. Wasilewska) przygotowuje elektroniczną wersję *Wielkiego słownika polsko-estońsko-angielskiego.*

[3] W latach 60. XX wieku Aleksander Raid – filolog i znany tłumacz literatury polskiej – przygotował *Wielki słownik polsko-estoński*, który jednak nigdy nie został opublikowany. Podobnie w latach 2000–2002 S. Vom i M. Wasilewska napisały polsko-estoński słownik minimum z indeksem estońsko-polskim, który również nigdy się nie ukazał w druku.

3. Wnioski

Estońsko-polska tradycja leksykograficzna (i lingwistyczna) jest stosunkowo młoda. Pierwsze próby opracowania systemu leksykalnego i gramatycznego obu języków, podjęte w okresie międzywojennym, są kontynuowane w zauważalny sposób dopiero od 1991 roku, tj. po uzyskaniu przez Estonię niepodległości i zmianie statusu języka z drugiego urzędowego (obok rosyjskiego) na jedyny oficjalny. Od tego czasu ukazują się zarówno podręczniki akademickie, różne edycje rozmówek, jak i pierwsze słowniki. Dotychczasowy dorobek leksykograficzny estońsko-polski – w porównaniu z innymi językami Europy o niewielkiej liczbie użytkowników – jest nadal bardzo skromny, wymaga systematycznego uzupełniania istniejących luk oraz prowadzenia ustawicznych badań. W przyszłości badania te powinny obejmować także inne, nieopracowane dotychczas języki ugrofińskie (uralskie).

reinhold5@interia.pl
Wydział Polonistyki
Uniwersytet Jagielloński

Literatura

Bielecki, R., 2010, *Język estoński dla początkujących*, UAM, Poznań.
Borowska-Peterson, S. / Peterson, M., 2008, *Eesti-poola vestmik*, Ilo, Tallin.
Csorba, T., 1985, *Wielki słownik węgiersko-polski*, Akadémiai Kiadó, Budapest.
Erin, L. / Stefańczyk, W.T., 2000, *Eesti-poola sõnastik. Słownik estońsko-polski*, Kraków.
Erin, L. / Stefańczyk, W.T., 2000, *Poola keel. Podręcznik języka polskiego dla Estończyków*, Wiedza Powszechna, Warszawa.
Hajdú, P., 1981, *Az uráli nyelvészet alapkérdései*, Tankönyvkiadó, Budapest.
Kaljuste, T., 1996, *Languages around the Baltic Sea. Dictionary in Nine Languages*, Tallinn.
Koutny, I. et al., 2000, *Węgiersko-polski słownik tematyczny*, UAM, Poznań.
Kudzinowski, Cz., 1988, *Słownik fińsko-polski*, UAM, Poznań.
Ładykowski, P. (red.), 2000, *Chata estońska. Setu – etnokonfesyjna grupa pogranicza*, Warszawa.
Majewicz, A., 1989, *Języki świata i ich klasyfikowanie*, PWN, Warszawa.
Major, M., 2000, *Eesti-poola vestmik*. Tallinn.
Nurmik, M. / Skomorowski, E., 1937, *Praktiline eesti-poola, poola-eesti käsiraamat. Praktyczny podręcznik estońsko-polski i polsko-estoński*, Skomorowski Kirjastus, Tartu.
Ojaniemi, S. / Zgółkowa, H., 2006, *Słownik minimum polsko-fiński z indeksem fińsko-polskim*, UAM, Poznań.
Polański, K. (red.), 1993, *Encyklopedia językoznawstwa ogólnego*, PWN, Warszawa.

Reychman, J., 1980, *Słownik polsko-węgierski*, Akadémiai Kiadó, Budapest.
Sepere, W. / Sepere, R. / Wójcik, A., 1984, *Minirozmówki estońskie*, Wiedza Powszechna, Warszawa.
Stós, M., 2006, *A római katolikus liturgia és vallásgyakorlat betűrendes szó- és kifejezéstára*, Księgarnia Akademicka, Kraków.
Szelle, B., 1989, *Akadémiai Kisszótár*, Akadémiai Kiadó, Budapest.
Varsányi, I., 1980, *Lengyel-magyar szótár*, Budapest.
Wałęga, S., 1978, *Słownik fińsko-polski*, Wiedza Powszechna, Warszawa.
Weinsberg, A., 1981, *Językoznawstwo ogólne*, PWN, Warszawa.

Summary

When compared with other languages used in Europe, also the Finno-Ugric ones, the Estonian-Polish lexicographical achievements are very limited. They are represented by two, qualitatively diverse, types of literature. The first group consists of works of educational character and tourist literature, and thus it can be described as quasi-lexicographical literature. These are two handbooks, which in their final part contain an Estonian-Polish and a Polish-Estonian mini-dictionary; three different editions of an Estonian phrasebook, which include thematic sets of vocabulary items; and finally a nonalingual mini-dictionary with 800 entries.

The year 2000 constituted a breakthrough in the Estonian-Polish lexicography. Then *An Estonian-Polish Dictionary* containing ca. 10,000 entries was published in Cracow. In agreement with the accepted lexicological conventions, and contrary to the earlier works, the dictionary entries provide also grammatical information, e.g. the case, the conjugation type, or the verb collocations. It has so far been the most complete – though still rather modest – Estonian-Polish lexicographical work. A Polish-Estonian dictionary is still lacking, and so is a great dictionary which would take into consideration the lexis of both languages in the most comprehensive way. This gap may get filled out by two on-line dictionaries, in which the list of entries is constantly being updated.

Languages and Cultures in Research and Education
pp. 227–237

Tátrai Szilárd
(Budapest/Kraków)

Irony as a Metapragmatic Problem*

Irony is a highly complex phenomenon with varied forms of manifestation, occurring naturally in the most diverse scenes of communication. It is employed in everyday conversation just as much as in literary discourse, be it popular fiction or a more elevated form of literature. Public speakers are keen to exploit its convincing power, as are newspaper columnists intent on bringing their readers to 'read between the lines'. In scientific discourse, it is especially prevalent in genres profiling a critical attitude (reviews, disputes), although in a subtle or covert way it also frequently appears elsewhere.

In general, linguistic irony makes available to the speaker, and invites the reader to recognize, a form of context-dependent implicit evaluation. By adopting an ironic stance, speakers express their self-reflective detachment from the representation brought under the scope of irony, questioning the appropriateness of its inherent vantage point, and implicitly offering a different one from which the situation in focus can be better assessed.

(1) Having been thrown out of Cambridge for improper tie wear and engagement in immoral affairs, I enrolled to University College London.

In the literary excerpt in (1), which is the first sentence in Antal Szerb's short story *Cynthia*, the speaker casts doubt on the appropriateness of rules that treat improper tie wear and engagement in immoral affairs as equally serious types of offence. However, as the quote comes from the fictitious narrator of a short story, irony may also be directed at the narrator himself. This reading is suggested by the

* This paper was supported by grant k 76878 of OTKA (Hungarian Scientific Research Fund).

possibility that the author, counting on shared background knowledge, uses the passage to undermine the narrator's credibility, at least as far as the role of improper tie wear is concerned (cf. Tátrai 2007, 2008).

The paper is structured as follows. First, I will briefly review the historical background behind the interpretation of irony I have suggested above (**1**), taking both rhetorical and philosophical traditions into account (**1.1**), in turn brought to bear on the dilemmas faced by pragmatic theory (**1.2**). In **2**, this will be followed by the delineation of an interpretive framework (characterized by a functional cognitive theoretical orientation) which takes perspectivization to be the crucial property of irony, and treats the latter as a metapragmatic phenomenon stemming from the speaker's critical, self-reflective attitude to his/her own language use.

1. Historical background

1.1. Rhetorical and philosophical traditions

With respect to irony, the commonplace that there is nothing new under the sun is well worth reiterating. As it turns out, most of the key notions offered by contemporary pragmatic theory (pretence, attitude, contrast, etc.) were already applied to irony in Antiquity.

The original meaning of the Greek word ειρωνεία is 'pretence', especially the 'pretence of being ignorant'. This formed the basis of the *eirôn* figure that, along with its opponent the *alazôn*, was a stock character of 5th century BC Greek comedy. The basic schema underlying the comedies concerned was that the *eirôn*, a man of lower stature and social status used his cunning wit (the pretence of being ignorant) to bring down the *alazôn*, a vain but stupid character boastful of his magnificence (cf. Veres 1977). This interpretation was not only popularized in comedies, but also lived on in Aristotle's work when he contrasted irony with boastfulness (cf. Aristotle 1997), defining the former as the pretence of having less, and the latter as the pretence of having more than one actually possesses. The close link between irony and comedy (or ridicule) was further reinforced by the rhetorical tradition, as the subtle wit of irony was first contrasted with buffoonery (*bomolochy*), then discussed among the various modes and degrees of ridiculousness (cf. Szabó/Szörényi 1997: 140–144).

Socrate marked an important change in the interpretive history of irony. He considered it not so much as a device to be used to comic effect, but rather as a rhetorical procedure subservient to discovering the truth. As Plato's dialogues amply illustrate, the key to his irony is that the speaker discredits or refutes the listener's position precisely by pretending to agree with it. Therefore, Socrate's irony partly relies on earlier interpretations of irony that defined it as the pretence of being ignorant. There is also a crucial difference, however, which has a profound impact on the value system attached to the phenomenon. Socrate's irony is not meant to deceive the discourse partner; on the contrary, it serves their joint effort to discover the truth. The destabilization of an evaluative vantage point is the first step toward replacing it with a more adequate one, to be adopted both by the listener within the dialogue, and by the reader comprehending the dialogue "from without". A further important point is that Socrate's irony is more than a rhetorical technique. In a broader, philosophical sense, this kind of ironic attitude represents a particular outlook on life (*ironia vitae*), characteristic of certain people's approach to the things and events of the world (cf. Veres 1977, Behler 1998, Oesterreich 2001).

The authors of Latin rhetorical books (Cicero, Quintilian, Cornificius) were aware of the significance of Socrate's interpretation of irony, and as a result, treated irony as a manifestation of wit rather than as a comic device. In their view, however, irony was not so much a method or operation for exposing inadequacies but rather a rhetorical device (*ironia verbi*) to be listed among the tropes (cf. Lausberg 1960: 302–303, 446–450; Oesterreich 2001; Tátrai 2008). Quintilianus (2008: 582–584) and subsequent interpretations defined irony as a figure of immutation allowing the speaker to mean the opposite of what he says (when appropriate contextual clues are in place): dispraise something while pretending to praise it, or (less frequently) the other way round. Hence, irony could now stand in contrast with metaphor: it was argued that while replacement was based on similarity in the latter's case, irony relied on opposites, which was now seen as the shared category-defining feature uniting various types of irony (cf. Komlósi 2008: 96–101). Following Quintilian (2008: 558), Cornificius (2001: 107–108) discussed irony as a particular form of allegorical speech, which used opposites rather than similarities to the effect that the public speaker could mean something different from what he literally said. This interpretation (based on opposites and contrast) came to be predominant in the rhetorical (and more recently, stylistic) treatments of irony in later centuries.

In addition to rhetorical and stylistic interpretations, irony has also been addressed from philosophical and literary theoretic perspectives, which focus on irony as a philosophico-aesthetic category. As has been suggested above, Socrate had an important role in opening the way for the philosophical interpretation of irony, leading to a view of ironic attitude as an ideal outlook on life in Renaissance Humanism. It was not until Romanticism, however, that irony came to the forefront of attention in aesthetic philosophy. Romantic authors breaking away from the rhetorical tradition (Schelling, Schlegel, Solger) went as far as regarding irony as a universal paradigm (*ironia entis*). According to Schlegel, irony is infinite, as it lies in the constant alertness and awareness of infinite chaos, which demands a continuous shifting between opposite viewpoints. This calls for a visionary form of art that is continuously creating and destructing itself. While Schlegel places irony between the comic and the tragic, irony necessarily involves an experience of the tragic in Hegel's objective dialectics. By contrast, Kierkegaard argues that it is precisely irony that precludes the tragic by replacing it (cf. Veres 1997, Behler 1998, Oesterreich 2001).

In modern times, irony is regarded not so much as a universal principle or outlook on life but as a particular (but easily generalizable) manner of speaking, which exploits the context's role in inducing semantic shifts (cf. e.g. Bahtyn and Brooks). Postmodern approaches inspired by Nietzsche are closely related to the romanticist conception of irony. For example, deconstructionists also reject the binary model inherent in the interpretation of irony in the rhetorical tradition (cf. e.g. de Man 1996, Rorty 1994). They regard irony as an infinite shifting or turning of meanings, eliminating the fixed opposition between what is said and what is meant; furthermore, they also question the fixation or indeed the fixability of evaluative vantage points. Finally, Umberto Eco's (1994) explanation (of a hermeneutic orientation) links irony to a feeling of *déjà vu* (as every utterance seems to be a quote of something already played out), and regards the ironic attitude to the functioning of language as a distinctive property of postmodernism.

1.2. The dilemmas faced by pragmatic theory

Although irony has always been a key concern of rhetorical and stylistic studies, research on the phenomenon took a new dimension as a pragmatic perspective was increasingly adopted. Within linguistic pragmatics, irony has received relatively little attention in the Austinian tradition, whose chief concern has been with the issues of speech acts (but see Hartung 2002). By contrast, the followers of Grice have assigned it a central status, and treated it as a particular form of implicit meaning construal serving the strategic avoidance of explicitness (cf. Gibbs / Colston ed. 2007).

Under the assumptions of Grice's (1975) theory of interaction, the implied meaning associated with irony is analysed in terms of a conversational implicature based on the delibarate violation of the maxim of quality ('Do not say what you believe to be false'). His example is the following:

(2) X is a fine friend.

The assertion in (2) is made by the speaker after X, in whom he had full confidence before, discloses one of his business secrets to a rival company. According to the explanation, irony manifests itself when it is completely clear to the discourse partners that the speaker has said something that he does not believe in (with the listener knowing that the speaker knows that he knows this). This leads the listener to the hypothesis that the speaker must have meant something different from what he literally said, which happens to be nothing but its opposite. This interpretation of irony has close ties with traditional analyses based on meaning reversal, and further resembles classical rhetorical explanations in deducing irony from a contrast between literal and non-literal (figurative) meaning.

Subsequent pragmatic interpretations rely heavily on Grice's approach, and continue to work with a two-step model to account for the processing and comprehension of irony. They do so despite significantly reinterpreting both the relationship between literal and figurative meaning, and the nature of meaning reversal. In

Attardo's (2000a, b) two-step model, the processing of irony involves the following procedures. First, the listener comprehends the primary meaning of what the speaker has said; however, he/she also notices that it is contextually inadequate (in part or in full). This invites him/her to take a second step and search for an alternative interpretation that is maximally relevant in the context at hand until he/she arrives at an ironic reading. In Giora's (1998, 1999, 2003) model, the point of departure is the most salient meaning (rather than the literal one), which is the most easily accessible, and shows the highest degree of routinization and conventionality; irony results from it by indirect negation. (For an in-depth discussion of these two-step models, see Komlósi 2008.)

More radical departures from Grice's classical explanation highlight the idea that information is processed simultaneously from both the linguistic representation and its discourse context during the comprehension of irony (cf. Gibbs 1994, Colston 2000, Colston / Gibbs 2007: 1–7).

Working in a cognitive pragmatic framework, Sperber / Wilson (1981, 1990, 1992, 2004) break away from explanations assuming semantic reversal and a binary opposition between literal and non-literal meaning, and introduce a model of irony whose affinities lie with romanticist and postmodern (rather than classical rhetoric) treatments. In their view, irony is a kind of evaluative attitude (communicated implicitly rather than explicitly), which is associated with what they call an "echoic mention". For them, echo has a broader sense than quoting, as it includes any re-mentioning of thoughts, opinions, etc. as well as concrete utterances. They can be either real or imagined, and may be attributed to either a particular person or (in the form of norms and expectations) to an entire community.

(3) Now that's what I call a tidy room.

The ironic utterance in (3), the likes of which parents often resort to on entering their child's room, directs criticism at the addressee, the source of irony being a general social norm violated by the situation in question.

On the account offered by Sperber and Wilson, the ironic interpretation of an utterance (or its part) comes from the recognition that an echoed representation is inappropriate under the current circumstances of communication, as it is at odds with the state of affairs which it is meant to represent. The listener therefore performs inferences to arrive at an interpretation that best satisfies the discourse partners' communicative demands (the fundamental assumption being that every utterance conveys a presumption of its own optimal relevance). Hence, this model eliminates the two-step solution, only requiring the assumption that the unit to be understood ironically is an echoic mention. Concomitantly, it is also able to motivate why ironic interpretations are sometimes easier to access and more straightforward than 'serious' ones. For example, it can account for the conventionalized ironic use of expressions such as *icing on the cake, edifying sight* etc. Furthermore, the model also questions the strict dichotomy between literal and non-literal meanings, or more specifically non-ironic and ironic interpretations. As a result, it can explain why there are various kinds of ironic attitude (and consequently various levels of irony) ranging from the hardly noticeable to the highly offensive, with transitional cases in between. Sperber and Wilson illustrate this point by the following example, taken from Mark Anthony's speech in Shakespeare's *Julius Caesar*:

(4) Brutus is an honourable man.

The statement in (4) occurs four times in Mark Anthony's speech. However, each time there is a slightly different attitude attached to the representation, which may be regarded as the echo of public opinion. In the first case it marks a conciliatory attitude, then it becomes increasingly disdainful to the point of being outright sarcastic on its fourth appearance.

2. Irony, perspectivization, and metapragmatic reflection

2.1. Irony as perspectivization

In what follows, I set out to outline a possible interpretation of irony that draws on Sperber and Wilson's model, taking over and reinterpreting its key tenets in a functional cognitive pragmatic framework (cf. e.g. Verschueren 1999, Tomasello 1999).

My point of departure is that irony is amenable to a description in terms of the organization of perspective (cf. Kotthoff 2002). During the production and comprehension of utterances, a key role is played by the position (perspective) from which the speaker views the elements of the discourse universe. This means that the study of perspective needs to take the following two components into account, which mutually presuppose each other: 1) the vantage point, i.e. the viewpoint from which something is represented, 2) orientation, i.e. the resulting specific representation of objects once a particular vantage point is taken (Sanders / Spooren 1997: 86, cf. Langacker 1987). The viewpoints utilized in the utterance are to be interpreted with respect to the referential centre defined by the speaker's person and his/her position in space and time.

In addition to the referential centre, a further important context-dependent vantage point is the subject of consciousness, which is also central to the functioning of irony. It is associated with the person to whom active consciousness (perception, volition, thought or speech) is attributed regarding the information conveyed. The notion of subject of consciousness highlights the subject-bound nature of linguistic cognition, cf. Brunner's (1986: 26) related term of "subjunctivizing reality". Any experience about the world is necessarily filtered through the speaker's mind before she can share it with others. Hence, it is the speaker herself who acts as the subject of consciousness by default, assuming responsibility for the message even in the absence of explicit markers of this. However, since the speaker regards not only herself but also others as mental agents (i.e., she can identify with others), she is able to evoke their mental states or even their participation in a discourse. This means that she may resort to perspectivization, i.e., shift this centre of orientation onto another person (cf. Sanders / Spooren 1997: 86–95).

Clearly, perspectivization has a direct bearing on the interpretation of an utterance (part) as ironic, since a crucial prerequisite to the recognition of irony is the realization that the speaker has withdrawn responsibility for what she is saying, i.e., she no longer acts as the subject of consciousness. Even if this is not explicitly marked, ironic utterances typically feature someone (or some other group, possibly just another voice) other than the speaker as the subject of consciousness. In other words, an essential component of irony is the recognition of a distance between two evaluative positions, one assumed by the speaker and the other by the person or voice acting as the subject of consciousness (cf. Livnat 2004: 58, Chatman 1978: 228–236). This allows the speaker to imply that her own evaluative vantage point is more adequate by questioning the appropriateness of the inherent vantage point of a representation. Hence, irony has an important relativizing function: things can be evaluated from multiple viewpoints but certain viewpoints are less adequate in a given discourse than others (cf. Haiman 1998: 18–27). A significant corollary is that the adequateness of context-dependent vantage points may be evaluated along a scale, and the distance between them is a matter of degree.

(5) In the 1950's, uncle Cohn is asked at a conference of the communist party:
– Comrade Cohn, don't you have an opinion of your own?
– Of course I do, but I don't agree with it.

The joke in (5) aptly illustrates the idea that irony and perspective are interrelated: there may be multiple (and mutually exclusive) vantage points from which a situation can be evaluated and occasionally, they may even be linked to one and the same subject. Naturally, in the context of this joke, self-irony translates into the critique of an era.

A crucial point regarding irony is that it is not directly related to particular linguistic constructions; rather, its interpretation hinges on the context. To understand irony, one needs to be well-informed about the situation, the discourse topic, etc., otherwise no (or at best a very limited) ironic interpretation is available. However, this does not mean that there would be a shortage of optional linguistic devices that may help the listener recognize the perspectivization inherent in irony, hence reducing the risk of misunderstanding.

These devices can in fact be regarded as contextualization cues, as they only aid in the recognition of irony by directing attention to the need for drawing on contextual information. These cues can come from various domains of the linguistic system. In spoken language, the most frequent marker of ironic attitude is a particular intonation pattern, which is distinguishable from the prosody of non-ironic utterances. Significant prosodic cues include floating (or rising) intonation, a lower pitch, the exaggerated use of certain prosodic features (singsong, heavy accents, the lengthening of syllables etc.) and nasalization, accompanied by pauses or laughter.

Furthermore, spoken language also allows the use of paralinguistic devices such as mimics (winking, smiling sarcastically) and gestures (poking, tapping on the shoulder). In the written register, irony may be signalled by typographical conventions including the use of italics, quotation marks, or occasionally exclamation marks. Certain expressions or fixed phrases can also be deployed to a similar effect (*as they say, as we all know*). As a general remark, it can be added that the linguistic markers of evidentiality and quoting (also a form of perspectivization) often contribute to the recognition of irony.

(6) Come in cramozin garmented;
For to Love martyr did he die.
Thereof he swore on his manlihead,
Whenas he felt his end drawn nigh.

(From François Villon's *Ballad, by way of ending*. Translation by John Payne.)

As (6) shows, the recognition of irony in an utterance may be helped by the linguistic context (or "co-text"), as the presence of incompatible elements in the same sentence (*martyr* vs. *manlihead*) makes an ironic interpretation highly probable. This is further accentuated by the phrase *he felt*, explicitly marking perspectivization.

2.2. Irony as covert metapragmatic reflection

It follows from the above that irony represents one way in which discourse participants can express a reflective attitude to the linguistic choices they or others are making. It serves to direct attention at the linguistic activity itself, and profile (a high level of) metapragmatic reflection (cf. Verschueren 1999: 187–198). In effect, irony involves the overwriting of a linguistic representation (utterance or utterance part) by a meta-representation that questions the adequacy of its evaluative vantage point (cf. Curcó 2000, Livnat 2004).

(7) I know your heart is bleeding for me
and the shore is awash with your tears
when, with a sportsman's elegance,
Fate sends a bullet into me.

In (7) above, which is the translation of an excerpt from a Hungarian song's lyrics, the passages *your heart is bleeding for me* and *the shore is awash with your tears* reflect the speaker's ironic attitude to the representations they express, suggesting that they are construed inadequately. Hence, irony may be viewed as a special kind of implicit meaning construal suggesting a high level or metapragmatic reflection, which is not bound to a particular grammatical construction.

Prototypically, irony implies a critical attitude to the evaluative vantage point of a representation; however, it may also imply praise. One reason for the predominance of negative irony may be that the representation highlighting an ironic attitude expresses social norms violated by the situation at hand. In such cases, irony has a moral aspect to it: not only does it imply that the person or community fails to comply with a given norm, but also that it should take steps to the contrary. In other instances, the irony suggests criticism because of its exaggerating character.

When it is applied in a given interaction, irony may serve a wide range of communicative demands or social expectations (cf. Attardo 2000a). Firstly, it may reinforce the sense of belonging to a group, especially when irony is directed at a third person or party. Here, the sense that the speaker and the addressee belong together comes at the expense of the outsider or group of outsiders. However, discourses characterized by self-irony or irony directed at the addressee may also reflect a feeling of "talking the same language". Secondly, irony may indicate the superiority of the speaker, i.e., the fact that he is in control of the situation, is capable of viewing it from outside or from above; furthermore, that he can play with language by saying one thing and meaning another. Thirdly, irony may express politeness as it allows the speaker to avoid direct confrontation. Owing to its indirect or vague character, negative irony may blunt criticism, while positive irony may help the speaker avoid any inconvenience that open praise might bring in its wake (cf. Leech 1983: 142–151).

Irony may satisfy these communicative demands because in its own covert way it exploits a fundamental aspect of linguistic cognition and communication: the extraordinary capacity of humans to reflect on their own linguistic activity, on the utterances they or others are making, and on the conscious processes behind them.

tatraisz@yahoo.com
Katedra Filologii Węgierskiej
Uniwersytet Jagielloński

Mai Magyar Nyelvi Tanszék
Eötvös Loránd Tudományegyetem

References

Arisztotelész [Aristotle], 1997, *Nikomakhoszi etika* [Nichomachean Ethics], Európa Kiadó Budapest.

Attardo, S., 2000a, Irony as relevant inappropriateness. – *Journal of Pragmatics* 32/6: 793–826.

Attardo, S., 2000b, On the pragmatic nature of irony and its rhetorical aspects. – Németh, T.E. (ed.): *Selected papers from 7th International Pragmatics Conference*, Antwerp: 52–66.

Behler, E., 1998, Ironie. – Ueding, G. (Hrsg.): *Historisches Wörterbuch der Rhetorik*, IV, Max Niemeyer, Tübingen: 599–624.

Bruner, J., 1986, *Actual minds, possible words*, Harvard University Press, Cambridge (MA).

Chatman, S., 1978, *Story and discourse. Narrative structure in fiction and film*, Cornell University Press, Ithaca–London.
Colston, H.L., 2000, On necessary conditions for verbal irony comprehension. – *Pragmatics and Cognition* 8: 277–324.
Colston, H.L. / Gibbs, R.W., Jr., 2007, A brief history of irony. – Gibbs, R.W., Jr. / Colston, H.L. (eds.): *Irony in language and thought*, Lawrence Erlbaum, New York–London: 3–24.
Cornificius, 2001, *A szónoki mesterség (Rhetorica ad C. Herrenium)*, Magyar Könyvklub, Budapest.
Curcó, C., 2000, Irony: negation, echo, and metarepresentation. – *Lingua* 110: 257–280.
Eco, U., 1994, Széljegyzetek A rózsa nevé-hez (Ford.: Barna Imre) [Glosses to the name of the rose]. – *A rózsa neve* [The name of the rose], Európa Kiadó, Budapest: 611–614.
Gibbs, R.W., Jr., 1994, *The poetics of mind*, Cambridge University Press, Cambridge.
Gibbs, R.W., Jr. / Colston, H.L. (eds.), 2007, *Irony in language and thought*, Lawrence Erlbaum, New York–London.
Giora, R., 1998, Irony. – Verschueren, J. / Östman, J.-O. / Blommeart, J. / Bulcean, C. (eds.): *Handbook of pragmatics*, John Benjamins, Amsterdam–Philadelphia: 1–21.
Giora, R. / Fein, O., 1999, Irony: context and salience. – *Metaphor and Symbol* 14/4: 241–257.
Giora, R., 2003, *On our mind: salience, context, and figurative language*, Oxford University Press, New York.
Grice, H.P., 1975/1989, Logic and conversation. – Grice, H.P. (ed.): *Studies in the way of words*, Harvard University Press, Cambridge (MA): 22–40.
Haiman, J., 1998, *Talk is cheap. Sarcasm, alienation, and the evolution of language*, Oxford University Press, Oxford.
Hartung, M., 2002, *Ironie in der Alltagssprache*, Verlag für Gesprächsforschung Radolfzell.
Komlósi, B., 2007–2008, Az iróniakutatás elméleti dilemmái a pragmatikában [Theoretical dilemmas in the pragmatic study of irony]. – *Nyelvtudomány* 3–4: 95–128.
Kotthoff, H., 2002, Irony, quotation, and other forms of staged intertextuality. – Graumann, C.F. / Kallmeyer, W. (eds.): *Perspective and perspectivation in discourse*, John Benjamins, Amsterdam–Philadelphia: 201–229.
Langacker, R.W., 1987, *Foundations of Cognitive Grammar. Theoretical prerequisites*, I, Stanford University Press, Stanford–California.
Lausberg, H., 1960, *Handbuch der Literarischen Rhetorik*, Max Hueber Verlag, München.
Livnat, Z., 2004, On verbal irony, meta-linguistic knowledge and echoic interpretation. – *Pragmatics and Cognition* 12: 57–70.
Leech, N.G., 1983, *Principles of pragmatics*, Longman, London–New York.

Man, P. de, 1996, A temporalitás retorikája [The rhetoric of temporality]. – Thomka, B. (ed.): *Az irodalom elméletei* [Literary theories], I, Jelenkor, Pécs: 33–60.
Oesterreich, P.L., 2001, Irony. – Sloane, Th.O. (ed.): *Encyclopedia of Rhetoric*, Oxford University Press, Oxford: 404–406.
Quintilianus, Marcus Fabius, 2008, *Szónoklattan (Institutio Oratoria)*, Kalligram, Pozsony.
Rorty, R., 1994, *Esetlegesség, irónia és szolidaritás* [Contingency, irony, and solidarity], Jelenkor Kiadó, Budapest.
Sanders, J. / Spooren, W., 1997, Perspective, Subjectivity, and Modality from a Cognitive Point of View. – Liebert, W.-A. / Redeker, G. / Waugh, L. (eds.): *Discourse and perspective in cognitive linguistics*, John Benjamins, Amsterdam–Philadelphia: 85–112.
Sperber, D. / Wilson, D., 1981, Irony and the use-mention distinction. – Cole, P. (ed.): *Radical pragmatics*, Academic Press, New York: 295–318.
Sperber, D. / Wilson, D., 1990, Rhetoric and relevance. – Wellbery, D. / Bender, J. (eds.): *The ends of rhetoric: history, theory, practice*, Stanford University Press, Stanford: 140–155.
Sperber, D. / Wilson, D., 1992, On verbal irony. – *Lingua* 87: 53–76.
Sperber, D. / Wilson, D., 2004, Relevance theory. – Ward, G., Horn, L. (eds.): *Handbook of pragmatics*, Blackwell, Oxford: 607–632.
Szabó, G.Z. / Szörényi, L., 1997, *Kis magyar retorika* [Concise Hungarian rhetorics], Helikon Kiadó, Budapest.
Tátrai, Sz., 2007, Az irónia alkalmazásának stílustörténeti vonatkozásaihoz [On irony and the history of style]. – Maticsák, S. (ed.): *Nyelv, nemzet, identitás* [Language, Nation, Identity], I, Nemzetközi Magyarságtudományi Társaság, Debrecen–Budapest: 395–403.
Tátrai, Sz., 2008, Irónia [Irony]. – Szathmári, I. (ed.): *Alakzatlexikon* [The lexicon of figures of speech], Tinta Kiadó, Budapest: 311–320.
Tomasello, M., 1999, *The cultural origins of human cognition*, Harvard University Press, Cambridge (MA).
Veres, A., 1977, Irónia [Irony]. – Király, I. (ed.): *Világirodalmi Lexikon* [The lexicon of world literature], Akadémiai Kiadó, Budapest: 375–380.
Verschueren, J., 1999, *Understanding pragmatics*, Arnold, London–New York–Sydney, Auckland.
Wilson, D. / Sperber, D., 1992, On verbal irony. – *Lingua* 87: 53–76.

Languages and Cultures in Research and Education
pp. 239–245

Tolcsvai Nagy Gábor
(Budapest)

Flexible Word Order: a Basic Type of Semantic Construal in Hungarian*

The theme I have chosen is part of a larger project: the functional description of the main features of the Hungarian language. Hungarian has a flexible clausal word order, in other words, there is no direct correspondence between word order and the structural position of e.g. the grammatical subject, object or the verbal predicate. The flexibility of Hungarian clausal word order does not reflect 'freedom', rather, it serves the focusing of attention in construing the action chain within the clause. The flexible word order of Hungarian clauses is treated in the theoretical framework of cognitive grammar, worked out mainly by R. Langacker (cf. Langacker 1997, 2008).

1. Approaches to clausal word order

The general linguistic literature on clausal word order is immense. On the other hand, traditional Hungarian grammars have avoided the description of word order (cf. Keszler ed. 2000), while the formal generative approaches explain word order by particular movement operations of sentence constituents to structural positions like topic or focus, from the underlying structure (see e.g. É. Kiss 2002). To give a simplistic but not unwarranted overview, three basic interpretations of clausal word order may be stated:

1) mere sequence with no structural or functional consequences;
2) sequence through movement rules, transformations from an underlying structure into surface structures;
3) sequence for certain semantic, functional goals, contribution to the meaning of the clause.

* This paper was supported by grant k 76878 of OTKA (Hungarian Scientific Research Fund).

Two basic types of clausal word order are distinguished in the general literature, according to flexibility (see Givón 2001: 233–284):

1) rigid word order, where the structural positions in a sequence express syntactic functions;
2) flexible word order, where sequential positions are connected with semantic and pragmatic functions.

Of course, word order is much more than a question of the varieties of the order of Subject, Verb and Object (i.e. SVO or SOV). The main question from a functional perspective is: what semantic (linguistic) functions does the on-line processing of the clause or sentence have. The on-line processing of a clause contains parallel and sequential processes, including word order.

Functional linguistics in general, and cognitive grammar in particular, consider language a system of conventional expressions (structures), on diverse levels of complexity, and take meaning as the driving force of construing these structures. According to Langacker's view, a clause designates a scene with participants (conceptualized as figures, things) expressed by nouns, pronouns and an energetic transmission, a temporal relation between the participants, (expressed by verbs). The conceptual structuring of the clause yields an action chain, the semantic compositional construing of the components into the clausal semantic structure. In Langacker's theory, this structure is independent of word order, because linear word order is conceived as part of the phonological pole of the clause, and is related to the processing time of the structure (see Langacker 2000, 2008: 354–405). Since flexible word order in Hungarian serves to distinguish diverse semantic contents between clauses, this view is to be modified to a certain extent. Other functional approaches recognize the semantic significance of word order, too. Payne (1992) takes into account the following cognitive and pragmatic aspects of word order motivation:

1) the cognitive status of a given phrase: referential and nonidentifiable or not, unexpected or expected (as the speaker wishes the hearer to interpret it);
2) contrary to the hearer's current expectations, presuppositions (in the speaker's view);
3) the temporal sequence within the discourse, relative to the information of other clauses;
4) the clause initiates or ends a discourse unit.

As a starting point for the descriptions below, it can be stated that factors of cognitive motivation come from general features of cognition: in the case of word order from the focusing of attention. Factors of pragmatic motivation come from the windowing of attention with respect to the speaker – hearer relation in the current and developing discourse universe (cf. Gernsbacher / Hargreaves 1992, Chafe 1994).

2. The flexible word order in the Hungarian language

For demonstration I take the Hungarian versions of one simple sentence: "The porter opened the gate". The examples are codings of a prototypical event. The prototypical event is conceptually construed of two participants (here, one agent, the trajector of the clause and one patient, the landmark of the clause), and a temporal relation between these participants, expressed by a finite verb. All the six sentences are semantically and syntactically acceptable, "well formed" ones, i.e. they are conventional construals and structures. However, the six sentences presumably differ in frequency, and consequently in conventionality: example (1) seems to be more frequent than example (6). The six sentences are pronounced with flat prosody (i.e. there is no contrastive structural focus in them). Subjects are underlined.

(1)	A portás	kinyitotta	a kaput.
	the porter-NOM	PERF-open-PAST-3SG	the gate-ACC
	The porter opened the gate.		
(2)	A kaput	kinyitotta	a portás.
	the gate-ACC	PERF-open-PAST-3SG	the porter-NOM
	The porter opened the gate.		
(3)	Kinyitotta	a portás	a kaput.
	PERF-open-PAST-3SG	the porter-NOM	the gate-ACC
	The porter opened the gate.		
(4)	Kinyitotta	a kaput	a portás.
	PERF-open-PAST-3SG	the gate-ACC	the porter-NOM
	The porter opened the gate.		
(5)	A portás	a kaput	kinyitotta.
	the porter-NOM	the gate-ACC	PERF-open-PAST-3SG
	The porter opened the gate.		
(6)	A kaput	a portás	kinyitotta.
	the gate-ACC	the porter-NOM	PERF-open-PAST-3SG
	The porter opened the gate.		

The six versions can be translated into English with the same structure. However, there are slight differences. If we look at the variants closer, the differences come to the surface. In (1) the clause initial entity, the starting point of the action chain and the low degree of access coincide. In (2) the clause initial element is the direct object (the patient, and landmark), although it is the target in the action chain, and it is less prominent than the trajector, whereas the agent and subject is at the end of the clause. In (3) the verb is the clause initial element, and the entity designations simply follow the verb, etc. The slight differences between the meanings of the sentences (1) – (6) are the result of the dynamic nature of flexible word order: different concepts are activated in clause initial position. Therefore the hearer's attention is focused on different factors of the designated scene, and different attentional frames are evoked by the first element.

3. Variously rigid orderings

To demonstrate the semantic significance of word order, some other types are presented below. These sentences differ from one another semantically to a larger extent than the ones in the previous section.

Clauses with dummy subject:

(7) Meleg van.
warm is
It is warm. (the air temperature in a certain place)

(8) Van meleg.
is warm Ø
There is warm [water, food, etc.].

Copular clauses, zero copulas:

(9) Zsuzsa orvos.
Susan Ø physician
Susan is a physician.

(10) ?Orvos Zsuzsa.
physician Ø Susan
Susan is a physician.

Primary figures in accusative or dative:

(11)	A hallgatót	érdekli	a biológia.
	the student-ACC	interest-PRES-3SG	the biology-NOM
	Biology interests the student.		
(12)	A biológia	érdekli	a hallgatót.
	the biology-NOM	interest-PRES-3SG	the student-ACC
	Biology interests the student.		
(13)	A fiúnak	tetszik	a lány.
	the boy-DAT	like-PRES-3SG	the girl-NOM
	The boy likes the girl.		
(14)	A lány	tetszik	a fiúnak.
	the girl-NOM	like-PRES-3SG	the boy-DAT
	The boy likes the girl.		

Existential clauses with indefinite subject:

(15)	Van	egy asztal	a sarokban.
	is	a table	the corner+in
	There is a table in the corner.		

(16)	Van	a sarokban	egy asztal.
	is	the corner+in	a table
	There is a table in the corner.		
(17)	A sarokban	van	egy asztal.
	the corner+in	is	a table
	There is a table in the corner.		
(18)	Egy asztal	van	a sarokban.
	a table	is	the corner+in
	There is a table in the corner.		

Existential clauses with definite subject:

(19)	Az asztal	a sarokban	van.
	the table	the corner+in	is
	The table is in the corner.		
(20)	A sarokban	van	az asztal.
	the corner+in	is	the table
	The table is in the corner.		

4. A preliminary explanation

Hungarian is an agglutinating language with flexible word order. It has to be emphasized that nominals are marked by inflexional case morphemes, and finite verbs get inflectional suffixes for tense, mood, number and person. Thus, every clause initial component explicates its syntactic role. To put it in a more cognitive way: with the inflectional suffixes the component status of the nominal or the finite verb in the clause is made explicit with a high degree of probability. In this way, the clause initial component nominal or finite verb opens its own cognitive domain, and at the same time it activates a schematic event structure, by its own component function in it, with schematic conceptual expectations towards the probable components.

From the perspective of Langacker's usage-based approach to linguistic dynamism, by natural paths, the prototypical Hungarian clause may have the nominal in topic status at different linear positions. Thus, a clause can open initially a mental space (a dominion) by any of its participants (e.g. a landmark), and arrive later at the topic as the reference point for the whole clause, activating another dominion. The natural path leading from and to the topic, and the windowing of attention have different, frequent clausal schemas. Results of recent research show that word order as an on-line process may have a role in the dynamic, emergent aspects of the semantic structure of the Hungarian clause.

In other words: during the on-line processing of the discourse, in each clause a cognitive foundation is laid first. From the hearer's perspective, the expression ordered first is integrated into a developing mental representation, functioning as its foundation. Subsequent information coherent with that foundation will be mapped into the same developing foundation (dominion), while subsequent information incoherent with the established foundation will motivate the beginning of the development of a new foundation (dominion).

It is clear that basically different concepts are activated in clause initial position. It is by no means indifferent whether the dynamic expression of a scene begins with a nominal (and which nominal) or a verbal element of the clause. The concepts expressed by clause initial linguistic units open their own different conceptual domains. These domains function as neutral vantage points with a differently limited scope in the clause.

The nominal focuses the attention on a participant of the event. This means that this is the vantage point from where the linguistic designation of the event is completed. As the examples show, the entity standing in the primary or the secondary focus of attention can fill this function. While the prototypical natural path is from primary towards secondary, in Hungarian the opposite is possible, too. There is a path from the secondary figure to the primary one in the sense that the secondary figure opens the first domain in the clause, and the conceptualizer reaches the primary figure from this domain. When the primary figure is reached, it activates its own domain.

The verb focuses attention on the profiled process of the event. In this case the vantage point from which the processing of the clause, i.e. the processing of the linguistically expressed event begins, is the profiled process itself.

The flexible clausal word order of Hungarian has significant semantic functions.

tnghu@hotmail.com
Mai Magyar Nyelvi Tanszék
Eötvös Loránd Tudományegyetem

References

Chafe, W., 1994, *Discourse, Consciousness, and Time: The Flow and Displacement of Conscious Experience in Speaking and Writing*, The University of Chicago Press, Chicago.

Gernsbacher, M.A. / Hargreaves, D., 1992, The privilege of primacy: experimental data and cognitive explanations. – Payne, D.L. (ed.): *Pragmatics of word order flexibility*, John Benjamins, Amsterdam–Philadelphia: 83–116.

Givón, T., 2001, *Syntax. An Introduction*, I, John Benjamins, Amsterdam–Philadelphia.

Keszler, B. (ed.), 2000, *Magyar grammatika* [= Hungarian grammar], Nemzeti Tankönyvkiadó, Budapest.

É. Kiss, K., 2002, *The Syntax of Hungarian*, Cambridge University Press, Cambridge.

Langacker, R.W., 1997, Constituency, dependency and conceptual grouping. – *Cognitive Linguistics* 8/1: 1–32.

Langacker, R.W., 2000, Topic, subject, and possessor. – Simonsen, H.G. / Endresen, R.T. (eds.): *A cognitive approach to the verb: morphological and constructional perspectives*, Mouton de Gruyter, Berlin–New York: 11–48.

Langacker, R.W., 2008, *Cognitive Grammar. A Basic Introduction*, Oxford University Press, Oxford.

Payne, D.L., 1992, Introduction. – Payne, D.L. (ed.): *Pragmatics of word order flexibility*, John Benjamins, Amsterdam–Philadelphia: 1–13.

Languages and Cultures in Research and Education
pp. 247–257

Ischchan Tschiftdschjan
(Leipzig)

Sprache der Vernichtung – Vernichtung der Sprache. Erfahrungen der Überlebenden des Genozids an den Armeniern 1915[1]

I. Einleitung

Es war vor etwa vier Jahren, als Ralf-Peter Ritter mir auf dem Leipziger Bahnhof ein Büchlein über die Historische Erinnerung der armenischen Genozid-Überlebenden schenkte, wobei er eine fragende Bemerkung machte. Er nahm dabei Bezug auf ein von den Armeniern gesungenes Lied über das Ende Mehmet Talaat Paschas, der als Innenminister der führenden Jungtürkischen Partei der Osmanischen Regierung, „*İttihat ve Terakki*" (türk.: „Einheit und Fortschritt"), als einer der Hauptverantwortlichen des Armenier-Genozids 1915 gilt. Im genannten Lied steht:

> „Man begrub Talaat Pascha,
> Schickte die Nachricht seiner Mutter, die ihn geworfen(.)"
>
> (Svazlian 2005: 88).

Talaats Mutter habe ihn, nach dieser armenischen Wahrnehmung, nicht geboren, sondern geworfen. Wenigstens eine Beleidigung an die Adresse der Mutter des Mörders. *Was hat die Mutter damit zu tun?* – So die fragende Bemerkung von Ralf-Peter Ritter, eine wohl berechtigte Kritik. Auf die Beweggründe einer solchen Nebenbeschimpfung gehe ich im folgenden Vortrag nur indirekt ein, indem ich *Vernichtung der Sprache* zu behandeln versuche, also über Beschimpfungen hinausgehe. Sprache als Mutter, Muttersprache, steht jenseits der Mutterschaft selbst. Und die Vernichtung der Sprache ist dann mehr als die Beschimpfung der Mutter, die natürlich schlimm genug ist.

[1] Die überarbeitete Fassung des Vortrags, der während der Jubiläumskonferenz „Sprachen und Kulturen in Lehre und Forschung" im „Jahr der Ungarischen Sprache" zum 20jährigen Bestehen des Lehrstuhls für Ungarische Philologie der Jagellonenuniversität und aus Anlass des 70. Geburtstages von Ralf-Peter-Ritter in Krakau, 19.–20. Mai 2009 gehalten wurde.

In Zusammenhang mit der katastrophalen Erfahrung des Genozids denke ich zuerst an die Eigenschaft der Sprache als ein leeres Mittel, das durch gute oder böse Inhalte gefüllt werden kann. Die Sprachforschung erkennt keine „böse“ oder „gute“ Sprache an sich. Die Trennung zwischen „Täter- und Opfersprache“ macht nur die Kollektive Erfahrung einer Katastrophe. Nach katastrophalen Erlebnissen neigt das Sprachmittel dazu, „böse“ oder „gute“ Dimensionen annehmen zu können und sie mit seinem Wesen soweit zu identifizieren, dass der neutrale mediale Charakter der Sprache sogar verloren gegangen scheint.

Wo die Sprache verwendet wird, da pulsiert das Leben des Volkes. Sprache – Zeichen des Lebens. Ein von dem armenischen Sänger Hajrik Muradjan[2] überliefertes Lied über die Entvölkerung der Provinz Surmalu[3] von ihren armenischen Bewohnern weist auf die Bezeichnung der Sprache als Lebenszeichen hin:

„Ei Surmalu, liebes Surmalu,
Kein Glöckchen klingelt, kein armenisches Wort erklingt,
Du bist zum Wald für die Nester zerstörenden Wölfe geworden,
Du, an Schulen reiche, volksreiche Provinz“

(Svazlian 2005: 45)

Die armenischen Bewohner der Provinz fehlten und als eine natürliche Folge darauf war dort ihre Sprache nicht mehr zu hören. Die Sprache wurde aber damit noch nicht vernichtet. Sie wurde mit den Menschen vertrieben.

Die in den folgenden zwei Kapiteln dargestellten Themen stehen zu Recht für einen Vergleich mit ähnlichen Herangehensweisen,[4] die während der Ermordung der Opfer des Zweiten Weltkriegs und des Holocaust angewendet wurden, offen. An wenigen Stellen gehe ich auf Vergleichspunkte kurz ein.[5]

---

2 Alle im Aufsatz erwähnten armenischen Personennamen werden entsprechend der westarmenischen Aussprache geschrieben, auch die in den Zitaten aus Svazlians Buch, die in ostarmenischer Aussprache der Namen angeführt waren.

3 Die ehemalige Grenz-Provinz mit Zentrum in Iğdır liegt südöstlich von Kars.

4 Siehe dazu u.a.: Klemperer, V., 1949, *LTI. Notizbuch eines Philologen*, Berlin; Young, J.E., 1997, *Beschreiben des Holocaust. Darstellung und Folgen der Interpretation*, Frankfurt am Main; Wesołowska, D., 1998, *Wörter aus der Hölle. Die „lagerszpracha“ der Häftlinge von Auschwitz*, Kraków; Agamben, G., 2003, *Was von Auschwitz bleibt. Das Archiv und der Zeuge*, Frankfurt am Main.

5 Vgl. u.a. die Fußnoten 18 und 21. An dieser Stelle möchte ich mich bei Herrn Prof. Andrzej Pisowicz (Jagiellonen-Universität, Krakau) und einem weiteren Kollegen bedanken, die mich im Anschluss an meinen Vortrag auf Sprachverbote der türkischen Regierungen hingewiesen haben, die gegenüber den kurdischen und griechischen Bevölkerungseinheiten des Osmanischen Reiches ausgeübt wurden. Die zweite Person gab den folgenden Literaturhinweis: Photiades, K., 1985, *Die Islamisierung Kleinasiens und die Kryptochristen des Pontos*, Univ. Diss., Tübingen. Zum anderen Thema siehe: Sido, K., Die kurdische Sprache und Kultur in der türkischen Öffentlichkeit. – *Pogrom. Bedrohte Völker* 2: 32.

II. Sprache der Vernichtung

Unter „Sprache der Vernichtung" möchte ich die Sprache verstehen, in der die Vernichtung zur Sprache kommt. Indem sie die Vernichtung beschreibt, erreicht die Sprache ihre Grenzen und Grenzen überhaupt. Ihre eigenen Grenzen sind die sprachlichen Möglichkeiten und die Grenzen im Allgemeinen stellen Hinweise auf die Unmöglichkeit des Ausdrucks selbst dar. Eine große Zahl der armenischen Überlebenden betont im Angesicht des Genozids, dass Sprache als Medium nicht alle Erlebnisse ausdrücken kann: „Phantasie, Sprache und Stift sind nicht in der Lage", es zu beschreiben, so der damalige armenische Patriarch der Türkei, Sawen der Jeghjajan[6] (Erzbischof Sawen 1947: 179).[7]

Lewon-Sawen Sürmeljan, ein in die USA ausgewanderter Überlebender, erinnert sich an die Katastrophe, „bewegt durch das Geschehen, ohnmächtig, es zu verstehen und darüber zu sprechen" (Sürmeljan 1986: 5). „Die gesamte Geschichte (...) wurde nicht erzählt und es ist unmöglich, es zu erzählen. Die Toten erzählen nichts und die Überlebenden sind noch stumm", schreibt Sürmeljan fünfzig Jahre nach dem Geschehen (ebd.: 7). Was er als Beschreibung festhalten kann, ist „nur ein Teilbild, brüchiges Bild" (ebd.: 5). Jahre sollen vergehen, damit man „Konkretes, Sachliches aussprechen" kann (ebd.: 5).

Krikoris Balakjan, einer der am 24. April 1915 verhafteten Geistlichen, behauptet: „Es ist unmöglich, die schreckliche und unerzählbare Martyrographie *menschlich* (kursiv – I.T.) zu beschreiben" (Balakjan I 2003: 15). Um es doch beschreiben zu können, „brauchte man eine übermenschliche Feder" (ebd.: 16). Das Erlebte „registrieren heißt nochmals deportiert werden" (ebd.: 16).[8]

Doch die Überlebenden erzählen in einer beschreibenden Sprache jenseits solcher Reflexionen, *wie* die Vernichtung stattfindet. Verkineh Kasbarjan aus

---

[6] Patriarch in Konstantinopel 1913–1915, 1919–1922. Sein Amt wurde durch sein Exil, das ihn von Konstantinopel in seine Geburtsstadt Bagdad führte, unterbrochen. Es liegt eine englische Übersetzung seines Werkes vor: Der Yeghiayan, Z., 2002, *My Patriarchal Memoirs*, Barrington.

[7] Über die literarische Bearbeitung der Vernichtungsthematik in der armenischen Literatur siehe u.a.: Beledian, K., 1999, Die Katastrophe und die armenische Diasporaliteratur. – *Aztag* (armenische Tageszeitung, Beirut (Libanon), Sondernummer 1999: 93–96 [arm.]); Ders., 2004, Spuren, Themen und Allegorien der Katastrophe in der modernen armenischen Literatur. – *Zeitschrift für Genozidforschung* 5: 66–99; Peroomian, R., 1993, *Literary Responses to Catastrophe. A Comparison of the Armenian and Jewish Experience*, Georgia (USA).

[8] Balakjan, K., 2003, *Das armenische Golgatha. Erzählungen aus der armenischen Martyrographie. Von Berlin nach Der-Zor. 1914–1920*, I–II, Wien–Paris. Das Werk hat 3 Auflagen und wurde dieses Jahr ins Englisch übersetzt: Balakian, G., 2009, *Armenian Golgotha. A Memoire of the Armenian Genocide, 1915–1918* [translated by Peter Balakian with Aris Sevag], New York–Toronto.

Aintab[9] erzählt: „...Die Türken töteten vor meinen Augen meinen Vater Krikor, meine Mutter Dudu, meinen Bruder Hagop und meine Schwester Nuriza. All das habe ich mit meinen eigenen Augen gesehen und ich kann es bis heute nicht vergessen...“ (Svazlian 2005: 13). Ein anderes Beispiel stellt das von Verkineh Nadscharjan aus Malatia dar: „...Unsere Sippschaft war sehr groß, wir waren etwa 100–150 Leute. Ich hatte viele Onkel und Tanten. Alle wurden unterwegs nach Der-Sor umgebracht. Nur drei von uns sind übrig geblieben: ich, meine Mutter und mein Bruder...“ (Svazlian 2005: 14). Diese elementaren Informationen über die Tötung der Familienmitglieder wurden mündlich überliefert. Der Fall von Garabed Tosljan aus Zeitun spricht für die Stärke der Erinnerungen trotz der mangelnden Mittel, die ihre schriftliche Weitergabe ermöglichen: „obwohl er des Lesens und Schreibens nicht kundig war, hatte er seine Erinnerungen und Lieder ‚jeden Abend vor dem Schlafengehen wie Gebete‘ gemurmelt, um sie nicht zu vergessen“ (Svazlian 2005: 15). Der oben erwähnte Krikoris Balakjan hatte keinen Notizzettel auf dem Deportationsweg zur Verfügung. An alle Ereignisse erinnerte er sich und verfasste später zwei Bände.

In der Vernichtung aber gibt es keine beschreibende Sprache. Hier sei auf Giorgio Agamben hingewiesen, der von Primo Levi ausgehend den „eigentlichen Zeugen“ des Holocaust, das Opfer, das keine Sprache haben konnte, von dem, das Auschwitz überlebte und ein schriftliches Zeugnis ablegen konnte, unterschied (vgl. Agamben 2003: 29ff). Die Vernichtung hat eigentlich keine Sprache und davon Zeugnis abzulegen bleibt unmöglich, weil das eigentliche Opfer tot ist. Veronika Berberjan aus Yozgat in Zentralanatolien erzählt: „Ein Türke sagte meinem Großvater: ‚Papas Efendi, deine letzte Stunde ist gekommen, was hast du zu sagen?‘ Mein Großvater kniete nieder und begann zu beten. Da schlug ein türkischer Soldat mit der Axt, der Kopf meines Großvaters rollte auf den Boden. Sie begannen mit dem Kopf meines klugen Großvaters Fußball zu spielen“ (Svazlian 2005: 30). Das Gebet bildet hier einen Sprachraum, der zugleich den Vorraum der Ermordung darstellt. Das eigentliche Opfer spricht hier seine „Beschreibung“ im/als Gebet aus und nur dadurch ermöglicht es ein sprachliches Zeugnis.

III. Befehl, Sprachverbot und Sprachvernichtung

Die türkischen Offiziere hatten das Wort. Sie erhielten die Befehle von der Führung der Jungtürkischen Partei, dem obersten Gremium, das die Armeniervernichtung organisierte. Unter diesen Befehlen wurde die armenische Zivilbevölkerung deportiert. Dass die Befehle von ganz oben kamen und als letzte Antwort seitens der Gouverneure, Gendarmen und Polizisten, die ihre Aufgaben erfüllen sollten, auf Bitten und Flehen der Armenier wiederholt wurden, spricht für ihre Entscheidungsmacht. Der Gouverneur von Sivas,[10] Muammer sagt: „Ich bin ver-

[9] Heutige Gaziantep im Südosten Anatoliens.
[10] Die Hauptstadt der gleichnamigen Provinz in Zentralanatolien.

pflichtet, die Entscheidung und den Befehl der Regierung zu erfüllen, ich kann nicht anders“ (Kalemkjarjan o. J. http://sivas.ermeni.org/kitap2.htm). Diese Macht war so groß, dass die ungehorsamen Angestellten abgesetzt wurden. Als ca. 350 000 der deportierten Armenier die syrische Wüste Der-Zor, die Endstation im Sommer 1915 erreichten, wurden sie vom dortigen Gouverneur Ali Suat Bey verschont, der dem Regierungsbefehl nicht folgen wollte. Die Deportierten fingen dort in einer Zeltstadt ein neues Leben an, indem viele von ihnen als Handwerker mit den Bewohnern der umliegenden Dörfer in Kontakt traten. Dieses Überleben in Der-Zor wurde durch einen Befehl unterbrochen, als der Innenminister Talaat den Gouverneur absetzen ließ und den Tscherkessen Salih Zeki im April 1916 zum Gouverneur ernannte. Der Letzte ließ die Deportierten ab August 1916 massakrieren. Ca. 4000–5000 überlebten die Massaker. Im Sommer 1918 lebten nur noch ca. 400–500 Armenier in Der-Zor (vgl. Balakjan II 2003: 244–246).

Wer den Befehl hat, beherrscht zugleich die „Sprachregeln“. Die wehrlosen Untertanen hatten nichts zu sagen. Ihre Sprache, sie gab es als Beschreibung, wie oben erwähnt, aber sie galt gegen die Macht der Mörder nicht. Die Ohnmacht der Opfersprache öffnet einen beschreibenden Raum, in dem das Geschehen Gestalt nimmt, sie kann aber nichts an der Tatsache ändern.

In manchen Zeugenberichten werden Vorkommnisse dargestellt, die parallel zur Vernichtung des armenischen Volkes auf Aktionen hinweisen, die die „Vernichtung“ der armenischen Sprache unternehmen. Sprache als *das* Eigentum, der unmittelbarste Besitz des Volkes neben dem Glauben, oder Sprache als eigenster Glaube, wurde vom Feind nicht geduldet. Gemeint ist hier nicht Sprache als grammatisches System, die nicht zu vernichten ist. Sie überlebt jede Katastrophe, solange sie zu erlernen ist. Gemeint ist die Sprache als Identitätsmerkmal der Opfer, die verboten, verfolgt und vernichtet wurde.

Wichtige Zielscheiben der Armeniervernichtung bildeten einerseits die Intellektuellenschicht – Geistliche, Lehrer, Ärzte, Redakteure und Journalisten, die zugleich Pflege und Weitergabe der Sprache garantierten (vgl. Balakjan I 2003: 85) und andererseits unter anderen wertvollen kulturellen Gegenständen die Handschriften, die die Sprache konservieren.[11]

Exil und Tötung der Führungsschicht verstanden die Jungtürken als wichtige Aufgaben in ihrem Vernichtungsplan. Das folgende Geschehnis erläutert diese Tendenz. Der Marineminister der Osmanischen Regierung Ahmet Cemal Pascha, zugleich Obergeneral an der Kriegsfront Syrien-Palästina, gesteht dem armenischen Katholikos von Kilikien Sahag II. in einem Privatgespräch ein, er habe sich bemüht, seine gleichgesinnten Freunde zu überreden, anstatt das gesamte armenische Volk

[11] Zur Vernichtung der armenischen Kulturgüter vgl. Der Chatschadurjan, A., 1993, *Das armenische Kultur*-Jeghern, Beirut [arm.]; Jardemjan, Pater D., [2]2001, *Der kulturelle Verlust der Klöster und Kirchen Armeniens in den Jahren 1894–1896 und 1915*, Venezia [arm.]. – Der Begriff *Jeghern* (arm.: Übel, Verbrechen) bezeichnet den Völkermord an den Armeniern 1915.

ins Exil zu schicken, nur 15–20 Vertreter der Intellektuellen und Parteiangehörigen, „Menschen im Besitz des Stifts", aus jeder Stadt zu deportieren. Er bedauere es aber, dass er seine Stimme nicht zu Gehör bringen konnte (vgl. Balakjan I 2003: 102). Dieser gescheiterte Vorschlag, der die Opfer auf die Schicht der Schriftführer zu reduzieren vorhatte, bezeichnet einen Schwerpunkt des Vernichtungsplans. Die *ersten* unter den Opfern sollten Vertreter der Oberschicht bilden. Sie wurden am 24. April 1915 verhaftet und in das Landesinnere verbannt. Wenige von ihnen überlebten.[12] Einige Jungtürken kümmerten sich darum, dass die besonders Begabten dieser Menschen nicht überlebten, damit sie ihren „giftigen Stift" später nicht gegen die Verantwortlichen nutzen konnten (vgl. Balakjan I 2003: 220).

Was das Ausmaß des Handschriftenverlusts angeht, fehlen konkrete Daten, da 1915 noch keine Handschriftenkataloge vorhanden waren (vgl. Jardemjan 2001: 88). Schon vor dem Genozid wurden während der Hamitischen Massaker 1894–1896 Schulen und Bibliotheken zerstört und geplündert (vgl. ebd.: 86). Einerseits wurden zahlreiche, jahrhundertealte Handschriften vernichtet, andererseits publizierten die armenischen Verleger weltweit neue Bücher und Zeitschriften. Nach Hagop Sarkisjans Bibliographie[13] wurden 1915–1921 weltweit (Türkei, Kaukasus, Russland, Ägypten, Persien, Bulgarien, Italien, Österreich, Deutschland, Frankreich, USA) 668 armenische Bücher publiziert. Allein in Konstantinopel/Istanbul waren es 256 (vgl. Sarkisjan 1985: 63–65).

Direkte, gegen die Sprache gerichtete Vernichtungsakte erläutern die folgenden Beispiele. Kework Sarafjan, der „Die Geschichte der Armenier von Aintab"[14] verfasste, erinnert, dass „die Unterdrückung und die Verfolgungen durch die Türken so grausam waren, dass das armenischsprachige Antep türkischsprachig wurde, wie es auch in anderen Großstädten Kleinasiens der Fall war. Und den letzten harten Schlag bekam die armenische Sprache von den Janitscharen, die die Zungen derjenigen, die armenisch sprachen, abschnitten" (Sarafjan 1953: 5. Zit. nach Svazlian 2005: 20).[15]

Mikajel Keschischjan aus Adana legt das Zeugnis ab: „Es war schon verboten, armenisch zu sprechen und zu lehren; nicht nur Zungen wurden abgeschnitten, sondern man legte auch heiße gekochte Eier ihnen in die Achselhöhlen, damit sie gestünden, dass sie den anderen Armenisch beibrachten. Die Geständigen wurden abgeführt, erhängt oder totgeschlagen" (Svazlian 2005: 20). Es gab Städte, in denen

12 Eine unvollständige Liste der Deportierten siehe: Balakjan I 2003: 118–126, 138–143.

13 In der von ihm herausgegebenen Publikation, *Hajgaschen*. Jahrbuch für Kunst, Literatur und Wissenschaft, 1. Jg., Konstantinopel 1922 (386–405) listete Hagop Sarkisjan die Bücher unter dem folgenden Titel auf: „Bibliographisches – 1915–1921". Als kleines Heft erschien diese Bibliographie in Antelias 1985 (siehe Literaturverzeichnis).

14 I. Bd. Los Angeles 1953.

15 Vgl. Nartuni 2000: 979: „Ich habe gehört, dass wir nie armenisch sprechen werden"; Svazlian 2005: 67: „Es kam ebenfalls vor, dass man die Jungen entführte, beschnitt, nur türkisch zu sprechen zwang".

sieben armenische Wörter als ein Schimpfwort galten bzw. für sieben armenische Wörter musste man fünf Schafe als Steuer zahlen (vgl. Svazlian 1997: 4).

Das Sprachverbot wurde nach dem Genozid durch die Opfer ausgeübt, die an ihrer Stelle die „Tätersprache" verboten. Nubar Peschdimaldschjan, Soldat der türkischen Armee 1916, verbot den Arbeitern in seiner Werkstatt für Automechanik in Aleppo Türkisch zu sprechen, zu streiten und zu schimpfen (vgl. Peschdimaldschjan 1996: 10).

Im Türkischen wie im Armenischen steht für die zwei Wörter „Sprache" und „Zunge" nur eine Entsprechung: „*Dil*" im Türkischen und „*Lesu*" im Armenischen bedeuten sowohl Sprache als auch Zunge. So „bedeutet" Abschneidung der Zunge im Türkischen wie im Armenischen – Abschneidung der Sprache! Sprache und Zunge stehen im Türkischen und im Armenischen einander näher als im Englischen oder im Deutschen.

Armenische Waisenkinder, die von den Kurden adoptiert wurden und ihre Muttersprache nicht verwenden durften, weisen auf eine andere Erfahrung hin. Papken Indschearabjan, ein adoptiertes armenisches Kind, erzählt, wie ein anderes armenisches Kind, ebenfalls von einem Kurden adoptiert, vor Angst auch nicht mit ihm heimlich Armenisch sprechen wollte (vgl. Indschearabjan 1951: 76). Mit einem dritten Adoptivkind sprach er aber nur dann Armenisch, wenn beide allein waren. „Wenn sie auch unsere Zungen abgeschnitten hätten, wären unsere Ausdrücke Armenisch" schreibt er (ebd., S. 168). Indschearabjan wünschte sich sogar, dass sie ihm die Zunge abgeschnitten hätten, damit er nicht in der Lage wäre Türkisch oder Kurdisch zu sprechen. Ihm wäre am liebsten eine Zeichen- bzw. Gebärdensprache, die er gern Armenisch genannt hätte. Die Zeichensprache hätte unverständlich sein können, das weiß er, aber sie wäre doch eigens und Armenisch gewesen. Eine gebrochene Sprache also, die Leidenserfahrungen hinter sich hat, aber *anders* ist als die türkisch-kurdische – sie ist *armenisch* privat (vgl. Indschearabjan 1951: 168). Diese *seine* Sprache ist für Indschearabjan der Ort, wo er seine bedrohte Identität als letztes, endgültig befreites Eigentum besitzt. Das überlebende Opfer sucht und findet somit einen Schutzraum, wo er gedeihen kann.

Harutjun Albojadschjan aus Findicak[16] erzählt: Nachdem seine Eltern getötet worden waren, brachten die Türken ihn und andere minderjährige Kinder in ein türkisches Waisenhaus und, so sein Ausdruck, sie türkisierten sie. Die armenischen Kinder bekamen türkische Namen. Der Umgang der Kinder mit ihrer neuen Identität wurde von Angst um die Benutzung der Muttersprache überschattet: „Es gab viele, die kein Türkisch konnten, wochenlang kein Wort sagten, um nicht als Armenier erkannt zu werden. Wenn es die Gendarmen erfahren hätten, hätten sie falacha gemacht, d. h. ihnen 20–30–50 Hiebe mit Stöcken auf die Fersen gegeben, oder sie gezwungen stundenlang in die Sonne zu schauen" (Svazlian 2005: 68). Die Zwangsaneignung der neuen Identität ging mit dem allmählichen Verlust der Muttersprache einher.

[16] Ein altes Dorf in der Westtürkei.

In einigen Zeugenberichten wurden andererseits Fälle erwähnt, in denen die türkischen Militärs den armenischen Deportierten durch das ausgesprochene Bekenntnis eine Rettungsmöglichkeit anboten. Das Aussprechen rettete, wenn der Armenier sich als Türke definierte, obwohl er eigentlich Armenier war. Die Deportierten trafen die Entscheidung Türke oder Armenier zu sein in dem Moment, in dem sie danach gefragt wurden. Aram Kössejan aus Charpert[17] erzählt: „…Wir machten Halt in einer Schlucht. Sie (die Offiziere – I.T.) begannen die Erwachsenen zu fragen: ‚Bist du Armenier oder Türke?' Wer ‚Ich bin Armenier' sagte, wurde auf eine Seite gebracht, wer ‚Ich bin Türke' sagte, kam auf die andere Seite. Alle, die ‚Ich bin Armenier' gesagt hatten, wurden abgeführt und umgebracht. Wer ‚Ich bin Türke' gesagt hatte, war gerettet" (Svazlian 2005: 52).[18]

Diese Überprüfung der Identitäten und die darauf folgende Teilung des Schicksals haben ihren Ausgangspunkt in der Frage: „Bist du Armenier oder Türke?" Dieser Fragesatz ist, in der Sprache der Sprechakttheorie ausgedrückt, sowohl ein illokutionärer als auch ein perlokutionärer Akt, d.h. er hat einen Mahnungs- und Wirkungscharakter.[19] Die illokutionäre Rolle des Satzes hat eine klare Folge, weil die Befragten unter dieser besonderen Mahnung unbedingt eine Entscheidung treffen mussten; die perlokutionäre Rolle des Satzes konnte aber gegensätzliche Konsequenzen verursachen: einige von den Armeniern „wurden" Türken, andere wiederum blieben Armenier, wie das folgende Beispiel zeigt.

Jeghsa Chajadschanjan aus Harput[20] erzählt: „…Der Türke sagte: ‚Wollt ihr nun Türken sein oder Armenier?' Der Priester sagte: ‚Um Gottes willen!' Alle Priester, alt und jung, wurden umgebracht. Dem armenischen protestantischen Lehrer Herrn Kework schnitten sie die Zunge ab, weil er Armenisch lehrte, danach schlug man ihm den Kopf ab…" (Svazlian 2005: 67).

Die verbale Beleidigung entwickelte sich in bestimmten Fällen zur physischen Gewalt. Die Sprache artete in Gewalt aus. Die Grenze zwischen der verbalen und physischen Gewalt wurde somit aufgehoben. Harutjun Krikorjan aus Erzurum erzählt über die in die osmanische Armee eingezogenen armenischen Soldaten das Folgende: „Vom berittenen Gendarmen umringt mussten sie stundenlang hungrig, durstig marschieren. Die Schimpfworte und Beleidigungen der Soldaten arteten in Schläge aus" (Svazlian 2005: 29).[21]

---

17 Die heutige Provinz Elâzığ in der Osttürkei.

18 Vgl. den folgenden Satz aus dem Gedicht des Auschwitz-Überlebenden Primo Levi: Shemá: „Denket, ob dies ein Mann sei, / Der schuftet im Schlamm, / Der Frieden nicht kennt, / Der kämpft um ein halbes Brot, / *Der stirbt auf ein Ja oder Nein.* (kursiv – I.T.)" (P. Levi: Ist das ein Mensch? Übers. von Heinz Riedt, München 1992, 9).

19 Vgl. Meggle 1997 (http://www.uni-leipzig.de/~philos/meggle/&publikationen/1997k.pdf).

20 Eine antike Stadt in der Provinz Elâzığ.

21 Im Sprachgebrauch des österreichischen Konzentrationslagers Mauthausen wurde der Gummiknüppel „der Dolmetscher" genannt, weil durch seine Schläge alle Häftlinge das Gemeinte verstanden (vgl. Wesołowska 1998: 56).

Armenische Zivilisten, Bürger des Osmanischen Reiches, wurden in die syrische Wüste vertrieben, wenn sie unterwegs noch nicht massakriert oder verhungert waren. Einige von ihnen unterrichteten die Muttersprache sogar auf den Todesmärschen. Der eigene Tod schloss die Weitergabe der Sprache nicht aus. Vernichtung und Sprache findet man hier dicht beieinander und Sprache wehrt sich gegen die Vernichtung: „Die Überlebenden erzählten, wie sie im Sand der Wüste mit ihren Fingern die armenischen Buchstaben schreiben gelernt hatten, bevor die von der Armenischen Allgemeinen Wohltätigkeitsgesellschaft gegründete Sisvan-Schule nebst einem Krankenhaus und einem Waisenhaus unter einigen Zelten ihre Tätigkeit aufnahm“ (Svazlian 2005: 74).

Zum Schluss hebe ich die folgenden Punkte zusammenfassend hervor:

1. Die Vernichtung der Armenier wurde hauptsächlich von der Opfer- aber auch von der Täterseite beschrieben. Die beschreibende Sprache weist auf ihre begrenzten Ausdrucksmöglichkeiten hin. Dieser Aufsatz thematisierte einige Beispiele der Opfererfahrungen.
2. Die Täter verboten die Sprache der Opfer. Sie bestraften, quälten und unter Umständen töteten sie diejenigen, die sie benutzten. Die Lebensrettung wäre durch ein ausgesprochenes Bekenntnis, das die erzwungene türkische Identität bestätigte, möglich.
3. Die Vernichtung der Armenier war so konkret und breit angelegt, dass neben dem Plan der physischen Vernichtung des Volkes auch die Vernichtung der Kultur und nicht zuletzt die der Sprache unternommen wurde. Hier kamen die Vernichtung selbst und die Vernichtung der Sprache explizit zu einer Gleichsetzung.

IV. Schlüssel als Ausgang

Hagop Martajan, Prof. für Linguistik und Turkologie, armenischer Hauptredakteur der Großen Türkischen Enzyklopädie, erhielt von Kemal Atatürk, dem Gründer der Türkischen Republik, den Beinamen „*Dilaçar*“ (türk.: „Sprachöffner“). Er erbrachte für die Latinisierung der türkischen Sprache und Schrift entscheidende Leistungen. Er prägte anstatt des vorgeschlagenen Ehrennamens „*Türk atası*“ (türk.: „Vater der Türken“) den wohl bekannten, gleichbedeutenden Ehrennamen „Atatürk“.[22] Ich zitiere den folgenden Satz aus einem Buch, das Martajan 1951 in Istanbul publizierte:

„Auch wenn wir die letzten Armenier auf der Erde bleiben und gezwungen werden im Schatten eines verbrannten Horizontes oder in einer ruinierten armenischen Kirche (zu sein – I.T.), vor einer Öllampe, die über ein zerbrochenes Kreuz glitzert, sind wir verpflichtet in armenischer Sprache, armenischerweise zu beten und unser Gelübde des Überlebens zu geben“.[23]

---

22 Vgl. Eskidschjan, H.-H., 2009, Türken, erkennt Euren Verstandeserleuchter ‚Mesrob Maschdoz‘!“. – *Aztag* (armenische Tageszeitung, Beirut (Libanon), 12.02.2009 [arm.]).

23 Ebd.

Die Herausforderung, der Muttersprache bis zum Ende der eigenen Existenz die Treue zu erweisen und durch sie sich selbst trotz der dargestellten poetisch-apokalyptischen Szene gegen die Auslöschung zu stellen, spricht für das Vermächtnis der Sprache gegen die Vernichtung.[24]

Patriarch Torkom Kuschagjan,[25] der ehemalige Diözesanbischof der Armenier von Sebaste-Sivas, verfasste am 8. Oktober 1931 in Kairo ein Rundschreiben an den Überrest seiner Gemeinde, die nach dem Genozid zerstreut in der Welt lebte, in dem er betonte: „Zu recht wurde gesagt: Wenn ein Volk, das sein politisches Leben verliert oder in der Sklaverei lebt, (aber – I.T.) seine eigene Sprache besitzt, hat es den Glücksschlüssel in seiner Hand. Bewahrt eure Muttersprache, euren Glücksschlüssel!“[26]

Nach der Vernichtung, heimatlos, in der Zerstreuung – *mit* der Sprache als Anfangsschlüssel.

ischchan@hotmail.com

Literaturverzeichnis

Agamben, G., 2003, *Was von Auschwitz bleibt. Das Archiv und der Zeuge*, Frankfurt am Main.

Balakjan, K., ³2003, *Das armenische Golgatha. Erzählungen aus der armenischen Martyrographie. Von Berlin nach Der-Zor. 1914–1920*, I–II, Antelias (Libanon) [arm.].

Indschearabjan, P., 1951, *Die Odyssee eines armenischen Waisen während des* Medz Jeghern, Paris [arm.].

Jardemjan, Pater D., ²2001, *Der kulturelle Verlust der Klöster und Kirchen Armeniens in den Jahren 1894–1896 und 1915*, Venezia [arm.].

Kalemkjarjan, B.K., o. J., *Das Martyrium der Armenier in Sebaste* [http://sivas.ermeni.org/kitap2.htm] [arm.].

Meggle, G., 1997, Theorien der Kommunikation. Eine Einführung, – Lueken, G.-L. (Hg.): *Kommunikationsversuche – Theorien der Kommunikation*, Leipzig: 14–40 [http://www.uni-leipzig.de/~philos/meggle/&publikationen/1997k.pdf].

Nartuni, Sch., 2000, Das Exiltagebuch von Schawarsch Nartuni. – *Hask* 9: 974–988 [arm.].

24 In seiner Botschaft an das überlebte Volk zählt Krikoris Balakjan im Vorwort seines Zeugenberichts drei Kraftquellen für das Weiterleben auf: „Jahrtausende alte Heimat, Religion und wunderbare Sprache“ (Balakjan I 2003: 22).

25 Armenischer Patriarch in Jerusalem 1929–1939.

26 Erzbischof Torkom: „Herzliche Begrüßung“, unter: http://sivas.ermeni.org/kitap2.htm [arm.].

Peschdimaldschjan, N., 1996, *Der Armenier-Genozid und die Geschichtsverfälscher*, Beirut [arm.].
Sarkisjan, H., 1985, *Das armenische Buch in den Jahren des Jeghern*, Antelias (Libanon) [arm.].
[Erzbischof] Sawen, 1947, *Erinnerungen aus meiner Zeit als Patriarch*, Kairo [arm.].
Sürmeljan, L.-S., 1986, *Ich richte mich an Euch, Damen und Herren!*, Jerewan [arm.].
Svazlian, V., 1997, Medz Jeghern *in den Erinnerungserzählungen der Westarmenier und in den türkischsprachigen Liedern*, Jerewan [arm.].
Svazlian, V., 2005, *Der Genozid an den Armeniern und die Historische Erinnerung des Volkes*, Jerewan.
Tschiftdschjan, I. (Hg.), 2005, *Stimmen aus Deutschland. Antworten, Aufsätze, Essays, Reden, armenische Augenzeugenberichte*, Antelias (Libanon).
Wesołowska, D., 1998, *Wörter aus der Hölle. Die „lagerszpracha" der Häftlinge von Auschwitz* [aus dem Polnischen von Jochen August], Kraków.
Young, J.E., 1997, *Beschreiben des Holocaust. Darstellung und Folgen der Interpretation*, Frankfurt am Main.

Summary

The Armenian Genocide, which was committed by the Young Turk government of the Ottoman Empire, has been described both by the victims and the perpetrators. The descriptive language they have used points to its limited expressive possibilities. This essay explores the experiences of several of the victims. The perpetrators banned the victims' language. They punished, tormented and even killed those persons who used it. The survivors could save their lives through a declaration confirming their forced Turkish identity. The extermination of the Armenians was conceived in such a concrete and comprehensive way that the plan for the physical extermination of the people went hand in hand with one to do away with their language as well. The extermination itself and the extermination of the language ultimately amounted to the same thing.

Languages and Cultures in Research and Education
pp. 259–264

ZOLTÁN András
(Budapest)

Szláv–magyar etimológiák
(A tervezett új magyar etimológiai szótárban hasznosítható tanulságok)

Idén tavasszal (2009. április 28-án kelt körlevelében) Gerstner Károly, a Magyar Tudományos Akadémia Nyelvtudományi Intézetének főmunkatársa – korábban az EWUng. egyik szerkesztője – felvetette egy új magyar etimológiai szótár létrehozásának a gondolatát, s ezzel kapcsolatban kikérte több etimológiai kérdések iránt érdeklő magyarországi nyelvész véleményét.

A magam részéről örömmel üdvözöltem a kezdeményezést. A munkálatok megindítását rendkívül aktuálisnak tartom, mivel ha a most ötvenes-hatvanas éveiben járó nemzedék is szeretne maga után hagyni e téren valami jelentős összefoglaló munkát, akkor épp ideje hozzálátnia, ráadásul a két nagy előzmény (a TESz. és az EWUng.) szerkesztői és szerzői közül még többen is közöttünk vannak, így tanácsaikkal segíthetnék a munkálatokat. Gerstner Károly kérésének megfelelően vázoltam elképzeléseimet az új szótár terjedelméről és szerkezetéről, valamint jelenlegi etimológiai szótáraink használata közben szerzett tapasztalataim alapján rámutattam ezeknek néhány olyan hibájára, amelyeket az új szótárban jó lenne elkerülni. Szakterületemnek megfelelően észrevételeim a szláv–magyar etimológiákon alapulnak, s ezeket osztom meg most a szélesebb szakmai közösséggel.

Az új magyar nyelvű etimológiai szótár véleményem szerint legcélszerűbben TESz. második (javított, bővített, átdolgozott) kiadása lehetne, a későbbiekben pedig a német Kluge-féle etimológiai szótárhoz hasonlóan kisebb időközökkel jelenhetnének meg újabb javított és bővített kiadások. Ehhez az kellene, hogy egy kis csapat állandóan karban tartsa a szótár anyagát és bibliográfiai adatbázisát. A TESz. szerkesztésmódja, részletessége, kifejtési módja megfelel mind a tudományosság, mind a felsőoktatás, mind pedig a művelt nagyközönség igényeinek, tehát valami egészen újat kitalálni véleményem szerint egyrészt felesleges volna, másrészt a közönség ehhez a típusú történeti–etimológiai szótárhoz hozzá is szokott, abban a szótörténeti és etimológiai információkat meg is találja.

Az első lépés minden bizonnyal a TESz. digitalizálása lenne, amit a TESz. nyomdahibáinak javítása követhetne. Megfontolandó, hogy már ebben a stádiumban közre lehetne adni a TESz.-nek ezt a még csak technikai értelemben javított változatát elektronikus formában, enyhítendő egy tudományos etimológiai szótár hiányát a könyvpiacon. A 2006-ban megjelent és most is kapható ESz. piaci sikere ugyanis nem homályosíthatja el a szótár szakmai kudarcát, ami óhatatlanul következett a szerzői munkaközösség túl kis létszámából és ráadásul egyoldalú (finnugrista) képzettségéből (vö. Zoltán 2007). A TESz.-hez hasonlóan az új etimológiai szótárnak is széles szakmai együttműködésben kellene készülnie.

Ezt követhetné az EWUng. minőségi és mennyiségi többletének bedolgozása az anyagba megfelelő kritikával, az EWUng. ugyanis nem mindig javított a TESz. etimológiáin, néha rontott is rajtuk, a nyelvi adatokban pedig többször megőrizte a TESz. nyomdahibáit, sőt időnként rontott is a TESz.-ben még helyesen írt adatokon (vö. erre nézve is Zoltán 2007, továbbá Zoltán 2008). A következő, immár kimondottan az új kiadás alkotógárdájának szellemi erőfeszítését képező munkafázis az egész anyag kritikai átvizsgálása lenne az újabb szakirodalom tükrében, illetve az új címszavak listájának eldöntése és ezek szócikkeinek kidolgozása.

A szakirodalmi hivatkozásoknak véleményem szerint a végül elvetett etimológiai magyarázatokra is utalniuk kell. Itt jegyzem meg, hogy a szláv jövevényszavaink esetében a TESz. nem nyúlik vissza a Kniezsa Istvánnál (SzlJsz.) nem idézett korábbi nézetekre, noha ezek a Kniezsa által dilettánsoknak minősített szerzők (Verancsics, Gyarmathy, Dankovszky, Leschka) számos értékes ötletet adhatnak. Kniezsa ezekre sajátos logikával csak akkor utal, ha egyetért velük, így ha véletlenül valami olyasmit írtak, ami hasznosítható, de Kniezsa nem értett vele egyet, akkor a TESz. (és persze az EWUng.) alapján arról sem értesülünk, hogy az adott szó ezeknél a „régi dilettánsoknál" egyáltalán szerepel-e. Példa erre többek között az *öblít* (Zoltán 2005: 541–543, vö. Verantius 1595: 120, Gyarmathi 1816: 93; Leschka 1825: 156; Dankovszky 1833: 711), a *tör* és a *töröl* (Zoltán 2006, vö. Gyarmathi 1799: 329–330, Leschka 1825: 239, Dankovszky 1833: 896, CzF. 6: 438). Találtam arra is példát, hogy Kniezsa az általa etimológusként szintén nem sokra tartott Simonyi Zsigmond – egyébként használható – ötletét sem vette figyelembe (Zoltán 2006: 890, vö. Simonyi 1925: 30).

Hasonlóan járt a *darázs* szó is, amely azonban szerencsés ábécé eleji helyzete folytán még megvan az EtSz.-ben (1: 1276), ahol elutasítják ugyan a szerzők a szó Dankovszky által felvetett szláv származtatását, de legalább jelzik, hogy ilyen ötlet is volt. Kniezsa fenti módszertani felfogása miatt Dankovszkyt már meg sem említette, így a TESz. és az EWUng. sem utal vissza erre az ott említett lehetőségre: „*Darázs (drázsdil, boh. sl. vend.) irritator, concitator, incensor, der Anhetzer, Necker 2) crabro vespa, die Hornisse" (Dankovszky 1833: 228; a szó előtti csillag nála jövevényszóra utal). Tehát Dankovszky úgy gondolta, hogy a magyar *darázs* eredetileg valami 'ingerlő, izgató dolgot' jelentett, és a hasonló jelentésű cseh *dráždil* szóból származik, a mai *darázs* 'rovar' jelentése másodlagos. Bárczi Géza sem említi, ő még – Gomboczhoz és Melichhez hasonlóan – valószínűnek tartotta a szó finnugor eredetét (SzófSz. 48), amit azonban a finnugor nyelvészek azóta egyértelműen cáfoltak (vö. TESz. 1: 595, EWUng. 242; ez utóbbi a TESz.-hez képest annyi újat mond, hogy a szó hangalakja esetleg jövevényszóra mutathat; a szót a MSzFgrE. már fel sem vette). Dankovszky persze dilettáns volt, de nem ostoba. Etimológiája ugyan formálisan téves (a magyar *darázs* biztosan nem a cseh *dráždil* szóból származik), de az az ötlet, hogy a *darázs* nem feltétlenül valamely átadó nyelvi rovarnévre, hanem a rovar jellemző tulajdonságát jelölő szóra megy vissza, feltétlenül figyelmet érdemel, s a cseh *dráždil* főnévben ott rejlik az ősszláv *dražiti* 'ingerel, irritál' ige, amely jól jellemzi e rovar gyötrő természetét, s amelyből éppúgy lehetett a magyarban **darázsol*, ahogy a *vražiti*-ből *varázsol*, majd elvonással *darázs*, ahogy *varázs*. Tehát ha szó szerint értelmezzük Dankovszky etimológiáját, akkor XX. századi szlavistáink tulajdonképpen jogosan tekintették tévesnek, mert hiszen a magyar *darázs* rovarnév valóban nem a cseh *dráždil* főnévből ered. Úgy gondolom azonban, hogy eközben a fürdővízzel együtt kiöntötték a gyereket is, mert a megoldás kulcsa azért benne rejlett a „dilettáns" Dankovszky ötletében, csupán a szerző módszertani fogyatékosságainak a kiigazítására lett volna szükség ahhoz, hogy szláv alapon meggyőző etimológiai verzió jöjjön létre (vö. Zoltán 2005a).

Megfontolandónak tartanám viszont az arisztokratikus hallgatás helyett a mai áltudományos nézetek visszautasítását is, mivel ezeket a sajtó oly mértékben terjeszti, hogy elbizonytalanodhatnak a művelt nagyközönség képviselői is (pl. minden decemberben felbukkan a sajtóban valahol a *karácsony* ~ *kerecsen* egyeztetés az ezt „alátámasztó" karácsonyi sólyomröptetés koholt „ősi" szokásával együtt).

Fel kellene hagyni azt az etimológiai szótárainkban fel-felbukkanó nézettel, hogy egy bármily gyenge belső keletkezésű vagy finnugor etimológia is jobb, mint egy jól kidolgozott idegen. Ennek elrettentő példája az *inas* 'tanonc' szónak az *ín* származékaként való bemutatása a jól megalapozott szláv etimológia rovására újabb etimológiai szótárainkban. Ez a példa egyébként rávilágít arra is, hogy nem kell mindent kritikátlanul bedolgozni az új szótárba az EWUng.-nak a TESz.-hez képest újabb megoldásaiból. Az *inas* 'tanonc' (korábban 'ifjú' és 'apród' is) jól megalapozott szláv etimológiájával (< szláv *junoš* ~ *junoša*, SzlJsz. 223, TESz. 2: 209) szemben az EWUng. (1: 611) és azt követve az ESz. (334) két etimológiai verziót kínál, első helyre helyezve a sokkal gyengébbet, ám a szót „belső fejleményként" magyarázót. Ezt az eredetileg Bernáth Bélától származó naiv ötletet – miszerint az *inas* a finnugor eredetű *ín* főnévből képzett *inas* melléknév főnevesülése lenne (vö. Bernáth 1991) – az EWUng. és nyomában az ESz. úgy karolja fel, hogy az szinte önmaga paródiájába csap át, amikor az Érdy-kódexből (1527) vett „ynaſkor, mykoron emberben mynd weer mynd erey neweko⊠dyk" (131) idézetben az *inaskor* összetételt mindkét szótár teljesen önkényesen 'az izmok, inak megerősödésének ideje'-ként értelmezi. E gyermeteg magyarázatot erősítendő az EWUng. és nyomában az ESz.

megpróbál kételyt ébreszteni a második helyen mégiscsak közölt szláv etimológia iránt, mégpedig két, szintén Bernáth Béla fentebb hivatkozott cikkéből vett érvvel. Az egyik hangtani: a *juhar* ~ *ihar*, *juhász* ~ *ihász* párokkal szemben a magyarban nincs dokumentálva **junos* változat. Ez az érv meglehetősen súlytalan, hiszen de jó is volna, ha mindig minden közbeeső láncszem hiánytalanul az etimológus rendelkezésére állna. A másik jelentéstani: „Jelentéstani szempontból nehézséget jelent az is [Mi még? Nincs más jelentéstani kifogás a szócikkben. – Z.A.], hogy a 'fiatal, ifjú' jelentés nyelvemlékeinkből nem adatolható, és ez is valószínűbbé teszi a belső fejleményként való eredeztetést" (ESz., i. h.). Ez nyilvánvaló félreértés, hiszen ellentmondásban áll a magában a szócikkben néhány sorral feljebb az *inaskor* kapcsán kifejtettekkel, meg természetesen a nyelvtörténeti tényekkel is, hiszen a szó legkorábbi adatának (1524) a jelentése a mintául szolgáló EWUng. szerint is 'heranwachsender Junge' ('serdülő fiú'). Ez az okfejtés már az EWUng.-ban is zavaros, ott azonban bővebb, mivel felhívja a figyelmet arra is, hogy a régi nyelvemlékekben az *inas* (vajon milyen jelentésben?) nem azonos az *ifjú*-val, hanem határozottan megkülönbözteti attól. Ez a szintén Bernáth Bélától átvett érv semmiképpen nem erősíti a „belső fejleményként való eredeztetés" mellett szóló érveket. A Bernáth által idézett 1623. évi „Vének, Ifjak, Serdülő Inasok" felsorolásban szereplő *inas*ok aligha a leg*inas*abbak. Amit Bernáth mond, annak van köze a szó jelentéséhez (az *inas* a *gyermek* és az *ifjú* szavak által jelölt korosztályok közötti átmeneti életkorban lévő fiút – kamaszfiút – jelentett eredetileg, ezért nem mosták össze egyikkel sem), de nincs köze a szó etimológiájához, továbbá semmi esetre sem mond ellent a szláv *junoš* ~ *junoša* 'ifjú' szóból való eredeztetésnek, legfeljebb arra mutat rá, hogy az *inas* nem luxusjövevényszóként került a magyarba, hanem átvételét e köztes korosztály megnevezésének a szükségessége diktálta (a ma ebben a jelentésben használatos *kamasz* ugyanis ekkor még javában egy kutyafajtát jelentett, vö. EWUng. 1: 674, ESz. 370). Az *inas* új etimológiájához hasonló fejtegetések jóllehet mulatságosak, ám rontják az egész vállalkozás tudományos hitelét.

Egyetértek a magyar metanyelvű új magyar etimológiai szótár tervével, ugyanakkor nem lenne szabad letenni egy idegen (a korszellemnek megfelelően ezúttal angol) nyelvű változat párhuzamos létrehozásáról sem. A magyar nyelv (s benne a szókincs) talánya annyira sok nyelvet és kultúrát érint, hogy igazán megérné (talán még gazdaságilag is), ha a magyar tudományosság álláspontját első kézből ismerhetnék meg a világ nyelvészei és más érdeklődő szakemberei.

zoltand@ludens.elte.hu
Szláv és Balti Filológiai Intézet
Eötvös Loránd Tudományegyetem

Ukrán és Ruszin Filológiai Tanszék
Nyíregyházi Főiskola

Hivatkozott szakirodalom

Bernáth 1991 = Bernáth, B., 1991, Inas. – *Magyar Nyelv* 87: 345–346.

CzF. = Czuczor, G. / Fogarasi, J., 1862–1874, *A magyar nyelv szótára*, I–VI, Pest, [később:] Budapest.

Dankovszky 1833 = Dankovszky, G., 1825, *Magyaricae linguae lexicon critico-etymologicum. – Kritisch-etymologisches Wörterbuch der ungarischen Sprache*, Posonii–Preßburg.

ESz. = Zaicz, G. (főszerk.), 2006, *Etimológiai szótár. Magyar szavak és toldalékok eredete* (= *A magyar nyelv kézikönyvei* 12), Tinta, Budapest.

EtSz. = Gombocz, Z. / Melich, J., 1914–1944, *Magyar etymológiai szótár*, I–II, (1–12. füzet, *a–geburnus*), Budapest.

EWUng. = Benkő, L. (főszerk.) / Gerstner, K. / S. Hámori, A. / Zaicz, G. (szerk.), 1993–1997, *Etymologisches Wörterbuch des Ungarischen*, I–III, Budapest.

Gyarmathi 1799 = Gyarmathi, S., 1799, *Affinitas lingvae Hvngaricae cvm lingvis Fennicae originis grammatice demonstrata* [...], Gottingae.

Gyarmathi 1616 = Gyarmathi, S., 1816, *Vocabularium in quo plurima Hungaricis vocibus consona variarum lingvarum vocabula collegit S. Gy. — Szótár, melylyben sok magyar szókhoz hasonló hangú idegen nyelvbeli szókat rendbe szedett Gyarmathi Sámuel* [...], Bétsben.

Leschka 1825 = Leschka, S., 1825, *Elenchus vocabulorum Europaeorum cumprimis slavicorum Magyarici usus*, Budae.

MSzFgrE. = Lakó, Gy. (főszerk), 1967–1978, *A magyar szókészlet finnugor elemei. Etimológiai szótár*, I–III, Budapest.

Simonyi 1925 = Simonyi, Zs., 1925, Simonyi Zsigmond hátrahagyott kéziratai. Szláv jövevényszók. – *Magyar Nyelvőr* 54: 28–31.

SzlJsz. = Kniezsa, I., 1955 ([2]1974), *A magyar nyelv szláv jövevényszavai*, I/1–2. Budapest.

SzófSz. = Bárczi, G., 1941 ([2]1994), *Magyar szófejtő szótár*, Budapest.

TESz. = Benkő, L. (főszerk) / Kiss, L. / Papp, L. (szerk.), 1967–1984, *A magyar nyelv történeti-etimológiai szótára*, I–IV, Budapest.

Verantius 1595 = [Verantius, F.], 1595, *Dictionarivm qvinqve nobilissimarvm Evropae lingvarvm, Latinae, Italicae, Germanicae, Dalmatiae [!] et Vngaricae*, Venetiis.

Zoltán 2005 = Zoltán, A., 2005, Węg. *öböl* 'wypukłość; zatoka' i *öblít* 'płukać'. – Siemieniec-Gołaś, E. / Pomorska, M. (szerk.): *Turks and Non-Turks. Studies on the History of Linguistic and Cultural Contacts* (= *Studia Turcologica Cracoviensia* 10. *Special Issue Presented to Professor Stanisław Stachowski on His Seventy Fifth Birthday*), Kraków: 541–545.

Zoltán 2005a = Zoltán, A., 2005, Szláv jövevényszavaink egyes kérdései. – Huszti, I. / Koljadzsin, N. (szerk.): *Nyelv és oktatás a 21. század elején*, Ungvár: 106–109.

Zoltán 2006 = Zoltán, A., 2006, Slavisch-ungarische Etymologien (*tör* 'brechen; zerschlagen; reiben', *töröl* 'wischen'). – Symanzik, B. (szerk.): *Studia Philologica*

Slavica. Festschrift für Gerhard Birkfellner zum 65. Geburtstag gewidmet von Freunden, Kollegen und Schülern (= *Münstersche Texte zur Slavistik* 4), Münster–Hamburg–Berlin–Wien–London: 889–895.

Zoltán 2007 = Zoltán, A., 2007, Széljegyzetek az Etimológiai szótárhoz. – *Magyar Nyelv* 103: 208–223.

Zoltán 2008 = Золтан, А., 2008, О старинном венгерском названии славян *tót*. – *LDK kalbos, kultūros ir raštijos tradicijos. V tarptautinės konferencijos pranešimų tezės. 2008, m. lapkričio 12–14 d. Vilnius–Seinai. Tezių rinkinį sudarė Marina Čistiakova*, Vilnius: 108–110.

Summary

In connection with the proposed new Hungarian etymological dictionary the author points out that there are some controversial solutions in the existing etymological dictionaries of the Hungarian language, which in the future should be avoided.

The examples are selected from the Slavic loanwords of the Hungarian language, and on this basis the author makes three main suggestions:

1) it would be recommended to refer also to the etymologies rejected by the authors/editors of the dictionary, because some elements of these etymologies may prove to be helpful later, like in the case of the Hungarian word *darázs* 'wasp';
2) it would be appropriate to publish also the refutal of wide-spread, unscholarly etymologies and misconceptions;
3) to weak Finno-Ugric etymologies must not be given preference over well established Slavonic etymologies, like some recent Hungarian etymological dictionaries in the case of the word *inas* 'apprentice; body-servant' do.